Hannelis Schulte

Die Entstehung der Geschichtsschreibung im Alten Israel

Hannelis Schulte

Die Entstehung
der Geschichtsschreibung
im Alten Israel

W
DE
G

Walter de Gruyter · Berlin · New York

1972

CBPac

Beiheft zur Zeitschrift für die alttestamentliche Wissenschaft

Herausgegeben von Georg Fohrer

128

ISBN 3 11 003848 X

Library of Congress Catalog Card Number: 72-76053

©

1972

by Walter de Gruyter & Co., vormals G. J. Göschen'sche Verlagshandlung — J. Guttentag,
Verlagsbuchhandlung — Georg Reimer — Karl J. Trübner — Veit & Comp., Berlin 30

Printed in Germany
Satz und Druck: Walter de Gruyter & Co., Berlin 30

Meinem Bruder
† am 5. 11. 1941

Vorwort

Als mein Lehrer Gustav Hölscher mich bat, ihm bei der Anfertigung des Registers zu seinem Buch über »Geschichtsschreibung in Israel« zu helfen, konnte er nicht ahnen, welche Bedeutung das für mich gewinnen würde. Denn kein wissenschaftliches Buch hat mich so fasziniert wie dieses, auch wenn ich seine Schwächen inzwischen habe sehen lernen.

Großen Dank bin ich dem Evangelischen Oberkirchenrat in Baden schuldig, der mir zwei Male bereits ein Jahr Urlaub zur wissenschaftlichen Arbeit bewilligt hat. Das erste Mal 1960/61, wo ich mich um die Zusammenstellung des »jahwistischen« Textes mühte, der dann 1967 unter dem Titel »... bis auf diesen Tag« gedruckt vorlag. 1968/69 hatte ich die Möglichkeit, das vorliegende Buch zu schreiben.

Großen Dank bin ich aber auch meinen Schülern schuldig, die während der ca. zwanzig Jahre, die ich jetzt Religionsunterricht erteile, geduldig, kritisch und oft auch begeistert zuhörten, wenn ich alttestamentliche Geschichten erzählte. Von ihnen habe ich das Erzählen und die Einsicht in die Gesetze des Erzählens gelernt. Ohne diese Erkenntnis wäre das Buch nicht zustande gekommen.

Dank schulde ich weiter den Verfassern der zahllosen Bücher und Aufsätze, die ich bei der Arbeit las. Im Literaturverzeichnis sind nur die Titel genannt, auf welche in der Arbeit direkt Bezug genommen wird. Weit mehr Bücher haben mir wertvolle Erkenntnis vermittelt.

Im Voraus danke ich auch meinen Kritikern, weil ich von ihren Ausführungen viel zu lernen hoffe.

Ziegelhausen, den 7. 7. 1971   Dr. Hannelis Schulte

Inhaltsübersicht

A. Geschichtsschreibung im Altertum 1

B. Die wichtigsten Texte des 10. Jh. v. Chr. im Alten Testament.
Vorbemerkung 8

   I. Der Jahwist im Pentateuch 9

     1. Die Josephgeschichte 9
       a) Die Analyse 9
       b) Die Erzählweise des Jahwisten 33

     2. Die Brautwerbung für Isaak (Gen 24) 35
       a) Die Analyse 35
       b) Vergleich zwischen Josephgeschichte und Brautwerbung . . . 41

     3. Die Abrahamgeschichten 44

     4. Die Jakobgeschichten 49

     5. Der Auszug aus Ägypten 60
       a) Die Erzählweise 60
       b) Die Plagen 61
       c) Die Vorgeschichte 63
         Exkurs I: Zum Aufbau der Plagengeschichten 66
         Exkurs II: Die »auf daß« Formel 68
       d) Zusammenfassung 69

     6. Zusammenfassung 71

  II. Das Richterbuch 77

     1. a) Überblick 77

     1. b) Die Retterformel 80

     2. Die Simsongeschichten (Jdc 13—16) 83
       Gegengeschichte I: Samuels Jugend (I Sam 1—3) 89
       Gegengeschichte II: David und Abigail (I Sam 25) 90

     3. Michas Teraphim und die Schandtat von Gibea (Jdc
       17—21) 94
       a) Jdc 19 und Gen 19 98
       b) Jdc 19 30 und Exodus 101

     4. Zusammenfassung 102

 III. Das I. und II. Buch Samuel 105

     1. Die Saul-Geschichten (I Sam 9—14. 28. 31) 105

     2. Die David-Saul-Geschichten 111
       a) David an Sauls Hof (I Sam 16—20) 111

b) David von Saul verfolgt (I Sam 21—23. 27. 29—30 II Sam
1—2 8. 5)   120
Exkurs III: Davids Großmut gegen Saul (I Sam 24)   124
Exkurs IV: David erfährt Sauls Ende (I Sam 31 II Sam 1. 4₁₀)   130
Exkurs V: Die Leute von Jabeš (I Sam 31 II Sam 2. 21) . .   132

3. Die David-Geschichten (II Sam 2—4. 6. 21. 24. 9—20
I Reg 1—2)   138
a) Die Fragestellung   138
b) Die Personen   140
Exkurs VI: Michal   144
c) Die Tendenzen   148
aa) Die Unverletzlichkeit des Königs   148
bb) Die Unschuld des Königs   149
cc) Davids Schuld   154
dd) Die Frömmigkeit des Königs   160
ee) Die Großmut des Königs   162
d) Die Komposition der David-Geschichten   165
Exkurs VII: Arawnas Tenne (II Sam 24)   167

4. Zusammenfassung   178

C. Die Sprache des 10. Jh. v. Chr.   181
a) Einleitung: die Sprachkreise   181
b) Die Profanität der Sprache   183
c) Die religiöse Unbefangenheit der Sprache   188
d) Die sexuelle Unbefangenheit   195
e) Weitere Eigentümlichkeiten   197
f) Sprache und Rechtsgeschichte   199

D. Die Entstehung des Geschichtswerks der frühen Königszeit . .   203

Tabelle   I: Gen 29₃₁—30₂₄: die Namensgebung der Jakobsöhne   225

Tabelle   II: Ex 7—12: die zehn ägyptischen Plagen   226

Tabelle III: I Sam 9—I Reg 2: die auftretenden Personen . . nach S. 226

Literaturverzeichnis   227

A. Geschichtsschreibung im Altertum

Wie das hebräische Wort *dabar*, das »Wort« und »Begebenheit« heißen kann, hat auch das deutsche Wort »Geschichte« diesen Doppelsinn: Es kann ein Geschehen und den Bericht von diesem Geschehen bedeuten. In beiden Sprachen ist die tiefe Identität von dem, was sich ereignet, mit seiner sprachlichen Fassung in dieser Doppeldeutigkeit eines Wortes erhalten. Ein Ereignis wird nur dann zur »Geschichte«, wenn es ins »Wort« gefaßt wird. Ungesagtes, unbekanntes, uninterpretiertes Geschehen ist tot, es wird nicht Geschichte.

Die Fassung ins Wort bringt das Ereignete aus der toten Vergangenheit in die lebendige Gegenwart und hält es so am Leben. Zugleich gibt sie dem heutigen Leben die Beziehung zu anderen Zeiten, entreißt es seiner Isolierung, stellt es in den Dialog, schafft Spannungsfelder zwischen dem Einst und dem Jetzt und erhöht damit die Kraft und Lebendigkeit der Gegenwart. Im Bericht gewinnen beide ihre Lebendigkeit, das Vergangene und das Gegenwärtige.

Diese Spannung zwischen dem gegenwärtigen Menschen, der die Erzählung hört, und jenen anderen Menschen, Ereignissen und Verhältnissen, die sie in sein Leben hineinbringt, wird da verdoppelt, wo in der Erzählung selber der Dialog herrscht, wo Menschen in der Spannung des Gegenübers gezeichnet werden, indem sie zu Wort kommen. Nicht etwas Fertiges, Abgeschlossenes, Starres kommt in die Gegenwart hinein, sondern die Teilnahme an einem Prozeß, an einer Auseinandersetzung wird vermittelt. So entsteht Parteinahme, Identifizierung mit einer Seite, die doch auch wieder aufgehoben werden kann, wenn die Argumente der anderen Seite an Kraft gewinnen, besonders wenn der Erzähler seinen Hörer bald auf diese, bald auf jene Seite führt. So wird aus Erzählung Geschichte in einem ständigen Prozeß, der den heute Lebenden mit einbezieht und ohne ihn tot wäre.

Wenn wir im Blick auf die »biblische Geschichte« diese Feststellungen treffen, so sehen wir sogleich den ungeheuren Abstand, der in dieser Hinsicht Israel von den nderen Völkern des Alten Orients trennt. In Ägypten wie in Mesopotamien liegt der Anfang der Geschichtsdarstellung in der bildenden Kunst[1]. An den Außenwänden der ägyptischen Tempel, auf Stelen und an den Innenwänden assyrischer Paläste wurden Darstellungen geschaffen, die bestimmte Ereignisse der Vergänglichkeit entreißen, ihnen Dauer, ja vielleicht Ewigkeit geben sollten. Vollbrachtes sollte festgehalten werden der Zeit und

---

[1] S. Moscati I 6a, 71.

ihrer Flüchtigkeit gegenüber[2]. So nimmt man den dauerhaften Fels, um in ihm das Bild herzustellen. Israel dagegen vertraut das Geschehene dem Kopf und Mund des Erzählers, dem Ohr des Hörers an, erst später dann so flüchtigem Material wie Pergament und Papyrus. Es will nicht festhalten und bewahren, sondern Menschen mit Menschen konfrontieren. Es nimmt die Veränderung des Überlieferten in Kauf, weil nur in ihr die Lebendigkeit sich auswirken kann, während es in ägyptischen Darstellungen möglich ist, die Seefahrt eines Pharao etwa im Schema einer Seefahrt darzustellen, die vor mehreren hundert Jahren stattfand, auch die Namen der damaligen Zeit zu übernehmen. In der gleichbleibenden Form liegt die Dauer und ist wichtiger als die zufälligen Unterschiede zwischen der Seefahrt damals und der Seefahrt jetzt[3].

Erst im Ägypten des 14. Jhs. v. Chr. und daran anschließend und wohl von Ägypten beeinflußt auch im Assyrerreich beginnen die Darstellungen individueller zu werden, so daß man von einer Geschichts-»schreibung« in der bildenden Kunst und den sie begleitenden Texten reden kann[4]. Doch bleibt diese Darstellung auf den König bezogen; ihn rühmt sie, ihn will sie bei den Göttern in Erinnerung bringen. Durch seine Taten will sie die Nachkommen ermahnen. Sie zeigt ihn bei Kulthandlungen den Göttern gegenüber, triumphierend über besiegte Feinde, auf der Jagd oder auf kühner Seefahrt zu fernen Gestaden. Es bleibt bei dem einzelnen Vorgang, auch wenn er jetzt in sich als lebendige Folge geschildert wird. Eine übergreifende Gesamtdarstellung geschichtlicher Abfolgen entsteht daraus nicht.

Das hängt mit dem ägyptischen Zeitbegriff zusammen. »Indem die Weltordnung eines das All umspannenden Gottes und eines die Welt beherrschenden Pharao unerschütterlich Gültigkeit beansprucht, ist das Geschehen in der Welt nicht so sehr als ein dahinfließender Strom zu betrachten, sondern es ist eher zu vergleichen der Rückkehr zur Ruhe auf der Oberfläche eines Sees, nachdem ein Steinwurf in ihm hatte Wellen entstehen lassen. Das geschichtliche Geschehen ist für den Ägypter so die Behebung einer Trübung der Weltordnung, nicht ein einem Ziele zustrebender Ablauf«[5].

Ganz in diesem Sinne kommt es im Mittleren Reich zur Entstehung der Königsnovelle als einer Form der Geschichtsdarstellung, die auf ein einzelnes Ereignis beschränkt bleibt. Aus gegebenem Anlaß (einer Botschaft, eines Traumes, eines Tempelbesuches) faßt der Pharao einen Beschluß, tut ihn kund, empfängt in der Regel das begeisterte Lob seines Thronrates und befiehlt die Ausführung. Wir vergegenwärtigen uns diese Form der Geschichtserzählung durch eine Inschrift

[2] E. Otto V 2, 174.
[3] E. Otto V 2, 161 f.
[4] S. Moscati I 6a, 82 ff. 92 ff. 99 ff.
[5] A. Hermann Z 24, 35.

des Pharao Sesostris I. (1970—1935 v. Chr.), der in Heliopolis einen Tempel bauen läßt:

»Jahr 3, Monat 3 der Überschwemmungsjahreszeit, Tag . . ., unter der Majestät des Königs von Ober- und Unterägypten: Cheper-Ka-Re, Sohn des Re: Sesostris, des seligen, lebend immer und ewiglich. Der König erschien mit der Doppelkrone und es geschah, daß man sich in der Halle hinsetzte und man sein Gefolge um Rat fragte, die Räte des Palastes und die Fürsten an der Stätte des Alleinseins. Man gab Befehle aus, während sie es hörten, und erfragte Rat, indem man sie ihre Meinung offenbaren ließ:

»Seht, meine Majestät bestimmt ein Werk und denkt an eine Sache, an Gutes für die Nachwelt. Ich errichte ein Denkmal und stelle ein festes Mal auf für Harachte. Er hat mich geboren, um zu tun, was ihm getan werden (muß); um werden zu lassen, was er zu tun befohlen hat. Er hat mich zum Hüter dieses Landes gemacht, weiß er ja, daß ich es ihm zusammenhalte. . . . Ich speise seinen Altar auf Erden. Ich baue mein Haus in seiner Nähe. Man gedenkt meiner Schönheit in seinem Hause. Mein Name, das ist das (Gottes)haus, mein Denkmal ist der See. Ewigkeit bedeutet es, ihm Gutes zu tun. Nicht stirbt ein König, der wegen seines (des Gottes) Besitz genannt wird. Sein Name darauf wird noch und noch genannt, unvergänglich für die Ewigkeit. Was ich tue, ist etwas, das sein wird. Was ich suche, ist etwas Gutes. Was ich mische (?), ist trefflich als Ausgedachtes (?). Etwas Waches ist es für die Sache der Ewigkeit.«

Da sprachen diese königlichen Hofleute und antworteten ihrem Gotte:

»Hu (Verstand o. ä.) ist in deinem Munde und Sia (Vernunft o. ä.) steht hinter dir. O Fürst, deine Pläne mögen sich verwirklichen. O König, der du erschienen bist als Vereiniger der beiden Länder, um den Strick zu spannen (?) an deinem Gotteshaus. Prächtig ist's, auf den morgigen Tag zu blicken mit etwas für die Zeit Gutem. Die Masse würde ohne dich nichts vollenden. Deine Majestät ist ja die Augen aller Menschen. Du bist groß, wenn du dein Denkmal in Heliopolis errichtest, der Wohnung der Götter, bei deinem Vater, dem Herrn des großen Palastes, Atum, dem Stier der Neunheit, Errichte dein Haus und beschenke es zugunsten des Opfersteins, damit es der Statue diene in ihrem Herzen sowie deiner (eigenen) Statue in alle Ewigkeit.«

Da sprach der König selbst zu dem Siegelbewahrer und einzigem Freund, Vorsteher der beiden [Gold- und] Silberhäuser und Geheimrat der beiden Kronen:

»Dein Rat ist es, der die Arbeit ausführen lassen wird, [das Gebäude], von dem meine Majestät wünscht, daß es entsteht. Du wirst der Leiter dort für es sein, der ausführen wird, wie (es) im Herzen war. [Sei] offenen Mundes und wachen Kopfes, daß es frei sei von Nachlässigkeit. In bezug auf alle anderen dazugehörigen Arbeiten, sei aufgeschlossen (?). Ein Tätiger (allein) ist's, der Treffliches gibt. Deine Stunde ist die Zeit des Handelns . . . Schaffe den Lieblingsplatz, so daß er entsteht (?). Befohlen werden soll den Arbeitenden, dem, was du anordnest, entsprechend zu arbeiten.«

Der König erschien mit dem Diadem und der Doppelfeder, und alles Volk war hinter ihm her. Der oberste Vorlesepriester und Schreiber des Gottesbuches spannte den Strick und er lockerte das Band, es (der Grundstein?) wurde in die Erde gegeben und (Arbeit) getan an diesem Gotteshaus. Seine Majestät ließ den »oberägyptischen König« aufziehen und wendete sich nach der Front, indem er sagte: »Zu eins vereinigt sind Ober- und Unterägypten! der in Aphroditopolis Befindliche . . .««[6].

---

[6] A. Hermann Z 24, 49 ff.; in der Rede des Königs ist der Mittelteil aus Raumgründen fortgelassen.

Das Interesse des Reiches, des Pharao und des Gottes fallen bei diesem Tempelbau zusammen. Sie alle dienen *mat*, der Weltordnung, und insofern dem Wohlergehen aller Menschen. In diesem Zirkel aber bleibt alles, was uns an Geschichtsdarstellung in Ägypten begegnet. Aus dieser Selbstverherrlichung von Gott, Pharao und Reich springt nichts heraus. Auch die Privatinschriften und Autobiographien in Gräbern vornehmer Ägypter dienen dazu, das Ich und sein Erleben »festzuhalten« angesichts der Vergänglichkeit. Aus der Perspektive eines Dritten schreibt man in Ägypten nicht.

Auch die Darstellungen, welche wir an den Palästen und Felswänden Mesopotamiens finden, wollen das »festhalten«, was der König im Interesse des Reiches vollbracht hat. Am liebsten zeigt man ihn bei kultischen Handlungen; denn indem er Frieden mit den Göttern schafft, dient er am nachdrücklichsten der Wohlfahrt der Menschen. Mit der Geier-Stele aus akkadischer Zeit beginnt die Geschichtsdarstellung in der bildenden Kunst, doch folgt die Blüte solcher Schilderungen erst im Großreich der Assyrer, also nach 1200 v. Chr.[7].

Eigentlich sollte man bei der entsprechenden Entwicklung Israels zum Großreich unter David und Salomo erwarten, daß auch hier auf Wandreliefs oder Stelen Geschichte festgehalten wird. Daß derartige Monumente bisher weder aufgefunden wurden noch in der Bibel irgendwie erwähnt sind, könnte Zufall sein. Wahrscheinlicher ist jedoch die Erklärung, daß es dem Wesen und Denken der Menschen im alten Israel mehr entsprach, das Geschehene dem veränderlichen und flüchtigen Wort anzuvertrauen als dem dauerhaften Stein, ihm aber so erst recht Lebendigkeit zu geben. Die Erzählkunst vertritt hier die bildende Kunst.

Doch werfen wir noch einen Blick auf das Hethiterreich. Dort werden schon zu Beginn des 2. Jahrtausends in akkadischer Sprache und Keilschrift — ehe eine eigene hethitische Schrift entstand — Annalen geführt, d. h. Vorkommnisse jahresweise aufgezeichnet. In der Bilingue Chattusilis I. (akkadisch/hethitisch, etwa 1630 v. Chr.) liest sich das dann so:

Der Großkönig Tabarna übte in Chattusa die Königsherrschaft aus, der Tawananna Brudersohn. Nach Sachuitta zog ich, zerstörte ⟨die Stadt⟩ aber nicht, jedoch vernichtete ich ihr Gebiet. Meine Truppen ließ ich an zwei Stellen zurück und gab ihnen jegliches Gut ...

Im nächsten Jahr zog ich gegen Alalach und vernichtete es. Hinterher zog ich gen Urschu, von Urschu zog ich nach gakalisch, von der Stadt Igakalisch marschierte ich nach Tischchinija. Auf meinem Rückweg vernichtete ich das Land Urschu und füllte mein Haus mit Schätzen an.

Im nächsten Jahr zog ich gegen das Land Arzawi, Rinder und Schafe nahm ich ihnen fort, n meinem Rücken aber drang der Feind des Landes Chanigalbat in mein

---

[7] S. Moscati I 6a, 88ff.

Land, und die Länder insgesamt fielen von mir ab. Nur die Stadt Chattusa als einzige blieb übrig. Den Großkönig Tabarna, den Geliebten der Sonnengottheit — auf ihren Schoß setzte sie ihn, seine Hand ergriff sie und lief im Kampf vor ihm her.

Im folgenden Jahr zog ich gegen die Stadt Zaruna und vernichtete Zaruna. Gegen die Stadt Chaschu zog ich. Vor ihm (dem Großkönig) nahm ⟨der Feind⟩ Aufstellung, und Truppen der Stadt Chalap ⟨waren⟩ bei ihm. Am Gebirge Adalur bereitete ich ihre Niederlage.

In ⟨jenen⟩ Tagen zog er los, wie ein Löwe überschritt der Großkönig den Fluß Puran, die Stadt Chaschu überwältigte er wie ein Löwe mit seiner Pranke. Staub häufte er darauf und mit ihrem Besitz füllte er Chattusa. Das Silber und Gold hatte nicht Anfang ⟨noch Ende⟩. Den Wettergott, Herrn von Armaruk, den Wettergott, Herrn von Chalap, Allatum, Adalur ⟨und⟩ Liluri, 2 Stiere aus Silber, 3 Statuen aus Silber und Gold brachte ich zur Sonnengöttin von Arinna hinauf. Die Tochter der Göttin Allatum, Chepat, 3 Statuen aus Silber, 2 Statuen aus Gold, die brachte ich in den Tempel der Mezulla hinauf.«[8]

Dieser Text zeigt, wie die jährlichen Aufzeichnungen zu Gesamtdarstellungen zusammengefaßt werden. Daß andere Vorkommnisse, auch Sagen und allerlei Überlieferungen daranwachsen, ergibt sich wie von selbst[9]. So ist auch hier ein Anfang von Geschichtsschreibung gegeben. In der Proklamation des Königs Telipinu (16. Jh. v. Chr.) kann dann die Geschichte der Vorgänger im Königtum zusammengefaßt und dem Nachfolger zur Lehre und Warnung dargestellt werden: Einigkeit macht stark, Uneinigkeit bringt Unglück[10]. Eine andere Wendung nimmt die Geschichtsbetrachtung bei König Mursili II. im 14. Jh. v. Chr.: Er läßt nicht nur seine und seines Vaters Šuppiluliuma Taten aufschreiben, sondern stellt die Frage nach dem Verhältnis von Unglück und Schuld. Im Gebet an den Sturmgott Tešub bekennt er angesichts der Pest, die sein Volk heimsucht, seine eigene Schuld, nachdem ein Orakel ihm erklärt habe, daß die Pest Folge des vertragsbrüchigen Feldzuges gegen Ägypten gewesen sei. Welche Ähnlichkeit zu IISam 21 und 24! Daß Unglück und Schuld zusammenhängen können, findet sich in der ägyptischen Geschichtsdarstellung zu Beginn des 2. Jahrtausends, doch verschwindet dieser Gedanke wieder, als hätte es ihn nie gegeben[11].

So intensiv Geschichte bei den Hethitern nicht nur festgehalten, sondern auch zur Mahnung dargelegt wurde und so demütig ein König nach historischer Schuld fragt — es bleibt diese Geschichtsschreibung auf die Selbstdarstellung des Königs beschränkt, dient auch bei aller Selbstkritik seiner Verherrlichung. Der König steht im Mittelpunkt

---

[8] Zitiert nach: Kulturgeschichte des Alten Orients, hrsg. von H. Schmökel, 1961, 2. Abschnitt: H. Otten, Das Hethiterreich, 339 f. Es ist hier nur der Anfang der Bilingue zitiert.

[9] H. G. Güterbock Q 8, 109.

[10] H. G. Güterbock Q 8, 110.

[11] E. Otto V 2, 176.

— oder, wenn man so will, der König und die Götter bilden die beiden
Brennpunkte einer Ellipse. Dieser Bereich wird niemals überschritten.

Wir können annehmen, daß auch am Hof Davids und Salomos
sowie ihrer Nachfolger Annalen geführt wurden und daß es Listen von
der königlichen Familie und den Hofbeamten, d. h. dem *šulḥan*, dem
»Tisch« des Königs, gab. Reste davon sind in den Samuelbüchern erhalten[12]. Wenn es den Texten und Bildern aus den anderen Ländern
entsprechend in Israel etwas gegeben hat, so war es die Salomo-Saga,
der Grundbestand des 3.—11. Kapitels des I. Königsbuches, die uns
den König Salomo bei kultischen Handlungen und Staatsempfängen,
sozusagen ständig im Königsornat zeigen, so daß man unwillkürlich an
die Bilddarstellungen der Pharaonen oder der Herrscher Assyriens
denken muß[13]. Die Geschichten von Saul und David jedoch haben
einen völlig anderen Charakter. Die Behauptung, die Geschichten von
Davids Aufstieg und die sogenannten »Thronfolgegeschichten« seien
zum Ruhm Salomos und zum Erweis der Legitimität seiner Nachfolge
geschrieben[14], verdunkelt geradezu die Eigenart israelitischer Geschichtsschreibung und nivelliert den Unterschied zu jenen Selbst-
darstellungen der Herrscher in Ägypten, Mesopotamien und dem
Hethiterreich. Wären jene Geschichten Hofhistoriographie, so hätte
Israel seine Nachbarn nur durch die größere Kunst der Erzählung
übertroffen. Der Bann der Selbstverherrlichung des Königs wäre nicht
durchbrochen worden.

Im Verlauf unserer Untersuchung wird sich zeigen, daß der
Mutterboden israelitischer Geschichtsschreibung nicht die Hofchronik
ist, sondern die volkstümliche Erzählung[15]. Womit sich die Männer am
Lagerfeuer unterhielten, was die Alten bei Festen der Familie vor-
trugen[16], womit wandernde Erzähler die Herzen ihrer Hörer in Bann
schlugen, das bildet die Grundlage zu jenen großen Darstellungen, die
die nationale Geschichte einbeziehen. Die Sage, auch die Kultsage, die
Familiengeschichte, die Erzählung von dem bewunderten Helden
wächst sich, indem sie auf den König und sein Haus übertragen wird,
zur Volksgeschichte aus. Nicht die Selbstverherrlichung des Königs
ist hier treibende Kraft, sondern die Liebe und Verehrung seiner
Männer und des Volkes zu ihm, eine Verehrung, die Kritik nicht aus-
schließt.

---

[12] Vgl. ISam 14 49 IISam 3 2-5 8 16-18 20 23-25 IReg 4 1-6.   [13] S. u. S. 169 f.

[14] A. Weiser W 2, 350 ff., L. Rost Z 87, 234; S. u. S. 170. 173.

[15] Dem Satz von S. Mowinckel (N 1, 8) »It is a wellknown fact, that Israel is the
only people in the ancient Near East, where analistic writing developed into real
historiography« kann ich nicht zustimmen.

[16] Bei einer UNESCO-Konferenz sagte der Vertreter Malis: »Jedesmal, wenn in Afrika
ein alter Mann stirbt, so verbrennt eine ganze Bibliothek zu Asche.« The New
Hungarian Quarterly X/34, 122.

Doch auch das Stadium der Helden- und Familiengeschichte wird überwunden, wenn Geschichte in großen Abläufen erfaßt und wenn ethische Fragen in ihrer Betrachtung und Darstellung angeschnitten werden. Wenn sich — wie wir sehen werden — die Frage nach der Verwirklichung von Gerechtigkeit als »roter Faden« durch die Geschichtsschreibung hinzieht, wenn sich daraus übergreifende Zusammenhänge und eine Art Gesamtschau ergeben, dann wird man von einer neuen Qualität der Historiographie sprechen dürfen, die Israel aus dem gesamten Alten Orient, so weit er uns heute bekannt ist, heraushebt. In diesem qualifizierten Sinn liegt der Anfang der Geschichtsschreibung bei Israel.

Bereits E. Meyer hat darauf hingewiesen, daß Israel den ältesten Beitrag zur Geschichtsschreibung in der Welt geleistet hat. Um 500 v. Chr. beginnt dann Herodot in Griechenland und Meister Kung in China mit der Sammlung und Darstellung von Geschichte. Ist das erste große Geschichtswerk in Israel, wie wir zu beweisen hoffen, am Ende des 10. Jhs. v. Chr. geschrieben worden, so macht das einen Vorsprung von einem knappen halben Jahrtausend aus.

Die Wandreliefs und Stelen aus dem Niltal und dem Zweistromgebiet geben uns einen großartigen Einblick in die Kultur und Religion jener alten Völker, sie zeigen uns die Menschen und ihre Trachten, ihre Gerätschaften und Verrichtungen, geben uns Aufschluß über Pflanzen und Tiere, über Götterglauben und Magie. Die beigegebenen Texte verraten uns viel über ihr Denken und Empfinden. Doch erscheinen uns die Menschen so, wie sie gesehen werden sollten, wie sie ihre eigene Darstellung bejahten. Das hält uns in einer Distanz, die wir nicht zu durchbrechen vermögen. Wir können ihr »Bild« anschauen, aber nicht in einen unmittelbaren Dialog mit ihnen treten. Die hebräische Erzählung aber bezieht uns ein in ihren Kreis. Hier reden die Menschen unmittelbar und unverstellt miteinander und mit uns. Nicht das imponierende Bild, sondern die unmittelbare Lebendigkeit nimmt uns gefangen. Deshalb gehen uns die Erzählungen der alten Geschichtsschreibung Israels so nahe und lohnen die Mühe ihrer Untersuchung, der wir uns im folgenden unterziehen wollen.

B. Die wichtigsten Texte des 10. Jh. v. Chr.
im Alten Testament

Vorbemerkung

Als David Jerusalem eroberte, fand er dort wahrscheinlich einen Königshof mit Schreibschule vor, so daß sein Königtum an die Kultur der Stadtfürsten der Amarna-Zeit anschließen konnte[1]. Damit beginnt für die Israeliten die Möglichkeit, nicht nur Hofannalen zu führen, sondern auch ihre alten Überlieferungen, die von Generation zu Generation weitererzählt worden waren, schriftlich niederzulegen. So finden wir im Alten Testament verschiedene Texte, die im 10. Jh. v. Chr., der Zeit Davids, Salomos und Rehabeams, entstanden sein können. Einige von ihnen scheinen der Zeit, von der sie erzählen, recht nahe zu stehen, wie die Berichte, die wir in den Büchern Samuel und am Anfang des I. Königsbuches finden; andere sind Sammlungen von Traditionen aus der vorköniglichen Zeit, aus den Zeiten der Landnahme und der sogenannten »Richterzeit«. Neben diesen schriftlichen Aufzeichnungen lief natürlich die mündliche Überlieferung weiter.

M. Noth hat die These vertreten, daß erst durch die Arbeit der deuteronomistischen Schule diese alten schriftlichen und mündlichen Traditionen Israels gesammelt und einem großen Geschichtswerk eingefügt worden sind, das zudem die ideologische Prägung der Schule des Deuteronomiums trägt, das den Anfang dieses Geschichtswerks bildete[2]. Andere wie K. Budde und G. Hölscher haben die Entstehung eines solchen zusammenfassenden Geschichtswerkes schon in viel früherer Zeit angenommen, d. h. mit den Anfängen des Königtums in Israel verbunden. G. Hölscher hielt den Jahwisten für den ersten Geschichtsschreiber in Israel und datierte ihn in die zweite Hälfte des 9. Jhs.[3].

Obwohl die Entstehung der Geschichtsschreibung in Israel nicht notwendig mit dem Werk des Jahwisten etwas zu tun haben muß, wollen wir doch bei der Überprüfung seiner Arbeitsweise einsetzen, um dann später die anderen Texte zu untersuchen, die ihre Entstehung wahrscheinlich im 10. Jh. fanden.

---

[1] J. Hempel Z 85, 189 f.

[2] M. Noth Z 31, 10 f.; vgl. H. W. Wolff P 16, 324.

[3] G. Hölscher Z 88, 100 f.

I. DER JAHWIST IM PENTATEUCH

Der Jahwist ist in Genesis und Exodus entdeckt worden. Später hat man die Frage gestellt, ob sein Werk sich weiter, d. h. über den Pentateuch hinaus in den Büchern Josua, Richter, I und II Samuel und I Könige feststellen läßt. Die weiteste Ausdehnung hat Hölscher angenommen, der ihn bis I Reg 12 gehen läßt.

Wenn man diese These überprüfen will, so muß man bei der Genesis einsetzen und feststellen, welche Kriterien für die Arbeit des Jahwisten sich dort feststellen lassen[4]. Die Erhebung des Sprachgebrauches allein genügt nicht. Reine wortstatistische Untersuchungen haben nicht berücksichtigt, wie weit Wörter und Wendungen bereits durch die Prägung des Stoffes in der mündlichen Überlieferung vorgegeben waren[5]. Beim Stil ist zu beachten, daß auch hier bereits Geprägtes übernommen wurde und daß der Stil sich nach dem Gegenstand richtet. Die Technik der hebräischen Erzählung tendierte so stark auf das Gespräch — beschränkt auf höchstens drei Partner (Individuen oder Kollektive) — ,daß sie z. B. für Schlachtberichte völlig ungeeignet war[6]. Diese müssen also ihren eigenen Stil annehmen. Die Entfaltung des Gesprächs zur Rede, die Zeichnung der Charaktere, die theologischen Hintergründe der Erzählung müssen ebenso berücksichtigt werden. Dabei lauert immer die Gefahr der petitio principii, insofern der Forscher erst einmal die Kriterien jahwistischer Texte erheben muß, sie aber dann sofort zur Feststellung weiterer jahwistischer Texte verwendet, wo sie doch oft noch sehr hypothetisch sind.

1. Die Josephgeschichte

a) Die Analyse

Diese Analyse soll ihren Ausgangspunkt zur Feststellung des jahwistischen Werkes in der Genesis und dort in der Josephgeschichte nehmen. Der Einsatzpunkt ist deshalb an dieser Stelle gewählt, weil die Josephgeschichte längere Texte bietet — nach Gunkel den »ausgeführten Erzählstil«[7] —, völlig frei ist von kultisch geprägten Abschnitten, also dem individuellen schriftstellerischen Charakter mehr Raum gibt. Die Kennzeichen der kurzen Geschichte, wie sie die mündliche Überlieferung prägte, sind hier kaum zu finden[8]. Ferner spricht für die Josephgeschichte, daß die Quellenscheidung hier zu relativ einheitlichen

---

[4] J. Blenkinsopp O 2, 445f.; X 4a, 48—50. 56—57.
[5] Das ist die Schwäche bei H. Holzinger Z 108, 93—110.
[6] A. Schulze Z 29, 43 (203).
[7] H. Gunkel Z 109, XXXIIIf. 396.
[8] W. Richter L 8, 376ff.

Ergebnissen gekommen ist. Zwar wird auch die literarische Einheitlichkeit der Josephgeschichte verfochten, doch sind die Argumente
(z. B. bei Rudolph[9]) so schwach, daß sie keiner Widerlegung bedürfen.
Und vor allem: sie ist eine »Überleitungsgeschichte«, die Überliefe-
rungskomplexe miteinander verbindet.

Nur eine Hypothese bedroht unsere Untersuchung im Ansatz:
daß die Josephgeschichte vom Jahwisten fertig vorgefunden und seinem
Werk einverleibt worden ist[10]. Ihr stärkstes Argument ist der abweichende Gebrauch des Gottesnamens[11]. Wir werden am Ende auf
diese Frage zurückkommen[12].

Wie sieht nun die literarische Aufgliederung der Josephgeschichte
aus?

Die Priesterschrift berichtete offenbar nur das Nötigste, um Jakob
und seine Söhne von Kanaan nach Ägypten zu bringen. Sie begründet
die Feindschaft der Brüder gegen Joseph mit dessen Zuträgerei (Vater
und Brüder sind damit relativ gerechtfertigt), läßt irgendwie Joseph
nach Ägypten und dort zu Ehren kommen, was im Text nicht erhalten
ist, läßt Jakob und die Brüder nach Ägypten reisen, führt eine Begegnung zwischen dem Pharao und Jakob herbei, läßt Jakob als letzten
Willen aussprechen, im Grab seiner Väter begraben zu werden, was
seine Söhne nach seinem Tode auch ausführen. Im übrigen vermehrt
sich die Familie in Ägypten[13].

Der Jahwist erzählt, daß die Brüder Joseph hassen, weil er vom
Vater bevorzugt wird. Zeichen dessen ist das »Ärmelkleid«. Als der
Vater ihn zu ihnen schickt, wollen sie ihn töten, doch Juda tritt für ihn
ein, so daß sie ihm nur den Ärmelrock ausziehen und ihn dann an die
Ismaeliter-Karawane verkaufen, die gerade vorbeikommt. Diese ver-
kaufen Joseph in Ägypten an einen Mann, der ihm bald so sehr ver-
traut, daß er ihn zu seinem Hausverwalter macht. Die Frau des Hauses
will Joseph verführen und verklagt ihn, als er sich beständig geweigert
hat, wegen versuchter Vergewaltigung bei ihrem Mann. Der steckt
Joseph ins Gefängnis. Dort vertraut ihm der Aufseher die gesamte
Versorgung der Gefangenen an. So lernt er den Mundschenken und den
Bäcker des Pharao kennen, die man gefangen gesetzt hat; wegen eines
Traumes von den sieben mageren Kühen, die am Nil sieben fette Kühe
verschlingen, und dessen Deutung kommt er an den Hof des Pharao.

---

[9] W. Rudolph Z 38, 145 ff.; vgl. S. Mowinckel N 11, 61 ff.
[10] W. Rudolph Z 38, 181 ff.; G. von Rad Z 89, 67; M. Weippert Z 61, 92 ff.; D. B. Redford
   Z 67, 529 ff., datiert die Josephgeschichte ins 7./6. Jh. Sein Beweisgang stützt sich
   auf Gen 40 15 »Land der Hebräer«. Aber er bringt keinen Nachweis, daß dieser Vers
   zur jahwistischen Josephgeschichte gehört. Weippert beruft sich auf Redfort.
[11] W. Rudolph Z 38, 148 f. 180 f.
[12] S. u. S. 000.
[13] Gen 37 1-2 41 46a 46 6-7 47 5b+6a. 7-11. 27b-28 48 3-6 49 1a. 28bβ. 29-32. 33aαb. 50 12-13.

Wegen seines guten Rates, für die schlechte Zeit Vorratsspeicher ein-
zurichten, wird er der »Wesir« Ägyptens. Er bekommt Asnath, die
Tochter des Priesters Poti Phera aus On zur Frau. Als die Hungersnot
ausbricht, kann er Getreide verkaufen und sieht eines Tages unter den
Käufern auch seine Brüder. Er beschuldigt sie, das Land ausspähen zu
wollen und fragt sie nach ihren Familienverhältnissen aus. Mit der
Auflage, das nächste Mal unbedingt den jüngsten Bruder mitzubringen, entläßt er sie. Auf der Heimreise finden sie bei der ersten Rast
ihr Geld oben in den Getreidesäcken. Als das Getreide aufgegessen ist,
schickt Jakob sie erneut nach Ägypten, doch verlangen sie, daß Benjamin
mitzieht. Juda überredet den Vater, indem er sich selbst zum Bürgen
für Benjamin macht. Sie nehmen das doppelte Geld und außerdem
Geschenke mit. Joseph läßt sie in sein Haus führen, sie haben Angst
wegen des Geldes, aber Josephs Hausverwalter beruhigt sie. Sie sind
zum Mittagessen Josephs Gäste, der Benjamin den fünffachen Teil
wie seinen Brüdern geben läßt. Zwischendurch mußte Joseph, als er
Benjamin gesehen hatte, hinausgehen und weinen.

Als sie am nächsten Morgen abgereist sind, verfolgt sie der Hausverwalter und findet Josephs Wahrsagebecher in Benjamins Getreide-
sack. Sie kehren alle um und Juda versucht, in einer großangelegten
Rede Benjamin freizubekommen. Joseph gibt sich zu erkennen und
befiehlt den Brüdern, wegen der Hungersnot den Vater nach Ägypten
zu holen. So erfährt Jakob, daß Joseph lebt, und macht sich auf die
Reise. Von Juda benachrichtigt, kommt ihm Joseph nach Gosen entgegen, nimmt fünf Brüder zum Pharao mit und erwirkt für sie die
Erlaubnis, in Gosen zu wohnen. Joseph macht die Bauern Ägyptens
zu Leibeigenen des Pharao. Als Jakob seinen Tod nahen fühlt, läßt er
Joseph schwören, ihn in Kanaan zu beerdigen, segnet dessen Söhne
Ephraim und Manasse mit überkreuzten Händen, stirbt, wird ein-
balsamiert und mit großem Geleit nach Kanaan überführt und beige-
setzt. Joseph und seine Brüder kehren nach Ägypten zurück[14].

Der Elohist erzählt, daß Joseph sich mit seinen Träumen bei den
Brüdern (und dem Vater) unbeliebt macht, daß diese ihn töten wollen,
aber auf Rubens Rat, der ihn heimlich retten will, in eine leere Zisterne
werfen, aus der ihn midianitische Kaufleute stehlen. In Ägypten verkaufen sie ihn an Potiphar, den Gefängnisaufseher, der ihn den gefangenen Obermundschenken und Oberbäcker des Pharao bedienen

---

[14] Ich stelle zu J. weithin in Übereinstimmung mit G. Hölscher Z 88, 22f.: Gen 37 3-4.
12-13a. 15b-17. 18b. 21. 23. 25-27. 28aβ. 31. 32aαb. 33aαb. 34b. 35a 39 1 (ohne Poliphar . . .).
2-6. 7aβb. 8-10abα. 11-23 40 1aβb. 14bβ. 15b 41 2-4*. 14aβ. 18-20*. 21a. 34a. 35abβ. 36. 38.
41-42. 43b-45a. 48. 53-55. 56b-57 42 1a. 2. 4-5. 7abαγ. 9bβ. 10. 12. 26-28bα 43 1 42 38 43 2-13.
(14b?) 15-23a. 24-34 44 1a. 2aαb. 3-34 45 1a. (2a?) 4b. 5aαγb. 6-7aγb. 9. 10aαγb. 11b. 13-14.
(24b?) 25a. 26aα. 28 46 1aα. 28-30. 31aαγb. 32aαb. 33-34 47 1-5a. 6b. 13-26. 27a. 29-31 48 2b.
9b-10a. 13-14. 17-19. (20aα?) 49 33aβ(50)-3a. 4aβb. 5-8. 10b-11. 14. 22a.

läßt. Diesen deutet er ihre Träume. Der Obermundschenk denkt nach
zwei Jahren wieder an ihn, als niemand dem Pharao seinen Doppeltraum von den Kühen und den Ähren deuten kann. Joseph wird aus
dem Gefängnis geholt, deutet die Träume und wird Wesir Ägyptens.
Dort werden ihm zwei Söhne, Ephraim und Manasse, geboren. Als die
Hungersnot ausgebrochen ist, sieht er seine Brüder unter den Getreide-
käufern und beschuldigt sie, Kundschafter zu sein. Sie wehren sich mit
der Begründung, sie seien Brüder, eines Mannes Söhne, nur einer sei
nicht mehr da und einer beim Vater zurückgeblieben. Joseph steckt
sie ins Gefängnis, wobei einer nachhause ziehen und Benjamin holen
soll. Nach drei Tagen hat er sich anders besonnen: sie alle sollen heim-
ziehen, nur Simeon als Geisel dableiben. Sie haben inzwischen schwer
bereut, was sie Joseph einst angetan haben, ziehen heim, finden beim
Säckeausleeren ihr Geld zuunterst, kehren recht bald wieder um, weil
sie ja Simeon befreien müssen. Erst nachdem Ruben seine beiden
Kinder als Bürgschaft dem Vater übergeben hat, läßt er Benjamin mitziehen. Als Joseph sie sieht, gibt er sich zu erkennen (und beauftragt
sie, heimzureisen und den Vater zu benachrichtigen). Der Pharao lädt
sie höchstpersönlich nach Ägypten ein und stellt ihnen Reisewagen.
Sie bekommen Geschenke mit, Benjamin fünfmal soviel Kleider wie
seine Brüder und noch Geld. So erfährt Jakob von Josephs Geschick.
Joseph versorgt seine Brüder und deren Familien in Ägypten, besucht
mit seinen Söhnen Ephraim und Manasse den alten Vater in Kanaan,
der ihn und seine beiden Söhne segnet. Nach des Vaters Tod kommt er
nach Ägypten zurück, wo das Abschlußgespräch zwischen ihm und
seinen Brüdern stattfindet. Er beschwichtigt ihre Angst und gibt die
Lösung der ganzen Geschichte mit dem Satz: »Ihr gedachtet es böse
zu machen, aber Gott gedachte es gut zu machen«[15].

Angesichts dieser beiden Josepherzählungen von J und E — die
Priesterschrift bleibt jetzt außer Betracht — stellt sich die literar-
kritische Aufgabe, Übereinstimmung und Unterschiede beider zu erklären. Daran schließt sich die traditionsgeschichtliche Frage nach der
Herkunft der Stoffe und ihrer Entfaltung an.

Die weitgehende Übereinstimmung von jahwistischer und elo-
histischer Erzählung in der Josephgeschichte wurde von H. Gunkel
und M. Noth mit Hilfe einer angenommenen gemeinsamen Vorlage
erklärt, die sich in der mündlichen Tradition verschieden entwickelt
hat und von den Schriftstellern ihrer Eigenart entsprechend ausge-

---

[15] Ich stelle zu E (vgl. G. Hölscher Z 88, 138): Gen 37 5a. 6-8a. 9. 10aβb. 11. 13b.
14a. 18a. 19-20. 22. 24. 28aαb. 29-30. 32aβ. 33aβ. 34a. 35b. 36 40 1aα. 2. 3aα. 4-5a. 6. 7aαb. 8-13.
14abα. 15a. 16-23 41 1. 2-4*. 5-13. 14aαb. 15-17. 18-20*. 21b-33. 34b. 35bα. 37. 39-40. 43a. 46b-47.
49-50a. 51-52. 54b. 56a 42 1b. 3. 7bβ. 8. 9abα. 11b. 13-26. 29-35. 28bβ. 36-37 43 14a. 23b 45 1b.
2 (a?)bα. 3. 4a. 8-9. 10aβ. 11a. 12. 15-18. 20. 21b. 22-24a. 25b. 26aβb. 27 47 12 48 1. 2a. 8. 9a.
10b-12. 20-22 50 3b. 4aα. (9?). 15-21.

formt wurde. Um diese These zu überprüfen, verschaffen wir uns eine Übersicht über die einzelnen Schritte der Erzählung und rekonstruieren die hypothetische Vorlage aus den Übereinstimmungen.

Jahwist	*Vorlage*	*Elohist*
Haß der Brüder	Haß der Brüder	Haß der Brüder
Motiv: Ärmelrock		Motiv: Träume
rettender Bruder:	rettender Bruder	rettender Bruder:
Juda		Ruben
Verkauf an Karawane:	Verkauf an Karawane	Verkauf an Karawane:
Ismaeliter		Midianiter
Sklave in Ägypten	Sklave in Ägypten	Sklave in Ägypten
bei einem Mann		beim Gefängnisaufseher
Vertrauensstellung		
Verführungsversuch der Frau		
im Gefängnis	im Gefängnis	im Gefängnis
zur Strafe		zur Bedienung der Gefangenen
mit Mundschenk und	mit Mundschenk und	mit Mundschenk und
Bäcker des Pharao	Bäcker des Pharao	Bäcker des Pharao
		Traumdeutung im
		Gefängnis
Traum von den Kühen	Traum von den Kühen	Traum von den Kühen
		und den Ähren. Pharao
Traumdeutung und	Traumdeutung und	Traumdeutung und
Rat für Hungersnot	Rat für Hungersnot	Rat für Hungersnot
Erhöhung zum Wesir	Erhöhung zum Wesir	Erhöhung zum Wesir
und Heirat	und Heirat	und Heirat
Sammlung von Getreide	Sammlung von Getreide	Sammlung von Getreide
Hungersnot	Hungersnot	Hungersnot
1. Reise der Brüder	1. Reise der Brüder	1. Reise der Brüder
1. Vorwurf: Kundschafter	1. Vorwurf: Kundschafter	1. Vorwurf: Kundschafter
		Brüder im Gefängnis
		Reue der Brüder
		Joseph weint
Auftrag: Benjamin holen	Auftrag: Benjamin holen	Auftrag: Benjamin holen
		Simeon Geisel
Geld im Sack (oben)	Geld im Sack	Geld im Sack (unten)
2. Reise der Brüder	2. Reise der Brüder	2. Reise der Brüder
mit Benjamin	mit Benjamin	mit Benjamin
bürgender Bruder:	bürgender Bruder	bürgender Bruder:
Juda		Ruben
Empfang im Haus des Wesirs		
Angst der Brüder		
Joseph weint		
Mittagsmahl		
Benjamin erhält fünffachen Anteil		
Abreise der Brüder		

Becher in Benjamins Sack		
Rückkehr zu Joseph		
Reue der Brüder		
große Rede Judas		
Joseph weint	(Joseph weint?)	(Joseph weint?)
Erkennungsszene	Erkennungsszene	Erkennungsszene
		Geschenke für die Brüder
		Einladung durch Pharao
Botschaft an Jakob:	Botschaft an Jakob	Botschaft an Jakob
Einladung nach Ägypten		
Heimreise der Brüder	Heimreise der Brüder	Heimreise der Brüder
Aufbruch Jakobs		
Joseph zieht entgegen		
fünf Brüder vor Pharao		
Versorgung der Brüder	Versorgung der Brüder	Versorgung der Brüder
in Ägypten (Gosen)	in Ägypten	in Ägypten
Leibeigenschaft der		
ägyptischen Bauern		
Jakob läßt Joseph		Joseph besucht Jakob in
schwören		Kanaan
Jakob segnet Ephraim	Jakob segnet Ephraim	Jakob segnet Joseph
und Manasse	und Manasse	(und Ephraim und Manasse)
Tod Jakobs	Tod Jakobs	Tod Jakobs
Überführung nach Kanaan		Beisetzung in Kanaan
Rückkehr Josephs nach	Rückkehr Josephs nach	Rückkehr Josephs nach
Ägypten	Ägypten	Ägypten
Tod Josephs		Schlußgespräch zwischen
		Joseph und den Brüdern

Nun sieht es zwar auf den ersten Blick so aus, als ob mit der hypothetischen Vorlage alles in Ordnung wäre. Sieht man näher zu, so ergeben sich jedoch Unstimmigkeiten.

Besonders auffallend ist, daß Joseph dreimal weint. Jedesmal, wenn von Josephs Weinen erzählt wird, erwartet man, daß er sich nun zu erkennen gibt. Auch ist sein Weinen regelmäßig mit Reue oder Angst der Brüder verbunden. Das erste Mal erzählt der Elohist, daß die Brüder im Gefängnis ihre böse Tat bereut haben und daß Joseph weint, ehe er sie freiläßt. Das zweite Mal berichtet der Jahwist davon, als die Brüder mit Benjamin wiederkommen und Joseph den Bruder sieht. Hier erwartet man, daß er sich zu erkennen gibt. Das dritte Mal weint Joseph vor der faktischen Erkennungsszene, wobei offen bleiben muß, ob der Text zu J oder E oder beiden gehört. Wegen der Verbindung mit der »Reue der Brüder«, die vor Judas Rede berichtet ist, muß man annehmen, daß J dieses Motiv auf jeden Fall an dieser Stelle brachte.

Das Weinen Josephs, verbunden mit dem Reue- oder Angstmotiv der Brüder, zeigt an, daß an der betreffenden Stelle die Geschichte einmal zu Ende ging. Der Elohist kannte also eine Form der Erzählung, wo Joseph sich schon bei der ersten Reise den Brüdern zu erkennen gab, nachdem er sie durch Verhaftung und Kerkerhaft genügend geängstigt hatte. In dieser Form der Erzählung gab es offenbar noch keine zweite Reise mit Benjamin, ja überhaupt keinen Benjamin. Hier war also Joseph der jüngste Sohn, wie es dem Märchenmotiv vom Vorgehen der Brüder gegen den Jüngsten entspricht. Diese Form der Geschichte ist sicher älter als die von Noth angenommene gemeinsame Vorlage, in der die zweite Reise der Brüder mit Benjamin ihren festen Platz hat.

Nun ist aber klar — und das zeigt auch der jahwistische Text —, daß in dem Augenblick, wo Benjamin in die Erzählung hineinkam und Joseph die Brüder heimschickt, um den Jüngsten zu holen, die alte Geschichte insofern geändert werden mußte, als der Gefängnisaufenthalt der Brüder nun sinnlos, ja gegen die Intention der Erzählung gerichtet war. Denn wenn Joseph möchte, daß die Brüder heimreisen und mit seinem Liebling wiederkommen, so wäre es absurd, sie erst noch mit Gefängnishaft aufzuhalten und abzuschrecken. Der Elohist hat sich redlich gequält, diese beiden unvereinbaren Züge der Erzählung unter einen Hut zu bringen, indem er sie für drei Tage ins Gefängnis steckt, während einer Benjamin holen soll. Dann überlegt es sich Joseph anders, sie alle dürfen reisen, nur Simeon bleibt als Geisel zurück. Offenbar hat der Elohist zwei Vorlagen gehabt, eine ältere, kürzere und eine andere, spätere. Ob es unsere »Vorlage« war?

Auch der Jahwist hatte eine Vorlage, in der das Doppelmotiv »Angst der Brüder — Weinen Josephs« an der Stelle vorkam, wo die Brüder mit Benjamin nach Ägypten zurückgekehrt waren. Hier folgte offenbar in seiner Vorlage die Erkennungsszene. Nach seinem großen Einschub mit dem angeblich gestohlenen Becher, der Rückkehr der Brüder zu Joseph und Judas eindrücklicher Verteidigungsrede bringt er logischerweise das Weinen Josephs noch einmal, nachdem er die Reue der Brüder bereits in die vorhergehende Szene eingebaut hat. Dann folgt endlich die Erkennungsszene.

Diesen dritten Gang der Brüder zu Joseph gewinnt der Erzähler, indem er das Motiv vom angeblich gestohlenen Becher einführt, das, wie Gressmann gezeigt hat, eine alte Variante der mündlichen Überlieferung war zu dem Vorwurf, unter dem die Brüder bei der ersten Reise festgenommen werden. Für diesen Vorwurf existieren drei Varianten: Die Brüder seien Kundschafter, sie hätten Geld gestohlen und sie hätten den Becher gestohlen[16]. Das dritte Motiv bringt nur der Jahwist. Das erste Motiv gehört fest in die Vorlage von E und J. Am seltsamsten steht es mit dem zweiten Motiv, dem gestohlenen Geld,

[16] H. Greßmann Z 86, 40.

das sich in den Säcken findet. Die Brüder müßten eigentlich des Geldes
wegen wieder vor Joseph gebracht werden. Doch das geschieht nicht.
Das Geld in den Säcken bleibt ohne jede Funktion für den äußeren
Verlauf der Geschichte. Mit einer gewissen Überlegung hat es deshalb
der Elohist in den Säcken unter das Getreide rutschen lassen, so daß
die Brüder es erst nach der Heimkehr finden und es nur als Geschenk
betrachten können — entsprechend der alten Vorlage des Elohisten,
bei denen Joseph offenbar die Brüder nach der Haft und der Erkennungsszene mit reichen Geschenken in die Heimat entläßt. Wie fest
das Geschenkmotiv hier zur Geschichte gehört, werden wir noch sehen.

Beim Jahwisten dagegen liegt das Geld hübsch obenauf in den
Säcken, wo es zur Überführung vermeintlicher Diebe sich befinden
muß. Aber eine solche Überführung findet nicht statt. Dennoch hat
der Jahwist es fertiggebracht, diese Variante der mündlichen Tradition
für den inneren Verlauf der Handlung fruchtbar zu machen, indem er
es zum Anlaß nimmt für die Angst, die die Brüder empfinden, als sie
auf der zweiten Reise in das Haus des Wesirs gebeten werden. Die
innere Dramatik hat hier durch das mysteriöse Geld erheblich gewonnen. Der Gebrauch, den Elohist wie Jahwist von dem Motiv »Geld im
Sack« machen, ist also klar. Völlig undurchsichtig bleibt, welche Funktion dieses Motiv in der angenommenen Vorlage hatte. Es widerstreitet
jedoch den Gesetzen der hebräischen Erzählung, unnötige Züge zu
berichten. Wenn es also in der Vorlage fehlte, woher nahm es der
Jahwist? Aus den umlaufenden Variationen der Geschichte, aus der
freien mündlichen Überlieferung. Und woher nahm es der Elohist?
Auch aus dieser freien mündlichen Überlieferung, obwohl er es doch
eigentlich gar nicht recht brauchen konnte? In seiner älteren Vorlage
stand es höchstens anstelle der »Kundschafter«. War dies der Fall, so
bleibt die Frage, wie er auf die »Kundschafter« kam. Die einfachste
Lösung, die sich anbietet, ist die, daß der Elohist die Josephgeschichte
des Jahwisten kannte.

Ähnlich ergeht es uns mit dem Motiv vom »bürgenden Bruder«.
Auf den ersten Blick sieht es so aus, als sei dieser Zug der Erzählung
eben in der gemeinsamen Vorlage von J und E enthalten gewesen. Die
Bürgschaft ist — außer dem Hunger — das Mittel, um dem alten Vater
Jakob die Erlaubnis abzuringen, daß Benjamin bei der zweiten Reise
nach Ägypten mitziehen darf. Doch hat der Elohist bereits den als
Geisel im Gefängnis schmachtenden Simeon als Druckmittel, brauchte
also dieses Motiv gar nicht. Er bringt es nur, weil es ihm vorgegeben
war. Nicht in seiner alten Vorlage, denn die kannte Benjamin überhaupt
nicht. Aber auch nicht in de hypothetischen Vorlage von J und E,
denn es ist nicht zu sehen, welche Funktion die Bürgschaft dort hatte.
Ihren Sinn bekommt sie erst in der Erzählung des Jahwisten, weil sie
hier die große Rede Judas vorbereitet, nachdem die Brüder wegen des

Bechers, der in Benjamins Sack gefunden wurde, in höchster Angst sind. Im Aufbau der Erzählung gehört sie zu diesem Sondergut des Jahwisten, nur in dieser Hinsicht hat sie eine echte Funktion. Ohne diese Fortsetzung bleibt sie eine Arabeske, ein rednerischer Schnörkel, was den Gesetzen der hebräischen Erzählkunst widerspricht. War das Motiv »Bürgschaft für Benjamin« aber nur beim Jahwisten enthalten, so ergibt sich wiederum die Schlußfolgerung, daß der Elohist die Josephgeschichte des Jahwisten gekannt hat. In diesem Falle hätte er dann nur Juda in Ruben abgeändert und statt der Bürgung mit der eigenen Person sehr wirkungsvoll die beiden kleinen Söhne Rubens zum Pfand gestellt.

Ist uns die gemeinsame Vorlage nun schon aus mehreren Gründen verdächtig geworden, so bricht sie vollends zusammen, wenn wir der Frage nachgehen, wie denn der nach Ägypten als Sklave verkaufte Joseph ins Gefängnis kam. Der Elohist hat bekanntlich für dieses Problem eine elegante Lösung gefunden: Er wurde an den Gefängnisaufseher Potiphar als Sklave verkauft, und dieser setzte ihn zur Bedienung der Gefangenen ein. Der Jahwist tat sich viel schwerer mit der Sache; er fügte die Geschichte mit dem nicht stattgefundenen Ehebruch ein. Eine sehr problematische Lösung, denn erstens wurde in der Antike ein Sklave, den man des Ehebruchs mit der Herrin beschuldigte, aller Wahrscheinlichkeit nach mit dem Tode, auf keinen Fall aber mit Gefängnis bestraft. Für Sklaven waren die Gefängnisse überhaupt nicht gedacht. Zweitens mußte der Jahwist die Geschichte verstümmeln, wollte er nicht allzuweit von dem gegebenen Gang der Handlung abweichen. Er betrog seine Hörer um die Antwort auf die Frage, ob die verleumderische Frau denn ungestraft ausging und der Makel auf Joseph sitzenblieb. In dem ägyptischen Märchen von den »zwei Brüdern«[17], das ihm offensichtlich als Vorlage diente, ist der Fall natürlich zu Ende geführt[18]. Mehr schlecht als recht fand der Jahwist immerhin eine Lösung, die aufs Stärkste die Kennzeichen seiner eigenen Arbeit zeigt[19]. Außerdem ist diese Kombination so typisch für literarische Arbeit, daß man sie einer »Vorlage«, die im wesentlichen durch mündliche Überlieferung geprägt ist, nicht zusprechen kann.

Wie löste nun die angenommene Vorlage das Problem, den *Sklaven* Joseph als *Gefangenen* ins Gefängnis zu bringen? Wenn sie es so elegant machte wie der Elohist, warum hat dann der Jahwist diese Lösung nicht übernommen, sondern sich mit einer schlechteren begnügt? Auf eine einfachere Weise als beim Jahwisten? Warum hat dieser es sich dann so schwer gemacht? Oder kam Joseph in der Vor-

---

[17] J. Vergote Z 49, 23; H. Greßmann Z 99, 223—25.

[18] Der jüngere Bruder beweist seine Unschuld und der ältere tötet seine ungetreue Frau.

[19] S. u. S. 23.

lage des Jahwisten gar nicht ins Gefängnis, sondern stieg vom Sklaven zum Wesir auf? Ist denn der Umweg über das Gefängnis überhaupt für die Erzählung nötig? Kann man nicht auch als Sklave Träume deuten und dadurch zu Ansehen kommen?

Unzweifelhaft hatte aber der Jahwist eine Vorlage, in welcher Joseph im Gefängnis als elender Gefangener mit Hofbeamten des Pharao zusammen war. Das geht aus Gen 40 14bβ. 15b hervor, wo er den Mundschenken bittet:

> »Befreie mich aus diesem Haus, denn ich habe nichts getan, daß sie mich in dieses Loch geworfen haben.«

An dieser Stelle ist deutlich, daß Joseph keinesfalls wie beim Elohisten ein Sklave des Gefängnisaufsehers ist, ebensowenig aber zu einer Art Oberkapo befördert wie beim Jahwisten, sondern daß hier eine Vorlage zu Wort kommt, die sich von beiden unterscheidet. Wenn wir Greßmanns Untersuchungen zu Hilfe nehmen, nach denen die Josephgeschichte aus zwei ganz verschiedenen Erzählungen zusammengewachsen ist[20], so ergibt sich eine Lösung für das sonst Unvereinbare. Ein Gefängnis ist eine speziell ägyptische Einrichtung, Hofbeamte des Pharao desgleichen; ebenso hat der Traum von den Kühen speziell ägyptisches Kolorït. Josephs Erhöhung zum Wesir, seine Maßnahmen gegen die Hungersnot, welche Ägypten bedroht, und schließlich die Leibeigenschaft der ägyptischen Bauern ergeben eine eigene Geschichte, die unlöslich mit Ägypten verbunden ist, vielleicht dort sogar einen historischen Hintergrund hat. Wir werden sie im folgenden die »Ägyptergeschichte« nennen.

Von dieser zu unterscheiden ist die »Brüdergeschichte«, wie wir sie ähnlich bei anderen Völkern finden[21]. Dieses Märchen handelt von mehreren Brüdern, die den Jüngsten in die Knechtschaft verkaufen. Im fremden Land steigt er zu Ehre und Macht auf; aus Not kommen seine Brüder in das Land, werden von ihm erkannt, fälschlich beschuldigt und ins Gefängnis geworfen, dann vor den Mächtigen gebracht, der sich ihnen als ihr Bruder zu erkennen gibt und sie mit reichen Geschenken in die Heimat entläßt. Da in der Josephgeschichte die Fünfzahl eine erstaunliche Rolle spielt[22], kann man vermuten, daß dieses Märchen aramäischen Ursprungs ist, denn die Fünfzahl ist von allen Völkern des alten Orients uns nur bei den Aramäern als wichtige Zahl bekannt[23]. Weder bei den Ägyptern noch in Israel spielt sie eine

---

[20] H. Greßmann Z 86, 33 f.; H. Gunkel Z 109, 395 ff.

[21] H. Gunkel Z 109, 399 f.

[22] Gen 43 34 45 6. 22 47 2. (13). 24; in Gen 47 13 ist die Zahl der vergangenen fünf Jahre Hungersnot aus den verbleibenden zwei Jahren zu erschließen. Gegen H. Greßmann Z 86, 28 ff.

[23] Zur Zahlenbedeutung in Ägypten vgl. K. Sethe, Z 25, 38; und J. B. Segal U 7, 8 f., zu den aramäischen Belegen für die Fünfzahl.

Rolle. Wahrscheinlich handelte die Erzählung einmal von fünf Brüdern. Auch kann schon in einem sehr frühen Stadium der Geschichte jenes fremde Land Ägypten gewesen sein, da es durch seine klimatischen Bedingungen auch in solchen Jahren fruchtbare Ernten erzeugen konnte, wo die syrischen Gebiete unter Trockenheit litten. Auf jeden Fall war es ursprünglich eine Erzählung, die von der Rückkehr der Brüder in die Heimat und nicht von ihrer Übersiedlung in ein fremdes Land handelte.

Beiden Erzählungen war der Zug gemeinsam, daß ein Mensch aus der Erniedrigung (Sklave bzw. Gefangener) zu Macht und Ehre aufsteigt. Gemeinsam war ihnen wohl auch das Motiv »Hungersnot«. Diese Übereinstimmung ermöglichte es, sie zu kombinieren. Doch entstand die Schwierigkeit, aus dem Sklaven einen Gefangenen zu machen und aus der Hungersnot in Ägypten eine Hungersnot »in allen Ländern«. Das erste war eine verzwickte, das zweite eine relativ harmlose Aufgabe. Diese Kombination ist als literarischer Vorgang erfolgt, nicht nach den Gesetzen der mündlichen Erzählung, wo solche Nahtstellen zweier Überlieferungen sehr rasch überdeckt, ja zusammengeschmolzen werden. In der jahwistischen Erzählung sehen wir noch sehr genau, welche Mühe es machte, den Sklaven und den Gefangenen einerseits, aber auch die beiden Hungersnöte andererseits unter einen Hut zu bringen[24]. Für einen literarischen Prozeß spricht auch die unglückliche Stellung, die der Abschnitt über die Versorgung der ägyptischen Bauern und ihre daraus resultierende Leibeigenschaft einnimmt. Dieser Bericht müßte der Sache nach auf das Ende von Kap. 41 folgen, wo die sieben mageren Jahre begonnen haben[25]. Durch die Kombination mit der »Brüdergeschichte« wurde er aber »verstoßen« und dann an einer Stelle nachgetragen, wo die Haupterzählung mit der Übersiedlung Jakobs und seiner Söhne nach Ägypten einigermaßen zum Abschluß gekommen ist.

Die jahwistische Prägung der Überleitungsgeschichte in Kap. 39 und die deutlichen Nahtstellen bei der Hungersnot legen die Schlußfolgerung nahe, daß der Jahwist selber diese Kombination vollzogen hat. Er verband die »Ägyptergeschichte« durch das Motiv aus dem »Märchen von den zwei Brüdern« mit der »Brüdergeschichte«, die er vermutlich schon mit dem Namen Jakob und Joseph und als Fünf- bzw. Sechs-Brüder-Geschichte (fünf Brüder + Benjamin) vorfand.

---

[24] Gen 41 54a. 55. 56b gehören zur »Ägyptergeschichte«, während v. 57 die Überleitung zur »Brüdergeschichte« herstellt. Die Hungersnot in Ägypten ist zu einer Hungersnot »in allen Ländern« ausgeweitet. Vgl. H. Greßmann Z 86, 37.

[25] An Gen 41 56 kann Gen 47 13 unmittelbar anschließen, doch ist wohl ein Hinweis verloren gegangen, daß der Hunger bereits fünf Jahre dauert. Zu dem Anschluß vgl. H. Gunkel, Z 109, 465.

Die hypothetische Vorlage, die aus den Übereinstimmungen von Jahwist und Elohist gebildet wird, setzt die Kombination von »Brüdergeschichte« und »Ägyptergeschichte« bereits voraus. Wir schreiben jedoch diese Kombination dem Jahwisten zu, und damit kommt die gemeinsame Vorlage in Wegfall. Der Text des Elohisten ist dann so zu erklären, daß dieser die »Brüdergeschichte« in einer älteren Form kannte, als sie dem Jahwisten vorlag[26], daß jedoch die Züge aus der »Ägyptergeschichte«, die der Elohist bringt, auf seine Kenntnis der jahwistischen Erzählung zurückzuführen sind[27].

Für die Überleitung vom Sklaven zum Gefangenen hat der Elohist, wie wir sahen, eine elegantere Lösung gefunden, indem er Joseph zum Sklaven des Gefängnisaufsehers macht. So kommt er um die anstößige Geschichte von den Verführungsversuchen der Frau herum, was seiner Neigung zur Tabuisierung des Sexuellen entspricht[28]. Den Traum von den sieben Kühen hat er durch den Ährentraum verdoppelt und — seiner Vorliebe für Träume entsprechend — den Doppeltraum des Mundschenken und des Bäckers eingefügt wie auch den Doppeltraum in Gen 37[29]. Im übrigen aber verkürzte er die jahwistische Erzählung um wesentliche Bestandteile, nicht nur um die »Leibeigenschaft der ägyptischen Bauern«, sondern auch um die ganze Komplikation auf der zweiten Reise: die Einladung in Josephs Haus, den angeblich gestohlenen Becher, die Rückkehr zu Joseph und die große Rede Judas.

Diese Verkürzungen ließen sich so erklären, daß der Elohist den Jahwisten nicht unmittelbar, sondern durch verstümmelte Weitergabe in der mündlichen Erzählung kennengelernt hat. Doch ist solche Auskunft nur ein Notbehelf. Besser ist es, wenn wir die Weglassungen aus der Gesamtanlage der elohistischen Erzählung erklären können. L. Ruppert hat darauf hingewiesen, daß der Elohist seine Darstellung so anlegt, daß alles, was geschieht, von Gottes Wollen veranlaßt ist[30]. Daß die Brüder Joseph hassen, ist nicht Schuld des Vaters, der ihn bevorzugt, wie beim Jahwisten, oder gar Josephs Schuld, der seine Brüder verpetzt, wie in der Priesterschrift, sondern ergibt sich aus den von Gott gesandten Träumen. Auch verkaufen ihn die Brüder nicht an die Midianiter, sondern werfen ihn in eine Zisterne, aus der ihn die Midianiter stehlen. Deutlich spricht dies Gen 45 8 aus:

---

[26] S. o. S. 15.

[27] Zur Abhängigkeit des Elohisten von J vgl. S. Mowinckel N 10, 6 ff.

[28] Vgl. z. B. Gen 20 mit den jahwistischen Parallelen Gen 12 und 26 (»Frau als Schwester«) und vgl. u. S. 193. 195 ff.

[29] Schreibt man diese Träume E zu, so ergibt sich das Problem, wie bei J Joseph aus dem Gefängnis kam. Etwa so, daß Joseph den Traum von den Kühen hat, ihn mitsamt der Deutung seinen Mitgefangenen erzählt und der freigelassene Mundschenk dies dem Pharao berichtet, woraufhin Joseph befreit und zum Wesir befördert wird?   [30] L. Ruppert R 6, 219. 226 ff.

»Nun aber habt nicht ihr mich hierher geschickt, sondern Gott; und er hat mich dem Pharao zum Vater und seinem ganzen Hause zum Herrn und zum Herrscher im ganzen Lande Ägypten eingesetzt.«

Dieser Satz bereitet den Schluß der elohistischen Josephgeschichte vor, der bekanntlich lautet:

»Ihr habt mir Böses zugedacht; Gott war auf Gutes aus, um zu tun, wie es heute steht: viel Volk am Leben zu halten.« (Gen 50 20)

Stellen wir dieser Konzeption der Josephgeschichte den großen jahwistischen Einschub von Gen 43 11—45 1 gegenüber, so sehen wir ein völlig anderes Bild. Der Auftritt Judas in Gen 44 15 ff. ist nicht nur planmäßig vorbereitet (rettender Bruder in Kap. 37; Bürge für Benjamin in Kap. 43), sondern auch glänzend durchgeführt. Juda vermag seine tiefe Sorge um Benjamin und um den alten Vater so ergreifend zum Ausdruck zu bringen, daß er Joseph überwindet. Dieser hingegen wird durch die Bechergeschichte (Gen 44 1-15) in ein seltsames Zwielicht getaucht. Vergleicht man die widersprüchlichen Auffassungen seines Verhaltens in den Kommentaren, so sieht man, daß der Erzähler es von Grausamkeit (H. Gunkel) über planvolle Prüfung (G. von Rad) bis zur liebevollen Pädagogik (L. Ruppert) schillern läßt — wobei sie alle ein wenig Recht haben. Joseph liebt Benjamin (43 30) und jagt ihm doch Todesangst ein (44 9 und 12). Er spielt mit den Brüdern, gerade, wo er ihnen Gutes tut, wie die Katze mit der Maus — um sich am Ende völlig mit ihnen zu versöhnen. In dem Maße, wie Joseph seinen idealen Charakter (vgl. besonders Kap. 39!) verliert, wächst Juda über sich hinaus. So stehen sich beide im Ringen um Benjamin ebenbürtig gegenüber[31]. Die Eindeutigkeit von Gut und Böse ist verlassen, der positive Held muß seine Rolle an einen anderen abtreten und verliert selber an Glanz. Der Schuldige wächst über seine Schuld hinaus, während der Unschuldige in das Zwielicht undurchschaubaren Verhaltens gerät. Hier beim Jahwisten handeln und ringen die Menschen, dort beim Elohisten sind sie Werkzeuge in Gottes Plan. Grund genug, diesen eigentlichen Höhepunkt jahwistischer Erzählung zu streichen. Nach der Auffassung des Elohisten kann er nur noch verwirren, was längst klargestellt war.

Dazu kommt, daß der Elohist sehr stark von der alten Form der »Brüdergeschichte« beeinflußt war, die er kannte und die bereits nach der ersten Reise mit dem Heimzug der Brüder schloß. Nun muß er zwar die Übersiedlung nach Ägypten erzählen, aber er läßt den alten Jakob offenbar gleich in Kanaan, wo er später beerdigt werden soll, läßt ihn dort von Joseph besucht werden, so daß Gelegenheit besteht,

---

[31] Das Gegenüber von Juda und Joseph im Ringen um Benjamin scheint eine klare Anspielung auf die geschichtliche Situation zu sein, in der die jahwistische Form der Josephgeschichte entstand: die Zeit nach der Reichsteilung von etwa 930 v. Chr.

die äthiologische Erzählung von der Segnung Ephraims und Manasses unterzubringen[32], und am Ende reist Joseph wieder nach Ägypten, wo das Schlußgespräch mit den Brüdern stattfindet. Diese Lösung erschien ihm offenbar glücklicher als die Reise des alten Jakob nach Ägypten und die umständliche Einbalsamierung und Überführung der Leiche nach Kanaan. So lassen sich die Kürzungen des Elohisten gut erklären und widersprechen nicht länger der Annahme, daß er außer seiner alten Vorlage die jahwistische Josephgeschichte gekannt hat.

Ist nun aber der Jahwist, wie wir behaupten, der eigentliche Schöpfer der Josephnovelle, so muß untersucht werden, wie er dabei gearbeitet hat, welche Ziele er anstrebte und welche Funktion der Novelle in seinem Gesamtwerk zukam.

1. Zur Vorbereitung von Kap. 44 hat er gleich am Anfang Juda zum »rettenden Bruder« gemacht, sei es daß er Ruben in Juda umbenannte — das ist die übliche Deutung —, sei es daß er den rettenden Bruder selber erfand und der Elohist daraus später Ruben machte, weil er als Nordisraelit Juda nicht den Vorzug lassen wollte, sondern den ältesten Bruder hier einführte[33].

2. In Kap. 39 sehen wir den mühsamen Versuch, aus dem Sklaven Joseph einen Gefangenen zu machen. Zu diesem Zweck fügt er die Geschichte von der verführerischen Frau ein. Gegenüber dem ägyptischen Märchen von den zwei Brüdern verstümmelt er die Erzählung, denn sie ging dort so weiter, daß schließlich die treulose Frau entlarvt und bestraft wird. An Josephs Unschuld hat zwar der Leser keinen Zweifel, aber er würde doch gerne den Helden gerechtfertigt sehen. Statt dessen entschwindet aber die verleumderische Frau ungestraft und ihr Mann, ohne die Wahrheit erkannt zu haben, aus der Geschichte[34]. Das Erzählungstorso hat also den reinen Funktionswert, Joseph ins Gefängnis zu bringen. Zugleich gibt es dem Schriftsteller Gelegenheit, unter Beweis zu stellen, wie sehr er des Vertrauens würdig war, das sein Herr in ihn setzte, so daß man ihm auch später das Schicksal Ägyptens anvertrauen konnte[35]. Die mündliche Tradition, welche ihren Ausgang bei der Einzelgeschichte nimmt, wäre hier völlig

---

[32] H. Gunkel Z 109, 471f.; M. Noth B 15, 91f.

[33] Zu E als Ephraimit vgl. L. Ruppert R 6, u. a. 228f. Möglicherweise ist auch der Ärmelrock hier von J mit dem Gedanken hereingebracht, eine Anspielung auf das Königtum des »Hauses Joseph« unterzubringen. Der $k^e ton{\alpha}t$ $pass\hat{\imath}m$ kommt außer Gen 37 nur noch in IISam 13 als Gewand der Königstochter Tamar vor. Wird Joseph als der $b{\alpha}n$-$z^e qunim$ bezeichnet, so weist das auf die älteste Form der Geschichte hin, wo Benjamin noch nicht vorkam.

[34] Greßmann Z 85, 24f.

[35] Diese Tendenz der Erzählung scheint mir wichtiger zu sein als die Zeichnung des idealen Jünglings, wie es G. von Rad, Josephgeschichte und Chokma, 274ff., sieht. Zur Kritik an von Rad vgl. Ruppert R 6, 59.

anders verfahren. Die Zusammenfügung von »Brüdergeschichte« und »Ägyptergeschichte« mit Hilfe der Ehebruchsgeschichte ist nur als literarischer Vorgang zu erklären.

Dieses Erzählungstorso hat der Jahwist[36] mit dem Rahmen von der doppelten Erhöhung Josephs umgeben[37]. Die erste Erhöhung im Hause seines Herrn (39 1-6) war für die Vorbereitung des Erzählungstorsos nötig, die zweite im Gefängnis (39 21-23) brachte den Verfasser ohne besondere Notwendigkeit in Schwierigkeit mit der Tradition, nach der Joseph elender Gefangener war[38]. Offenbar lag ihm daran, durch die Erzählung selber — wie es der Art des Jahwisten entspricht[39] — die Frage zu beantworten, wieso Joseph fähig war, Ägypten als Sonderbeauftragter oder Wesir des Pharao[40] zu regieren. Im Märchen sind dererlei Erwägungen fehl am Platze. Wenn der Jahwist sie sich stellt, so deutet sich darin eine gewisse rationale Durchdringung des Stoffes an, eine Rationalität, die zugleich dem Irrationalen Raum gibt. Denn nicht die Erfahrungen in Verwaltungsarbeit, die Joseph als Aufseher im Hause seines Herrn oder Gefängnis sammelt, werden als Begründung angeführt, sondern seine Eignung beruht darauf, daß »JHWH mit ihm ist«. Daß menschliches Mühen auch sein Gelingen findet, liegt ja nicht in der Hand des Menschen, ist unverfügbar. Gottes Beistand ist für den antiken Erzähler der adäquate Ausdruck für diesen Sachverhalt. In diesen Schlußversen des Kap. 39, wo der Verfasser gegen die ihm vorliegende Überlieferung Joseph zum Gefängnisaufseher macht, nicht um der Handlung, sondern um seiner eigenen Gedanken willen, zeichnet sich die Eigenarbeit des Gestalters und sein freies Verhältnis zu der ihm vorliegenden Tradition mit Deutlichkeit ab.

---

[36] Der Gottesname JHWH in diesem Rahmen (39 2. 3. 5. 21. 23) — und nur hier in der Josephgeschichte — weist auf den Jahwisten als Verfasser. Vgl. Ruppert R 6, 43 ff. Weitere Ausdrücke, die für J bezeichnend sind: *'îš miṣrî* (v. 1) und *'îš 'ibrî* (v. 14), *jᵉphä-to'ar wijᵉphê marâ* (v. 6), *šakăb 'im* bzw. *'äṣäl* (v. 7. 10) *mᵉlâkâ* (v. 11); vgl. Gen 33 14); *maṣa' hen* ist zwar nur in direkter Rede als Ausdruck *'im-na' maṣatî hen bᵉênăka* für J exklusiv typisch, kommt aber auch im Referat vor.

[37] Die enge Verbindung zwischen Rahmen und Erzählung ergibt sich aus dem Sprachgebrauch: *ba'ăšär* v. 9 und 23; *mᵉ'ûmâ* + Verneinung v. 6. 9. 23; der Herr überprüft (*jadä'* bzw. *ra'ā* mit interessanter Abwechslung) nichts bei Joseph v. 6. 8. 23; die Wiederholungen sind nie schematisch, sondern mit geschickter Variation gemacht. Auffällig sind die häufigen Satzanfänge mit *wăjᵉhî* (oft mit Inf.) v. 2. 5. 6. (7). 10. 11. 13. 15. 18. 19. 20. 21. Dabei ist der Ausdruck im Rahmen stets mit »und es war«, in der Erzählung mit »und es geschah« zu übersetzen, was der Struktur der drei Teile des Kapitals entspricht. Diese gehen nahtlos ineinander über, besonders wenn man den Anfang von v. 7 »und es geschah danach« ausschaltet.

[38] Vgl. Gen 40 14f.

[39] Vgl. G. von Rad, ATD I⁸, 377 (zu Gen 50 20).

[40] Zu den Titeln vgl. J. Vergote Z 49, 98ff., besonders 106.

3. Solange die Brüdergeschichte ein anonymes Märchen war, brauchte das fremde Land, in dem der verstoßene jüngste Bruder zu Macht und Ehren kam, nicht notwendig Ägypten gewesen zu sein. Wenn aber das Wandermotiv der Brüder eine Hungersnot war, so wird Ägypten ihr Ziel gewesen sein, denn es war mit seinem Nilwasser, das es aus den äthiopischen Bergen bezog, von Trockenzeiten an der Mittelmeerküste relativ unabhängig. So bot es Nomaden Weide und Kornbauern Brot[41]. Folglich wird unser Verfasser in der ihm vorliegenden Überlieferung »Ägypten« bereits vorgefunden haben. Ja die gemeinsamen Motive »Ägypten«, »Wesir« und »Hungersnot« ermöglichten es ihm, die »Brüdergeschichte« mit der »Ägyptergeschichte« zu verbinden. War es seine Absicht bei der Gestaltung der Josephgeschichte, die Verbindung zwischen den Vätergeschichten und den Erzählungen vom Auszug aus Ägypten zu schaffen, so bot sich ihm diese Kombination als beste Lösung an. Hatte er die Zwölf Söhne Jakobs erst einmal nach Ägypten gebracht, so konnte er sie von dort als »Volk Israel« wieder ausziehen lassen. Vorbereitet hatte er diesen Übergang von der Familie zum Volk auch durch die Umbenennung Jakobs in Israel[42].

4. Oder hatte schon die mündliche Tradition aus all den einzelnen Geschichten eine Kette gewoben und sie gesamtisraelitisch überhöht[43]? Das ließe sich nur beweisen, wenn man eindeutig begründen könnte, daß der Elohist den Jahwisten nicht gekannt hat, daß also ihre Übereinstimmung nur auf Grund einer Vorlage zu erklären ist. Denn die Zwölf Söhne Jakobs gehören zu dem Übereinstimmungsbereich von E und J. Andererseits läßt sich beweisen, daß die Erzählung ein Stadium gekannt hat, wo sie noch nicht eine Geschichte der Zwölf Söhne Jakobs war, nämlich als Joseph noch als der jüngste Sohn galt und Benjamin nicht vorkam[44].

Nun haben wir auch in Gen 29—30 und indirekt in Gen 34, 35 22 und 38 Spuren einer Überlieferung, die auf vier Jakobsöhne und Joseph hinweist (Ruben, Simeon, Levi, Juda und Joseph). Auch in Gen 29—30 sind aus den ursprünglich fünf Söhnen Jakobs erst sechs (+ Benjamin) und dann nachträglich und künstlich, d. h. wohl literarisch, zwölf

---

[41] H. Greßmann (Z 86, 12) macht auf den Unterschied zwischen der Nomadengeschichte in Kap. 37 und der Kornbauergeschichte im weiteren Verlauf aufmerksam. Diese Veränderung kann schon in der mündlichen Tradierung erfolgt sein. Zu Hungersnöten in Ägypten und zu Weideland suchenden Nomaden vgl. S. Herrmann P 7, 185.

[42] S. u. 59.

[43] Die gesamtisraelitische Gestaltung bereits in der vorjahwistischen Tradition behauptet M. Noth B 15, 226 ff., wo er die Meinung vertritt, die Josephgeschichte sei aus dem Satz entstanden: »Jakob und seine Söhne zogen nach Ägypten hinab«.

[44] S. o. S. 15.

Söhne Jakobs gemacht worden[45]. Der Analogieschluß auf die Josephgeschichte liegt nahe. Außer Levi treten alle Genannten in der Josephgeschichte auf, wenn man die elohistische und jahwistische Fassung
zusammennimmt. Namen der anderen Söhne — außer Benjamin, von
dem gleich zu reden sein wird — begegnen nicht. So wäre denkbar, daß
das zunächst anonyme Brüdermärchen auf Jakob und seine fünf Söhne
übertragen wurde. Irgendein ätiologischer, kultischer oder sonstiger
Zweck war damit nicht verbunden. Man erzählt von den Vorfahren
um des Erzählens willen. In dieser Fassung werden die Brüder nach
einer Reise, nach Gefängnis und unerwartetem Wiedersehen mit dem
verstoßenen Bruder nach Hause zurückgekehrt sein.

Aber die Zahl der Söhne Jakobs vermehrte sich um Benjamin, der
als Spätling im Lande Kanaan geboren wurde (Gen 35 16-20). Oder
genauer gesagt: Der Stamm Benjamin sicherte sich seinen Anteil am
Erzählgut der anderen Stämme. Das ergibt eine Geschichte von Joseph
und seinen fünf Brüdern, wie sie in Gen 47 2 vor den Pharao treten.
Mit der Einfügung Benjamins ändert sich die Erzählung, die auch
vorher schon drei Varianten hatte (Kundschafter, Geld im Sack,
Becher im Sack), indem nun die Brüder, statt ins Gefängnis zu wandern,
zurückgeschickt werden, um Benjamin zu holen. Man kann sich das
Wachstum der mündlichen Tradition am besten klarmachen, wenn
man auf das Motiv »Joseph weint«[46] achtet. Es gehört, wie Gen 45 2
beweist, zur Erkennungsszene, tritt aber auch schon 42 24 auf, wo es
in der alten Form der Eine-Reise-Geschichte stand, und in 43 30, wo
nach dem Eintreffen der Brüder mit Benjamin in der erweiterten Fassung die Erkennungsszene folgte.

Noch eine weitere Beobachtung weist darauf hin, daß in den
Stadien der mündlichen Überlieferung noch keine Zwölf-Stämme-
Geschichte zwecks Übersiedlung nach Ägypten vorlag: Wenn wir das
Motiv »Geschenke« untersuchen, so verrät der Text von Gen 45 22-23
deutlich, daß die Übersiedlung nach Ägypten gar nicht ins Auge
gefaßt ist. Denn wozu Geschenke an Brüder und Vater, wenn diese
doch nach Ägypten kommen sollen? Die Wegzehrung (v. 21 und 23)
wäre genug. Alles andere ist der Unsicherheit der Reise ausgesetzt
(300 Silberstücke für Benjamin und fünf Feierkleider!) und erschwert
nur den »Umzug«[47]. Doch ist zu vermuten, daß das Geschenkmotiv in
die alte Geschichte hineingehört, denn die Geschenke sind Zeichen der
erfolgten Versöhnung. Interessant ist, daß der Elohist das Motiv

---

[45] O. Eißfeldt R 1, 53 ff. = Kl. Schr. IV, 173 ff.; S. Mowinckel Z 26, 129, vgl. N 10, 31;
S. Lehming G 13 und s. u. S. 50 ff.

[46] S. o. S. 14.

[47] Gen 45 23 »und Speise für den Vater auf die Reise« könnte eine redaktionelle An-
passung an die Umzugsgeschichte sein.

»Geld im Sack«, das er dramatisch gar nicht brauchen konnte, in das Geschenkmotiv umgewandelt hat, indem er die Beutel mit dem Geld unten in die Säcke steckte. Nur an der Furcht, die dieses Geschenk erregt, sieht man noch, daß es ursprünglich als Überführung für die »Diebe« gedacht war[48]. Insofern steht bei ihm das Geschenkmotiv auch noch am Ende der ersten Reise. Der Jahwist hat das Geschenkmotiv am konsequentesten aufgelöst, indem er Benjamin das Fünffache zu essen vorsetzen läßt. Hier gibt es keine Komplikationen für den Umzug.

Wenn also die Brüder von der zweiten Reise mit Geschenken und der Botschaft an den Vater »Joseph lebt und ist in Ägypten zu hohen Ehren gekommen« nach Hause zurückkehrten, so läßt sich eine Weiterspinnung des Fadens denken, bei dem nun Joseph einen Besuch in Kanaan macht, um seinen alten Vater noch einmal zu sehen. Aus diesem Stadium könnte noch der Satz stammen: »und es zogen mit ihm hinauf Reiter und Wagen, und das Heerlager war sehr groß« (Gen 50 9)[49]. Zum Schluß segnet dann Jakob seinen Sohn Joseph und stirbt. Die ätiologische Erzählung von der Segnung Ephraims und Manasses kann sich an die Segnung Josephs angeschlossen haben.

In diesem Stadium der Überlieferung entspricht die Josephgeschichte in etwa der Erzählung von Gen 12 10 ff., der Reise Abrahams nach Ägypten aus Anlaß einer Hungersnot, wo er dann seine Frau als Schwester ausgibt und mit reichen Geschenken in die Heimat zurückkehrt. Ägypten ist lediglich der Ort des Erlebnisses, nicht das Ziel der Übersiedlung. Steht aber diese Vorform der Geschichte fest, so wird M. Noths Ansicht hinfällig, daß die Josephgeschichte aus dem Satz entstanden sei, »Jakob und seine Söhne zogen nach Ägypten herab« und im Grunde nichts als dessen erzählerische Ausgestaltung darstelle. Erst war die Einzelerzählung und dann der Gesamtaufriß der »Geschichte Israels«.

Wie fest die Rückkehr in die Heimat mit der ursprünglichen Josephgeschichte verbunden war, sieht man daran, daß der Elohist offenbar an dieser Gestalt festhielt, so gut er konnte, und den alten Jakob nicht nach Ägypten übersiedeln, sondern in Kanaan bleiben ließ, wo ihn Joseph vor seinem Tode noch besucht. Er kommt mit »Reitern und Wagen« und »großem Heerlager«, nimmt auch seine beiden Söhne Ephraim und Manasse mit. Der Vater segnet Joseph und dann auch die beiden Enkelsöhne. Nach dem Tode und der Bestattung Jakobs kehrt Joseph nach Ägypten zurück, woran sich Gen 50 15 zwanglos anschließt:

---

[48] Gen 42 35. Wenn 42 28 bβ ursprünglich nach v. 35 stand, so wäre das Furchtmotiv noch erheblich verstärkt. Vgl. auch o. S. 16 f.

[49] Der Satz wird beim Elohisten gestanden haben.

»Und es sahen die Brüder Josephs, daß ihr Vater gestorben war, und sie sprachen: ‚Wehe, Joseph wird sich feindlich gegen uns stellen und wird uns gewiß vergelten all das Böse, das wir ihm angetan haben.'«

Um des weiteren Ganges der Dinge willen mußten die Brüder in Ägypten bleiben. Um diese Konzession an die jahwistische Gestalt der Geschichte kam der Elohist nicht herum. Die großzügige Änderung jedoch, die der Jahwist vorgenommen hatte, indem der den alten Vater mitsamt seinen Söhnen und deren Familien nach Ägypten übersiedeln läßt, macht der Elohist nicht mit. So erspart er sich auch den Eidschwur, den Jakob seinen Sohn Joseph schwören läßt (Gen 47 29 ff.), die Einbalsamierung der Leiche und ihre feierliche Überführung nach Kanaan (Gen 50 1 ff.). Während beim Elohisten die Umsiedlung der Brüder nach Ägypten (besser mit L. Ruppert: ihre Verpflegung in Ägypten) die Konzession an die Überlieferung darstellt und der Nachdruck auf der Segnung Josephs in Kanaan liegt, hat der Jahwist die Beisetzung Jakobs in Kanaan als Konzession eingeräumt, während der ganze Nachdruck seiner Darstellung auf dem neuen ägyptischen Wohnsitz der Familie liegt. Auch hier ist es unerfindlich, wie eine gemeinsame Vorlage ausgesehen haben sollte. Oder anders gesagt: Die Gemeinsamkeit kann nur in der älteren Form dagewesen sein, wie sie dem Elohisten vorgelegen hat; dann muß dieser aber seine Anleihe bei der jahwistischen Änderung gemacht haben, denn sonst wären die Brüder am Ende in Kanaan und nicht in Ägypten gewesen.

Eine Art Probe aufs Exempel ist der Abschnitt Gen 46 1b-5, den L. Ruppert mit Recht für später als den Elohisten hält[50]. Bedarf es einer besonderen Offenbarung Gottes, um Jakobs Bedenken gegenüber einer Reise nach Ägypten zu zerstreuen, so hat es eine Erzählung gegeben, wie Jakob sich weigert, der Einladung nach Ägypten zu folgen. Der kleine Abschnitt will also den Ablauf beim Elohisten (Jakob bleibt in Kanaan) mit dem Text des Jahwisten (Jakob reist nach Ägypten) verbinden, eine typische redaktionelle Arbeit.

Wir vergegenwärtigen uns noch einmal das Wachstum der Tradition in ihren einzelnen Stufen:

A. Mündliches Stadium:

1. Anonymes Brüdermärchen: Verkauf des Jüngsten — Hungersnot — Reise der Brüder nach Ägypten — der dorthin verkaufte und zu Ehren gekommene Bruder erkennt sie — beschuldigt sie fälschlich (drei Varianten: Kundschafter — gestohlenes Geld — gestohlener Becher) — Gefängnis — Erkennungsszene/Geschenke — Heimreise.
2. Brüdermärchen auf Jakob und seine fünf Söhne (Ruben, Simeon, Levi, Juda und Joseph) übertragen.

---

[50] L. Ruppert R 6, 130f.; vgl. W. Rudolph Z 38, 149.

3. Brüdermärchen um Benjamin und die zweite Reise erweitert, Gefängnisaufenthalt entfällt.
4. An Form 2 oder 3 wächst an der Besuch Josephs bei Jakob, danach die Ätiologie von der Segnung Ephraims und Manasses.

B. Schriftliches Stadium:

5. Das Brüdermärchen wird in die Geschichte Israels eingefügt durch Erhöhung der Zahl der Jakobsöhne auf zwölf, durch Einfügung der »Ägyptergeschichte« (Verlagerung des Schwerpunktes nach Ägypten); für diese Einarbeitung erscheint die Ehebruchsgeschichte funktional als Überleitung; Aufbau der Person Judas im Gegenüber zu Joseph; Übersiedlung Jakobs nach Ägypten und Überführung der Leiche nach Kanaan; Tod Josephs und seiner Brüder in Ägypten (Jahwist).
6. Rückgang auf Stadium 2, doch unter Einarbeitung wesentlicher Züge aus Stadium 5 (Zwölf Brüder — Name Potiphar — der rettende und der bürgende Bruder (?) — Gefängnisaufenthalt Josephs — Auftrag, Benjamin zu holen, — Übersiedlung der Brüder nach Ägypten) — Ausmerzung der Rolle Judas und der Übersiedlung Jakobs nach Ägypten. Eigene Neugestaltungen: Verkauf an den Gefängnisaufseher — Träume — theologische Pointe (Gen 45 8, 50 20) (Elohist).

Als Kennzeichen der literarischen Stufe gegenüber der mündlichen fanden wir:

1. eine unabgeschlossene Geschichte: Josephs angeblichen Ehebruch (Kap. 39);
2. eine verteilte Geschichte: die »Ägyptergeschichte« (Gen 39 20ff. (40) 41. 47 13-26);
3. den systematischen Aufbau einer Person über die ganze Strecke einer Großerzählung hinweg: Juda (Gen 37. 43. 45);
4. den Zusammenstoß von Traditionen, ohne daß die Nahtstelle richtig verschliffen wäre: Hungersnot in Ägypten bzw. in allen Ländern (Gen 41 Ende);
5. Überformung des Stoffes für den Einbau in einen größeren Zusammenhang: Jakob heißt Israel; Zwölf-Söhne-Schema; Übersiedlung nach Ägypten.

Alle diese Kennzeichen beziehen sich auf die jahwistische Stufe. Im elohistischen Stadium ließen sich höchstens die drei Doppelträume und die straffere theologische Durcharbeitung als Kennzeichen literarischer Arbeit anführen.

Die Einfügung in einen größeren Zusammenhang hat also der Josephgeschichte im jahwistischen Stadium die Gestalt gegeben, die sie für ihre Funktion in diesem Zusammenhang brauchte. Ihre Aufgabe war, die Brücke zu bilden zwischen den Vätergeschichten und den Erzählungen vom Auszug aus Ägypten. Deshalb mußte das ägyptische Gewicht der Erzählung verstärkt werden, da sie ja ursprünglich keine Übersiedlungs- sondern eine Rückkehrerzählung war wie der Bericht von Abrahams ägyptischen Erlebnissen in Gen 12 10 ff. Daß sie in dieser funktionalen Gestalt je unabhängig von ihrem Zusammenhang mit den Jakobgeschichten einerseits, den Mosegeschichten andererseits existiert haben sollte, ist eine völlig unmögliche Annahme[51]. Sie ist für den Platz gestaltet, an dem sie steht.

Der eigentümliche Gebrauch der Gottesbezeichnungen — in direkter Rede Elohim, im Bericht (nur Gen 39) JHWH — kann nicht als Argument für die Selbständigkeit der Erzählung gegenüber sonstigen jahwistischen Texten angeführt werden[52]. Denn hierbei wird übersehen, daß der Gestalter der jahwistischen Josephgeschichte sorgfältig auf das ägyptische Kolorit geachtet hat. Das zeigt der Gebrauch der Worte *tôʿbā* und *ʿibrî*, der die Meinung der Ägypter über ihre fremden Gäste widerspiegelt[53]. In diesem Rahmen ist der Gebrauch der Gottesbezeichnung Elohim völlig logisch gegenüber dem israelitischen Gottesnamen.

Das Großartige an der Josephgeschichte ist aber, daß trotz ihrer funktionalen Gestaltung und trotz aller Härten, die sich aus den Zusammenfügungen von Brüdermärchen und Ägyptergeschichte ergaben, eine so geschlossene, eindrucksvolle Großerzählung entstanden ist. Wir gehen nun der Frage nach, welche Anschauungen des Jahwisten sich in dieser seiner Schöpfung zeigen und behandeln aa) seine Theologie und bb) die Gestaltung der Personen.

aa) *Die Theologie des Jahwisten in der Josephgeschichte.* Daß kultische Überlieferungen, mythologische Vorstellungen oder ein direktes Eingreifen Gottes in die Geschichte nicht vorkommen, ist schon oft festgestellt worden. Die Vorbereitung von Josephs Erhöhung durch die Erhöhung bei seinem Herrn und im Gefängnis erkannten wir als einen rationalistischen Zug der Erzählung[54]. Die Einflüsse weisheitlichen Denkens, wie sie G. von Rad beobachtete[55], spielen eine große Rolle. Wenn Gen 45 5-7 zum Jahwisten zu rechnen ist[56], so wäre das für die Theologie des Verfassers bedeutsam. Die Sätze:

---

[51] Vgl. W. Rudolph Z 38, 181 ff.; G. von Rad Z 89, 67 u. s. o. S. 10.

[52] W. Rudolph Z 38, 148 f.; 180 f.; S. Mowinckel N 11, 61: »In der Josefgeschichte ist der Gebrauch von ‚Gott' statt ‚Jahwe' in der Regel sachlich begründet«.

[53] S. u. S. 62 f. (Anm. 13 und 17), vgl. auch 199.

[54] S. o. S. 23.

[55] G. von Rad Z 92 passim.

[56] Gen 45 5a wird wegen des Rückverweises auf Gen 37 27 f. allgeme in zu J gerechnet, 5b-7 hingegen zu E. Eine Ausnahme bilden E. A. Speiser (Genesis z. St.) und

»Und nun betrübt euch nicht, daß Ihr mich hierher verkauft habt. Zur Lebenserhaltung hat mich Gott vor euch hergesandt. Zwei Jahre herrscht ja schon der Hunger
im Lande, und noch fünf Jahre wird kein Pflügen und kein Ernten sein. Da hat mich
Gott vor euch hergesandt, um euch am Leben zu erhalten zu einem großen Entrinnen.«
(Gen 45 5-7 unter Streichung von zwei Glossen) sind mit Gen 50 20 zu vergleichen:

»Fürchtet euch nicht! Bin ich denn an Gottes Stelle? Ihr gedachtet mir Böses
zu tun, aber Gott gedachte es zum Guten zu wenden, um das zu vollführen, was jetzt
am Tage ist, nämlich viele Menschen am Leben zu erhalten«[57].

J. Vergote (Z 49, 181 f.), die Gen 1—15 geschlossen J zuweisen. Das aber wird sich
nicht halten lassen. H. Gunkel (Genesis z. St.) begründet die Zuweisung zu E nur
mit dem Gebrauch von *ᵉlohîm*, was überhaupt keine Beweiskraft hat, da J in direkter Rede stets *ᵉlohîm* verwendet (Gen 39 9 41 38 43 29 44 16 45 9). Ruppert begründet die Zuweisung zu E mit der betonten Verwendung von *šalăḥ*: »Gott hat
mich gesandt . . .« unter Verweis auf Ex 3 10-14 u. a. Bei G. von Rad, ATD, z. St.,
bleibt die Zuweisung offen, doch neigt er wohl mehr E zu. *Šalăḥ* mit Gott als Subjekt findet sich bei J auch Ex 7 16 an prononzierter Stelle. *bᵉkæræb haʾaræṣ* ist
bei J nicht nachzuweisen, sondern gehört zu Glossen und Dt (Ex 8 18 Dtn 4 5 15 11
19 10), doch steht es bei E stets in ganz anderer Bedeutung: »in eurer Mitte« bzw.
»in deiner Mitte« u. ä. in bezug auf Israel (Ex 17 7 23 25 33 5 Num 11 4. 20f. 14 11
und Dtn passim). Sachlich ist v 6 mit seiner Aufteilung der sieben Hungerjahre
in 2 + 5 für J bezeichnend, der in Kap. 47 13ff., die Einteilung in 5 + 2 voraussetzt,
was gegen Greßmann Z 86, 26ff. festgehalten werden muß.

Miḥjā begegnet in Jdc 6 4 17 10 in Bereichen, die dem Jahwisten mindestens sprachlich verwandt sind. Der Stamm *ḥajā* findet sich in den J-Abschnitten der Josephgeschichte besonders häufig:

ḥaj »lebendig« 43 7. 27. 28 45 26. 28. 46 30.

(bei E: 45 3 // 43 7 J) und 42 15. 16 (»so wahr Pharao lebt«)

ḥajāh »leben« im qal: 42 2 43 8 47 19.

(bei E: 42 18 45 27).

»das Leben erhalten« im hi 47 25 und in 45 7, das infrage steht.

Programmatisch ist bei J der Ausdruck »wir werden leben und nicht sterben«
in 42 2 43 8 und 47 19. Dies verweist auf den Gegenbegriff »sterben«, der bei J ebenfalls auffallend häufig vorkommt: qal: Gen 42 2. 38 43 8 44 9. 20. 22. 31 45 28 46 30
47 15. 19. 19. 29 50 5. Hi: 37 18.

Man darf wohl sagen, daß die »Leben—Tod« Thematik die Josephgeschichte
durchzieht, ja beherrscht. Das erinnert an die »Thronfolgegeschichte« 2. Sam 9 —
1. Kön 2, die ebenfalls von dieser Thematik beherrscht ist: »the story beginns with
the major motifs, which dominate and alternate throughout, such as life and death,
man and woman, love and hatred.« J. J. Jackson U 5, 185.

Auch *pᵉlêṭā* gehört eher zu J als zu E, da es bei J in Gen 32 9 45 7 Ex 10 5 (und
in J verwandtem Text II Sam 15 14) begegnet. Vgl. auch Jdc 12 5 und 21 17. An
den Pentateuchstellen und in IIReg 19 30. 31 ist es stets mit einer Form des Stammes
šaʾăr verbunden, was in Gen 45 7 zur Einfügung der Glosse »um euch einen Rest
im Lande zu geben« geführt haben kann. Ruppert hält den Satzteil allerdings nicht
für eine Glosse vgl. R 6, 121ff.

[57] Übersetzung nach G. von Rad, ATD, z. St.

Identisch ist an beiden Stellen das Motiv »Leben erhalten«, woraus sich ein Abhängigkeitsverhältnis zwischen ihnen ergibt. Sie können entweder beide vom Elohisten stammen, oder Gen 50 20 ist eine elohistische Variation zu dem jahwistischen Thema »Lebenserhaltung«. Die sprachlichen Indizien der ersten Stelle deuten eher auf J als auf E[58]. Der erste Satz (Gen 45 5 ff.) richtet sich pragmatisch auf die Lebenserhaltung, der zweite (Gen 50 20) geht ins Grundsätzliche, handelt vom Planen der Menschen und Gottes Geschichtslenkung. Natürlich kann ein Schriftsteller innerhalb seines Werkes diese Steigerung vollzogen haben. Auch ist Gen 50 20 beim Elohisten in 45 8 bereits vorbereitet:

»So habt nun nicht ihr mich hierhergesandt, sondern Gott hat mich zum Vater für den Pharao ... gemacht«[59].

G. von Rad sagt mit Recht, charakteristisch für den Jahwisten sei jener strenge Vorrang »des nackten Geschehens gegenüber aller Reflexion, also gegenüber dem dahinterliegenden ,Sinn', oder einer Lehre oder sonst einer inneren Stellungnahme des Erzählers zu den Vorgängen selbst«[60]. Geht es nun in 45 5-7 um einen »Sinn« oder eine Lehre? Am ehesten noch um eine Reflexion des Erzählers. Doch verlangt der Zusammenhang, daß Joseph seinen Brüdern eine Erklärung gibt, warum er ihnen nicht böse ist. Sonst hinge die Aufforderung »Und nun betrübt euch nicht ...« seltsam in der Luft. Ebensowenig begründet ist der Befehl, den Vater aus Kanaan zu holen, wenn v. 6 mit seinem Verweis auf weitere fünf Jahre Hungersnot entfällt. Außerdem bilden v. 5-7 eine Ploke[61], insofern der Anfangsgedanke »Gott hat gesandt« und »Lebensrettung« am Ende wieder aufgenommen wird. V. 8 aber schießt über diese Ploke hinaus und bringt den Gedanken »Gott hat gesandt« in einer neuen Variation »nicht ihr, sondern Gott«, was, wie oben gesagt, viel besser zu »ihr gedachtet es böse zu machen, Gott aber ...« (50 20) paßt als die Formulierung von 5-7. Auch die Art, wie Joseph in v. 8 direkt zu den Brüdern von seiner Erhöhung spricht, fällt ab gegenüber der feinen Weise, wie er dies in v. 9 (J) in die Botschaft an den Vater einbaut. Die Josephrede von 45 4b. 5-7. 9. 10. 13 gibt einen ausgezeichneten Zusammenhang und schließt mit der Umarmung Benjamins (v. 14). In v. 9 und 13 findet sich mit den Motiven »eilen« und »herabziehen« eine weitere Ploke.

Nicht als hinzukommende Reflexion, sondern als notwendiges Element der Erzählung ist also in diesen Worten Josephs von dem

---

[58] Vgl. Anm. 56.

[59] Allerdings ist der Anschluß dieses Satzes an v 4a (E) ziemlich hart. Offenbar ist eine Überleitung verloren, da der Redaktor hier E Sätze in J Text hineingearbeitet hat. [60] G. von Rad, ATD, zu Gen 50.

[61] Ploke (»Flechte«) nennt man eine Gedankenführung im Satz, wo der Anfangsgedanke am Ende wieder aufgenommen wird. L. Rost Z 87, S. 221.

Wirken Gottes im Handeln der Menschen die Rede. Das ist — wenn unsere Textbestimmung richtig ist — für die Geschichtsanschauung des Jahwisten festzuhalten.

bb) *Die Hauptgestalten* der Handlung sind Joseph, Juda und Jakob. Joseph ist der kluge, redegewandte, sittsame, vertrauenswürdige junge Mann[62], dem man kleine und große Aufgaben wohl anvertrauen kann. Durch seine Schönheit vermag er Frauen Eindruck zu machen. Aber wir sehen ihn auch »Katz und Maus« mit seinen Brüdern spielen, schillernd zwischen Grausamkeit (nur gespielter?) und herzlichem Mitleid (43 30). Gerade durch seine Güte quält er sie am meisten, weil sie ihnen Furcht einjagt; durch seine Härte gibt er ihnen, zumindest Juda, das Selbstbewußtsein zurück. Ungestraft läßt er die Brüder nicht davonkommen und verzichtet doch auf Rache. Die Geschichte ist so erzählt, daß der Leser diesen Racheverzicht geradezu herbeisehnt, so sehr er am Anfang allen Grund hatte, sich über das Verhalten der Brüder zu entrüsten und für Joseph Partei zu ergreifen.

Juda tritt wohl in Kap. 37 als der rettende Bruder auf, aber doch mit dem recht eigennützigen und Habgier verratenden Argument: »Wenn wir ihn verkaufen, haben wir mehr davon, als wenn wir ihn töten«. In der Klemme zwischen dem Befehl Josephs, Benjamin mitzubringen, und dem Wunsch des Vaters, ihn bei sich zu behalten, erkennt er sehr scharf, wer hier der Stärkere ist und nach wem er sich richten muß. So trotzt er dem Vater den Benjamin ab, und es scheint auch alles gut zu gehen, bis der Becher in Benjamins Sack gefunden wird. Jetzt ist Juda nicht nur wie bisher der Sprecher für die Brüder, sondern er kämpft furchtlos für Benjamin, auch wenn es ihm selbst die Freiheit oder das Leben kosten sollte. Er ist zu allem bereit, wenn er nur dem Vater den Kummer ersparen kann, daß Benjamin nicht mit den Brüdern heimkehrt.

Jakob ist der schwache alte Vater, der den Lieblingssohn bevorzugt und durch diese Ungerechtigkeit den Anstoß zu der gesamten Handlung gibt. Denn seine Bevorzugung weckt den Haß der Brüder auf Joseph. Als ihm der blutbefleckte Rock gezeigt wird, weiß er nichts als zu jammern. Nun klammert sich seine Liebe an Benjamin, aber er ist zu schwach, um ihn bei sich zu halten und muß sich von seinem Sohn Juda anherrschen lassen: »Wenn diese Trödelei nicht wäre, dann könnten wir schon zweimal wieder zurück sein« (43 10). Erst bei dem Schwur, den er Joseph abnimmt, ihn in Kanaan zu begraben, sowie bei der »richtigen« Segnung von Ephraim und Manasse zeigt er einige Willensstärke.

Jede dieser drei Gestalten ist so gezeichnet, daß man sie trotz ihrer Schwächen liebgewinnt. Will der Hörer der Geschichte für diese

---

[62] Vgl. dazu G. von Rad Z 92, 274f., aber auch die Kritik bei L. Ruppert R 6, 22f. u. a.

oder jene Person Partei ergreifen, so entwindet sie ihm der Erzähler und schiebt ihm eine andere hin, der er seine Gunst nicht versagen kann. Daß diese Zeichnung der Charaktere weit über die knappen Striche des »einfachen« Erzählstils hinausgeht, braucht nicht begründet zu werden.

b) Die Erzählweise des Jahwisten

Während der Stil der »einfachen« Erzählung mit seinen knappen Dialogen am Anfang das Feld beherrscht und später hin und wieder zum Vorschein kommt, finden sich im Weiteren Stilmittel, die darüber hinausgehen.

Nehmen wir z. B. den Abschnitt 44 1-12, so beginnt er mit einem Befehl Josephs an seinen Hausverwalter, den Brüdern die Säcke zu füllen. Dann kommt, mit betonender Inversion, die Anweisung, Josephs Becher in den Sack des Jüngsten zu tun. Die Inversion am Anfang von v. 3 »der Morgen leuchtete auf« hat abschnittsgliedernde Funktion und ist üblich in dieser Art. Doch wenn der Leser erwartet, daß die Abreise der Brüder jetzt im jiktol-x Stil weitererzählt wird, so sieht er sich getäuscht. Es folgen weitere vier Verben im x-qatal, von denen drei die Reise der Brüder fortführen, das letzte aber Josephs neue Anweisung an den Hausverwalter einleitet. Obwohl x-qatal die-selbe Funktion wie jiktol-x hat[63], so geben diese x-qatal-Konstruktio-nen doch der Schilderung einen retardierenden Charakter, etwa in dem Sinn: dies alles war schon geschehen, als es richtig losging. Das Fort-schreiten der Erzählung wird sozusagen eingeklammert, um den eigent-lichen Höhepunkt: die Entdeckung des »Diebstahls«, um so deutlicher hervortreten zu lassen. Doch nicht nur das: Die Verfolgung durch den Hausverwalter wird bis zu dessen erster Rede einschließlich nicht erzählt, sondern nur als Befehl Josephs ausgeführt, wobei die Suffix-konjugation in dem Relativsatz, der den Becher kennzeichnet (zwei Präfixkonjugationen), das Feld beherrscht; die Suffixkonjugationen bedeuten hier das sichere Futur. Die Ausführung des Befehls wird dann kurz mit zwei Narrativen angegeben. Es folgt die Verteidigungsrede der Brüder in betont höfischem Stil, der bereits in 43 20 ihre Worte kennzeichnete. Dafür ist besonders bezeichnend, daß man von sich selber in der dritten Person redet, also »deine Knechte« statt »wir« und »mein Herr« statt »du« sagt. Die Rhetorik, wie sie in v. 7 sich findet, setzt sich dann noch großartiger in v. 16 fort, am Anfang der ersten Rede Judas, die mit drei rhetorischen Fragen eingeleitet wird. So besteht auch v. 7 aus einer rhetorischen Frage und einer nachdrück-lichen Beteuerung »fern sei es von deinen Knechten . . .«[64]. Der Haus-

---

[63] W. Richter L 8, 355.

[64] Auf den Redenden bezogen steht *ḥalîlā* in Gen 44 7. 17 I Sam 22 15 24 7 26 11 II Sam 20 20 und 23 17 (I Sam 12 23) I Reg 21 3; an allen diesen Stellen ist ein Bezug auf den

verwalter als der Übergeordnete hingegen redet mit den normalen
Personalpronomen »ich« und »ihr«. Nach der abschließenden Rede
des Verwalters schreitet dann die Handlung rasch mit vier Narrativen
weiter (sie eilten . . . und luden die Säcke ab . . . und öffneten sie . . .
und er durchsuchte sie), um durch zwei Suffixkonjugationen abgelöst
zu werden (»beim Großen fing er an, beim Kleinen hörte er auf«), die
so metrischen Klang haben, daß man an ein geflügeltes Wort oder
dergleichen denken möchte. Dieser Einschub hat retardierende, also
spannungssteigernde Wirkung und bereitet das Ergebnis der Durch-
suchung vor. Der Schluß »und gefunden ward der Becher im Sacke
Benjamins« rundet die Erzähleinheit ab, wobei das Stichwort für das
Folgende sich in der betonten Stellung am Ende findet: Benjamin,
um dessen Freiheit und Leben nun der Kampf entbrennt.

So wenig die Verwandtschaft mit den Gesetzen der einfachen,
mündlichen Erzählung zu übersehen ist[65], so sehr fällt doch die kunst-
vollere Prosa ins Auge. Die Entfaltung vor allem der Wechselrede mit
ihren kurzen Sätzen — als klassisches Beispiel diene Jdc 11 4-11a — zur
kunstvollen Rede mit rhetorischen Wendungen und Fragen[66], mit
Schmeichelei (»du bist wie Pharao« 44 18), Bescheidenheitsformeln[67]
und dem Kunstmittel der Ploke[68], mit der Zitierung von früheren
Gesprächen in der Rede (44 19-23. 25-29), die dabei der Situation entsprechend variiert werden, weist daraufhin, daß der Übergang von
der mündlichen Formung der Erzählung zu ihrer schriftlichen Gestaltung gefunden ist. Das einzige Stilmittel entfalteter Rhetorik, das wir
in den Josephgeschichten nicht finden, ist die Bildrede.

Es sei festgehalten, daß die Erzählung besonders da nach den
»einfachen« Gesetzen verläuft, wo der Verfasser der Josephgeschichte
die ihm vorliegende Überlieferung aufgreift, also z. B. in Kap. 37 mit
seiner Exposition und den vier folgenden kurzen Gesprächsszenen,
wohl auch in 47 13-26 mit seinem etwas unbeholfenen Gesprächsstil[69],

---

König oder einen hohen Beamten gegeben. Im Munde des Volkes: Jos 22 29 24 16
I Sam 14 45. Mit Bezug auf den Angeredeten: I Sam 20 2. 9; desgleichen, aber Gott
angeredet: Gen 18 25 (2mal) und im Munde Gottes I Sam 2 30 (rückbezüglich).

[65] W. Richter L 8, 376 ff.

[66] Besonders 44 7. 16. 34.

[67] *bi'ᵃdonî* 43 20; 44 18. — Anrede und Selbstbezeichnung in der dritten Person von
Seiten des Niedrigeren. Vgl. dazu I. Lande Z 27, 16f. 68f.

[68] Ploke (zum Ausdruck vgl. Anm. 61) in 43 20-22 45 5-7 45 9. 10. 13, wobei allerdings die
erste Ploke mehr sachlich als rhetorisch bedingt ist. Zu 45 5-7 s. o. S. 29 ff.

[69] Für J typische Wendungen in diesem Kapitel sind: *haba-lauû (laeḥaem)*, »Schaff
uns (Brot)« v. 15.16 vgl. Gen 29 21 30 1 (Jdc 1 15 20 7 I Sam 14 41 (Text ?)) II Sam 11 15
16 20, aber auch Dtn 1 13 32 3 (Lied). *wᵉniḥjæ wᵉlo' namût* »wir werden leben und
nicht sterben« v. 19 vgl. 42 3 43 8; *nimṣa' ḥen* »Gnade finden in den Augen . . .« in
direkter Rede vgl. Gen 18 3 (19 19) 30 27 32 6 33 8. 10. 15 34 11 47 29 50 4.

daß sie sich jedoch in den Partien weit davon entfernt, die zu dem besonderen Gut des Jahwisten gehören und von ihm erzählerisch frei gestaltet sind[70].

Wir schließen die Frage an, ob in der Genesis weitere Anzeichen dieser Erzählkunst zu finden sind und wenden uns deshalb Gen 24 zu.

2. Die Brautwerbung für Isaak (Gen 24)

a) Analyse

Von der Geschichte, wie Abraham seinen Knecht aussendet, um für seinen Sohn Isaak eine Frau zu suchen, sagt G. von Rad mit Recht, daß sie keine alte Überlieferung zugrunde liegen habe[1]. Denn sie ist in keiner Weise lokalisiert und setzt andere Geschichten voraus. Wenn Abraham dem Knecht befiehlt, er solle »in sein Land und zu seiner Verwandtschaft« gehen (v. 4), »in sein Vaterhaus« (v. 38), so wird Gen 12 1ff. »Gehe aus deinem Land, deiner Verwandschaft und deinem Vaterhause fort« wörtlich aufgenommen. Daß Isaak dem Abraham im hohen Alter geboren und sein einziger Erbe ist, setzt die Bekanntschaft mit Gen 16 und 18 voraus. Andererseits werden in den Geschichten von der Geburt der Zwillinge (Gen 25 21ff.) und von der Erschleichung des Segens (Gen 27) Isaak und Rebekka als bekannt vorausgesetzt und nicht vorgestellt.

Die Erzählung von der Brautwerbung dient als »Verbindungsstück« (von Rad, Noth)[2] zwischen dem Kreis der Abrahamgeschichte und den beiden Sagenkränzen um Jakob, die durch den geringen Bestand an Isaak-Überlieferungen eingeleitet werden. Die Geschichte bildet eine in sich geschlossene Erzählung von beachtlicher Länge, bei der sich kein älterer Überlieferungsbestand herausschälen läßt, wiewohl sie von einigen Zusätzen gereinigt werden muß. Sie ist in vier Szenen gegliedert[3]: 1. Abraham und der Knecht, 2. der Knecht am Brunnen: a) der Knecht und Rebekka, b) der Knecht und Laban, 3. die Brautwerbung, 4. Isaak und Rebekka. Der Schauplatzwechsel zwischen den Szenen ist jeweils nur kurz angedeutet, die Szenen selber sind größtenteils als Gespräche gestaltet. In die Brautwerbung (3) ist eine längere Rede eingearbeitet, die (1) und (2) rekapituliert. Bei ihrer Gestaltung ist sorgfältig auf Kürzung und Abwechslung geachtet.

---

[70] Bes. Kap. 39, 43, 44, Teile von 45.

[1] G. von Rad, ATD, z. St.[8], 222.

[2] G. von Rad, ATD, 222; M. Noth. B 15, 114 und 217/8: »... und es trat die erzählerisch meisterhafte und schöne, aber schon durch ihren ganz ausgeführten Stil als überlieferungsgeschichtlich jung erwiesene Geschichte Gen 24, die ursprünglich in ihrem Eingang den sterbenden Abraham voraussetzte, in den Kreis der ‚Erzväterüberlieferungen‘ ein«.   [3] G. von Rad, ATD, 222.

Von einem Eingreifen Gottes, sei es direkt, sei es durch seinen
Boten, wie sonst in allen Abrahamgeschichten, ist nicht die Rede, wohl
aber spielt der Eid bei JHWH, das Gebet zu JHWH und der Dank für
seine Hilfe eine große Rolle. Wie in der Erzählung von Joseph haben
wir es mit einer »Führungsgeschichte«[4] zu tun. Während formal die
Parallelität in der Gestaltung der großen rekapitulierenden Rede gegeben ist, so inhaltlich mit dem Stichwort: JHWH maṣli[a]ḥ[5] — JHWH
gibt das Gelingen. Während allerdings in der Josephgeschichte kein
Gebet oder Dankgebet vorkommt, wirft sich hier der Knecht anbetend
vor JHWH nieder, sowohl als er Rebekkas Familienzugehörigkeit
erfahren hat (v. 26) wie nach der Zustimmung der Familie zur Heirat
(v. 52).

Die Hauptgestalt der Geschichte ist der fromme und treue
Knecht, also im Grunde eine anonyme Nebenfigur, die mit großer
Liebe gestaltet ist, mehr ein Typus als eine Person. Ihm gegenüber
Rebekka, das schöne und hilfsbereite Mädchen, besorgt um die dursti-
gen Kamele und um ein Nachtquartier für den Fremden, bereit, in die
Ferne zu ziehen und eines Unbekannten Frau zu werden, bei dessen
Anblick sie sich sittsam den Schleier vors Gesicht zieht. Auch sie mehr
Typus als Person. So wie diese beiden sollen Knechte und junge Mäd-
chen sein. Sie sind Menschen »aus der guten alten Zeit«, als es noch
Frömmigkeit, Treue, Gastfreundschaft und Sittsamkeit gab. Um diese
Züge deutlich herauszubringen, hat der Erzähler sich liebevoll mit
Nebenzügen abgegeben, etwa wie Rebekka den Krug von der Schulter
nimmt und mit der Hand stützt, damit der Fremde trinken kann
(v. 18); oder wie die Kamele versorgt werden (v. 32), ehe man sich zu
Tische setzt.

Auch Joseph — das hat G. von Rad besonders hervorgehoben—
ist der Typus des sittsamen und tüchtigen jungen Mannes, das Ideal-
bild höfischer Erziehung[6]. Und doch bleibt er nicht eine solche beispiel-
gebende Gestalt, sondern wird im Ringen mit seinen Brüdern zum
lebendigen Charakter — wie auch Juda und Jakob. Das mag an der
Länge und Kompliziertheit der Josephgeschichte liegen, die solcher
Entfaltung vom Typus zur Person mehr Raum bot.

Von dem habgierigen Laban war mit Absicht bisher nicht die
Rede. Denn dessen Charakterzeichnung hängt von der Frage der
literarischen Einheitlichkeit der Geschichte ab. Diese ist stark umstritten.

So rigoros Procksch[7] die Scheidung in zwei durchlaufende Erzäh-
lungsstränge durchführt, so energisch bestreitet sie Volz[8], der das

---

[4] G. von Rad, ATD, 222f.

[5] Gen 24 21. 40. 42. 56 39 3. 23; sonst in histor. Büchern nur Jdc 18 5.

[6] G. von Rad Z 92 passim.

[7] O. Procksch, KAT, z. St.   [8] P. Volz/W. Rudolph Z 38, 47ff.

Kapitel als durchweg einheitlich betrachtet. Noth[9] schließt sich dem an, gibt aber Zusätze in v. 7 und 40b, 25. 30. 61 und 62 zu. Man wird, um die Frage zu entscheiden, von der eigentümlichen Pointenverschiebung in Szene 2 ausgehen müssen. Der Knecht hat den Auftrag, ein Mädchen aus der Abrahamsverwandtschaft zu holen. Wie schön, hilfsbereit, tierliebend (und was der Tugenden mehr sind) sie sein soll, ist ihm nicht gesagt worden. Wenn er also JHWH bittet, »ihm heute begegnen zu lassen«, so kann sich das nur auf die Verwandtschaft seines Herrn beziehen. Während das angesprochene hübsche Mädchen das Wasser für seine Kamele schöpft, ist er von der einen bangen Frage erfüllt, ob sie wohl aus der Verwandtschaft sein wird (v. 21). Erst als ihm auf diese Frage die rechte Antwort zuteil wird, fällt er dankend vor JHWH nieder (v. 26).

Ein Erzähler, dem mehr an dem Charakter des Mädchens als an seiner Familienzugehörigkeit lag, hat diese Pointe verschoben, indem er die Zeichenbitte (v. 13-14 und dementsprechend v 43-44) einfügte, so daß nun die Bereitschaft Rebekkas, auch die Kamele zu tränken, zum entscheidenden Gesichtspunkt wird. Daß es sich um einen Zusatz zum vorliegenden Text und nicht um eine Variante aus einem anderen Erzählungsstrang handelt, ergibt sich aus dem Ende von v. 14 »und daran werde ich erkennen, daß du meinem Herrn Gnade erwiesen hast«, der das Ende von v. 12 »erweise meinem Herrn Gnade« aufnimmt, so eine Ploke bildend.

Dieser oder ein anderer Erzähler war darüber hinaus an der Frage interessiert, ob denn die Auserwählte auch dem fremden Knecht zu dem unbekannten Bräutigam folgen wollte, und schuf den Zusatz v. 57 und 58, der im Widerspruch zum Familienentscheid bzw. Gottesentscheid steht, also eine Variante darstellt, aber so geschickt eingefügt ist, daß er sich nur auf den Reisetermin zu beziehen scheint. Möglicherweise schuf derselbe Erzähler den Zusatz in v. 5. 6. 8, entsprechend 39 und 41, wo der Knecht mit der Weigerung des Mädchens rechnet[10].

Auch die Begeisterung Labans, mit der er den Abgesandten seines Verwandten Abraham begrüßt: »Komm, du Gesegneter JHWHs ...«, (v. 31) ist durch den Zusatz mit den Geschenken, die der Knecht dem Mädchen schon am Brunnen überreicht und auf deren Anblick hin Laban hinausstürmt, um den wohlhabenden Fremden in sein Haus zu bitten, in ein völlig anderes Licht gerückt (Zusatz: v. 22aβb. 30a). Nicht um einen Zusatz, sondern um eine Erzählungsvariante scheint es sich jedoch in v. 59-61 zu handeln, die auseinandergenommen zwei gute Texte ergeben:

---

[9] M. Noth B 15, 30 Anm. 90.
[10] V. 7 und 40b sind Zusätze zum Zusatz.

a) (v. 59 + 61b) »Und sie verabschiedeten ihre Schwester und deren Amme und den Knecht Abrahams. Und der Knecht nahm Ribka und machte sich auf den Weg«[11].

b) (v. 60 + 61a) »Und sie segneten Ribka und sprachen zu ihr: ‚Unsere Schwester, du wirst werden zu Tausenden der Zehntausende, und besitzen wird deine Nachkommenschaft das Tor ihrer Hasser‘, und es erhob sich Ribka und ihre Mägde und sie bestiegen die Kamele und folgten dem Mann«.

Andererseits kann man die Frage nach dem Nachtquartier (v. 23b), die im jetzigen Text mit der Frage nach der Abstammung Rebekkas verbunden ist, sowohl als Variante[12] wie als Zusatz verstehen, der allerdings hinsichtlich der Antwort sehr ungeschickt angebracht ist, da er den Leser auf die böse Vermutung bringt, der Knecht könne sein heißes Dankgebet zu JHWH vorwiegend deshalb gesprochen haben, weil ihm ein Nachtquartier in Aussicht steht (v. 23-26).

Hat man damit zu rechnen, daß diese Zusätze und Varianten einheitlichen Ursprungs sind? Und wie ist die Entstehung unseres vorliegenden Textes zu erklären?

In der Zusatzfrage des Knechtes bzw. der Antwort Abrahams hierauf (v. 6) begegnet der Ausdruck »hüte dich!«, der für die Sprache des Elohisten typisch ist[13], desgleichen in der Zeichenbitte (v. 14 und 44) der Ausdruck »entscheiden, bestimmen«[14]. Zu der Zusatzfrage des Knechtes gehört aber die Variante, daß Rebekka wegen ihrer Einwilligung gefragt wird (v. 57-58) und zu der Pointenverschiebung durch die Zeichenbitte gehört auch die Frage nach dem Nachtquartier, da in beiden die Familienzugehörigkeit des Mädchens unwichtig geworden ist. Vermutlich stammt auch das Geizmotiv bei Laban aus derselben Quelle, da auch hier die Familienzugehörigkeit durch einen neuen Beweggrund ersetzt ist. Das reiche Geschenk am Brunnen motiviert nun Labans Gastfreundschaft.

Wir können diese Zusätze/Varianten in zwei Gruppen teilen, die eine, der an der Freiwilligkeit des Mädchens gelegen ist (Zusatzfrage des Knechtes, Zustimmung Rebekkas), und die andere, die die Familienzugehörigkeit durch andere Motive ersetzt (Zeichenforderung des Knechtes, Geschenk am Brunnen, Labans Geiz, Frage nach dem Nachtquartier). Beide sind durch typischen Wortgebrauch mit dem Elohisten

---

[11] »und seine Männer« ist überall als später Zusatz auszuscheiden.

[12] P. Volz, KAT, z. St., behauptet, die Frage nach dem Quartier könne nie allein an dieser Stelle gestanden haben. Warum eigentlich nicht? Wenn es auf die Qualität des Mädchens ankommt, so muß dem Knecht alles daran liegen, mit ihrer Familie in Kontakt zu kommen, wer diese auch sei.

[13] *Hišammēr* Gen 24 6 31 24. 29 10 28 19 12 23 21, sonst Dtn und Dtr.

[14] *Jakāḥ* hi Gen 21 25 24 14. 44 31 37. 42 (ferner Lev 19 17), wobei die Bedeutung stark abgewandelt ist.

verbunden. Insofern wird man alle genannten Zusätze ihm zuschreiben dürfen[15].

Wenn das stimmt, so hätten wir hier den interessanten Fall, daß eine elohistische Form der Geschichte vorliegt, die den jahwistischen Text sowohl durch Zusätze erweitert und in der Zuspitzung verschoben hat wie auch durch kleine Varianten ihn ersetzte. Der Redaktor hatte daher eine relativ leichte Arbeit, die ihm bis auf die verunglückten Verse 30 und 61a auch gut gelungen ist. Kein Wunder, daß die Forscher in ihren Urteilen so weit auseinander gehen. Dabei haben die Vertreter der Zweisträngigkeit nicht auf die besondere Arbeitsweise des Elohisten in diesem Kapitel geachtet; die Vertreter der Einheitlichkeit übersahen die Pointenverschiebung.

Daraus ergibt sich, daß Procksch Unrecht hat, wenn er nach einer J und E zugrundeliegenden Vorlage fragt, die dem »Urgestein« der Überlieferung zugehört. In diesem Urgestein hat unsere Erzählung sowieso nichts verloren[16]. Die Vorlage ist hier der jahwistische Text selber. Damit soll nicht bestritten werden, daß der Jahwist bei der Gestaltung dieser Geschichte Elemente volkstümlichen Erzählens verwendet hat, doch ist das weder eine Frage der Literaturkritik noch der Traditionsforschung.

Zu welchem Zweck hat er die Rebekka-Geschichte geschaffen[17]? Offenbar wollte er den mageren Isaak-Bestand etwas aufwerten, ihn harmonischer den Abraham-Jakobgeschichten einfügen. Vielleicht war es ihm ein Bedürfnis, da wo er eine Lücke fand, wie zwischen den Abraham- und Isaak/Jakob-Traditionen, so recht von Herzen erzählen zu können. Aber wir dürfen doch die Pointe der Geschichte nicht übersehen. Für den Jahwisten ergab sich aus der Abrahamüberlieferung, wie er sie vorfand und beließ oder ausgestaltete, die Konzeption von einem Abraham, der nicht im Sippenverband, sondern als Haupt einer herausgelösten Kleinfamilie in das verheißene Land kommt. Daraus ergab sich die Frage, wie diese isolierte Familie es unter den Kanaanäern mit dem Heiraten halten sollte. Die Frauen, so sagt die Erzählung, wurden bei den entfernten Verwandten geholt, nicht bei den Landesbewohnern. Daß Jakob später zwei Labantöchter heiraten wird, war durch die Überlieferung vorgegeben. Doch solange der Jakob des Jakob-Laban-Kranzes im Ostjordanischen wohnte, war die Be-

---

[15] Der »Zusatz zum Zusatz« v. 7 // 40b ist wegen der Vorstellung vom *mal'ak* als individuellem Schutzengel später als E und Dtr, die ihn als Begleiter Israels kennen (Ex 14 19 23 20 ff. 32 34 33 2 Num 20 16 Jdc 2 1). Wie hier nur Gen 48 15, auch später als E. Ferner wegen des Ausdrucks »vor Gott wandeln«, der später als Dtr und P ist, also von Rp, dem sonst Abrahams Worte zu pessimistisch klangen.

[16] Procksch, KAT, z. St., aber s. o. 35.

[17] Vgl. J. Hempel Z 85, 194f. »... außerhalb der von ihm (slc J) frei komponierten Idylle von Eliezers Brautfahrt (Gen 24) ...«

ziehung zu der aramäischen Verwandtschaft kein Problem. Erst als er zum Esau-Bruder und Isaak-Sohn gemacht und ins Westjordanische »umgesiedelt« wurde, kam das Problem auf. So war seine Flucht vor Esau dem Jahwisten ein lieber Anlaß, ihn zwecks Heirat in das ferne Aramäerland zu schicken.

Das Motiv, nicht eine Fremde, sondern eine Tochter des eigenen Volkes zu heiraten, finden wir wieder in der Simson-Geschichte und zwar in deren literarischer Bearbeitung[18].

Will also der Jahwist mit dieser Geschichte eine bestimmte Frage beantworten, so hat er ihr doch als Erzählung einen starken Eigenwert gegeben. Zugleich ist sie als »Führungsgeschichte« wie die Josephgeschichte ein Hinweis auf die spätere Führung Israels durch JHWH.

Zum Schluß noch einige Bemerkungen zur erzählerischen Gestaltung der jahwistischen Brautwerbungsgeschichte, der wir Gen 24 1-4[19]. 9-12[20]. 15aαb. 16-21[21]. 22a. 23a. 24. 26-29[22]. 30b. 31-38[23]. 42. 45-47a. 48-56[24]. 59[25]. 61b. 63-64a. 65-67[26] zuweisen.

Die Exposion ist mit zwei Nominalsätzen gegeben (v. 1). Abraham darf als bekannt vorausgesetzt werden, der Knecht wird vorgestellt. Er bekommt seinen Auftrag und leistet den Schwur. Dabei begegnet eine altertümliche Schwurgeste, die sich in der Bibel nur noch in der Josephgeschichte findet (Gen 47 29) und durch ihre Formulierung anzeigt, daß die Erwähnung des Zeugungsgliedes selber schon tabuisiert ist[27].

In der 2. Szene fällt auf, daß die Verwandten Abrahams als Stadtbewohner vorgestellt sind. Auch das ein Zeichen der späteren Entstehung der Geschichte, wo dem Verfasser unwillkürlich die städtische Kultur, in der er lebt, das Bild prägt, das er sich von der alten Zeit macht. Rebekka und Laban werden durch die Erzählung selber eingeführt, so daß sie nicht im technischen Sinn »vorgestellt« zu werden brauchen. Zwei Nominalsätze unterbrechen den 1. Teil dieser Szene: wenn Rebekkas Schönheit beschrieben wird und wenn der

---

[18] Jdc 14 1ff.; s. u. S. 86; vgl. auch G. Fohrer Z 74 zu dem Verhältnis Israels zu den Kanaanäern.

[19] Ohne »Gott des Himmels und der Erde« v. 3.

[20] Ohne »nach Aram Naharaim« v. 10, »und alles Gut seines Herrn war in seiner Hand« v. 10; »zur Zeit, wo die Schöpfenden hinausgehen« v. 11.

[21] Ohne »und kein Mann hatte sie gekannt« v. 16.

[22] Vielleicht ohne »an den Brunnen« v. 29.

[23] Ohne »und die Füße der Männer, die mit ihm waren« v. 32.

[24] Ohne »und Bethuel« v. 50 bzw. »und er sprach«, »er und die Männer, die bei ihm waren« v. 54.

[25] Ohne »und seine Männer«.

[26] In v. 67 können Veränderungen eingetreten sein.

[27] S. u. S. 196 f.

Knecht ihr schweigend und gespannt wartend beim Wasserschöpfen zuschaut (v. 16 und v. 21). Tatsächlich verzögert dieser Vers durch seine Form und noch mehr durch seinen Inhalt die Handlung, so daß er die Spannung beträchtlich erhöht. Diese Spannungserhöhung durch Verzögerung ist den Gesetzen der mündlichen Erzählung entnommen[28].

Die Spannung des Knechtes erlebt der Hörer oder Leser der Geschichte mit, wenn der Knecht sich weigert zu essen, bevor er sein Sprüchlein gesagt hat. Dann aber wird die Handlung durch die lange Rede, deren Inhalt der Hörer schon kennt, wieder gewaltig angehalten, um für die Entscheidung der Familie die Spannung noch mehr zu erhöhen. Ist sie aber gefallen, so gibt es kein Halten mehr, jetzt scheint die Handlung rasch ihrem Ende zuzueilen, denn der Knecht möchte seinen Herrn Abraham noch lebend antreffen. (Was so allerdings nicht mehr im Text steht, da der Tod Abrahams zugunsten des Berichts in der Priesterschrift (Gen 25 8) aus der Geschichte entfernt wurde[29].)

Doch anders als in der mündlichen Tradition wird das Ende nicht sogleich erreicht. Die erste Begegnung zwischen Isaak und Rebekka ist »ausführlich« erzählt, wie es in der knappen Darstellung der mündlichen Überlieferung, im »einfachen Erzählstil« Gunkels, nicht zur Regel gehört. Auch das abschnittsgliedernde wajehî + Zeitbestimmung in den Versen 15. 22. (30) 52 kann auf literarischen Charakter der Erzählung deuten[30]. Dasselbe gilt von dem kunstvollen Bau der Rede, die der Knecht vor dem Essen hält. Sie bringt alles Wesentliche der bisherigen Erzählung, jedoch in großer Kürze, wie wir es ähnlich bei der Judarede in Gen 44 beobachten können[31].

b) Vergleich zwischen Josephgeschichte und Brautwerbung

Es gilt nun, die Gemeinsamkeiten und Unterschiede zwischen den beiden Texten zusammenzustellen.

Sowohl die Josephgeschichte wie die Erzählung von der Brautwerbung haben die Funktion, Blöcke der Überlieferung miteinander zu verbinden. Während Gen 24 die Überleitung von den Abrahamgeschichten zu den (Isaak-)Jakobgeschichten herstellt, bildet die Josephgeschichte die Brücke zwischen den Jakobgeschichten und den Erzählungen vom Auszug aus Ägypten. Wenn man so will: Sie sind der Mörtel zwischen den Ziegelsteinen. Aus diesem Grunde heben sie sich von ihrer Umgebung ab, einmal durch den erweiterten Erzählstil, in dem sie verfaßt sind, sodann durch ihre Bindungslosigkeit, d. h. daß sie keine Kult- oder sonstige Ätiologie geben, kein Stammes-

---

[28] W. Richter L 8, 377.
[29] G. von Rad, ATD, 218 f.
[30] W. Richter L 8, 358 f.   [31] S. o. S. 34.

schicksal darstellen, keine Haftung an einem Heiligtum oder dergleichen haben.

Ein Unterschied besteht insofern, als die Josephgeschichte Vorformen erkennen läßt, so daß hier Erzählungen zu dem bestimmten
Zweck, den sie erfüllen sollen, umgeformt sind, während die Brautwerbung keine solchen Grundlagen erkennen läßt, vielmehr nach einer
ad hoc-Bildung aussieht. Beide aber sind für den Platz, an dem sie
stehen, geformt worden.

In beiden begegnet uns die rekapitulierende Rede, der die Aufgabe
des Überzeugens zuteil wird und die auf den Höhepunkt der Erzählung
hinführt, ohne sachlich Neues zu bringen, also den Bogen aufs Äußerste
anspannt. In der Josephgeschichte finden wir darüber hinaus noch die
Elemente der höfischen Sprache, die bei der Brautwerbung unange-
bracht wären.

Beide Geschichten gehen von Dialogszene zu Dialogszene ohne
Zwischenberichte, d. h. Reisen zwischen den Schauplätzen werden
übergangen, soweit es sich nicht um Begebnisse auf der Reise handelt
wie in der Kurzszene, wo Josephs Brüder das Geld in den Säcken
finden (Gen 42 26-28).

Beide Geschichten stellen mehr Typen als Personen vor uns hin,
nur mit dem Unterschied, daß in der Josephgeschichte sich die Persönlichkeiten dann doch voll entfalten.

Beide Geschichten kennen kein unmittelbares Eingreifen Gottes,
keine Wunder und keine Magie (außer dem »Wahrsagebecher« Josephs
(Gen 44 2ff.)); dennoch ist die Führung Gottes in beiden deutlich bezeugt. Während das in der Brautwerbungsgeschichte in Bitte und
Dankgebet zum Ausdruck kommt, wird es bei Joseph dem Leser mit-
geteilt und an Josephs doppelter »Erhöhung« (39 1-6. 21-23) exempli-
fiziert, so daß auch seine Erhöhung zum Wesir Ägyptens vom Leser
als Führung Gottes verstanden wird. Wenn Joseph sein persönliches
Schicksal als Lebenserhaltung durch Gott für die anderen deutet[32] und
auch Ägypten durch ihn vor der Hungersnot gerettet wird (Gen 47 13 ff.),
so ist die »Führung« Gottes bereits aus dem Individuellen ins Nationale
ausgeweitet, ist nicht mehr eine Sache bloß des individuellen Glaubens,
sondern der Geschichte.

Hinter beiden Geschichten spürt man die rationalen Überlegungen
des Erzählers. Er stellt sich Fragen, wie z. B.: Auf welche Weise kam
die Abrahamsfamilie in Kanaan zu nichtkanaanäischen Frauen? Wie
konnte Joseph so einfach Ägypten regieren? Es ist sicher richtig, beide
Geschichten einer relativ rational denkenden Zeit und also wohl am
besten der »Aufklärung« unter der Regierung Salomos zuzuweisen.

---

[32] Gen 45 5-7. In Sachen der Quellenscheidung s. o. S. 29 ff. Es ist hier im ganzen nur
auf die J-Schicht der Josephgeschichte Bezug genommen.

Wir werden nicht fehlgehen, beide Geschichten demselben Verfasser zuzuschreiben und in diesem den Jahwisten zu sehen. Das kann nicht einfach deshalb geschehen, weil man traditionellerweise diese Texte J zugeschrieben hat. Es muß weitergehend begründet werden. Dafür ist anzuführen:

1. Daß die Untersuchung des Stils schriftstellerische Arbeit ergeben hat.
2. Daß beide Geschichten geschaffen bzw. gestaltet sind, um als Überleitung zwischen Traditionsblöcken zu dienen, daß sie also einem Sammler zuzuweisen sind, der zugleich den gesammelten Stoff zu einem großen Ganzen gefügt hat.
3. Daß die kultur- bzw. religionsgeschichtliche Situation einen deutlichen Abstand zu der mündlichen Überlieferung des einfachen Erzählstils ergab.
4. Daß der Übergang von der Sagensammlung zur Geschichtsdarstellung begonnen wird.

Oder anders gesagt: Da jemand hier am Werk gewesen sein muß und zwar in schriftstellerischer Arbeit, werden wir diesen Autor den Jahwisten nennen. Wir haben damit die Grundlage für die ganze weitere Untersuchung gewonnen.

Über den Jahwisten steht nun fest, daß er ein Erzähler von hohem Range ist, der seine Kunst dazu benutzt, die Bruchstellen der Überlieferung zu überbrücken und so aus dem »Urgestein« der Traditionen Israels eine wohlverfugte Mauer zu bauen. Daraus folgt, daß er auch ein Sammler von Erzählungen und Sagenkränzen ist, also zwei Arbeitsweisen bei ihm zu unterscheiden sind. Im Bild gesprochen: das Zusammentragen und Zurechthauen der Steine ist das eine, das Mischen des Mörtels und das Aufmauern das andere.

Wir werden uns nun im folgenden mit seiner Tätigkeit als Sammler und Former der Pentateuch-Traditionen befassen, bei denen wir fünf Komplexe zu unterscheiden haben:
Die Urgeschichte, die Abrahamüberlieferungen, die (Isaak-)Jakob-Erzählungen, die Auszugsgeschichten und den Restbestand aus der Wanderungszeit zwischen Sinai und Jordan. Sodann muß der Frage nachgegangen werden, ob die Überlieferungen vor der Arbeit des Jahwisten bereits Israel als Zwölfstämmevolk enthielten oder ob dieses Bild gerade zu seinen Ordnungsprinzipien bei der Zusammenfassung der Geschichten zur Geschichte gehört.

Wir werden die Urgeschichte außer acht lassen, weil die literarkritischen Fragen hier — von dem Bestand der Priesterschrift abgesehen — völlig ungelöst sind. In der heutigen Literatur geht man zwar weithin davon aus, daß der Nicht-P-Bestand dem Jahwisten zugehört, aber die auf eine Scheidung zielenden Erkenntnisse von S. Mowinckel[33], dem G. Hölscher folgt[34], und von R. H. Pfeiffer[35] werden dabei überhaupt nicht berücksichtigt[36]. Eine Diskussion der literarkritischen und traditionshistorischen Probleme der Urgeschichte würde den Rahmen dieser Arbeit sprengen[37]. Der Ertrag würde außerdem gering sein, da diese Geschichten weder literarisch noch sachlich in dem sonstigen jahwistischen Bestand nachwirken[38]. Daß er eine Urgeschichte vorgebaut hat, wird allgemein behauptet[39]. Auf keinen Fall aber darf man aus der Urgeschichte irgendwelche Folgerungen für die Theologie des Jahwisten ziehen, ehe man nicht die literarischen und traditionsgeschichtlichen Probleme gelöst hat. Außerdem ist kaum anzunehmen, daß er bei der Übernahme dieser Fremdstoffe gerade Gelegenheit fand, seine eigenen Gedanken zu entwickeln. Die Basis ist hier vorläufig in jeder Hinsicht zu schmal[40].

Auch was den Bereich von Exodus (von Kap. 15 an) und Numeri betrifft, so wird man mit nur sehr wenig jahwistischem Bestand rechnen dürfen. Es geht nicht an, ihm einfach alles das zuzuschieben, was nicht elohistischen, deuteronomistischen oder Priesterschrift-Charakter zeigt. Am wenigsten genügt die Scheidung nach dem Gottesnamen und Parallelfäden[41].

Betrachten müssen wir hingegen die drei verbleibenden Komplexe: die Abraham-, Jakob- und Mosegeschichten.

3. Die Abrahamgeschichten

Die Frage, um die es sich für uns handelt, ist die nach dem Verhältnis von mündlicher Tradition und schriftstellerischer Gestaltung[1]. Wir setzen dabei voraus, daß die mündliche Tradition sich von der Einzelgeschichte aus entwickelt hat[2]. Solche Einzelerzählungen, die ihre Herkunft aus der mündlichen Tradition verraten, sind:

---

[33] S. Mowinckel Z 33, doch teilweise zurückgenommen in N 11, 60 f.

[34] G. Hölscher Z 88, 272 f.

[35] R. H. Pfeiffer Z 34, 160 ff.

[36] Vgl. ferner W. Fuss Z 77.

[37] Allein zu Gen 6 1 ff. sind in letzter Zeit so wichtige Arbeiten erschienen wie F. Dexinger W 6, J. Scharbert X 10 und auch G. Cooke I 4; vieles andere harrt noch der Analyse.

[38] Das einzige wäre eine Beziehung zwischen Gen 4 2 ff. und II Sam 14.

[39] Bestritten wird es von R. H. Pfeiffer Z 34, 160 ff.

[40] Das muß zur Kritik an M. L. Henry B 14 und H. W. Wolff F 5 gesagt werden.

[41] Gegen M. Noth B 15, 21 ff. und H. Seebass H 2, 1 f.

[1] R. Kilian W 8, 133—139.

[2] H. Gunkel, Genesis, 201.

a) die Frau als Schwester (Gen 12; vgl. 26 (Isaak) und 20 E)
b) Hagars Vertreibung (Gen 16; vgl. 21 E)
c) der Götterbesuch bei Abraham (Gen 18)
d) der Götterbesuch bei Lot (Gen 19)
e) Lots Töchter (Gen 19)[3].

Mit Sicherheit stammen Gen 12 und 16 aus den Traditionen, die der Jahwist vorgefunden hat, denn die Geschichte von der als Schwester ausgegebenen Frau liegt ihm bereits in zwei Formen vor, wie sie die mündliche Tradition durch die Übertragung von Isaak auf Abraham geschaffen hat[4], und die Vertreibung Hagars weicht beim Elohisten derartig ab, daß sie sich kaum als literarische Variante verstehen läßt, die Unterschiede vielmehr aus der mündlichen Tradition erklärt werden müssen.

Die beiden Geschichten vom Götterbesuch (Gen 18 und 19) legen die Vermutung nahe, daß sie nichtisraelitischen Ursprungs sind[5]. Durch den sekundären Einleitungsbericht von Kap. 13[6] geben sie sich zwar als Nomadengeschichten, worauf auch das Zelt in Kap. 18 hinweist, aber beim genaueren Zusehen handelt es sich um ortsfeste Legenden, wobei Lot sogar als Stadtbewohner dargestellt ist und bei Lots Töchtern Weinbau vorausgesetzt wird. Ihre nomadischen Züge bekamen diese Erzählungen offenbar erst, als sie von Israel übernommen und genealogisch miteinander verbunden wurden[7].

Daß sie dem elohistischen Werk offenbar nicht angehörten, erklärt sich entweder daraus, daß der Elohist sie nicht kannte oder daß sie ihm zu heidnisch bzw. zu derb waren — wenn ihm das jahwistische Werk bekannt war.

---

[3] Deshalb können Gen 14, 15, 17 und 23 völlig beiseitegelassen werden. In Gen 15 kann ich trotz R. Kilian W 8, 59ff. und G. Fohrer X 14, 897ff. keinen J-Text entdecken. Das Argument R. Kilians (W 8, 298), Gen 15 deshalb für sehr alt zu erklären, weil Abraham allein auftritt und alle Gestalten der späteren Abrahamüberlieferung fehlen, heißt die Dinge auf den Kopf zu stellen. Jede echte Erzählung der mündlichen Überlieferung hat mindestens zwei Personen, Gott nicht mitgerechnet. Ausnahme sind Theophanien in lokalisierten Heiligtumsüberlieferungen wie z. B. Jdc 6 11a + 18ff. Gen 15 ist nicht lokalisiert. Daß Abraham allein auftritt, beweist ein theolog. Interesse an seiner Gestalt, so daß wir die späte Königszeit annehmen können, in der auch diese Opferart bezeugt ist (Jer 34 18). Vgl. auch u. S. 183f. (b^erît) u. E. Kutsch Z 57.

[4] Dennoch kann Gen 12 die ältere Form der Geschichte enthalten, wie ich mit G. von Rad, ATD, z. St., gegen R. Kilian W 8, 213f. annehmen möchte.

[5] Vgl. J. Hempel Z 85, 61; G. Hölscher Z 88, 67.

[6] R. Kilian hat leider den Charakter von Gen 13 völlig verkannt, wenn er darin eine ätiologische Erzählung sieht (W 8, 30f.). Es handelt sich um einen zur Einleitung von Kap. 18 und 19 konstruierten Bericht.

[7] Daß Sarah und das Zelt in Gen 18 sekundär sind, ist mit R. Kilian W 8, 159 gegen H. Gunkel, Genesis, z. St., festzuhalten.

In den Abraham-Lot-Sagenkreis ist die Hagar-Erzählung derart unverbunden und störend eingefügt, daß von der verschleifenden und zusammenbindenden Kraft mündlichen Überliefens nichts zu spüren ist. Wenn es sich aber um eine literarische Operation handelt, so können wir hier die Arbeit des Jahwisten annehmen, es sei denn, es ergäben sich zwingende Gründe für die allgemeine Annahme, daß es vor ihm bereits eine schriftliche Darstellung der Überlieferung gegeben hat.

Wenn der Gottesbote zu Hagar sagt:

»Siehe, du bist schwanger und wirst einen Sohn gebären
nnd seinen Namen wirst du Ismael nennen
denn gehört hat JHWH auf dein Elend . .« (Gen 16 11)

so legt besonders der Vergleich mit dem fast gleichlautenden Botenwort in Jdc 13 3 bzw. 5 die Vermutung nahe, daß in der ursprünglichen Form der Geschichte Hagars Elend nicht die Vertreibung durch ihre Herrin, sondern Unfruchtbarkeit war. Wenn man die Doppellastigkeit der Erzählung bedenkt (1. Szene: Abraham — Sarah — (Hagar); 2. Szene: Hagar — Gottesbote — (Ismael))[8], so ergibt sich, daß die ursprüngliche (Abraham?)-Hagar-Ismael-Geschichte nachträglich zu einer Abraham-Sarah-Hagar-Ismael-Geschichte umgearbeitet worden ist. Dies geschah, wie die elohistische Parallele in Gen 21 zeigt, bereits in der mündlichen Tradition.

Da man Sarah, die mit dem nomadischen Zelt verbunden ist, aus Gen 18 sehr leicht ausscheiden kann und da die Geschichte, wo sie als Schwester ausgegeben wird, wahrscheinlich von Isaak—Rebekka auf Abraham—Sarah übertragen wurde, so kann man sagen, daß Sarah in die Abrahamüberlieferungen erst allmählich hineingekommen ist und nicht zum ältesten Bestand gehört. Dies geschah in der Periode der mündlichen Überlieferung. Da sie zum nomadischen Abraham gehört, könnte das im Zuge der Übernahme Abrahams in das israelitische Erzählgut geschehen sein. Denn daß er ursprünglich in diesem beheimatet war, läßt sich wohl kaum beweisen[9]. Wenn Kilian recht hat, daß Sarahs Unfruchtbarkeit in den mündlichen Traditionen noch unbekannt gewesen sei, vielmehr erst einen vom Jahwisten eingefügten Zug darstelle[10], so wäre nach seinen Gründen zu fragen. Es bietet sich die theologische Motivierung an, daß die Erfüllung der Verheißung sich verzögert und so der Glaube auf die Probe gestellt wird; es bietet sich aber auch die mehr volkstümliche Motivierung an, die angesichts der Chancenungleichheit bei der kinderlosen Frau nach der Gerechtigkeit fragt und den Eingriff der Gottheit als Antwort annimmt[11]. Daß

---

[8] R. Kilian W 8, 89.

[9] Vgl. Hölscher Z 88, 67 ff.

[10] R. Kilian W 8, 93. 294 f. u. a.

[11] Vgl. A. Jolles Z 63, 238 ff.; dies ist »die Geistesbeschäftigung des Märchens«.

er beides im Sinn gehabt haben mag, ist möglich, weil die beiden Motive sich nicht ausschließen. Wahrscheinlicher scheint mir jedoch, daß das Thema von Sarahs Unfruchtbarkeit — und damit die Frage nach der Gerechtigkeit — schon in den mündlichen Traditionen drinsteckte, wo wir dem Motiv immer wieder begegnen werden. Das heißt aber nicht, daß der Jahwist etwa an diesem Thema uninteressiert sei. Es steckte hinter der Josephgeschichte, in deren Brüdermärchen es der Jüngste war — dementsprechend in anderen Märchen der Kleinste, der Dumme, der Schwache — dessen Chancenungleichheit gegenüber den Brüdern ausgeglichen werden mußte. Allerdings geht die Josephgeschichte in ihrer Suche nach Gerechtigkeit weit über einen einfachen Ausgleich hinaus. Die Frage nach der Gerechtigkeit wird uns immer wieder begegnen.

In anderer Weise steht sie in der Sodomgeschichte zur Diskussion. Hier geht es um das falsche, strafwürdige Verhalten eines Kollektivs und den unschuldigen Einzelnen in seiner Mitte. Die Götter in der kanaanäischen Geschichte — JHWH durch seine Boten in der israelitischen Erzählung — prüfen die Stadt Sodom, über die Klage gekommen ist, vor der Bestrafung und erretten den, der sich als gerecht erweist[12].

Die israelitischen Erzähler betonen in dieser Geschichte, daß es JHWH war, der die Stadt zerstörte[13], und sie lassen die drei Götter als drei Männer auftreten, entsprechend der Vorstellung von dem Gottesboten, die es im alten Israel gegeben haben muß, da sie der Jahwist sicher nicht erfunden hat[14]. Daß sie in der jahwistischen Er-

---

[12] Das Gespräch zwischen JHWH und Abraham über die Errettung von Sodom (Gen 18 22b-33a) geht von der Voraussetzung aus, daß bei der Vernichtung der Stadt eine Unterscheidung von Gerechten und Ungerechten nicht möglich ist und hat folglich mit der vorliegenden Geschichte überhaupt nichts zu tun. Es mag der gelehrten Diskussion nach dem Fall Jerusalems oder einer ähnlichen Katastrophe entsprungen sein. Vgl. G. Hölscher Z 88, 280, anders R. Kilian W 8, 108 ff.

[13] Daß die Inversion (x-qatal anstelle von jiktol-x) in Gen 19 24 eine starke Betonung darstellt, hat R. Kilian richtig gesehen (W 8, 124). Doch sind seine Folgerungen daraus m. E. zu weitgehend. Im Unterschied zu Kap. 18, das im Sinne der Singularversion straffer bearbeitet ist, wenn auch nicht durchgehend, läßt sich die Unterscheidung zwischen Singularversion und Pluralversion in Kap. 19 nur durchführen, wenn man die Ṣoʻar-Episode (v. 18-22) zum vorjahwistischen Bestand rechnet. Sie und die Höhlengeschichte schließen sich aber gegenseitig aus. Am einfachsten erklärt sich der Tatbestand, wenn man sie als eine gelehrte Konstruktion der deuteronomistischen Schule betrachtet (bei der die Wiederaufnahme jahwistischer Ausdrücke beliebt war — jedenfalls bei einem Zweig dieser Schule oder »Gruppe« — wie z. B. Ex 33 12f. zeigt), die vielleicht dazu dienen sollte, die anstößige Höhlengeschichte zu ersetzen. Die Wachsamkeit der Redaktoren hat dieses Vorhaben anscheinend durchkreuzt.

[14] Die Vorstellung vom Gottesboten begegnet allerdings in den J-Schichten des Pentateuch nur wenig: Ex 3 2 (wo er gleich durch einfaches JHWH ersetzt wird), Num 22 22 ff.

zählung nur »die Männer« genannt werden, hat seinen Grund wohl
darin, daß dem Jahwisten »der Gottesbote« nur in der Einzahl geläufig
war und er einen neutraleren Ausdruck suchte[15]. Die Gründe, die
R. Kilian dafür anführt, daß bereits der Jahwist die drei Männer
(Pluralversion) durch den einen JHWH (Singularversion) ersetzte,
scheinen mir nicht stichhaltig zu sein[16]. Dies wird einer späteren
theologischen Bearbeitung der Genesis zugehören, da der Jahwist,
wenn er schon Anstoß nahm an den drei Göttern oder Boten, die Änderung erheblich konsequenter durchgeführt hätte. So wie es geschah, ist
es eine reine Stümperei; H. Gunkel hat recht, daß man in Gen 18
überall den Plural wiederherstellen muß[17].

Es hat nach allem den Anschein, daß der Jahwist bei den Abrahamgeschichten in die mündlich geformte Überlieferung, wie er sie
vorfand, nur sehr wenig eingegriffen hat, daß seine Arbeit im wesentlichen aus der Einfügung von Gen 12 10ff. (Frau als Schwester) und 16
(Hagars Vertreibung) bestand. Vielleicht bastelte er sich die Genealogie
von Gen 11 28-30 zusammen[18], die er als Überleitung von der Urgeschichte zur Vätergeschichte brauchte.

Der Rahmen der Abrahamgeschichten besteht aus Gen 12 1-3 und
Kap. 24. Möglicherweise hat der Jahwist die drei Verheißungsthemen:
Land, Volk und Segen bereits vorgefunden[19], sei es bereits unter sich
verbunden oder vereinzelt, so daß er sie miteinander kombiniert hätte.
Es muß aber auch eine dritte Möglichkeit erwogen werden, daß er in
seinem Werk nur Gen 12 1 kannte, während die Verse 2 und 3 (die
Verheißungen vom großen Volk und vom Segen für alle Völker)
spätere (u. U. deuteronomistische) Hinzufügungen sind[20]. Dafür spricht,

---

Greift man über den Pentateuch hinaus, so kämen (Jos 5 14) Jdc 6 11ff. 13 3ff. infrage.
Bei E und Dtr ist er der Begleiter Israels beim Wüstenzug: Ex 14 19 23 20 32 34 33 2
Num 20 16 Jdc 2 1. Im Pentateuch läßt ihn E vom Himmel herab oder im Traum
reden Gen 21 17ff. 22 11 31 11, ferner anders 28 12 und 32 11. S. u. S. 193ff.

[15] Analog zu Gen 19 12 und 16 muß man in 19 1 und 15 auch als ursprünglichen Text
»die Männer« oder nach 18 2 »die drei Männer« annehmen (vgl. H. Gunkel, Genesis, z. St).
Begreiflich, daß man diese rätselhaften Männer später in Kap. 18 und 19 durch
JHWH und zwei »Boten« ersetzte.

[16] R. Kilian W 8, 96—189.

[17] H. Gunkel, Genesis, z. St.   [18] R. Kilian W 8, 279.

[19] R. Kilian W 8, 1f. meint, daß 12 1 zu dem J vorliegenden Bestand als Anfang der
Abraham-Lot-Geschichten gehört hat (Kap. 13 + 18 + 19); daß v. 3 eine alte
Betheltradition aufnimmt (vgl. Gen 28 14); daß die Verheißung »großes Volk« bei J
sonst nie vorkommt. Vgl. dazu auch H. W. Wolff L 12, 351ff. und C. Westermann
P 15, 18ff.

[20] R. A. Carlson erwähnt beiläufig (N 8, 115), daß der »große Name« von Gen 12 2
später in Gen 15 (u. 17) wiederaufgenommen und ausgelegt wird. Hier klingt das
deuteronomistische »Bundes«thema an. Auch »Segen« ist ein Thema der D-Gruppe.
Vgl. auch Jer 26 6 in typisch deuteronomischem Kontext (qᵉlalā).

daß in dem jahwistischen Kapitel Gen 24 nur die Verheißung von v. 1 (Land) aufgegriffen wird (Gen 24 4 und 38), während von »großem Volk« und »Segen« keine Rede ist. Dieser Rückgriff von Gen 24 4 auf Gen 12 1 zeigt deutlich, daß der Jahwist den Anfang von Gen 12 und Kap. 24 als Rahmen der Abrahamgeschichten verstanden und Kap. 24 dementsprechend gestaltet hat.

Für den Jahwisten ist Abraham der Erzvater des Volkes Israel, das in ihm, aus dem Völkerverband ausgesondert, zu einem besonderen Volk in einem von Gott angewiesenen Land geworden ist. Abraham und die mit ihm verbundenen Menschen Sarah, Hagar und Lot erfahren JHWHs hilfreiches Eingreifen. Sie vernehmen sein Wort oder das Wort seines Boten; JHWH hört das Geschrei der Menschen und erhört Gebete, aber von einem Gespräch zwischen JHWH und einem Menschen ist nicht die Rede. JHWH straft die Sünde und sorgt für Gerechtigkeit.

4. Die Jakobgeschichten

Wenden wir uns nun den Jakobgeschichten zu, so haben die Untersuchungen vieler Forscher ergeben, daß es sich um eine Kombination von Stoffen ganz verschiedener Herkunft handelt. Diese haben sich zum Jakob-Laban-Sagenkranz einerseits, dem Jakob-Esau-Sagenkranz andererseits verbunden. Dazu kommt die Bethelüberlieferung und die vier Ätiologien von Gilead, Mahanaim, Pnuel und Sukkoth. Angefügt sind die Geschichten von den vier ältesten Jakobsöhnen: die Dinageschichte (Simeon und Levi), die Freveltat Rubens und die Juda-Tamar-Erzählung. Diese ist bereits in die Josephnovelle eingebaut. Literarisch wird man allerdings die Jakobgeschichte besser so gliedern, daß man von Jakob und Rebekka einerseits, Jakob und seinen beiden Frauen Lea und Rachel andererseits ausgeht, da zwar Rebekka nur mit dem 1. Teil des Esau-Kranzes verbunden ist, Lea und Rachel aber den Laban-Kranz mit dem 2. Teil des Esau-Kranzes verbinden. Nur mit den vier Ätiologien haben sie nichts zu tun, doch auch diese sind mit beiden »Kränzen« verbunden: Gilead mit Laban und Mahanaim mit Esau.

Wenn wir nun nach der Arbeit des Jahwisten an diesem Stoff fragen, so lassen wir die Abschnitte beiseite, die späteren Händen zuzuschreiben sind, so die Geschichte vom Verkauf der Erstgeburt (Gen 25 29-34), die Traumoffenbarung in Bethel (Gen 28 10-20) und dazu 35 1-8. Auch der Einschub in der Traumoffenbarung Gen 28 13-16 + 19 kann nicht dem Jahwisten zugerechnet werden, da er deutlich die Sprache sekundärer Erweiterungen in der Genesis spricht[1]. Gehören

---

[1] Vgl. Gen 13 14-17 22 15-18 26 3-4. 24; Gen 12 7 scheint mir die einzige Stelle zu sein, wo die Formel »deinem Samen gebe ich dies Land« ihren festen Sitz hat. Ex 32 13

diese Stücke außer dem genannten Einschub wohl dem Elohisten zu, so verraten andere Abschnitte die Sprache der Priesterschrift: sie hat ihre eigene Motivation für Jakobs Abreise (nach Padan Aram) sowie für seine Umbenennung in Israel[2].

Um Stoff und jahwistische Bearbeitung genauer zu unterscheiden, setzen wir bei der Geschichte von der Geburt der zwölf Söhne ein (Gen 29 31—30 24)[3]. Sie hat ursprünglich nichts mit dem Laban-Stoff zu tun, sondern es könnten Lea und Rachel schon Jakobs Frauen gewesen sein, ehe die Überlieferung sie zu Labans Töchtern machte. Unter den Kindern, die dem Jakob geboren werden, läßt sich ein Grundbestand von fünf (sechs)[4] Söhnen aussondern, die daran kenntlich sind, daß die Mutter die Namensgebung mit dem Dank an JHWH verbindet:

1. Ruben »denn angesehen (*ra'ā*) hat JHWH mein Elend« (29 32)
2. Simeon »denn erhört (*šamă'*) hat JHWH« (29 33)
3. Levi —
4. Juda »diesmal werde ich JHWH loben (*jadā*)« (29 34)
5. Joseph »hinzufügen (*jasăp*) möge mir JHWH einen weiteren Sohn« (30 24)[5].

Aus dieser Form der 5. Etymologie ergibt sich, daß die Geburt Benjamins sich mehr oder weniger direkt anschloß. War der Bericht über die Geburt der Söhne erst einmal mit der Heiratsgeschichte in Gen 29 16-30 verbunden, so bestand offensichtlich die Vorstellung, daß die fünf Söhne in den zweiten sieben Dienstjahren Jakobs geboren wurden. Möglicherweise kamen die beiden Silpa-Söhne Gad und Asser als nächste hinzu, da ihre Namenserklärungen mit den beiden heidnischen Glücksgöttern etwas ganz eigenes sind. So waren es dann sieben Söhne für sieben Jahre.

Diese Reihe der »religiösen« Etymologien ist später durch fünf Elohim-Namenserklärungen fortgesetzt worden:

1. Dan »Recht verschafft (*dīn*) hat mir Elohim und hat gehört auf meine Stimme und gab mir einen Sohn« (30 6)
2. Naphtali »Elohimkämpfe habe ich gekämpft (*patăl* ni.) (mit meiner Schwester)[6] und ich bin stärker geblieben« (30 8)

---

und 33 1 sowie Dtn 34 4 verraten die Herkunft der Formel aus der deuteronom· Schule.

[2] Gen 28 1-9 35 9-15; dazu 35 22b-29.

[3] Vgl. zum Folgenden Tabelle I im Anhang.

[4] In Klammern ist jeweils die Rechnung mit Benjamin angegeben, dessen Geburt J erzählt haben muß, auch wenn der jetzige Text in Gen 35 16-20 zum elohistischen Bestand gehört. Hauptgrund: *mazzebā* vgl. H. Gunkel, Genesis 382.

[5] Vgl. dazu O. Eißfeldt R 1, 172f.

[6] Von E. Sievers Z 110, 86 und H. Gunkel, Genesis, 334, als Hinzufügung erkannt. Auffallend ist die Ähnlichkeit mit Gen 32 29 (J) bei diesem Spruch.

3. Issachar »denn Elohim hat meinen Lohn (*śakar*) gegeben, daß ich meinem Mann meine Magd zur Frau gegeben habe« (30 18)
4. Sebulon »Beschenkt (*zabǎl*) hat mich Elohim mit gutem Geschenk« (30 20)
5. Joseph »Weggenommen hat (*'asǎp*) Elohim meine Schande« (30 24).

In diesen Etymologien begrüßt jede Frau ihren ersten Sohn als den Erlöser aus Elend und Schande der Kinderlosigkeit. Sonst ist auf die Rivalität zwischen Lea und Rachel nicht Bezug genommen[7]. Nebeneinander tritt die JHWH- und die Elohimreihe nur bei Joseph auf.

Nun gibt es noch eine weitere Etymologienreihe, die wir die profane nennen wollen, da sie keinen Dank an Gott, sondern Freude im Blick auf den Ehemann (bzw. die Töchter) enthält. Sie besteht aus folgenden Sätzen:

1. Ruben »denn nun wird mich mein Mann lieben (*'ahǎb*)« (29 32)
2. Simeon »denn verhaßt (*śane'*) war ich und er gab mir auch diesen« (29 33)
3. Levi »diesmal wird sich mein Mann mir anschließen (*lawā*), denn ich habe ihm drei Söhne geboren« (29 34)
4. Asser »denn meine Töchter werden mich glücklich preisen (*'ašǎr*)« (30 13)
5. Issachar »denn gemietet (*śakar*) habe ich dich um die Liebesäpfel deines Sohnes« (30 16)
6. Sebulon »diesmal wird mir mein Mann beiwohnen (*zabǎl*), denn ich habe ihm sechs Söhne geboren« (30 20).

Wie ist das Werden dieser drei Etymologienreihen, der JHWH-Reihe, der Elohim-Reihe und der profanen Reihe, zu erklären? Die JHWH-Reihe stimmt mit der alten Überlieferung von den vier ältesten Jakobsöhnen überein, wie wir sie in Gen 34. 35 21f. 38 vorfinden[8], zu denen später Joseph und Benjamin treten. Überlieferungsgeschichtlich bilden sie den Grundstock. Was die beiden anderen Reihen betrifft, so ist an der Issachar-Erklärung zu sehen, daß die Profanreihe ursprünglich ist gegenüber der Elohim-Reihe. Diese erweist sich darin als sekundär, daß sie die harte Deutung »mieten um die Liebesäpfel« durch eine unanstößige Namensetymologie (»Lohn geben«) ersetzt. Die alte JHWH-Reihe wurde also zunächst durch die Profanreihe ergänzt, sodann durch die Elohim-Reihe fortgesetzt.

Fragen wir nach sprachlichen Merkmalen, so ist der ganze Abschnitt deshalb so unergiebig, weil sich dieselben Wendungen ständig wiederholen und ferner die Namensdeutungen dem Erzähler eine bestimmte Wortwahl vorgaben. Nur in den beiden kleinen Szenen Gen 30 1-4. 14-16, den einzigen echten Erzählungen des Komplexes,

---

[7] Zu »mit meiner Schwester« vgl. Anm. 6.

[8] O. Eißfeldt R 1, 173. Ob J diese drei Geschichten einer größeren Sammlung entnahm, wie O. Eißfeldt (L), R. H. Pfeiffer (S) und G. Fohrer (N) meinen, oder ob er sie gesondert vorfand, soll hier offengelassen werden.

häufen sich die Kennzeichen der jahwistischen Sprache[9]. Die kleine Geschichte von den Liebesäpfeln hat Leas Wort als Pointe, also die profane Issachar-Etymologie, nicht aber die Geburt Josephs, die mit JHWHs Eingreifen begründet wird. Also ist sie mit dieser Etymologie unlöslich verbunden. Die anderen profanen Deutungen unterscheiden sich zwar von dieser dadurch, daß nicht Jakob angeredet, sondern in der dritten Person genannt wird. Doch ist dieser Unterschied aus der besonderen Situation der Issachar-Etymologie zu erklären. Alle Deuteworte der profanen Reihe sind Lea in den Mund gelegt[10], alle handeln von ihrem Unglück als der verstoßenen, ungeliebten Frau[11]. Das aber ist das Thema des Jahwisten in den beiden kleinen Erzählszenen, besonders deutlich in Gen 30 15, wo Lea sagt: »Ist es denn etwas Geringes, daß du mir meinen Mann genommen hast — und willst mir nun auch die Liebesäpfel meines Sohnes nehmen?«. Die Verschränkung der geliebten unfruchtbaren und der ungeliebten fruchtbaren Frau wird in Gen 29 31 thematisch dem ganzen Bericht vorangestellt: »Und es sah JHWH, daß Lea verhaßt war, und er öffnete ihren Mutterschoß; aber Rachel war unfruchtbar.«

Aus dem Vergleich mit Gen 30 22, wo JHWH endlich Rachels Mutterschoß öffnet, ohne daß die Liebesäpfelgeschichte dafür eine Rolle spielt, ergibt sich, daß die Wendung »und JHWH öffnete ihren Mutterschoß« der Vorlage des Jahwisten zugehört, der Prägung des Berichts mit den fünf (sechs) Söhnen, die an der JHWH-Etymologie erkenntlich ist und bei der Lea nach vier Söhnen mit Gebären aufhört (Gen 29 35. 30 9).

Der Jahwist aber fügte zu dem Thema »fruchtbar — unfruchtbar« die Verschränkung mit dem Motiv von Liebe und Haß hinzu, das er bereits in der Hochzeitsgeschichte, wie er sie erzählt, vorbereitet hat und in den Profan-Etymologien weiterführt. Dieses Motiv entspricht seiner Frage nach der Gerechtigkeit[12]. Nicht willkürlich verhängt JHWH Unfruchtbarkeit und Fruchtbarkeit über die Frauen, sondern um den Ausgleich für Leas Benachteiligung zu schaffen. Hat sich die Sympathie des Lesers der von Jakob geliebten, schönen Rachel zuge-

---

[9] a) *habā-lî* s. u. S. 198 Anm. 96; b) *bô' 'æl* s. u. S. 196 Anm. 82; c) *šakāb 'im* s. u. S. 196 Anm. 81; d) *'ibanæ mimmænnā* vgl. Gen 16 2. Gen 30 2 hat Merkmale von E u. ist aus J-Bestand auszuscheiden. Vgl. Gen 50 19 E u. auch Gen 42 18 E. *peri-batæn* ist bei J unbekannt.

[10] Folglich finden wir die Profanreihe nicht bei Dan und Naphtali, den Bilha-Söhnen, denen Rachel den Namen gibt, und nicht bei Joseph. Warum sie bei Juda und Gad Lücken hat, ist nicht mehr zu erkennen.

[11] Nur in der Asser-Deutung kommt Jakob nicht vor, wohl aber handelt sie vom Glück der kinderreichen und geliebten Frau. Bei Simeon bezog sich das »er gab mir auch diesen« sicher ursprünglich auf Jakob.

[12] S. o. S. 46 f. u. s. u. S. 75 f.

wandt (Gen 29 16 ff.), so wird er nun in Leas leidenschaftlichen Kampf um ihren Mann hineingezogen. Aber auch Rachel bekommt nicht nur ihren Sohn, sondern im Fortgang der Erzählung bei der Geschichte vom gestohlenen Teraphim wieder die volle Sympathie des Lesers (Gen 31 30b-35).

Wenn die Reihenfolge, die wir annehmen, richtig ist: JHWH-Etymologien — Profan-Etymologien — Elohim-Etymologien[13], dann bedeutet das, daß der Jahwist die Auffüllung von vier (fünf) Jakobsöhnen (oder mit Gad und Asser deren sechs (sieben)) auf elf (zwölf) Jakobsöhne selber vorgenommen hat[14]. Dabei schwebte ihm wohl der Zeitraum von sieben Dienstjahren, in denen seine Vorgänger die Söhne geboren sein lassen, auch für die erweiterte Reihe vor. Wenn man annimmt, daß die Mägde teilweise gleichzeitig schwanger waren und Issachar und Joseph etwa gleichzeitig zur Welt kamen, so schießt nur Sebulon (und Benjamin) über die sieben Jahre hinaus. Daß der Jahwist etwa so gerechnet haben muß, ergibt sich aus Gen 30 25, wo Jakob nach Josephs Geburt mit Laban den neuen Dienstvertrag schließt, nachdem seine sieben Jahre Dienst um Rachel zu Ende sind[15]. In den folgenden sechs Jahren ist dann genügend Zeit, die Kinder so weit heranwachsen zu lassen, daß man mit ihnen die Flucht riskieren kann.

Hat der Jahwist aber das Zwölf-Söhne-Schema selber geschaffen, so kann man dies nicht als eine der »Gegebenheiten« ansehen, die er bei seiner Arbeit in den Erzähltraditionen[16] schon vorfand. Nicht nur, daß seine Reihe von den im Debora-Lied genannten zehn Stämmen erheblich abweicht, insofern dort Ephraim, Machir und Gilead (statt Gad) genannt sind, sondern auch das Zwölf-Stämme-Schema selbst läßt sich für die vorkönigliche Zeit nicht nachweisen. »Das davidische Zwölf-Stämme-Schema stellt ... eine Mischung von Tradition, geographischer Lage und politischer Theorie dar«[17]. Dieser Theorie gibt

---

[13] S. o. S. 51 und u. S. 54.

[14] Diese Analyse unterscheidet sich erheblich von dem, was S. Lehming G 13 als Entstehungsgeschichte unseres Abschnittes herausarbeitet. Da schon die Voraussetzungen verschieden sind, kann man beim Ergebnis nicht viel anderes erwarten. Dankbar benutzt wurde dagegen O. Eißfeldt R 1.

[15] Der Kummer, den sich die Exegeten hierzu machen, ist mir unverständlich: vgl. G. von Rad, ATD, 271 f. Die Aufgliederung der zwanzig Dienstjahre (Gen 31 38) in 7 + 7 + 6 Jahre (Gen 31 41) wird zur elohistischen Bearbeitung gehören, auch kann die Zwanzig bei J in v. 38 eine typische Zahl sein (vgl. J. B. Segal U 7, 6), aber so etwa muß sich der Jahwist die Sache doch gedacht haben.

[16] Gegen S. Lehming G 13, 80.

[17] S. Mowinckel Z 26, 150, vgl. auch S. Mowinckel N 10, 31. Für ein Zwölf-Stämme-Schema der vorköniglichen Zeit darf man weder Gen 49 noch Dtn 33 noch die ismaelitischen oder aramäischen Zwölfer-Schemata anführen, denn bei all diesen

er bewußt ihren erzählerischen Ausdruck, indem er aus dem Zwölf-Stämme-Schema das Zwölf-Söhne-Schema entwickelt.

Ehe wir der Arbeit des Jahwisten weiter nachgehen, werfen wir einen Blick auf die Elohim-Etymologien. Wir sahen bereits, daß sie wegen der verharmlosenden Form der Issachar-Deutung den Profan-Etymologien gegenüber für sekundär angesehen werden müssen[18], erst recht natürlich den JHWH-Deutungen gegenüber. Ihre Entstehung erklärt sich am besten so, daß ihr Verfasser die JHWH- und die Profan-Etymologien kannte, letztere aber für so unbefriedigend hielt, daß er sie durch den Dank gegen Elohim ersetzte. Da er die gleichen Sohnesnamen verwendet — was im Blick auf die Variationen des Zwölf-Stämme-Schemas keineswegs selbstverständlich ist — muß die Annahme einer selbständigen Traditionsbildung nur in Fortsetzung der JHWH-Reihe ausgeschlossen werden. Wir haben wieder den typischen Fall einer elohistischen Bearbeitung und Veränderung der jahwistischen Arbeit vor uns. Außer der Gottesbezeichnung Elohim ist für ihn eine gewisse Weitschweifigkeit kennzeichnend, besonders bei den beiden Bilha-Söhnen, wo er ja keine Profan-Etymologie fand, und bei Issachar, wo er sicher gehen wollte, daß keine Beziehung zu den Liebesäpfeln übrig blieb. Warum er bei Joseph zu der Bitte an JHWH noch eine Elohim-Deutung fügte, läßt sich schwer sagen. Möglicherweise gefiel ihm die Namensdeutung mit 'asāp besser als die mit jasāp.

Kehren wir zum Jahwisten zurück. Die Erzählung von Jakobs Doppelhochzeit[19] fand er sicher bereits vor, doch hat er sie erzählerisch so gestaltet, daß er den Überleitungssatz zum Folgenden: »Und JHWH sah, daß Lea verhaßt war . . .« (Gen 29 31) in der Darstellung bereits vorbereitet. Vielleicht stammt auch die vorgeschaltete Brunnenszene von ihm[20], so daß der harte Neueinsatz von v. 16 »Und Laban hatte zwei Töchter . . .« darauf zurückzuführen wäre, daß er hier seine Vorlage (mündlicher Prägung?) unverändert übernimmt.

Ein Meisterstück jahwistischer Erzählkunst muß die Fortsetzung nach der Geburt der Söhne gewesen sein, Jakobs neuen Dienstvertrag mit Laban und die Hirtentricks, mit deren Hilfe er sich bereichert, schildernd[21]. Nur hat leider spätere Bearbeitung hier viel verdorben.

Texten muß erst die Altersfrage geklärt werden. Gegen die Annahme einer Zwölfer-Amphiktyonie vgl. G. Fohrer X 14; R. Smend H 3; B. D. Rathjen Q 12 u. s. u. S. 81.

[18] S. o. 50 f.

[19] Gen 29, 16-30.

[20] Gen 29 1-14. O. Eißfeldt Z 69, 88 und G. Hölscher Z 88, 287 teilen den Text auf. H. Gunkel hält ihn für einheitlich, teilt ihn mit Dillmann J zu, hält ihn aber für nicht charakteristisch für J. Genesis 324 ff. Wichtig ist sein Hinweis auf die Ähnlichkeit mit Ex 2 15-21.

[21] Gen 30 25-43.

Beachtenswert sind die Beziehungen zur Josephgeschichte[22], wie wir
überhaupt Geschichten vor uns haben, die ohne kultischen oder auch
nur lokalen Haftpunkt im novellistischen Stil erzählt werden. Wenn
der Jahwist wie bei Isaak und Abraham[23] Jakobs Reichtum hervorhebt (Gen 30 43), so hat er dabei die Begegnung mit Esau im Auge, die
in der Fassung, wie er sie schildern will, diesen Reichtum vorausgesetzt.
Auch möchte er Jakob als den Gesegneten JHWHs darstellen, der
nicht nur anderen Segen bringt, sondern ihn an sich selber erfährt.

In derselben Höhenlage bewegt sich die Geschichte von Jakobs
Flucht (Gen 31 1—32 2a). Nur muß hier die Quellenscheidung entgegen
allen Kommentaren so durchgeführt werden, daß die jahwistische
Grundlage klar herauskommt und nur elohistische und andere Bearbeitungen ausgeschieden werden. Es besteht z. B. nicht der geringste
Grund, die Teraphimgeschichte dem Jahwisten abzusprechen[24]. Wie
man sie für elohistisch halten kann, ist demjenigen völlig schleierhaft,
der gesehen hat, in welch starker Weise die Tabuisierung geschlechtlicher Dinge zwischen dem Jahwisten und dem Elohisten fortgeschrit-
ten ist[25].

Mit dem Teraphim-Diebstahl hat der Erzähler nicht nur das
Groteske in seine Darstellung aufgenommen, sondern er hat einen
Kunstgriff angewandt, der in der einfachen volkstümlichen Erzählung
keine Parallele zu haben scheint: Laban jagt seinen Töchtern und dem
gestohlenen Hausgott nach. Was die Töchter betrifft, ist er nach seinen
Ehevorstellungen im Recht[26], was den Gott betrifft desgleichen. Da
er aber den Teraphim nicht findet — dank Rachels listiger Unver-
schämtheit — steht er als der Blamierte da (der Leser weiß: zu Unrecht) und kann sich deshalb nun auch da nicht durchsetzen, wo er im
Recht ist. Vielmehr trumpft Jakob nun auf und stellt sich in seiner
Rede über die Mühsal des Hirtenlebens (Gen 31 38-40) als den schlecht
Behandelten und unschuldig Verfolgten hin. Dabei hat er den Großteil
von Labans Herden an sich gebracht und die beiden Töchter ohne
väterliche Erlaubnis von zuhause entfernt. Der Schuldige steht als der

---

[22] Der unbefangene Gebrauch von *naḥaš* »wahrsagen« sonst nur noch Gen 44 5. 15.
»Wenn ich Gnade gefunden habe vor deinen Augen« (30 27 vgl. 33 10) wie 47 29 und
sonst häufig und nur bei J, s. u. S. 122 Anm. 45 b (abgesehen von dem »neujahwisti-
schen« Gebrauch in Ex 33 13. 16. 17. Ein Bearbeiter der deuteronomistischen Schule
muß sich auf Imitation des jahwistischen Stils spezialisiert haben.) Bei wem der
Gesegnete Gottes dient, wird selber gesegnet: 30 27. 30 und 39 5.

[23] Gen 12 16 24 35 26 14; vgl. 30 43 und 32 6.

[24] Ich stelle zu J: Gen 31 1. 2. 4. 5a. 14. 17. 18aα. 19a (b?). 21aαb. 22. 23. 25*. 26. 27. 30b. 31*.
32. 33. 34a. 35. 36a. 38-40. 46. 48. 51. 52. 53a (jeweils ohne die *maṣṣēbā*); 32 1b. 2a.

[25] S. u. S. 193. u. 195ff.

[26] Laban nimmt die Beena-Ehe an, während Jakob die Baal-Ehe voraussetzt; vgl.
W. Plautz D 4, M 14; J. Morgenstern K 2, 49 (etwas anders als Plautz).

moralische Sieger da und der, der recht hat, muß unverrichteter Dinge abziehen. Dennoch ist das Ganze ein Triumph der Gerechtigkeit, denn es begleicht nur die alte Rechnung, die Laban einst bei Jakobs Hochzeit aufgemacht hatte. Nun ist der Jakob-Laban-Sagenkreis zu seinem Abschluß gekommen. Die angehängte Gilead-Ätiologie wäre für die Erzählung unnötig, doch hielt es der Jahwist für gut, sie hier einzubauen, da er offensichtlich entschlossen war, alle vier Ätiologien irgendwie unterzubringen.

Noch mehr Kummer machte ihm die Mahanaim-Ätiologie, da sie ihn zu einer geographischen Festlegung zwang, die er für die folgende Begegnung mit Esau eigentlich gar nicht brauchen konnte. Wohl aus diesem Grunde begnügte er sich mit leichten Anspielungen auf den Ortsnamen[27] und verzichtete auf eine ausdrückliche Benennung wie bei Gilead, Pnuel und Sukkot[28]. Denn der Esau, dem Jakob nun begegnet[29], ist in der Vorstellung des Jahwisten der Herrscher von Edom, der über eine ständig bereite Kampftruppe von vierhundert Mann verfügt[30]. Die 150—200 Kilometer zwischen den beiden Schauplätzen mußten irgendwie vertuscht werden[31]. Deutlich ist, was dem Erzähler bei seiner Schilderung vorschwebte: der Durchzug eines wohlhabenden Scheichs der Kleinviehnomaden durch das Gebiet eines mächtigen Herrschers. Beide verhalten sich großzügig und versöhnlich, zumal sie sich als Verwandte erkennen. Mit diesem Bild, das er seiner Zeit entnahm, beantwortet der Jahwist die Frage, die er am Anfang des ganzen Jakobzyklus gestellt hatte: Wie wird es mit den verfeindeten Brüdern weitergehen?

Auffallend ist, daß die Antwort der Frage derart wenig entspricht, wie die Diskrepanz zwischen den Vorstellungen von Gen 27 und 33 groß ist. Der Gesegnete wirft sich vor dem Ungesegneten nieder![32] Esau ist ein Fürst, nicht ein Jäger, gegenüber dem Viehbesitzer Jakob. Von Esaus Haß ist nicht mehr die Rede. Wenn es in der volkstümlichen Erzählung überhaupt eine Fortsetzung von Kap. 27 gegeben hat, so muß sie sehr anders ausgesehen haben als die Jakob-Esau-Begegnung von

---

[27] Vgl. Gen 32 8. 9 33 8.

[28] Gen 31 48 32 31 33 17.

[29] Gen 32 4-13 33 1-16.

[30] Zu den 400 Mann (Gen 32 7 33 1) vgl. I Sam 25 13 30 10.

[31] Zu der geographischen Differenz vgl. G. von Rad, ATD, 240, und M. Noth B 15, 104f. Die Streitfrage, ob es einen südlichen Jakob, den Bruder Esaus, und einen nord-östlichen Jakob, den Schwiegersohn Labans, gab (O. Eißfeldt R 1, 174f.) oder nur einen Jakob bei Sichem und im Ostjordanland (M. Noth B 15, 103ff.) braucht hier nicht diskutiert zu werden. Denn sicher hat J Jakob/Israel als Bruder von Esau/Edom gesehen.

[32] Vgl. K. Westermann P 15, 80f. Beachtlich auch die dort getroffenen Feststellungen über den höfischen Stil der Begegnung.

Kap. 32/33[33]. Das heißt aber, daß der Jahwist diese Begegnungsgeschichte ganz neu entworfen hat, weil hinter den Vätergestalten für ihn die Völker und ihre Beziehungen stehen[34].

Ist aber die Versöhnung der beiden Brüder wesentlich der Gestaltung des Jahwisten zuzuschreiben, so muß er die Erzählung von der Erschleichung des Segens (Kap. 27) in der mündlichen Überlieferung vorgefunden haben. Sonst hätte er sie der Begegnungsszene entsprechender gestaltet. Doch ist zu überlegen, ob er sie nur so wiedergab, wie er sie vorfand, oder ob er sie weiterentwickelt hat. Die volkstümliche Erzählung weiß ihre Hörer zu einer starken Identifizierung mit ihrem Helden oder ihrer Heldin zu führen. Darin liegt die Gewalt, die sie über den Hörer hat. Nach dieser Regel müßte die Geschichte nach ihrem Höhepunkt, der Segnung Jakobs[35], zu einem raschen Abschluß führen, wie es der »einfache Erzählstil« zu tun pflegt[36]. In der uns vorliegenden Gestalt hat die Darstellung jedoch eine Fortsetzung in der ausführlichen Schilderung, wie Esau zu seinem Vater kommt und sie beide angesichts des Betruges ihrem Schmerz Ausdruck geben[37]. So wird die Geschichte doppellastig — oder anders gesagt: der Erzähler zwingt seinen Hörer, sich zunächst mit dem zaghaften Sohn einer schlauen Mutter zu identifizieren und die Spannung mitzuerleben, ob der Betrug wohl gelingt, dann aber mit dem Entsetzen des Erstberechtigten eins zu werden, dem der Segen genommen worden ist. Durch diese Doppelidentifikation wird er gezwungen, das Recht beider Seiten abzuwägen, die Waage der Gerechtigkeit in die Hand zu nehmen. Man könnte bei dieser Erzählweise von Vorformen der Verfremdung sprechen, wobei eine gewisse Distanz sowohl zum Stoff wie zum Hörer oder Leser zu beobachten ist, eine Distanz, die man der Arbeit des Schriftstellers eher zutrauen möchte als dem ganz auf seine Hörer eingestellten mündlichen Erzähler[38].

[33] Ein Zusammenwachsen derart disparater Geschichten in der mündlichen Tradition ist trotz der Gesichtspunkte, die R. C. Culley (H 10) für seine 2. Stufe aufstellt, undenkbar.

[34] Eine Schlußfolgerung für die Zeit des Jahwisten ist schwierig, doch ließe sich am ehesten die Situation nach der Reichsteilung annehmen, als Edom wieder unabhängig und Juda ihm gegenüber klein und schwach war.   [35] Vgl. H. Eising Z 66, 73.

[36] Vgl. dazu W. Richter L 8, 377; H. Gunkel, Genesis, XLV.

[37] Wenn die LXX-Lesart in Gen 27 38 richtig ist: »und es schwieg Isaak«, so wäre dies der höchste Ausdruck seines Schmerzes.

[38] In Gen 27 stelle ich zum Jahwisten: v. 1-10. 14. 15. 17-20. 24. 25 abα. 26. 27 a. 30-34. 37 aαb. 38 (+ *wäjjiddom jiṣḥaq*). 41-44. 45 aβb. Die Zusätze v. 11-13. 16. 21-23 hängen untereinander zusammen und bilden eine Variante (Betasten der Arme statt Riechen an den Kleidern). Der ängstliche Einwand Jakobs erinnert an den Einwand des Knechts in Gen 24 5 ff. V. 36 könnte redaktionell zugefügt sein, um die Kombination mit der Linsengeschichte herzustellen. Doch könnte er auch von E stammen. V. 37 aβ gehört mit dem Segen v. 27 b-29 zusammen, was möglicherweise auch von E ist.

Anders war es bei der Geschichte von Jakobs Begegnung mit Esau, wo der Leser alles aus der Sicht Jakobs miterlebte, doch so, daß Esaus unerwartete Großmut jedes Schwarz-Weiß-Empfinden unmöglich machte.

Die Pnuel-Ätiologie (Gen 32 23-33) hat der jahwistische Erzähler sicher nur deshalb aufgenommen, weil diese alte heidnische Gespenstergeschichte schon längst auf Jakob übertragen war und wie die drei anderen Ätiologien eingebaut werden wollte. Wohl aber ist anzunehmen, daß er die Israel-Etymologie (ursprünglich: »Du hast Gotteskämpfe gekämpft und bist Sieger geblieben«?[39]) und die Namensverleihung selber eingefügt hat. Denn die Bezeichnung Jakobs als Israel findet sich fast nur bei ihm und fast nur in der von ihm gestalteten Josephgeschichte[40]. Mit dieser Umbenennung Jakobs und mit der Geschichte von der Geburt der elf (zwölf) Söhne bereitet er planmäßig die Josephgeschichte vor.

Die Sukkoth-Ätiologie ist ohne jede Verbindung mit der übrigen Erzählung.

Wir fassen zusammen:

Bei den Jakobgeschichten hat der Jahwist sich bemüht, allerlei verschiedenartige Traditionen so zu verarbeiten, daß sich ein Ganzes ergab. Es ist für ihn eine profane Geschichte ohne jede Beziehung zu Kult, Heiligtümern, Gebet und Opfer. Die theologische Bearbeitung mit Hilfe der Betheltradition[41] und dem Gebet in Gen 32 10-13[42] ist auf einer späteren Stufe erfolgt. Jakob ist als der Schlaue gezeichnet, der seine Benachteiligung — er kam als der zweite Zwilling, seinem Bruder »auf der Ferse« zur Welt und mußte mittellos vor seinem Bruder fliehen — ausgleichen kann, indem er sich den Segen des Vaters erschleicht, zwei Frauen erwirbt, zwölf Söhne bekommt, seinen Schwiegervater mit Hirtentricks überlistet und kraft seines Reichtums seinen Bruder milde stimmt, so daß er am Ende in seinem Land wohnen kann. Wo er sich

---

Vgl. die Einschaltung des Segens in Kap. 24 60. Dann läge auch hier keine Zweisträngigkeit (gegen Hölscher), sondern eine elohistische Bearbeitung des jahwistischen Textes vor.

[39] Vgl. Gen 30 8.

[40] Israel heißt Jakob auch in Gen 35 21f., doch kann das nicht die Ausdrucksweise dieser »Quelle« (L?S?N?) gewesen sein, da die Dinageschichte »Jakob« gebraucht. Nicht bei J in der Josephgeschichte: Gen 46 1. 2 48 8 und 11, beide Male wohl in Anlehnung an J.

[41] Vgl. dazu W. Richter X 9, 42ff. und G. von Rad, ATD, 275, der allerdings spätere Bearbeitungen für das Werk des Jahwisten hält.

[42] Obwohl Gen 28 13-16 wie 32 10-13 sprachlich manche Merkmale von J aufweisen, darf man sich nicht täuschen lassen. Derartig plumpe theologische Einschübe in den Text gehören nicht zu J. Das muß bei Gen 28 leider gegen die meisten Ausleger gesagt werden.

zuhause weiß, bleibt offen, nur westlich des Jordan, in der Gegend von Sichem, so viel ist angedeutet. Aber ihm gelingt das alles nur, weil er der Gesegnete JHWHs ist und dem zum Segen wird, dem er dient. Sein Leben wird von den Frauen bestimmt, die es begleiten, erst von der Mutter, dann von den Ehefrauen, alle drei willensstark und listenreich wie er.

Der Stil der Erzählung ist meist von novellistischer Ausführlichkeit, doch sind ältere Prägungen des Stoffes noch zu erkennen. Die Geburtsgeschichte (Gen 25 21-26a) trägt in ihrer Kargheit noch die Merkmale mündlicher Tradition. Bei der Geburt der Söhne (Gen 29/30) ist die Vorstufe der fünf (sechs) Söhne deutlich zu erkennen. Die vier Ätiologen des ostjordanischen Reisewegs (Gilead, Mahanaim, Pnuel, Sukkoth) sind der bereits kombinierten Erzählung leicht angepaßt; die drei Geschichten der ältesten Jakobsöhne (Schändung Dinas, Frevel Rubens und Tamar) sind unverbunden angehängt, die letzte in die Josephgeschichte mehr hineingestopft als eingebaut[43].

Ein direktes Eingreifen JHWHs kommt nur bei der Geburt der Söhne und dort in der übernommenen Tradition vor (29 31 30 22). Der Jahwist hat es so umgedeutet, daß JHWH der Gerechtigkeit zum Sieg verhelfen muß.

Die Josephnovelle wird in den Jakobgeschichten sorgfältig vorbereitet, sowohl durch die Zwölfzahl der Söhne Jakobs wie durch seine Neubenennung als Israel. Aber damit wird nicht nur die Josephgeschichte vorbereitet, sondern der Übergang von den Vätergeschichten zum Volk Israel, das in Ägypten ziemlich plötzlich vorhanden ist und dessen Geschichte mit Bedrückung und Auszug beginnt. Der Jahwist bezieht Jakob bereits auf das gesamte Israel, auf das eine Volk, das in seinen zwölf Söhnen repräsentiert ist[44]. Vorbereitet fand er diesen Gedanken in seinen Überlieferungen, insofern Jakob dort bereits als der »Vater« von sechs Stämmen gilt. Da zu diesen Sechsen sowohl die Südstämme Simeon und Juda (auch Ruben und Levi?) wie die mittelpalästinensischen Stämme Joseph und Benjamin gehören, wird man diese Traditionsbildung nicht vor dem Königtum Sauls oder Davids ansetzen dürfen[45]. Der Jahwist hat die Verbindung zwischen den Vätergeschichten und den Anfängen des Volkes Israel so über-

---

[43] J hat sich bei der Tamar-Geschichte bemüht, Juda nach Kräften zu entschuldigen. Was ihn an der Geschichte interessierte, waren die beiden Themen: »die kluge Frau« und »Herstellung der Gerechtigkeit«: »Du bist gerechter als ich« 38 26 vgl. Ex 9 27 u. s. u. S. 127.

[44] Die Zwölf leitet sich vom Tierkreis her und ist im AT die »nationale Zahl«. J. B. Segal U 7, 7.

[45] Was hier gesagt wird, kann man nicht anerkennen, wenn man noch an der Zwölf-Stämme-Amphiktyonie des vorköniglichen Israel festhält. Die Bedenken gegen die Amphiktyonie bei G. Fohrer X 14, R. Smend H 3, B. D. Rathjen Q 12 u. a.

zeugend hergestellt, daß es schon einigen Forscherscharfsinns bedurfte, um zu erkennen, daß dies alles eine Fiktion, ein Geschichtsbild der frühen Königszeit, aber nicht die historische Wirklichkeit war.

5. Der Auszug aus Ägypten

a) Die Erzählweise

Wenn wir nun die Mosegeschichten von Ex 1—14 untersuchen, so fällt auf, daß wir hier mehrere Arten von Erzählungen vor uns haben. Da gibt es den »einfachen Erzählstil«, am reinsten ausgeprägt in Ex 2 11-15 und 16-22, einer Doppelgeschichte mit parallelem Aufbau. Sie beginnt mit dem abschnittsmarkierenden wăj^{e}hî + Zeitbestimmung, läßt die Handlung in Narrativen munter fortschreiten, hält vor dem Höhepunkt mit hinnē + Nominalsatz inne (»und siehe, zwei hebräische Männer streitend« v. 13), geht in den Dialog zwischen Mose und dem Schuldigen über und schließt schnell mit der Flucht Moses ab.

Es folgt eine neue Exposition, in der die sieben Priestertöchter vorgestellt werden (v. 16), wieder schreitet die Handlung in Narrativen flink fort, bis sie in das Gespräch zwischen dem Priester und seinen Töchtern übergeht. Dann rascher Abschluß mit Moses Heirat und erstem Kind.

Der einzige Fehler in dieser Doppelerzählung ist, daß Mose nicht vorgestellt wird. Eine Erzählung, in der das geschah, ist verlorengegangen, wenn man nicht die Geschichte vom Schilfkörbchen (Ex 2 1-10) oder deren ältere Grundlage dafür ansehen will[1].

Im Gesamtaufbau haben beide Geschichten geographisch die Funktion, Mose von Ägypten nach Midian zu bringen. Inhaltlich liegt ihre Bedeutung darin, daß sie ihn als den Mann der Gerechtigkeit, den Streitschlichter und Helfer der Schwachen ausweisen. Eine derartig klassische Ausprägung des einfachen Erzählstils kommt in den ersten 14 Kapiteln des Buches Exodus sonst nicht vor.

Eine völlig andere, stark gebundene Erzählform finden wir in den Plagenberichten, wo sich die gleichen Wendungen mit geringen Variationen wiederholen. G. Fohrer hat drei Schemata nachgewiesen, in denen die Plagen von den drei Quellenschichten J, E und P erzählt wurden[2]. Wir vergegenwärtigen uns das jahwistische Schema I in seinen unveränderlichen Bestandteilen:

---

[1] G. Fohrer O 7, 18 ff. hält Ex 2 1-3a. 5*. 6a*. 10b für solch ältere Grundlage. Es erscheint jedoch zweifelhaft, daß bei J außer von der Ausnutzung Israels für Sklavenarbeit auch von der Ausrottung die Rede gewesen sein soll, da sich beides widerspricht. Ex 1 10 fürchtet Pharao, daß sie wegziehen werden! Mit G. Hölscher ist anzunehmen, daß Ex 2 1-10 trotz seiner Unebenheiten zu E gehört. G. Hölscher Z 88, 295.

[2] G. Fohrer O 7, 63 ff.

»Und JHWH sprach zu Mose: ... Geh zum Pharao ... und sage
zu ihm: Entlaß mein Volk, und sie werden mir dienen. ... Wenn du
dich weigerst, sie zu entlassen, siehe ich werde (Nominalsatz) ...
Und JHWH ließ ... Und das Herz des Pharao verhärtete sich und er
entließ das Volk nicht.« (Ex 7 14ff. 26ff. 8 16ff. (9 1ff.) 9 13ff. 10 1ff. (11 4ff.)
Daß bei der »Viehpest« (9 1ff.) und bei der Tötung der Erstgeburt
(11 4ff.) das Schema nicht rein erhalten ist, wird uns noch weiter unten
zu beschäftigen haben[3]. Hier kommt es zunächst darauf an, daß die
Plagenberichte zu der fest geformten, zum Auswendiglernen bestimmten Art der mündlichen Überlieferung gehören, die dem Erzähler kaum
mehr Spielraum zur eigenen Gestaltung läßt[4]. Zwar folgt auch der
Aufbau der Erzählungen in Ex 2 bestimmten Regeln, doch läßt er dem
Erzähler seine Freiheit.

Wieder ganz anderer Art ist der Abschnitt über die verschärfte
Unterdrückung der Israeliten (Ex 5 6-21, ohne 9 u. 11b). Verwendet man
W. Richters Klassifizierungen, so könnte man ihn am ehesten einen
»konstruierten Bericht« nennen, weil er keine Merkmale des »einfachen
Erzählstils« enthält, die Personen und Szenen rasch wechseln läßt und
nicht in sich abgerundet ist. Hier können wir mit schriftstellerischer
Arbeit rechnen.

b) Die Plagen

Wenden wir uns den Plagen nun genauer zu[4a], so fällt auf, daß
zu dem oben skizzierten Schema bestimmte Erweiterungen getreten
sind, die entweder nicht in allen Plagen oder in sehr verschiedener Art
begegnen. Es handelt sich um die Motive: Verschonung der Israeliten,
Konzessionen des Pharao und dessen Sündenbekenntnis und Bitte um
Fürbitte[5]. Während in dem stark geprägten Anfang Mose nur Gottes
Botschaft auszurichten hat, verhandelt er hier in seinen eigenen Worten mit Pharao. Dieser macht Teilzugeständnisse und Mose beharrt
auf der radikalen Forderung, so daß es zu Verhandlungen zwischen
ihnen beiden kommt (Plage IV Stechfliege 8 16-24; VIII Heuschrecken
10 8-11; IX Finsternis 10 24-26). Diese Diskussionen um den Auszug
stellen eine Erweiterung des einfachen Zugeständnisses dar, wie es
Pharao bei anderen Plagen macht, wenn auch ohne die Absicht, sein
Wort zu halten (Plage II Frösche 8 4; VII Hagel 9 28; X Erstgeburt
12 31f.). Gekoppelt mit diesem Motiv »Konzession des Pharao« ist das
andere »Bitte um Fürbitte«, was man an ihrer formalen Zuordnung
wie an ihrer sachlichen Verbundenheit sieht, insofern die Konzession
Pharaos Preis für die Fürbitte des Mose sein soll[6].

---

[3] S. u. S. 66ff.   [4] R. C. Culley H 10.   [4a] S. Tabelle II.

[5] Außerdem »Schwere der Plagen«: Ex 9 18 10 6 11 6 s. dazu u. S. 101f.

[6] Fürbitte: 8 4. 24 9 28 10 17 12 32, hier sinngemäß *brk* pi statt *'ātǎr* hi.

Diese dialogischen Erweiterungen zerbrechen das starre Schema der Plagenerzählungen und machen sie um vieles lebendiger. Wir haben hier einen typischen Fall von midraschartigem Anwachsen der Überlieferung[7]. Sie verraten zugleich den Übergang von der mündlichen zur schriftlichen Weitergabe. »Stücke, die in einprägsamer Form zum Auswendiglernen abgefaßt waren, werden bei der Schriftwerdung mit prosaischen Erläuterungen versehen, werden *zerschrieben*«[8]. Die Zerstörung der strengen Form ist ein Verlust im Formalen, ein Gewinn im Inhaltlichen. Aber auch diese Erweiterungen haben formale Besonderheiten, wie z. B. das wiederkehrende *'atăr*[9] und besonders das *l^{e}kû'ibdû*[10] mit seinen Varianten. Diese Wendung taucht ebenfalls in Ex 5 18 auf, doch heißt »geht, dient« an dieser Stelle, daß die Israeliten für Pharao arbeiten sollen, während er sie an den anderen Stellen ihrem Gott überläßt. In dieser Bedeutungsverschiebung liegt eine gewisse Ironie, wie sie auch sonst für die Erweiterungen kennzeichnend ist[11]. So dürfen wir den Midrasch Ex 5 6-21 demselben Verfasser zuschreiben wie die genannten midraschartigen Erweiterungen in den Plagen. Ein Unterschied ist allerdings zu beachten: während die Aufseher der Israeliten sich in Ex 5 15-16 der höfischen Sprache bedienen, d. h. von sich als den Knechten Pharaos reden[12], verhandelt Mose in den Plagenerweiterungen mit dem Pharao per du ohne jede Unterwürfigkeit mit der einzigen Ausnahme in Ex 8 5 »geruhe zu bestimmen«. Aber es ist ohne Weiteres einsichtig, daß ein Mose, der als Mund Gottes mit Pharao per du geredet hat, nun nicht in den unterwürfigen Stil zurückfallen kann.

Weist uns schon der Übergang von der mündlichen zur schriftlichen Überlieferung auf den Jahwisten hin, so läßt sich das für die genannten Stücke auch aus dem Sprachgebrauch erhärten. Wir finden *tô'ebā* in derselben Bedeutung wie in der Josephgeschichte[13], ferner *'atăr*[14], *naṣăb liq^{e}rat*[15] und *ba'ăš*[16], die als für J typisch gelten können. Dazu kommt noch die auffallende Häufigkeit der Wortgruppe *'ibrî* in den Josephgeschichten und in den Auszugsgeschichten, die ja beide in Ägypten spielen[17]. Allerdings tritt sie nicht nur in den Abschnitten

---

[7] G. Fohrer O 7, 69/70.   [8] K. Koch Z 64, 98.

[9] *'atăr* Ex 8 4. 5. 24. 25. 26 9 28 10 17. 18.

[10] *l^{e}kû'ibdû* 10 24 12 31 10 8, variiert 10 11; *l^{e}ku zibḫu* 8 21.

[11] Vgl. M. Noth, ATD, zu Ex 10 10 und 10 25.   [12] Vgl. I. Lande Z 27, 68 ff.

[13] *tô'ebā* Ex 8 22 vgl. Gen 43 32 und 46 34 dazu P. Humbert A 9 und 9 a.

[14] *'atăr* vgl. Anm. 9 und Gen 25 21 (Jdc 13 8 II Sam 21 14 24 25).

[15] *naṣăb liq^{e}rat* Ex 5 20 7 15; vgl. Num 22 34.

[16] *ba'ăš* ni u. hi (übertragener Gebrauch): Ex 5 21; vgl. Gen 34 30 (I Sam 13 4 27 12 II Sam 10 6 16 21), sonst nicht in Hist. Büchern.

[17] Gen 39 14. 17 43 32 Ex 2 11. 13 3 18 5 3 7 16 9 1. 13 10 3 (ferner I Sam 4 6. 9 13 3. (7). 19 14 11. 21 29 3). Der Gebrauch beschränkt sich auf die Partien, wo Israel mit Ägypten

auf, die wir für jahwistisch halten, sondern auch in Ex 1 15. 16. 19 und
2 6. 7 sowie Gen 40 15 und 41 12, die zum Elohisten gehören oder sonst
sekundäre Erweiterungen zu J sind[18].

c) Die Vorgeschichten

Schreiben wir also die midraschartigen Erweiterungen der Unterdrückung in Ägypten und der Plagenerzählungen dem Jahwisten zu,
so fragt sich, welche anderen Abschnitte mit dem geprägten Stil der
Plagen, also dem vorjahwistischen Bestand, zusammengehören. Dieselben sprachlichen Elemente finden wir in Ex 5 1-3, wo Mose zum
ersten Mal zu Pharao kommt[19]. Diese Verse weisen wiederum zurück
auf Ex 3 18 und damit auf die Berufungsgeschichte. Löst man die eigentliche Beauftragung Moses von der Theophanie im brennenden
Dornbusch, so sieht man, daß dieser Befehl JHWHs in keiner Weise
auf die bisherigen Mosegeschichten in Ex 2 Bezug nimmt:
»Und JHWH sprach: ,Angesehen habe ich das Elend meines Volkes, das in Ägypten ist, und ihr Geschrei habe ich gehört vor ihren
Fronvögten, denn ich kenne ihre Leiden. Und ich kam herab, sie zu
retten aus der Hand Ägyptens. Geh und versammle die Ältesten
Israels und sprich zu ihnen: JHWH, der Gott eurer Väter ist mir
erschienen: Gemustert habe ich euch und was euch angetan wird in
Ägypten und ich sage: ,Heraufführen werde ich euch aus dem Elend
Ägyptens'.« Und Mose ging und versammelte[20] alle Ältesten der
Israeliten; und sie hörten, daß JHWH die Israeliten heimgesucht und
ihr Elend gesehen habe, und sie verneigten sich und warfen sich an-
betend nieder. Und nachdem Mose (und die Ältesten Israels zum Haus
des Pharao) gekommen waren, sprachen sie zu Pharao: ,So spricht
JHWH, der Gott Israels; Entlaß mein Volk und sie werden mir dienen
in der Wüste'«. . .[21].
Der Auftrag an Mose setzt lediglich eine Mitteilung über die
Bedrückung der Israeliten in Ägypten voraus — wobei es sich um
Fronarbeit, nicht um Kindertötung zu handeln scheint — aber keinerlei
Midiantraditionen, keinen brennenden Dornbusch, und könnte in

---

oder den Philistern zu tun hat. Vgl. M. Weippert Z 61, 85 ff. »der Gott der Hebräer«
in 5 3 7 16 9 1. 13 10 3 könnte ein J-Zusatz sein.

[18] Vgl. G. Fohrer O 7, 11 f., wenn auch mit anderer Analyse als hier vorgetragen.

[19] S. u. Anm. 21.

[20] Hier ist Aharon zu streichen und Singular zu lesen.

[21] Der Text geht ohne Bruch oder Widerspruch bis v. 3 weiter. Eine Aufteilung auf J
und E, wie sie u. a. G. Hölscher Z 88, 298 und G. Fohrer O 7, 55 ff. befürworten, ist
sinnlos. Rudolph Z 32, 15 hat richtig gesehen, daß man hier die »Ältesten Israels«
einsetzen muß. Als diese durch Aharon verdrängt wurden, kam der Text in Unordnung. $w^{e'}ahar\ ba'\hat{u}$ (qatal-x) ist jedenfalls kein Narrativ.

Ägypten zu Mose gesprochen sein, wo auch die Priesterschrift seine Berufung spielen läßt[22].

Andererseits könnte die mit Midian verbundene Theophanie am brennenden Dornbusch in den Befehl zur Rückkehr nach Ägypten ausgemündet sein:

»Und JHWH sprach zu Mose: ‚Geh, kehre zurück nach Ägypten! Denn gestorben sind alle die Männer, die dir nach dem Leben trachteten'. Und Mose nahm seine Frau und seinen Sohn (M: Plural) und ließ sie auf dem Maultier reiten und kehrte ins Land Ägypten zurück« (Ex 4 19. 20a)[23].

Hier wird die Übersiedlungsgeschichte von Ex 2 11-22 weitergeführt. Eine Fortsetzung könnte Ex 4 24-26 sein, der Überfall in der Herberge. Sonst aber verschwinden Moses Frau und Sohn aus den Geschichten, allenfalls könnte man die Notizen über Chobab ben Re'uel, den Keniter, Moses Schwager (?)[24], in Zusammenhang mit diesen Berichten über Mose in Midian bringen, da sie seine Verschwägerung mit Re'uel voraussetzen. Das Charakteristische dieses Überlieferungsstranges ist, daß er die Verbindung zwischen dem midianitischen und dem ägyptischen Mose herstellt, wobei der midianitische Mose wohl als überlieferungsgeschichtlich älter und als historisch beurteilt werden darf[25].

Wir sehen jetzt klarer, welche mündlichen Traditionen der Jahwist vorfand:

1. eine streng stilisierte Darstellung von Moses Berufung, erstem Gang zum Pharao mit den Ältesten und weiteren Gängen zur Ankündigung der Plagen[26],
2. einen Bericht im volkstümlichen »einfachen« Erzählstil, wie Mose von Ägypten nach Midian und nach der Theophanie am Dornbusch wieder nach Ägypten zurückkommt[27].

Indem der Jahwist die Berufung der stilisierten Tradition in die Theophanie der volkstümlichen Überlieferung einarbeitete, verband er beide Darstellungen miteinander und ergänzte sie durch den Midrasch über die verstärkte Bedrückung[28] sowie die Erweiterungen in

---

[22] Ex 6 2ff., vgl. G. Fohrer O 7, 27.

[23] Der Widerspruch zu Ex 2 15 sollte nicht überbetont werden, zumal Ex 2 15 wohl nicht mehr die ursprüngliche Form hat.

[24] Num 10 29 Jdc 1 15 4 11. 17. Warum soll nicht der midianitische Priester Re'uel und dessen Sohn Chobab geheißen haben? Nur weiß die volkstümliche Geschichte von den sieben Töchtern von diesem Bruder nichts.

[25] Vgl. G. Hölscher Z 88, 82, teilweise anders G. Fohrer O 7, 27 u. 35.

[26] Ex 3 7. 8aα. 16aαβb. 18 4 29. 30a. 31b 5 1-3. 4 oder 5 7 14ff. 26ff. 8 16ff. (9 1ff.) 9 13ff. 10 1ff. (11 4ff. + 12 31f.).

[27] Ex 2 11-15 und 16-22 3 1-4a. 5 4 19. 20a.

[28] Ex 5 8. 17 weist auf 3 18 zurück; ṣa'aq 5 8. 15 auf 3 7; *noges* in 5 passim auf 3 7.

den Plagen, d. h. die Verhandlungen zwischen Mose und Pharao, in denen Mose dessen Konzessionen zurückweist, aber zur Fürbitte bereit ist. Daß die Erzählung durch die Erweiterungen lebendiger und dramatischer geworden ist, haben wir bereits gesehen. Doch müssen wir noch bedenken, welche inhaltlichen Änderungen sich ergeben haben.

Schon durch die Einarbeitung der Ägypten-Midian-Erzählung hat der Jahwist den Menschen Mose charakterisiert, der in der stilisierten Erzählung eine passive Gottesbotenrolle spielt. Die volkstümliche Darstellung macht ihn zum Schützer der Schwachen, also zum Anwalt der Gerechtigkeit, ob er nun einen von einem Ägypter mißhandelten Israeliten oder einen vom eigenen Volkszugehörigen geplagten »Bruder« oder die von den Hirten verdrängten Priestertöchter unterstützt. Seiner Kühnheit zum Schutz der Schwachen entspricht dann die Furchtlosigkeit, mit der er sich dem brennenden Dornbusch nähert, so daß die Gottheit ihn zurückweisen muß.

In den jahwistischen Erweiterungen wird er zudem noch der gewiegte Unterhändler, der eisern die Fiktion aufrechterhält, daß Israel nur um etwa acht Tage Urlaub bittet, damit es seinem Gott ein Fest feiern kann; der sehr wohl weiß, daß Israel in Wirklichkeit für immer verschwinden will, der auch merkt, daß Pharao dies durchschaut hat, der aber unnachgiebig an seiner einmal bezogenen Verhandlungsbasis festhält, obwohl er zu recht durchsichtigen Argumenten Zuflucht nehmen muß, wie z. B. daß alles Vieh mitgehen muß, weil JHWH erst am Opferort bestimmt, welche Tiere er haben möchte[29].

In Pharao hat er einen ebenso zähen und schlauen Verhandlungspartner gefunden, so daß die Kontroverse zwischen JHWH und Pharao, wie sie die stilisierte Vorlage zeichnet, nun in ein Duell zwischen Mose und Pharao übergeht. Dabei pocht Pharao auf seine Macht als König von Ägypten, Mose auf seine Macht, die er durch das Gebet, das Händeemporstrecken[30] über seinen Gott und also, da dieser Gott mächtiger ist, auch über Pharao ausübt. Aber während es sich bei der Vorlage um eine reine Machtkonfrontation handelt, hat sie sich beim Jahwisten ins Moralische verschoben. In dem Midrasch über die verstärkte Unterdrückung hat sich Pharao ins Unrecht gesetzt, wenn er eine bescheidene Bitte um etwa acht Tage Urlaub, noch dazu zu religiösen Zwecken, mit verschärfter Repression beantwortet. Die Erweiterungen in den Plagenerzählungen legen es nun darauf an, ihn zum Eingeständnis seines Unrechts zu bringen, ja zur Bitte um Vergebung und Segen[31].

---

[29] Ex 10 26.

[30] Ex 9 29. 33.

[31] Ex 9 27f. 10 16f. 12 32 u. s. u. S. 127f.

Exkurs I: *Zum Aufbau der Plagengeschichten.*

G. Fohrer hat die drei Schemata herausgearbeitet, mit deren Hilfe die Plagen bei J, E und P dargestellt sind[32]. Für J sind die Begegnungen zwischen Mose und Pharao kennzeichnend, während bei E und P Mose mit seinem Stab (bzw. Aharon auf Moses Befehl) das Unheil über Ägypten bringt. M. Noth rechnet die Schemata II (E) und III (P) beide zu P, so daß E in den Plagengeschichten überhaupt nicht vorkommt[33]. Aber das doppelte Kennzeichen, daß teilweise Aharon — und nicht Mose — den Stab hebt und daß gerade in diesen Abschnitten die ägyptischen Zauberer auftreten, erzwingt die Unterscheidung zwischen den Schemata II und III, wie sie G. Fohrer annimmt.

1. Bei der Ankündigung von Plage X fällt auf, daß der Adressat der Moserede nicht zu erkennen ist[34]. Erst von »und es werden all deine Knechte . . .« an (v. 8), sieht man, daß Pharao angeredet wird. Da die Ankündigung der letzten Plage jedoch fast genau die Form hat wie bei den anderen Plagen, legt sich die Vermutung nahe, daß der ganze Anfang weggebrochen und durch »Und Mose sprach« ersetzt worden ist. Die Rekonstruktion sieht dann folgendermaßen aus:

»Und JHWH sprach zu Mose: ‚Geh zum Pharao und sprich zu ihm: *So spricht JHWH:* Entlaß mein Volk und sie werden mir dienen. Du hast dich bisher geweigert. Siehe, *um Mitternacht werde ich durch Ägyptenland schreiten und sterben wird alle Erstgeburt . . .*‘«[35]

Der Wegfall der alten Einleitung läßt sich erklären, wenn man annimmt, daß ein Redaktor oder nachdenklicher Abschreiber den Widerspruch zu Ex 10 28 f. empfand, nachdem diese Sätze einmal in den Text hineingekommen waren. Dort heißt es:

»Und es sprach zu ihm Pharao: ‚Geh fort von mir; hüte dich, daß du mir nicht noch einmal vor die Augen kommst; denn an dem Tag, wo du mein Angesicht siehst, wirst du sterben‘. Und es sprach Mose: ‚Ja gewiß, ich werde dir nicht mehr unter die Augen kommen‘«.

---

[32] G. Fohrer O 7, 63 ff.

[33] M. Noth, ATD, 52 ff.; auch W. Rudolph Z 38a, 18 ff. u. S. Mowinckel N 11, 64 übersehen die starken Differenzen zwischen dem E- u. P-Schema.

[34] Ex 11 4-8. M. Noth, ATD, 72 läßt sie an Israel gerichtet sein, doch ist sein Argument, daß Pharao in der 3. Person vorkommt, nicht stichhaltig, vgl. Ex 8 25.

[35] Ex 11 4-5. Die Kursive bezeichnet den erhaltenen Textbestand, Nicht-Kursive ist Ergänzung. Das »siehe« vor dem Nominalsatz ist zwar weggefallen, vielleicht durch die Zeitbestimmung »um Mitternacht« verdrängt, aber der Nominalsatz bei der Benennung der Plage ist im Hebräischen erhalten. Zu v. 7b vgl. u. S. 68f. V. 8 könnte eine spätere Hinzufügung sein, obwohl es die alte direkte Anrede an Pharao bewahrt hat. Das doppelte *jaṣa'* am Ende von v. 8a und Anfang von v. 8b in unterschiedlicher Bedeutung wirkt sehr hart.

Da bei dem Jahwisten Mose in der Nacht nochmals zu Pharao geholt wird und den Ausweisungsbefehl erhält[36], können diese Verse nicht bei J gestanden haben. Sprachlich möchte man sie dem Elohisten zuweisen wegen des bei ihm beliebten »hüte dich«, doch würde dies Fohrers Schema II in Frage stellen, nach dem Mose keine Begegnung mit Pharao hat. So bleibt nur übrig, einen Zusatz anzunehmen, der in den Text hineinkam, vielleicht aus dem Grund, daß man die 10. Plage von den neun anderen schärfer trennen wollte[37].

2. Ein anderes Problem bilden die Verse 10 24-26, die zu den jahwistischen Erweiterungen gehören, also eine Verhandlung zwischen Pharao und Mose mit der Formel *lᵉkû 'ibdû* bieten. Sie stehen mitten in Plage IX, die sonst keine jahwistischen Kennzeichen trägt, vielmehr nur das elohistische Schema bietet. Deshalb hängt G. Fohrer sie kurzerhand an Plage VIII an, was deren Rahmen in unguter Weise sprengen würde und keine überzeugende Lösung bietet. Es müssen also andere Lösungsmöglichkeiten überprüft werden:

a) Die Erweiterung der Plage IX (Ex 10 24-26) gehörte ursprünglich zu Plage V »Viehpest«, die keine solche Erweiterung hat. Da dort die Ägypter einen großen Teil ihres Viehs verloren haben, wäre der Wunsch Pharaos, die Israeliten springen zu lassen, aber ihr Vieh zu behalten, durchaus verständlich. Dagegen spricht, daß 10 24b »und auch euer Anhang mag mit euch gehen« offensichtlich auf Plage VIII zurückverweist, wo Pharao den »Anhang« als Geisel zurückbehalten möchte. Deshalb kann die Erweiterung nicht gut vor Plage VIII gestanden haben. Auch ist schwer zu erklären, wie sie von Plage V zu Plage IX gekommen sein soll.

b) Plage IX ist gar keine rein elohistische Plage, sondern der jahwistische Anfang ist weggebrochen[38]. Dafür läßt sich zwar kein so klarer Grund angeben wie bei Plage X, jedoch könnte auch er ein Opfer redaktionellen Denkens oder Versehens geworden sein. Dagegen ist einzuwenden, daß dann bei dem Jahwisten die Siebenzahl der Plagen zerstört würde, indem er plötzlich acht Plagen hat: Nilwasser, Frösche, Stechfliegen, Viehpest, Hagel, Heuschrecken, Finsternis und Sterben der Erstgeburt.

Nun ist Plage V »Viehpest« zwar nach dem J-Schema gebildet, aber sonst so abweichend von den anderen Berichten, daß M. Noth sie aus formalen wie sachlichen Gründen als einen späteren Zusatz zu J ansieht[39]. Wir hätten dann für den Jahwisten die Siebenerreihe: Nil-

---

[36] Ex 12 31-32. Diese Verse dürfen nicht voneinander getrennt werden (gegen G. Fohrer O 7, 85f.).

[37] Dazu G. Fohrer O 7, 72 und M. Noth, ATD, 65 und 68.

[38] Vgl. M. Noth, ATD, 64. G. Hölschers Argumente dafür, daß Ex 10 24-26 zu E gehören, sind nicht überzeugend (Z 88, 299).

[39] M. Noth, ATD, 60f.

wasser, Frösche, Stechfliegen, Hagel, Heuschrecken, Finsternis und Sterben der Erstgeburt[40]. Das würde wiederum bedeuten, daß die elohistischen Plagen: Nilwasser, Hagel, Heuschrecken, Finsternis (und Erstgeburt?) eine Auswahl aus J sind und nicht eine selbständige Reihe. Diese Lösung, daß Plage IX zu J gehört, scheint die einfachste und überzeugendste zu sein.

Exkurs II: *Die »auf daß« Formel.*

Der Finalsatz »auf daß du erkennest, daß ich JHWH bin« oder eine ähnliche Wendung findet sich bei den jahwistischen Plagen I, II, IV, VII, VIII und X (also nicht bei den problematischen Plagen V und IX)[41]. G. Hölscher hält dies für einen späteren Zusatz, G. Fohrer und M. Noth dagegen rechnen die Formel zum Bestand des Jahwisten[42]. Der Inhalt der bezweckten Gotteserkenntnis ist verschieden angegeben:

»daß ich JHWH bin« 7 17 8 18 10 2.

»daß keiner ist wie JHWH« (+ »unser Gott« oder »in der ganzen Welt«) 8 6 9 14.

»daß die Erde (das Land?) JHWH gehört« 9 29.

»daß JHWH unterscheidet zwischen Ägypten und Israel« 11 7.

Diese Verschiedenheit macht einen sehr originalen Eindruck, doch steht dem entgegen, daß die Formel keinen echten Sitz im Schema der Plagenerzählungen hat, sondern einmal vor der Plagenankündigung steht (7 17 9 14 10 2), ein andermal in Zusammenhang mit dem Aufhören der Plage bzw. beim Fürbitteversprechen (8 6 9 29), ein andermal bei der Verschonung der Israeliten (8 18 11 7). Zudem ist sie zweimal Bestandteil eines längeren Zusatzes (9 14-16 10 1b-2). Der deuteronomische Charakter dieses zweiten Zusatzes ist offensichtlich[43].

Hätte die »auf daß« Formel zum alten Plagenschema gehört, so müßte sie in diesem einen festen Sitz haben. Ihre willkürliche Zuordnung empfiehlt sie auch nicht als Bestandteil der jahwistischen Erweiterungen. Man darf dagegen nicht einwenden, daß sie doch nur

---

[40] Man darf Ps 78 nicht als Gegenargument anführen, weil dieser zwar die J Reihe mit Pest (nicht Viehpest) und ohne Finsternis bringt, aber offensichtlich nicht dem reinen J Text folgt (Nilwasser!!). Vgl. H. J. Kraus Z 97, 78: »Die Exodustradition wird frei abgewandelt und auf einige wenige Bilder reduziert«. O. Eißfeldt Z 100, 35 gegen G. Fohrer O 7, 70 f. Anm. 28.

[41] Ex 7 17 ($b^e z' ot teda'$) 8 6. 18 9 29 11 7 ($l^e ma' an teda'$) 9 14 ($ba' abur$).

[42] G. Fohrer hält Ex 9 14-16 10 2 für Zusatz (O 7, 125), M. Noth nur Ex 9 14-16 (ATD 48).

[43] Ex 10 1 b-2 »den Söhnen und Enkeln erzählen« ist ein im deuteronomistischen Werk beliebter Gedanke.

in den jahwistischen Plagen steht, nicht in den reinen P-Plagen III und VI (Ex 8 12-15 9 8-12). Denn da die Finalsätze Mose in den Mund gelegt sind, können sie nur in solchen Plagen auftreten, deren Schema eine Begegnung zwischen Mose und Pharao vorsieht. Entscheidend muß aber das inhaltliche Argument sein: In den Erweiterungen des Jahwisten wird Pharao zur Erkenntnis »JHWH ist gerecht — ich bin im Unrecht« geführt[44]. Sollten dem Pharao auch noch all diese anderen theologischen Einsichten abverlangt werden, so käme das schon auf ein kleines Theologiestudium heraus.

Der Ursprung der Formel ist nicht leicht zu bestimmen. In ihrem vollen Wortlaut mit »ich JHWH« kommt sie nur Dtn 29 5 vor, wo sie offensichtlich angehängt ist[45]. Im Bereich deuteronomistischer Geschichtsbearbeitung wäre Jos 4 24 Jdc 3 2 (6 10) I Reg 8 43. 60 20 13. 28 zu vergleichen. Doch könnte die Formel auch einem priesterschriftlichen Redaktor zugehören, da P den Ausdruck »erkennen, daß ich JHWH bin« (ohne »auf daß«) sehr liebt; allein in Exodus: 7 5 14 4. 18 31 13.

Im ganzen jahwistischen Bereich findet sich nichts dergleichen. Die reine Offenbarungsformel »ich JHWH« steht Gen 15 7 in einem klar deuteronomistischen Satz und Gen 28 13 in einem Text, der zwar herkömmlich zu J gerechnet wird, doch ohne jeden durchschlagenden Grund[46].

Das Ergebnis dieses Exkurses ist zwar nicht eigentlich für die Analyse der Plagenerzählung von Bedeutung, wohl aber für die Beurteilung von Sprache und Theologie des Jahwisten.

d) Zusammenfassung

Wenn unsere Analyse richtig ist, so hat sich ergeben, daß der Jahwist zwei Überlieferungen vorfand:

1. eine Darstellung im volkstümlichen Erzählstil, die Mose von Ägypten nach Midian und nach einer Theophanie beim brennenden Dornbusch wieder nach Ägypten zurückbringt. Seine Verschwägerung in Midian ist fester Bestandteil dieser Überlieferung.
2. Eine fest geprägte Darstellung, die von der Unterdrückung Israels in Ägypten, Moses Berufung und Gang zum Pharao (das erste Mal mit den Ältesten) sowie den Ankündigungen und der Auswirkung der sieben Plagen berichtet.

Diese beiden Überlieferungen hat er ineinandergefügt und so erweitert, daß Mose eine neue Rolle als Verhandlungspartner des Pharao bekommen hat.

---

[44] Ex 9 27 10 16 s dazu oben S. 65.

[45] Der Finalsatz steht Dtn 29 5 in einer Moserede, so daß plötzlich JHWH zum redenden Subjekt wird, was nicht ursprünglich sein kann.   [46] S. o. S. 49 u. 58.

Welche Funktion kommt diesem ganzen Komplex im Werk des Jahwisten zu? Er setzt hier den Anfang der Volksgeschichte. Hat er bisher von Einzelnen und Familien erzählt, so gibt es nun plötzlich das Volk Israel ohne jede Bezugnahme auf die einzelnen Stämme. Diesen Sprung hat der Jahwist vorbereitet, indem er Jakob in Israel umbenannte, so daß die Jakobsnachkommen in Ägypten »Israelsöhne« heißen, wie sie Pharao in Ex 1 9 nennt. Erst in Moses Worten vor Pharao fällt dann das Stichwort, das über allem Folgenden steht:

»So spricht JHWH, der Gott Israels: ,Entlaß mein Volk . . .‘«(Ex 5 1)[47].

Die gesamtisraelitische Sicht, die in diesen Worten zum Ausdruck kommt, ist nicht erst vom Jahwisten hinzugebracht, sondern bereits der geprägten Darstellung der sieben Plagen eigen, die er vorfand. In der volkstümlichen Erzählung findet sich hingegen keine Spur davon, allerdings auch nicht der geringste Hinweis auf eine israelitische Stammesüberlieferung. Die geprägte Vorlage des Jahwisten und seine eigene Darstellung antworten also auf die Frage »Wie entstand Israel? Wie wurden wir ein Volk?« indem allgemeine nomadische Erinnerungen an Ägyptenerlebnisse zu einer Erzählung verdichtet wurden. Durch den Einbau der volkstümlichen Darstellung mit Mose in Midian hat der Jahwist diese Geschichtskonstruktion von der Entstehung Israels in Ägypten mit echten historischen Erinnerungen (der Midianiter?)[48] an Mose verbunden. Durch den Vorbau der Josephgeschichte hat er Israel definiert als das Volk der zwölf Jakobsöhne, also der zwölf Stämme des frühen Königreiches. Was seine geprägte Vorlage unter Israel verstand, ist nicht mehr zu erkennen. Immerhin ist bemerkenswert, daß beide, Jahwist wie Vorlage, ihr Volk nicht als ein Ergebnis der Blutsverwandtschaft sehen — was doch die Grundbedeutung von ʿam, »Volk« ist — sondern in einem Ereignis der Geschichte begründet, in einer Konfrontation mit Ägypten, in der sich Israels Gott als der mächtigere erweist. Beim Jahwisten vereinigt Mose die alten Priesterfunktionen: Orakelsprecher, Fürbitter und Opferer (wobei letzteres eng zusammengehört)[49], darüber hinaus ist er aber als Pharaos Verhandlungspartner in einer durchaus weltlich-politischen Funktion gezeichnet.

---

[47] Vgl. dazu J. Hempel Z 85, 64.

[48] Zur Bedeutung der Midianiter im letzten Viertel des 2. Jt. vgl. O. Eißfeldt Z 95. Warum soll Israel nicht die alten Mose-Sinai- bzw. Gottesberg-Kadesch-Traditionen von Midian übernommen haben und JHWH ein midianitischer Gott (unter anderen) gewesen sein?

[49] Zu der Entstehung des Priestertums bei den Semiten aus der Funktion des Orakelspenders vgl. Pfeiffer E 7, 42 und zur Verwandtschaft von Fürbitte und Opfer vgl. die Wurzel ʿatār »beten«, die mit arabisch ʿatara »opfern« zusammenhängt, Gesenius s. v.

6. Zusammenfassung

Was ergibt sich aus unserer bisherigen Untersuchung für die Arbeitsweise des Jahwisten?

H. Eising sagt in der Einleitung zu seiner Analyse der Jakobgeschichten im Blick auf das Verhältnis von Überlieferungsgeschichte und Verfasserfrage sehr treffend:

»Es kommt nun alles darauf an, an welchem Punkt dieser Linie wir den eigentlichen Verfasser ansetzen. Die formgeschichtliche Forschung, wie sie etwa von Gunkel und Proksch vertreten wird, setzt den Blickpunkt, von dem aus allein nach Meinung dieser Forscher die biblische Erzählung richtig zu erfassen ist, sehr früh an, wo der Fluß der Erzählungsentwicklung noch aus vielen Quellen entsteht. Die Vereinigung dieser Quellen fällt dann einem für die wirkliche Stoffgestaltung ziemlich unbedeutenden Redaktor zu. Man kann den für die Erforschung der Erzählung bestimmenden Blickpunkt aber auch sehr spät ansetzen, so daß von ihm aus möglichst alles, was im heutigen Text steht, ins Blickfeld einbegriffen werden kann, was jedoch leicht dazu führt, sich Einblicke in tiefere Schichten der Erzählung zu verbauen. Man muß die biblischen Erzählungen vielmehr von einem Punkt aus sehen, wo die Geschlossenheit der Idee und der Darstellung für einen wirklich gestaltenden Verfasser sprechen.«[1]

Um die richtige Bestimmung dieses Punktes auf der Linie der Traditionsgeschichte geht es uns jetzt. Viele Menschen haben weitergebend und weitergestaltend — oder auch reduzierend — an der Formung der Sagen und Geschichten des Volkes Israel gearbeitet. Einmal hat man angefangen, das Überlieferte schriftlich festzuhalten. Das setzte eine bestimmte kulturelle Entwicklung voraus, eine leicht handhabbare Schreibtechnik zum Beispiel, und große Mengen von Schreibmaterial. Ebenso aber auch eine relativ große Gruppe von Menschen, die lesen können. Dies alles ist in Israel erst nach der Übernahme der kanaanäischen Stadtkultur denkbar, also erst von der Davidzeit an.

Bei diesem Prozeß der schriftlichen Fixierung müssen wir unterscheiden zwischen der bloßen Niederschrift schon geprägter mündlicher Tradition und der schriftstellerischen Arbeit, die freie Erzählung in eigener Weise zu Papier bringt (wenn es »Papier« — Papyrus — war)[2]. Im ersten Fall ist der Vorgang der schriftlichen Fixierung kaum bestimmbar, aber auch unwichtig. Ob also z. B. Plagenberichte des geprägten Stils[3] einem Verfasser mündlich oder schriftlich vorlagen, wird man nicht entscheiden können. Wohl aber müssen sich bei der schriftlichen Wiedergabe freier Erzählung bestimmte Eigenheiten herausbilden, die es erlauben, Kriterien für die schriftstellerische Arbeit aufzustellen und so den Übergang von der mündlichen zur schrift-

---

[1] H. Eising Z 66, 7. M. E. setzt H. Eising den Blickpunkt zu spät an.
[2] Vgl. dazu R. C. Culley H 10.
[3] S. o. S. 60f.

lichen Tradition so genau wie möglich zu erfassen. Damit tritt der Verfasser und sein Werk vor uns hin.

Vorteilhaft für den Erzähler im Bereich der mündlichen Tradition ist z. B. die Einlinigkeit der Handlung. Einen Faden liegenzulassen und einen andern aufzugreifen, diesen wiederum liegenzulassen und den alten aufzunehmen, stellt hohe Anforderungen an ihn und seine Zuhörer. Er wird das in der Regel vermeiden. Ebenso wichtig ist für ihn die Einheit des Blickpunktes. Der Erzähler will seine Hörer fesseln, will sie zur Identifizierung mit seinem Helden oder seiner Heldin bringen. Also muß er sich selber so mit dem Helden identifizieren, daß alles von diesem aus erlebt wird. Durch solche Mittel der Erzähltechnik zieht er die Hörer in den Bann.

Aber er unterliegt auch der Kritik seiner Hörer. Sind sie aufmerksam, so dulden sie keine Sprünge und Widersprüche. Deshalb wird der Erzähler disparates Material miteinander verschleifen, Unstimmigkeiten glätten, zwischen entfernt Liegendem Übergänge schaffen. Er darf nicht unbekannte Personen ins Spiel bringen, sondern muß jeden, der für die Handlung wichtig ist, entsprechend vorstellen. Nebenpersonen bleiben unbenannt und brauchen nicht vorgestellt zu werden. Macht er Fehler, so weist ihn der Protest seiner Hörer darauf hin. Vermag er nicht, seinem Stoff die nötige Dichte und Eindringlichkeit zu geben, so straft ihn das Gähnen seiner Zuhörer. Ist er aber mit ihnen in der Sache drin, so weiß er ihre Spannung zu steigern, spürt ihre Ungeduld, wo er absichtlich den Ablauf verzögert, als ein antreibendes Element und empfängt in seinem Geben von ihrem Nehmen.

Anders der Schriftsteller. Auch er will fesseln, begeistern, überzeugen. Auch für ihn gelten deshalb im Allgemeinen die Regeln des mündlichen Erzählens. Doch zwischen ihm und dem Leser ist eine Distanz. Sie sitzen sich nicht Auge in Auge gegenüber. Weder der Widerspruch noch das Gähnen noch die Spannung ist für ihn direkt wahrnehmbar. Er kann sie sich höchstens vorstellen. Die Rationalität von Schreiben und Lesen zerbricht die Unmittelbarkeit von Darstellung und Aufnahme.

Doch dafür kann der Schreibende bei seinem Leser anderes Interesse voraussetzen, das auch er selber empfindet: Erkenntnis zu gewinnen; zu bewahren, was überliefert ist; Vergangenes festzuhalten; Gegenwart im Berichten zu deuten, weil sie bereits als Produkt der Vergangenheit verstanden wird. Er schreibt, damit Wichtiges nicht verloren geht, richtet also den Blick auf die Sache, nicht nur auf den Hörer; er hat die Sache als Objekt und ist nicht in ihr drin, wie der Erzähler. Weil der Bann der Identifizierung mit dem Helden schon gebrochen ist, kann er sich Verfremdungseffekte erlauben. Der Schriftsteller vermag, größere Räume zu überblicken, an liegengelassenem Faden wieder anzuknüpfen, Späteres in der Vorbereitung bereits einzuplanen. Seine Gliederung wird großräumiger, aber um so straffer sein. Wo er miteinander verflochtene Geschichten und ganze Sagenkränze vorfindet, wird er diese mit anderen Überlieferungen bereichern, aber auch neue Verbindungen und Überleitungen zwischen ihnen schaffen.

Daß in Israel in der frühen Königszeit solches Niederschreiben der mündlichen Überlieferung begann, steht als unbestrittenes Ergebnis der Forschung fest. Ob der Anfang schon in der Davidzeit liegt oder am Hof Salomos anzusetzen ist; ob die Krise der Reichsteilung nach Salomos Tod diese Wirkung hatte oder ob wir bis über die Mitte des 9. Jahrhundert hinuntergehen müssen, ist noch ungeklärt. Ob ganze Schreiberschulen am Werk waren oder Einzelne sich an die Arbeit machten, ist strittig. Ob wir aus diesen hundert bis hundertfünfzig Jahren die Werke mehrerer Verfasser vor uns haben oder die Arbeit eines Einzigen, ist ebenfalls umstritten. Aber für die schriftstellerische Arbeit dieser Zeit, so weit sie in den Büchern Genesis bis Numeri vorliegt, ist als Verfassername der »Jahwist« eingebürgert.

Nachdem dieses Werk — von welchem Umfang anch immer — einmal geschrieben war, ergab sich für die ganze Überlieferung Israels eine neue Situation. Einerseits wurde mündlich weitererzählt — das müssen wir bei einem Volk von bäuerlicher Lebensweise, weithin des Lesens und Schreibens unkundig, annehmen — andererseits reizte die schriftliche Fixierung zur Nachahmung, zur Verbesserung (oder was man unter »Verbesserung« verstand) und zur Fortsetzung. Außerdem können wir annehmen, daß das schriftlich Fixierte wiederum die mündliche Weitergabe beeinflußte. Denn jeder Leser konnte selber wieder zum Erzähler werden.

Was etwa vom 8. Jahrhundert v. Chr. an den Lesern und Hörern dieser alten Geschichte nicht mehr gefiel, war ihre Profanität, die Verletzung von inzwischen ausgebildeten Tabus und die unbefangene Darstellung der Väter. Ein verfeinertes sittliches Bewußtsein ertrug nicht, daß sie Diebe, Lügner, Erbschleicher und dergleichen mehr waren. Auch die Formen der Gottesbegegnung sollten nun präziser erfaßt werden, wobei dem Traum eine besondere Bedeutung zukommt.

So entstand das Werk des Elohisten als eine zeitgemäße und polemische Bearbeitung des jahwistischen Textes. Durch die Einfügung neuer Geschichten (z. B. Isaaks Opferung Gen 22), durch Zusätze zu vorhandenen Geschichten (z. B. Brautwerbung Gen 24)[4] und durch Variierung dieser Geschichten (z. B. Josephs Brüder Gen 37) entstand ein neues Werk[5]. Auf Grund dieser Abhängigkeit und Gleich-

---

[4] S. o. S. 37ff.

[5] Daß die weiterwirkende Veränderung der Geschichten durch die mündliche Überlieferung dabei eine Rolle spielt, scheint mir selbstverständlich (gegen G. Fohrer

heit konnte dann später ein Redaktor diese beiden Schriften zusammenfügen, wobei ihre Unterschiede nach Möglichkeit bewahrt wurden. Dies ermöglicht uns heute noch die Auseinanderlegung und die Erkenntnis von der Eigenart eines jeden.

Wollen wir die besondere Art des Jahwisten erkennen, so müssen wir in Rechnung stellen, daß er Sprache und Stilgesetze seines Volkes und seiner Zeit teilt, daß er also erzählt, wie man damals in Israel erzählt hat, sei es in der knappen Formung der Einzelgeschichte, sei es in dem Versuch, Geschichten miteinander zu verbinden und in einen novellistischen Stil überzugehen. Nur die Momente, wo sich schriftstellerische Arbeit vom mündlichen Erzählen unterscheidet, können wir für ihn in Anspruch nehmen.

Wir fassen unsere Ergebnisse in acht Punkten zusammen:

1. Die mündliche Tradition, die der Jahwist vorfand, bestand aus Einzelsagen, Sagensammlungen und Sagenkränzen[6]. Diese wachsen bereits aufeinander zu, was vom Jahwisten seinerseits gefördert und zum Teil vollendet wird.

2. Sein eigener Erzählstil ist der novellistische. Je freier er gestalten kann, desto virtuoser handhabt er ihn. Doch beläßt er auch Erzählungen in dem einfachen Stil, in dem er sie vorfindet (z. B. Frau als Schwester Gen 12).

3. In den Überleitungsgeschichten wie der Brautwerbung (Gen 24) und der Josephnovelle ist seine Eigenart am besten zu erkennen. Er teilt mit dem volkstümlichen Erzählstil zunächst die Knappheit der Darstellung[7]. Geschildert wird nur, was für die Handlung unbedingt nötig ist. Für diese selbst werden vorwiegend Narrative verwendet, doch die Exposition und retardierende Sätze werden als Nominal- und Hal-Sätze gegeben[8]. Die meisten Szenen gehen ins Gespräch zwischen

---

O 7, 8). Insofern greift der Elohist auf ältere mündliche Tradition zurück, die sich unabhängig von J erhalten oder auch verändert hat. Die Zweisträngigkeit, wie sie G. Hölscher, darin H. Gunkel u. O. Procksch folgend, bei manchen Geschichten annimmt, kann nicht gehalten werden (vgl. Gen 24. 27. 29—30. 31). So selbständig hat der Elohist nicht gearbeitet. Vgl. dazu S. Mowinckel N 10, 6.

[6] Z. B. Einzelsage: Frau als Schwester (Gen 12. [20.] 26); Sagensammlung: die Geschichten der vier ältesten Jakobsöhne (Gen 34. 35 21f. 38). Sagenkranz: die Jakob-Laban-Sagen (Gen 29—31). Die Jakob-Esau-Geschichten bildeten keinen Sagenkranz, sondern deren 2. Teil, die Versöhnung (Gen 32—33) ist erst dazugekommen, nachdem der 1. Teil seine Fortsetzung in den Labangeschichten gefunden hatte.

[7] Vgl. dazu besonders H. Gunkel Z 109, XXXIII ff., A. Schulz Z 29, 11 ff. und W. Richter L 8, 364 ff.

[8] Exposition: Gen 24 1 37 3a 43 1 u. a.; Handlungsverzögerung: Gen 24 15f. 44 14aβ u. a.

zwei Partnern über. Dabei können zwei verwandte oder befreundete Personen nach dem »Zwillingsschema« als eine behandelt werden[9]. Desgleichen spricht eine Gruppe entweder kollektiv oder durch einen namentlich bekannten Sprecher[10]. Gelegentlich weitet sich der Dialog zur kurzen oder längeren Rede[11], die auch rekapitulierend sein kann[12]; einmal finden wir eine große Rede, die auf den Handlungshöhepunkt hinführt[13].

Die Abschnittsgliederung erfolgt häufig durch waj^ehî + Zeitbestimmung oder einfacher durch Inversion[14]. Wichtig ist aber im Unterschied zur volkstümlichen Erzählweise, daß der rasche Abschluß nach dem Höhepunkt nicht erfolgt, sondern die Handlung durch Rede oder eine anschließende Szene weitergeführt wird[15].

Aber das Gesetz der Sparsamkeit in der Darstellung wird nicht immer befolgt. So wenn Rebekka umständlich ihren Krug herabnimmt und mit der Hand stützt (Gen 24 18) oder wenn erzählt wird, wie die Brüder sich auf das Essen mit Joseph vorbereiten (Gen 43 24 f.).

4. Die Gestalten, die der Jahwist schildert, sind stilisiert, z. B. der treue Knecht, der alte Vater, der tugendhafte Jüngling, das hilfsbereite Mädchen, die ungeliebte Frau, der kluge Diplomat. Gelegentlich wachsen sie über ihre Stilisierung hinaus zur Persönlichkeit (Jakob, Joseph, Juda).

5. Aus der Volkserzählung übernimmt der Verfasser die leidenschaftliche Frage nach der Gerechtigkeit. Gern erzählt er Geschichten, in denen dem Schwachen geholfen und die Chancenungleichheit ausgeglichen wird. Solche Schwachen sind: der Fremdling (Abraham in Ägypten, Mose in Midian, Jakob in Haran, Joseph in Ägypten); der Jüngere (Jakob, Joseph); die unfruchtbare oder ungeliebte Frau (Sara, Lea); die Sklavin (Hagar); das unterdrückte Volk in Ägypten.

Das Neue aber bei ihm ist, daß er in der Form des Erzählens Gerechtigkeit herstellt, bzw. seinen Leser zur Gerechtigkeit führen will. Er verwehrt ihm, sich nur mit einer Seite zu identifizieren, und nötigt

---

[9] Z. B. Lea und Rachel in Gen 31 4f. 14.

[10] Z. B. die drei Männer und die Leute von Sodom (Gen 18 und 19); die Brüder Josephs bzw. Ruben und Juda als Sprecher Gen 37. 42—47.

[11] Kurzrede: Labans Anschuldigung Gen 31 26. 27. 30b; Jakobs Antwort 31 38-40; Josephs Ablehnung Gen 39 8f.

[12] Rekapitulierende Rede: Gen 43 20-22; in Langform: Gen 24 34-38. 42. 45-49 44 18-34.

[13] Gen 44.

[14] Z. B. Gen 30 25 39 11. 19 Ex 2 11 14 24; Inversion zur Gliederung: Gen 19 24 44 3.

[15] Vgl. Gen 24: Weiterführung durch Begegnung Rebekka—Isaak; Gen 45: Ausführung der Erkennungsszene durch Rede Josephs und Befehl, den Vater zu holen. Gen 31: Nach dem Höhepunkt der Jakobrede folgt noch Gilead-Ätiologie.

ihn, sich die Sachlage auch vom anderen Standpunkt aus anzusehen. Er vertauscht den Blickpunkt der Erzählung, so daß sich der Leser nun mit dem bisher Abgelehnten identifizieren muß: mit Hagar, mit Esau, mit Lea, mit Josephs Brüdern, ja ein wenig sogar mit Pharao. Diese Vorform einer Verfremdung dürfte charakteristisch für den Jahwisten sein.

In der Josephgeschichte gehen die Brüder, wenn man von der ausgestandenen Angst absieht, straflos aus. Dennoch empfindet der Leser das nicht als eine Ungerechtigkeit, ja er hofft auf die Versöhnung, da er sich inzwischen weitgehend mit den Brüdern, besonders mit Juda, identifiziert hat. Schließlich hat auch Gott ihre Untat »zur Lebenserhaltung« dienen lassen.

6. Das Eingreifen Gottes in die Menschengeschichte findet der Jahwist in seinen Traditionen[16], macht jedoch in den von ihm gestalteten Erzählungen keinen Gebrauch davon. Wohl aber zeigt er deutlich, daß seine Helden unter der Führung Gottes stehen. Daß Gott mit ihnen ist, erweist sich darin, daß sie andern zum Segen werden (Jakob für Laban; Joseph für seinen Herrn, seine Brüder und für Ägypten) und selber Segen empfangen, der sich in Reichtum, Nachkommenschaft und Ehrenstellung ausdrückt.

Daß Gott zum Menschen redet, findet er ebenfalls in seinen Traditionen. Er selber deutet an, daß JHWH sowohl Hagar wie Mose in der Gestalt des »Boten« erscheint, als zunächst unsichtbarer »Bote« auch dem Biliam. Der Mensch kann zu Gott beten (Gen 24; Ex 7—10) und er kann den Willen Gottes (bzw. das Schicksal) durch Wahrsagekunst zu erfahren suchen (Gen 30 27 44 5. 15). Ein Gespräch zwischen Gott und Mensch jedoch gibt es weder in der Tradition noch in der Eigengestaltung des Jahwisten, außer dort, wo der Bote vermittelnd eingeschoben ist (Hagar, Bileam). Insofern zeigt sich die Rationalität der salomonischen Aufklärung in der Gestaltung seines Werkes.

7. Das kulturelle Bild, das ihm vor Augen steht, ist das der Stadt und des Nomadenlebens (Kleinviehnomaden). Auch kennt und beherrscht er höfisches Zeremoniell (Gen 33)[17] und höfische Sprache[18]. Ausländische, besonders ägyptische Sitten interessieren ihn lebhaft. Er liebt die Darstellung von Brunnenszenen[19] und hat eine besondere Freude an leidenschaftlichen, stolzen und klugen Frauen, die sich oder dem, den sie lieben, zu helfen wissen[20].

---

[16] Vgl. Gen 29 31 30 22 Ex 3 7f. 7—12 14 30.

[17] C. Westermann P 15, 80.

[18] Gen 33. 41—47. 50 Ex 5. 7—12.

[19] Gen 24 11 ff. Gen 29 1 ff. Ex 2 15 b ff.

[20] Sara, Hagar, Rebekka, Lea und Rachel, Tamar, Zippora (Ex 4 24-26).

8. Indem der Jahwist durch die Josephgeschichte die Sagen von Abraham, Isaak und Jakob mit der Geschichte Israels, die für ihn in Ägypten beginnt, verbindet, zeigt er, daß sein Erzählen von dem Bewußtsein getragen ist, nicht nur Geschichten zu bieten, sondern die Geschichte seines Volkes darzustellen. Gewiß sind die Familiengeschichten nicht »verkleidete« Stammesgeschichten, aber hinter den Jakobsöhnen sieht er doch die Stämme des späteren Volkes. Anders läßt sich das Gegenüber von Joseph und Juda kaum verstehen. Zieht man vorsichtige Folgerungen für seinen Standort in der Geschichte, so käme die Zeit nach der Reichsteilung in Frage, als sich Juda und »Joseph« um Benjamin streiten und Edom wieder mächtig geworden ist. Mit Aram bestehen freundschaftlich-vertragliche Beziehungen, als bedrohend wird es nicht empfunden.

9. Der Anfang seines Werkes ist wohl mit der Entstehung der Menschen (Gen 2) gegeben. Wo jedoch ist das Ende zu finden? In der Bileamgeschichte (Num 22 oder 22 + 24?)? In den Zeltdörfern Jairs (Num 32 39 ff.)[20a]? Gerade wenn man diese Notizen liest, fällt die Ähnlichkeit der Ausdrucksweise mit Jdc 1 ins Auge. Also war Jdc 1 das Ende der jahwistischen Erzählung[21]? Aber Jdc 1 ist mit seinem ständigen »noch nicht« derart auf die Zukunft gerichtet, daß man es schwerlich als Abschluß einer solchen großen Erzählung verstehen kann. Am ehesten wäre es, wenn es Abschluß sein soll, dem Schlußkapitel eines Romanes vergleichbar, der Bestandteil einer Trilogie ist, so daß dieses Schlußkapitel den Leser reizen soll, auch den nächsten Band in die Hand zu nehmen. Wir stellen hier nur so viel fest: einen überzeugenden Abschluß des jahwistischen Werkes können wir in Numeri, Josua oder Richter 1 nicht finden. Er kann verlorengegangen sein. Er kann auch dort nicht existiert haben, da das jahwistische Werk weiterging.

II. DAS RICHTERBUCH

1 a) Überblick

Für die Frage, ob der Jahwist über Numeri bzw. Josua und Jdc 1 hinaus eine Fortsetzung hatte, ist die Untersuchung des Richterbuches von besonderer Bedeutung. Das Buch Josua werden wir hier nicht analysieren, da die Kennzeichen der deuteronomistischen Geschichts-

---

[20a] Zu Anfang und Ende der jahwistischen Erzählung s. u. S. 205.
[21] S. Mowinckel N 11, 48 f.; N 10, 17—33. Oder ist Jdc 1 eine (deuteronomistische?) Kurzfassung der alten jahwistischen Einwanderungsgeschichte, deren Reste in Jos 15 14-19 16 10 17 12-13 (14-15) 16-18 19 47 erhalten sind? Vgl. R. H. Pfeiffer Z 34,316.

schreibung dort derart vorherrschen und den Stoff bestimmen, daß nur noch ganz wenige Reste vordeuteronomischer Erzählungen erhalten sind. Die Analyse würde hier zu unserm Gesamtergebnis wenig beitragen. Dasselbe gilt von den Teilen des ISam, die eindeutig der deuteronomistischen Schule zuzurechnen sind wie die Kapitel 7. 8. 10 17ff. und 12, ferner ISam 15. Hier sollen die Ergebnisse von M. Noth und K. D. Schunck nicht in Zweifel gezogen werden. Uns geht es um die Bestimmung der vordeuteronomistischen Geschichtsschreibung, die im Josuabuch nur bruchstückhaft und in den genannten Partien von ISam überhaupt nicht zu finden ist.

Auch beim Richterbuch steht die deuteronomistische Redaktion außer Frage[1]. Dennoch haben sich hier große Erzählkomplexe erhalten, die die Kennzeichen vordeuteronomistischer Geschichtserzählung tragen. Man kann sie von den deuteronomistischen Partien leicht unterscheiden. Sie selber sind zum Teil gar nicht, zum Teil nur wenig von deuteronomistischer Bearbeitung betroffen worden.

Bei diesem alten Bestand des Richterbuches unterscheiden wir drei Teile: die Kurzgeschichten des Anfangs (Jdc 3—12), den großen Komplex der Simsonüberlieferung (Jdc 13—16) und die Langgeschichten am Ende (Jdc 17—21). R. H. Pfeiffers These, daß die Kurzgeschichten noch zum Pentateuchjahwisten gehören, die Langgeschichten aber den Anfang der Saul-Samuel-David-Geschichten bilden, hat einiges für sich[2]. Sprachliche Merkmale lassen sich dafür anführen, doch gibt es auch Hinweise darauf, daß gerade die Langgeschichten zum Pentateuchjahwisten Beziehungen haben[3], während durch das

---

[1] Vgl. besonders M. Noth Z 31, 47ff.

[2] R. H. Pfeiffer Z 34, 316ff., besonders 324; The Hebrew Iliad beginnt mit Jdc 17.

[3] Im folgenden ist der Bestand der Sprache des 10. Jh. von Josua bis IReg 12 der Kürze halber mit »J« bezeichnet.

   a) Belege für den Zusammenhang von Pentateuch-J und Jdc 1—12:

     1. *minḥā* »Gabe« profan: Gen 33 10 43 11. 15. 25. 26 Jdc 3 15. 17;

     2. *kî-ʿäl-ken* »deswegen«: Gen 18 5 19 8 33 10 38 26 Num 10 31 Jdc 6 22 (Num 14 43 nicht J).

   b) Belege für den Zusammenhang zwischen J und Jdc 13—21:

     1. *mā z'ot ʿaśîtā lanu* »Warum hast du uns das angetan?«, Gen 12 18 26 10 29 25 Jdc 15 11 (nicht J: Gen 20 9 42 28 Ex 1 18 14 5.11 Num 23 11) dagegen *mäddu'a ʿaśîtā ken* in IISam 16 10 IReg 1 6.

     2. *häppä'äm* »diesmal«: Gen 2 23 29 34. 35 30 20 46 30 Ex 9 27 10 17 Jdc 15 3 16 18. 28.

     3. *ʿaqarā* »unfruchtbar« von einer bestimmten Frau ausgesagt: Gen 11 30 25 21 29 31 Jdc 13 2. 3. (Vgl. den anderen Gebrauch in Ex 23 26 und Dtn 7 14 ISam 2 5 (Lied); auffällig ist das Fehlen in ISam 1!)

     4. *sa'äd leb* »das Herz erquicken« in: Gen 18 5 Jdc 19 5. 8.

     5. *lipenôt häbboqær (ha'æræb)* »an der Wende des Morgens (des Abends)«: Gen 24 63 Ex 14 27 Jdc 19 26.

     6. *'asîr* »Gefangener«: Gen 39 20. 22 Jdc 16 21. 25.

Thema »Berufung« die Gideon- und Simson-Geschichten mit der Saul-Geschichte verbunden sind.

Die Kurzgeschichten des ersten Teils tragen eindeutig die Kennzeichen mündlicher Tradition[4]. Mit Ausnahme des Gideon-Abimelech-Komplexes steht jede dieser Geschichten völlig für sich. Möglicherweise ist ihre Sammlung zugleich mit ihrer literarischen Fixierung erfolgt, da sich keine Anzeichen dafür finden, daß sie in der mündlichen Überlieferung aneinandergewachsen sind. Die Eigenart schriftstellerischer Arbeit kann man an ihnen nicht untersuchen, da es sich um eine reine Sammlung handelt. Eine Ausnahme bildet auch hier wieder die Gideon-Geschichte, die durch Vorschaltung der Berufungs-

---

c) Belege für den Zusammenhang von J im Pentateuch und Jdc: *šalôm* als Gruß: Gen 43 23 Jdc 6 23 19 20; sonst im AT höchstens IChron 12 19 und Jer 23 17.

d) Belege für den Zusammenhang von Jdc und I/IISam:
1. *ša'ăl b^e JHWH* »JHWH befragen«: Jdc 1 1 18 5 ISam 14 37 22 10. 13. 15 23 2. 4 28 6 30 8 IISam 2 1 5 19. 23. Der Ausdruck kommt in der Bedeutung »Orakel einholen« nur bei J vor; Ausnahme: Glosse zu »J« in Jdc 20 18. 23. 27. Siehe auch unten S. 191 f.
2. *ḥê JHWH* und *ḥê năpšeka* und beides kombiniert »so wahr JHWH lebt« bzw. »so wahr deine Seele lebt«: Jdc 8 19 ISam 14 39. 45 25 26. 34 28 10 29 6 IISam 2 27 (*ha'elohîm*) 4 9 11 11 12 5 14 11 15 21 IReg 1 29 2 24. Nicht »J«: ISam 19 6 26 10. 16 IISam 22 47 IReg 17 1. 12 18 10. 15 22 14 IIReg 2 2. 4. 6 3 14 4 30 5 16. 20; alle Stellen gehören zum vordeuteronomischen Sprachbereich. Bei E finden wir *ḥê par'ô* in Gen 42 15. 16.

e) Belege für den Zusammenhang von Jdc 13—21 und I/IISam:
1. *wăj^{e}hî 'îš 'æḥăd* »und es war ein Mann ...« (Vorstellungsformel): Jdc 13 1 (17 1 19 1) ISam 1 1 9 1 17 12 (Conj); davon ISam 1 1 und 17 12 nicht »J«.
2. *wăj^{e}hî 'aharê-ken* »und es geschah danach«: Jdc 16 4 ISam 26 6 IISam 2 1 8 1 10 1 13 1 15 1 (IIReg 6 24 nicht »J«).
3. *wăttişlaḥ 'ălaw ru^{a}ḥ JHWH* »und es fuhr der Geist JHWHs in ihn hinein«: Jdc 14 6 (19) 15 14 ISam 10 6. 10 11 6 18 10.
4. *wăjjasor JHWH min* u. ä. »und JHWH war von ... gewichen«: Jdc 16 20 ISam 16 14 (vgl. 23); 28 15 (vgl. auch 18 12 E ?).
5. *lo' 'abā* »nicht wollen«: Jdc 19 10. 25 ISam 22 17 31 4 IISam 2 21 6 10 12 17 13 14. 16. 25 14 29 23 16. 17; dagegen bei E: Gen 24 5. 8 Ex 10 27 und häufig in der Sprache von Dtn.
6. *măr næpæš* »bedrängt«: Jdc 18 25 ISam 22 2 IISam 17 8.
7. Der Gebrauch von Vergleichen: Jdc 14 6 15 14 16 9. 12 ISam 25 36 IISam 14 7.14 17 8. 10. 12 (aber auch Num 22 4 nicht J).
8. *ăd-'ôr habboqær* »bis zum Aufleuchten des Morgens«: Jdc 16 2 ISam 14 36 25 34. 36 IISam 17 22.

f) Belege für den Sprachunterschied zwischen Gen und Jdc/I/IISam:
1. *wăj^{e}hî ka'ašær killû l^e* »und es geschah als sie aufhörten zu ...«: Gen 24 15 27 30 43 2 (alles Eigenstil von J) wird abgelöst durch *wăj^{e}hî k^ekăllotô l^e*: Jdc 15 17 ISam 24 17 IISam 13 36.

---

[4] W. Richter L 8 passim.

szene eine Bearbeitung erfahren hat[5]. Diese scheint wie auch bei
Simson und Saul auf schriftstellerische Tätigkeit zurückzugehen.
W. Richter bestimmt Jdc 6 11 ff. als »konstruierte Erzählung«[6]. Da sie
die »Retterformel«[7] enthält, müssen wir uns ihr unter diesem Gesichtspunkt noch etwas zuwenden.

1b) Die Retterformel

Für Jdc 6 11 ff. hat die Analyse von E. Kutsch[8], der sich W.
Richter im Wesentlichen anschließt[9], ergeben, daß die eigentliche
Berufungsszene in eine alte Theophaniegeschichte eingebaut ist, die
von der Entstehung des Heiligtums JHWH ŠALOM in Ophra handelte.
Ebenso hat Jdc 13 ursprünglich wohl die Entstehung des Heiligtums
JHWH HAMMAPLI (oder so ähnlich) bei Sorʿa erzählt. Offenbar hat-
ten beide Kultstätten einen Brandopferaltar, waren also kanaanäische
Heiligtümer[10]. Wenn beide Geschichten betonen, daß das erscheinende
Numen nichts ißt, so mag das mit der Übernahme der Geschichten
durch Israel zusammenhängen; denn den Opfersitten des nomadischen
Israel war die Vorstellung fremd, daß man durch Opfer die Götter
speisen könne oder müsse[11]. Hier gab es nur Gemeinschaftsmahlzeiten
in der Gegenwart der Gottheit und Blutsprengungen.

Nun sahen wir, daß auch die Mose-Berufung aus der Kombination
einer Theophaniegeschichte mit der eigentlichen Berufung besteht,
wobei allerdings das Heiligtum des Dornbuschgottes mehr in den
Hintergrund getreten ist als die Heiligtümer von Ophra und Sorʿa[12].
Diese drei Berufungsgeschichten sind außerdem durch die »Retterformel« untereinander und mit ISam 9 verbunden:

»es (Israel) zu erretten aus der Hand Ägyptens« (Ex 3,8 Mose)
»Du wirst Israel retten aus der Hand Midians« (Jdc 6 14 Gideon)
»und er wird anfangen, Israel zu erretten aus der Hand der Philister« (Jdc 13 5 Simson)
»und er wird erretten mein Volk aus der Hand der Philister« (ISam 9 16 Saul).

Beim Vergleich dieser Berufungsgeschichten fällt auf, daß Jdc 6
(Gideon) und ISam 9 (Saul) demselben strengen Aufbaugesetz folgen,

---

[5] Wir rechnen zu dem alten Bestand der Gideongeschichte: Jdc 6 3ab. 4b. (Teile von 5).
6a. 11-13a. 14a. 15-17a. 18-19. 21ab. 22-24 7 16. 17a. 18b. 19a. 20*. 21b. 22b (jeweils ohne Po-
saunen) 8 4-21 (v. 10 nur a). 24a. 25. 27a. 30-32.
[6] W. Richter L 8, 152f.
[7] Zu dem Begriff vgl. W. Richter L 8, 149ff.
[8] E. Kutsch Z 1.
[9] W. Richter L 8, 122ff.
[10] Vgl. R. de Vaux M 11, 47 und R. Schmid M 10, 79. 89f. Israel kannte vor der Ein-
wanderung nach Kanaan wohl keine Brandopfer.
[11] Vgl. R. de Vaux M 11, 39 und R. Schmid M 10, 98f.
[12] S. o. S. 63f.

das sich später in prophetischen Berufungen findet[13]. Nicht nach diesem Schema gebaut sind Ex 3 (Mose) und Jdc 13 (Simson). Das ergibt sich aus der Sachlage, denn wenn in Ex 3 sich JHWH selbst als Retter bezeichnet, so ist ein Einwand dagegen — der sonst zum Schema gehört[14] — nicht gut möglich. Auch in Jdc 13 ergeben sich andere Bedingungen, da die Verheißung nicht an den Retter selber, sondern an seine Eltern ergeht.

Die form- und traditionsgeschichtliche Forschung erklärt eine solche Formel und ein solches Schema gern so, daß hier eine tatsächlich gebrauchte Wendung vorliegt, sei es, daß sie eine bestimmte Funktion in den amphiktyonischen Ordnung hatte[15], sei es, daß sie zu Frühformen prophetischer Berufung gehörte, die dann auf den »Retter« übertragen wurden.

Aber Amphiktyonie und Heiliger Krieg sind bisher nichts als Hypothesen. Im Fall der Amphiktyonie ist die Übertragung philistäischer oder griechischer sozialer Muster auf Israel eine höchst zweifelhafte Sache, die keinen einzigen klaren Text im AT für sich anführen kann[16]. Im Fall des Heiligen Krieges handelt es sich um die Übertragung eines Elements deuteronomischer Geschichtsschau in die Geschichte selbst, auch hier ohne Anhalt in den alten Texten selber[17]. Wenn aber diese Institutionen fragwürdig sind, so geben sie auch keinen »Sitz im Leben« für die Retterformel oder das Berufungsschema her.

Also wäre zu fragen, ob man beide als literarische Elemente erklären kann. W. Richter argumentiert nun so: die »Retterformel« könne deswegen nicht literarisch erklärt werden, weil sie bei J (Ex 3), in der Ladegeschichte, im (Simson)-Saul-David-Komplex und bei Gideon auftauche, die literarisch eben nicht zusammengehören; folglich müsse sie eine Rolle in den Institutionen des Heiligen Krieges gespielt haben[18]. Aber das heißt, die Dinge auf den Kopf stellen. Denn die Frage wird hier völlig übergangen, ob denn nicht alle diese Über-

---

[13] Vgl. N. Habel Q 5; R. Kilian Z 60; auch R. Rendtorff H 1, 160 ff. Zu Jdc 6 vgl. auch u. S. 109 f. (Vorstellung des Helden).

[14] Vgl. N. Habel Q 5, 100, 104; der Einwand findet sich Jdc 6 15 ISam 9 21; in nichtjahwist. Umgebung: Ex 3 11 Jer 1 6.

[15] Vgl. W. Richter L 8, 154; R. Rendtorff H 1, 152 ff.; R. Kilian Z 60.

[16] Kritisch zur Amphiktyonie-Hypothese äußern sich H. M. Orlinsky F 8, G. Fohrer X 14, 809, R. Smend H 13 und B. D. Rathjen Q 12.

[17] Kritisch zum Heiligen Krieg steht W. Beyerlin G 11; speziell kritisch zum »Bann« C. H. W. Brekelmans B 16, 163, vgl. die deutsche Zusammenfassung 188 f.

[18] W. Richter L 8 S 150. So viel ich in dem Buch von Richter mit Dankbarkeit gelernt habe, so wenig können mich seine Analysen der alten Richtergeschichten oder seine Hypothese eines »Retterbuches« in dem angegebenen Umfang überzeugen. Doch ist im Rahmen dieser Arbeit leider nicht der Platz zu einer umfassenden Widerlegung.

lieferungen bei ihrer Sammlung und literarischen Bearbeitung die
»Retterformel« und das Berufungsschema eingearbeitet bekamen.

Wenn aber literarisch, dann ergibt sich die weitere Frage, ob sie
zum deuteronomistischen Gedankengut oder zu einer älteren schriftstellerischen Schicht gehören. Für die genannten vier Stellen weist im
Zusammenhang nichts darauf hin, daß hier die deuteronomistische
Geschichtsschreibung am Werke war[19]. Die größte Wahrscheinlichkeit
spricht also für die Zugehörigkeit zu einer älteren literarischen Gestaltung. Trifft dies zu, so ist umgekehrt die Retterformel ein Indiz
für eine schriftstellerische Bearbeitung der Traditionen, die von ihrer
Formung in der mündlichen Überlieferung schließlich in schriftliche
Gestalt übergingen.

Allerdings müssen wir beachten, was die Untersuchung zu Ex 3
ergab[20]: daß die Berufung des Mose mit der Retterformel (auf JHWH
bezogen) zu dem in der mündlichen Tradition fest geprägten Gut
gehört, das der Jahwist aufgegriffen und mit der mehr volkstümlichen
Midiantradition zusammengearbeitet hat. Retterformel und Berufungsschema wären also dann kein rein literarisches Erzeugnis, sondern
aus der geprägten mündlichen Überlieferung übernommen und zur
Gestaltung anderer Texte verwendet worden[21]. Es fällt auf, daß in
dieser selben geprägten mündlichen Tradition Moses Reden vor Pharao
mit dem stereotypen »So spricht JHWH: ...« beginnen und also als
Reden eines Gottesboten stilisiert sind[22]. Es ist also nicht unwahr-
scheinlich, daß die Formung dieser mündlichen Tradition in Kreisen
geschah, für welche berufene Gottesboten eine bekannte Erscheinung
waren. Bedenken wir, daß Natan, der Zeitgenosse Davids, als *nabî'*
bezeichnet wird[23], ziehen wir das Material heran, das sich in den Mari-
Texten fand zur Institution des »Gottesboten«[24], so kommen wir zu
dem Schluß, es könne im 10. Jahrhundert eine solche stilisierte
Prophetenberufung gegeben haben. Da wir nichts Sicheres darüber
wissen, kann die Annahme einer literarischen Entstehung nicht ausgeschlossen werden. Ob nun Übernahme oder eigene Gestaltung durch
den Schriftsteller — die Berufungsszene mit Retterformel verbindet

---

[19] Vgl. dazu auch u. S. 108ff.

[20] S. o. S. 60ff.; 69.

[21] Das Berufungsschema in Jer 1 und Ez 2 könnte dann sowohl aus der weiterlebenden
mündlichen Tradition wie auch als Abwandlung des literarischen Schemas der
Retterberufung erklärt werden.

[22] Ex 5 1 7 17. 26 8 16 9 1. 13 10 3 11 4.

[23] Textlich gesichert: IISam 12 25 IReg 1 8. 22. 23. 32. 38. 44 (10. 34. 35). Ungesichert:
IISam 12 1. In späterer Tradition: IISam 7 2.

[24] Vgl. dazu C. Westermann Z 96, bes. 186ff. Bedeutsam ist auch in der Ehud-Geschichte das »Gotteswort«, das dieser — angeblich — dem König Eglon von Moab
überbringt (Jdc 3 20); vgl. auch u. 158f.

Ex 3 mit Jdc 6 (Richterbuch 1. Teil) und Jdc 13 (Richterbuch 2. Teil) und ISam 9. Dabei haben wir eine klare Entwicklung vom Mythischen zum Historischen vor uns: JHWH gibt sich selbst als Retter kund (Ex 3) — JHWH gibt durch den *Mal'aḥ* einem Menschen den Retterauftrag (direkt Jdc 6, indirekt Jdc 13) — JHWH beauftragt einen Menschen durch einen prophetischen Menschen (ISam 9)[25]. Sollen wir dieses Verhältnis von Mythischem und Historischem als Zufall der Traditionsbildung verstehen oder ist es erlaubt, das Bewußtsein von dem Unterschied zwischen der alten mythischen Zeit und einer nach den Gesetzen menschlicher Erfahrung verlaufenden neueren Zeit — die allerdings nicht gottlos ist — bei den Menschen der frühen Königszeit anzunehmen, so daß der Darsteller der Geschichte Israels dem Rechnung tragen kann? Das würde bei ihm und seinen Zeitgenossen bereits ein hohes Bewußtsein von Geschichte voraussetzen, von eigener Zeit im Unterschied zu mythischer Zeit jedenfalls. Aus *einem* Hinweis darf dieser Schluß nicht gezogen werden. Es fragt sich, ob wir weitere Hinweise dieser Art finden werden[26].

2. Die Simsongeschichten (Jdc 13—16)

Auf den ersten Blick sind die Simsongeschichten nur durch Berufung bzw. Verheißung und Retterformel mit dem übrigen Stoff des Richterbuches verbunden. Hierbei fällt auf, daß die Retterverheißung sich nicht so klar durch eine literarische Operation aus der Theophaniegeschichte von Jdc 13 herauslösen läßt wie dies entsprechend bei Ex 3 und Jdc 6 der Fall ist. Man könnte eher geneigt sein, sie für eine Wucherung durch die mündliche Erzählung zu halten. Beobachtet man jedoch, wie mühsam am Anfang von Jdc 14 Simsons Eltern in die Hochzeitsgeschichte eingearbeitet sind, so liegt die Annahme einer literarischen Operation, die Kap. 13 und den Anfang von Kap. 14 umarbeitete, doch näher, da beim Erzählen die Spannungen rascher ausgeglichen worden wären[1]. Eine Art Nahtstelle zwischen ursprünglicher Theophaniegeschichte, in deren Mittelpunkt Manoa stand, und der Verheißungsgeschichte, die Simsons Mutter in den Vordergrund rückt, findet sich in Jdc 13 22 f. Der Ausruf Manoas: »Wir werden gewiß sterben, denn wir haben einen Elohim gesehen!« drückt den ursprünglichen Theophanieschrecken aus[2]. Die Antwort seiner Frau: »Wenn Gott uns töten wollte — hätte er dann unser Opfer angenommen und uns all dies gezeigt und kundgetan?« läßt die Angst des Mannes gerade-

---

[25] Vgl. dazu W. Richter L 8, 153 ff. u. s. u. S. 108 ff.
[26] S. u. S. 101 f. 202 f. 206.
[1] Vgl. dazu die Kommentare bes. K. Budde z. St.
[2] Vgl. Jdc 6 22 (und ergänze »ich werde sterben, denn ...«) und Gen 32 31.

zu lächerlich erscheinen. Eine rationale Zeit verspottet den numinosen Schrecken der alten Heiligtumslegende. Daß gerade die Frau hier den klaren Kopf behält, weist auf einen Erzähler hin, der gern von tapferen und klugen, dem Mann sogar überlegenen Frauen erzählt. Auch liebt er das Motiv von der unfruchtbaren Frau, die dann doch noch Kinder bekommt. Das aber erkannten wir als Kennzeichen in der Arbeit des Pentateuchjahwisten[3].

Daß die Vorschaltung von Kap. 13 zu einem der letzten Bearbeitungsvorgänge bei der Entstehung der Simsongeschichte gehört, wird in den Kommentaren und sonst allgemein anerkannt[4]. Daß die Retterverheißung dabei Erwartungen weckt, die von der weiteren Erzählung nicht erfüllt werden, erfährt man aus der Reaktion jeder Schulklasse, der man die Geschichten erzählt. Offenbar bedurfte es dieser Vorschaltung und der Stilisierung Simsons zum »Retter«, wenn man die Erzählungen von seinen Krafttaten überhaupt in diesen Heldengeschichten unterbringen wollte. Doch warum dieses Bedürfnis? Aus Freude am Erzählen? Oder erfüllten die Simsongeschichten noch eine andere Funktion, die sie wichtig machte und um derentwillen sie den religiösen Auftakt bekamen? Um diese Frage zu beantworten, müssen wir uns dem Aufbau der Erzählungen zuwenden.

Von Simson werden drei Krafttaten berichtet:

1. Er zerreißt den Löwen Jdc 14 5-6.
2. Er erschlägt Menschen mit dem Eselskinnbacken 15 15-16.
3. Er trägt die Stadttore von Gaza fort 16 1-3[5].

Dazu kommen drei Selbstbefreiungen[6] und seine Niederlage, indem ihn Delila in die Hand der Philister fallen läßt[7]. Das ergibt ein Siebenerschema von 3 + 3 + 1. Daß es diese Kombination von drei Krafttaten plus drei Selbstbefreiungen plus der Niederlage in der mündlichen Überlieferung einmal gegeben haben muß, kann man durch folgende Überlegungen erkennen:

Solange die Delila-Geschichte (Kap. 16), die H. Gunkel für die »eigentliche Simsonsage« hält[8], für sich allein bestand, erwartet man

---

[3] S. o. S. 52. 76.

[4] Vgl. Budde. Z 93, 131; J. Hylander Z 20, 26; H. Gese, Simson, RGG[3] Bd. VI, 42f.

[5] Die Selbstbefreiung (15 13-14) scheint aus Kap. 16 herausgesponnen zu sein (s. u. S. 86f.). Die »Quelle des Rufers« zeigt einen frommen, aber keinen starken Simson und ist eine auf ihn übertragene Ätiologie, wie auch der Lechi-Kinnbacken ursprünglich nicht von ihm gehandelt haben muß.

[6] Jdc 16 7-9. 11-12. 13-14.

[7] Simsons Rache ist eine spätere Hinzufügung.

[8] H. Gunkel Z 16, 55. G. Fohrer (Z 101, 229) u. a. nehmen wegen des gleichlautenden deuteronomischen Schlußsatzes in 15 20 und 16 31 an, daß Kap. 16 literarisch eine besondere Geschichte gehabt haben muß. Das mag richtig sein. Doch in den früheren

nach dem Gesetz der Dreizahl im Märchen, daß der dritte Versuch seiner Feinde gelingt[9]. Dieser alte Dreieraufbau bestand offensichtlich aus: 1. Fesselung der Hände, 2. Hineinflechten der Haare in den Webstuhl und 3. Abschneiden der Haare. Die kunstvolle Steigerung in dieser alten Dreiheit ist im jetzigen Bestand gestört durch die Doppelung bei dem Motiv »Fesselung der Hände«, welche Handlung einmal mit neuen Stricken und einmal mit frischen Ochsensehnen vorgenommen wird. Diese Doppelung ergab sich aber mit Notwendigkeit in dem Augenblick, wo beim mündlichen Erzählen die Delila-Geschichte mit der Tradition von den drei Krafttaten Simsons verbunden wurde. Denn jetzt wurde seine Niederlage zum abschließenden siebenten Thema im Gesamtaufbau, weshalb in der Delila-Geschichte die verbleibenden zwei Selbstbefreiungen zu drei ergänzt werden mußten. Eben dies geschah durch die Verdoppelung der »Fesselung der Hände«.

An diese zusammengewachsene Geschichte mit dem Siebenerschema fügte sich dann die Erzählung von Simsons Rache, wobei das Motiv von den wieder nachwachsenden Haaren den Verbindungsgedanken abgab. Die alte magische Vorstellung von der Kraft, die in den Haaren lag, erfuhr im weiteren Verlauf der Tradierung eine Umdeutung, indem Simson zum Nazir, zum Gottgeweihten, gemacht wurde, dessen Haare von Mutterleib an nicht geschnitten werden durften. So verläßt ihn Gottes Hilfe, wenn die Haare abgeschnitten wurden. In diesem Stadium mag auch die Koppelung mit der Manoa-Theophanie erfolgt sein.

Einen völlig andersartigen Helden zeigen uns die Geschichten vom schlauen Simson[10]. Er ist klüger als die Hochzeitsgäste, die sein Rätsel nicht erraten können (14 12-19), und vermag durch gefangene Füchse einen erheblichen Ernteschaden anzurichten (15 4-5). Diese Erzählungen wissen nichts von langen Haaren und besonderer Kraft, nichts von Nazirat oder Weinenthaltung.

Nun sind die Geschichten vom starken und die vom schlauen Simson auf eine seltsame Weise miteinander verzahnt. Die erste Krafttat, bei der Simson den Löwen zerreißt, ist derart in die Hochzeitsrätselgeschichte eingefügt, daß »Honig im Kadaver des Löwen« zu der zweiten Rätsellösung neben der ursprünglichen wird. Denn der alte sexuelle Sinn des Rätsels:

> »Speise ging aus von dem Esser
> und Süßigkeit von dem Starken«

Stadien der mündlichen Überlieferung muß Kap. 16 mit den anderen Simsongeschichten verbunden gewesen sein, sonst läßt sich das Zustandekommen der ganzen Simsonsage nicht erklären.

[9] Anders J. Blenkinsopp H 8, 65 ff., bes. 74.
[10] Vgl. H. Gunkel Z 16, 44 f.

war »Bräutigam«[11]. Dieser wurde durch eine unverfängliche Lösung »Honig aus dem Löwenkadaver« überlagert, um ihn zu tarnen. In alten Volksüberlieferungen finden wir nicht selten solche doppeldeutigen Rätsel, »die zu einer nichtharmlosen Lösung zu verführen scheinen, aber dann doch wieder eine sehr harmlose Lösung zulassen, deren Heimtücke darin besteht, daß sie etwas anderes zu eröffnen scheinen, als was sie in Wirklichkeit verschließen . . . — sie erinnern uns daran, wie alt und weitverbreitet die Sprache des Geschlechtlichen ist«[12]. Vermittelt wurde diese Entsexualisierung des Rätsels durch die Löwengeschichte offenbar durch das Gegenrätsel der Hochzeitsgäste, dessen alter Sinn »die Liebe« ist[13], das aber die beiden Motive »Löwe« und »Honig« enthält:

> »Was ist stärker als der Löwe,
> was ist süßer als Honig?«

Nach der Kombination des starken mit dem schlauen Simson sah die Simsonüberlieferung etwa folgendermaßen aus:

Manoas Theophanie mit Bestimmung des Sohnes zum Nazir, Hochzeit und Rätsel, Verweigerung der Frau durch deren Vater, Strafe durch Füchse, Eselskinnbacken[14], Tore von Gaza, Delila-Geschichte und Rache.

Dieser Bestand erfuhr zwei Bearbeitungen: einmal durch die Einschaltung der Mutter in Kap. 13, so daß aus dem Nazir nun der Retter Israels vor den Philistern und der von Gottes Geist Getriebene wird[15], zugleich taucht das Motiv: »keine ausländische Frau heiraten« in Kap. 14 auf[16]. Zum anderen durch die Zwischenschaltungen in Kap. 15, die die Überleitung zwischen dem »schlauen Simson« und dem »starken Simson« vollziehen. Wir haben es hier mit einem Schema von drei Aktionen plus Gegenaktionen zu tun, deren Krönung und Abschluß die Doppelätiologie vom Kinnbackenfelsen und der Quelle des Rufers ist[17].

Die drei Aktionspaare sehen folgendermaßen aus:

1. Schwiegervater verwehrt Simson die Frau 15 1-2
   Simson zündet die Felder an 15 4-5
2. Philister verbrennen seines Schwiegervaters Haus 15 6
   Simson richtet große Schlächterei an 15 7-8

---

[11] H. Gese, Simson, RGG[3] Bd. VI, 42.

[12] A. Jolles Z 63, 146.

[13] H. Gese a. a. O.

[14] An die Lechi-Ätiologie hat sich vielleicht aus geographischen Gründen die Ätiologie von der »Quelle des Rufers« angeschlossen, s. o. S. 84 Anm. 5.

[15] Zu dem Unterschied vgl. von Ortenberg bei K. Budde Z 93, 132 u. s. o. S. 84.

[16] Dieses Motiv findet sich sonst in alten Geschichten nur in Gen 24, diesem typisch jahwistischen Kapitel, s. o. S. 39 f.

[17] S. o. S. 84 Anm. 5 und oben Anm. 14.

3. Philister lassen sich Simson ausliefern 15 9-13
    Simson befreit sich aus den Fesseln 15 14
Abschluß: Simson erschlägt »tausend« Philister mit dem Kinnbacken. 15 15-16.

Dabei fällt auf, daß kaum eine eigentliche Erzählung vorliegt, vielmehr eine Aneinanderreihung von Ereignissen mit reichlich Reflektion dazwischen. Auf diese Weise wird erreicht, daß Simsons Sache sich aus einer Familientragödie zu einer politischen Angelegenheit zwischen dem Stamm Juda (!) und »den« Philistern entwickelt. Während Simson in der alten Überlieferung möglicherweise nur seines Schwiegervaters Felder anzündete, ist durch die dazwischengeschobene Reflektion (v. 3) und den Einschub der Philister in v. 5 diese Ausweitung ins Nationale begonnen. Das Verbrennen des Hauses ist möglicherweise aus Jdc 14 15 herausgesponnen. Die »große Schlächterei« bleibt ohne jede Konkretion. In v. 10 steht »den Philistern« der »Mann von Juda« (kollektiv) gegenüber, als hätte es in der Gegend von Sor'a nie einen Stamm Dan gegeben, zu dem Simson gehörte. Hier steht dem Verfasser das Bild der frühen Königszeit vor Augen, wo der Stamm Dan längst nach Norden abgewandert war.

Zu jedem Aktionspaar gehört mindestens eine Reflektion:

Simson: »Diesmal bin ich unschuldig gegenüber den Philistern, denn ich tue ihnen jetzt Böses an« (15 3).

Simson: »Wenn ihr es so macht, dann will ich verflucht sein, wenn ich mich nicht an euch räche — und dann will ich aufhören« (15 7).

Philister: »Ihm zu tun, wie er uns getan hat« (15 10)

Simson: »Wie sie mir getan haben, so tue ich ihnen« (15 11).

Ihre Fortsetzung findet diese Reflektion über die Rache in dem Schlußgebet Simsons und in dem letzten Satz, den er spricht:

»Es sterbe mein Leben mit den Philistern« (Jdc 16 28 und 30).

In Jdc 16 30, dem Schlußvers der Geschichte, kommt in fünf Formen der Stamm *mwt* »sterben« vor. Rache und Gegenrache führen ausweglos in den Tod — so will es der Bearbeiter sagen. Das ist ihm nicht mit einem großen erzählerischen Wurf gelungen, sondern nur in einem »konstruierten Bericht«[18], den er in die ihm vorliegenden, nur lose zusammenhängenden Erzählungen vom »starken« und vom »schlauen« Simson einschob. Indem er zugleich die persönlichen Händel des »schlauen« Simson ins Nationale erhebt — die Taten des »starken« Simson waren bereits nationalisiert — schafft er mehr schlecht als recht eine Überbrückung, die dem Ganzen einen Zusammenhalt gibt. Darauf laufen Rache und Gegenrache am Ende hinaus:

»Und es waren die Toten, die er in seinem Sterben tötete, mehr als die, welche er zu Lebzeiten umbrachte« (Jdc 16 30).

---

[18] Der Ausdruck ist von W. Richter L 8 übernommen, vgl. dort etwa 25f.

Ein anderer Bearbeiter hat diesen Simson als »Retter« für Israel ge-
deutet (Jdc 13 5). Hier ist mit großer erzählerischer Kunst die alte
Manoa-Theophanie zu einer Berufungsgeschichte umgestaltet worden.
Allerdings ergeht das Gotteswort nicht an den Berufenen selber, sondern an dessen Mutter, so daß zugleich das beliebte Thema von der
unfruchtbaren Frau eingearbeitet werden kann. Dieser Erzähler fand
in der ihm überkommenen Überlieferung Simson offensichtlich als
nazîr, als »Gottgeweihten« vor, konnte damit aber nicht viel anfangen.
Deshalb spricht er bei Simson nie von Weinenthaltung — diese wird
nur der Mutter auferlegt[19] — und auch das Schermesser, das »nicht
auf das Haupt des Knaben kommen« soll[20], tritt sichtlich in den Hintergrund[21]. Seinem Denken entspricht vielmehr die aktuelle Geist-
»begabung« des Retters, in den der Gottesgeist »hineinfährt« wie in
Saul und vermutlich auch in Gideon[22]. Mit diesen beiden ist Simson
nun auch durch die »Retterformel« verbunden; die *mal'ah*-Vorstellung
entfällt zwar bei Saul, findet sich aber mit der Retterformel verbunden
außer in Jdc 6 (Gideon) auch in Ex 3 und ohne Formel in Gen 16, wo
die Anrede des Gottesboten an Hagar eine starke Verwandtschaft zu
Jdc 13 aufweist[23]. Typische Indizien für Sprache und Erzählweise des
10. Jahrhunderts sind in unserer Geschichte gegeben, wobei neben dem
Wortgebrauch die Rationalität der Erzählung, die Stellung der Frau
und die Umgestaltung der Theophaniegeschichte beachtet werden
müssen[24].

Welche Funktion die Simsongeschichte in dieser Gestalt — d. h.
nach Simsons Nationalisierung, nach Einfügung des »Rache-Tod«-
Motivs und nach der religiösen Aufwertung durch »Berufung« und
»Retterformel« in einem etwaigen größeren Zusammenhang der Geschichtsschreibung ausübt, werden wir besser erkennen, wenn wir die
beiden »Gegengeschichten« betrachten, die wir im I. Buch Samuel

---

[19] Jdc 13 4. 7.

[20] Jdc 13 5 vgl. 16 17 (wo das Schermesser wohl nachträglich eingefügt ist wie überhaupt
der ganze Satz).

[21] Die Verwirrung, ob sich die Enthaltsamkeitsgebote auf Mutter oder Sohn beziehen,
wird mit der schwierigen Überlieferungsgeschichte des Textes und redaktioneller
Bearbeitung zusammenhängen; möglicherweise versuchte Dtr, der v. 14 einfügte,
den alten Bezug auf das Nazirat wieder herzustellen.

[22] Jdc 13 25 14 6 (19) 15 14. Vgl. ISam 10 6. 10 11 6, auch 16 14. 15. 23. Zu Gideon vgl. u.
S. 108 Anm. 16.

[23] S. o. S. 46.

[24] a) *'aqarā* s. S. 78 Anm. 3 (b. 3).

b) *mär'æ* Gen 2 9 12 11 24 16 26 7 29 17 39 6 41 2. 3. 4. 21 Jdc 13 6; spätere Stellen:
ISam 16 7 17 42 Dtn 28 34. 67; 15mal bei P in Gesetzen.

c) *'ê-mizæ* Gen 16 8 Jdc 13 6 ISam 25 11 30 12 IISam 1 3. 13 15 2; sonst im AT nur
Jona 1 2; Hiob 2 2.

d) *'atär* Gen 25 21 Ex 8 4. 5. 24. 26 9 28 10 17. 18 Jdc 13 8.

finden: die Jugendgeschichte Samuels (ISam 1—3) und die Erzählung von David und Abigail (ISam 25).

Gegengeschichte I: Samuels Jugend (ISam 1—3)

Die Jugendgeschichte Samuels weist gemeinsame Züge mit der Erzählung von Simsons »Berufung« auf:

die unfruchtbare Frau Jdc 13 2 — ISam 1 2
Enthaltung von Wein und Rauschtrank Jdc 13 4. 7 — ISam 1 15
kein Schermesser Jdc 13 5 — ISam 1 11
Verheißung des Sohnes Jdc 13 3f. 7 — ISam 1 17 (indirekt)
Weihung des Sohnes zum Nazîr bzw. Geistträger Jdc 13 5. 7 16 17 13 25 14 6 15 14
    zum Tempeldiener und Propheten ISam 2 11 3 20.

Noch stärker fällt jedoch der Unterschied in die Augen: Hier der übermütige, auf Rache sinnende Simson — dort der fromme Sohn frommer Eltern, gehorsam und hilfsbereit. Der eine dient seinem Volk, indem er Philister totschlägt, der andere, indem er Offenbarungen von Gott empfängt. Das Milieu des einen sind Philisterstädte und Felsklüfte, das des anderen der heilige Bezirk von Silo. Diese Samuel-Geschichte mit Gelübde, Opfer und nächtlicher Offenbarung hat einen völlig anderen Sitz in den Überlieferungen Israels als alle Erzählungen, die wir dem Bereich des 10. Jahrhunderts zuweisen. Außerdem setzt sie voraus, daß Samuel als Person interessant geworden ist, während er in den alten Überlieferungen nur eine Funktion in bezug auf Saul hatte[25].

Bedenken wir Gemeinsamkeiten und Unterschiede beider Erzählungen, so ergibt sich, daß die Samuel-Geschichte unter dem Thema entworfen ist: »Wie sieht ein wahrer Gottgeweihter aus?«[26]. Insofern bezeichnen wir sie als eine bewußte Gegengeschichte zu Simsons »Berufung«. Hier wird Samuel als Gegengestalt zu dem falschen Gottgeweihten Simson gezeichnet.

Das bezieht sich auf die vorliegende Gestalt von ISam 1—3, die ihres Milieus wegen frühestens aus dem 9./8. Jh. v. Chr. stammen wird. Das Rätselhafte an dieser Erzählung ist jedoch, daß sie nach Stil und Sprache sehr wohl in das 10. Jahrhundert gehören könnte[27]. Diese

---

[25] S. u. S. 106f.
[26] Vgl. J. Blenkinsopp H 8, 69ff.; K. Budde, KHAT, 92 zu Jdc 13—16.
[27] a) bî 'ªdonî: Gen 43 20 44 18 Jdc 6 13. 15 13 8 (IReg 3 17. 26); spätere Sprache: Num 12 11 Ex 4 10. 13 ISam 1 26 Jos 7 8.
   b) ṭimṣa' šiphåtka ḥen bᵉ'ênᵃka u. ä.: Gen 33 15 34 11 47 25 (Ex 33 13) ISam I 18 25 8 IISam 16 4.
   c) wăjᵉhî 'îš 'æḥad (Vorstellungsformel): Jdc 13 1 ISam 1 1 9 1 17 12 (Konjektur, nicht 10. Jh.)
   andererseits fällt in ISam 1 das Fehlen von 'ªqarā (S. 78 Anm. 3b 3) auf, das man unbedingt bei Hanna erwartet, sowie der Umstand, daß statt šakăb 'im oder bô' 'æl

Diskrepanz zwischen Milieu und Stil gibt zu der Vermutung Anlaß, es könne sich hinter der Erzählung von Samuels Jugend, wie wir sie in ISam 1—3 finden[28], eine ältere Geschichte verbergen, die möglicherweise eine Jugendgeschichte Sauls nach dem Schema von Jdc 13 war. Doch ist nicht ersichtlich, wie sie sich literarisch zu ISam 9 verhielt, wo Saul ganz neu vorgestellt wird. All dies muß Vermutung bleiben[29].

Gegengeschichte II: David und Abigail (ISam 25)

Anders steht es mit der Erzählung, wie Abigail David zum Racheverzicht bewegt. Hier finden wir nicht nur die gemeinsame Sprache[30], sondern auch ein ähnliches kämpferisches Milieu. Diese Erzählung steht unter den anderen Saul-David-Geschichten in auffälliger Iso-

---

(vgl. 196 Anm. 81 u. 82) oder *lakăḥ* (Gen 24 67) hier in ISam 1 19 *jadă'* verwendet wird, das in der Sprache des 10. Jh. fehlt (Ausnahme Gen 4 1.17?) außer wo es negativ gebraucht wird: Gen 19 5 (Jdc 19 22.25); anders, aber negativ: IReg 1 4. Die Ersetzung der alten Ausdrücke für den Geschlechtsverkehr durch *jadă'* zeigt die für die Sprache *nach* dem 10. Jh. typische Tabuisierung des Geschlechtlichen, wie wir sie unten S. 195 ff. zusammengestellt haben. Die Abweichung in Gen 4 1.17 von der Regel des 10. Jh., *jadă'* in geschlechtlicher Bedeutung nur negativ zu gebrauchen, unterstützt die These von Pfeiffer, daß die Urgeschichte nicht zum Corpus des Jahwisten gehört hat. B. H. Pfeiffer Z 34, 160 ff.

[28] Die Probleme von ISam 2 1 ff. (Lobgesang der Hanna) und die traditionsgeschichtlichen Fragen hinsichtlich der Eli-Söhne brauchen hier nicht erörtert zu werden.

[29] Vgl. dazu auch unten S. 191 f., wo für die Verwendung von *ša'ăl* in ISam 1 eine andere Lösung als die Beziehung auf Saul vorgeschlagen wird.
Zu dem Problem einer ursprünglichen Saul-Geschichte vgl. bes. I. Hylander Z 20, 13 f.; W. Hertzberg, ATD, 17; J. Hempel Z 85, 112.

[30] Sprachliche Bezüge zu Pentateuch-J und altem Gut in Jdc/Samuel:
a) zu *maṣa' ḥen* s. o. S. 89 Anm. 27b.
b) zu *'ê-mizæ* vgl. s. o. S. 88 Anm. 24c.
c) *gazăz* Gen 31 19 38 12f. ISam 25 2 IISam 13 23f.; sonst in Hist. nur Dtn 15 19 bei dem Verbot, die Erstgeburt zu scheren.
d) *jepăt to'ăr* Gen 29 17 39 6 41 18.19 (Kühe), auch Jdc 8 18 ISam 16 18 25 3 28 14 IReg 1 6. Sonst in Hist. nur Dtn 21 11, das auch sonst sprachlich J nahesteht.
e) *kol-'ašær-leka* Gen 31 21 39 4. 5. 8 45 10 ISam 25 6. 21. 22.
f) »Wer ist David und wer der Sohn Isais . . . ?« ISam 25 10f. vgl. Ex 5 2: »Wer ist JHWH . . . und ich kenne JHWH nicht.«
g) *kō jă'ăśê 'ælohîm wekō jôsîp*: ISam 3 17 14 44 20 13 25 22 IISam 3 9. 35 19 14 IReg 2 33 IReg 19 2 20 10 IIReg 6 31 (davon später als 10. Jh.: ISam 3 17 IReg 19 2 20 10 IIReg 6 31).
h) *barûk* in der Anrede an Gott oder Menschen: Gen 6 29 24 27. 31 26 29 27 33 ISam 23 21 25 32. 33. 39 IISam 2 5 18 28 IReg 1 48 2 45; doch kommt es auch bei andern Verfassern oder Glossatoren vor. Der abgeblaßte Gebrauch von *berek* wie in ISam 25 14, wo es »grüßen« heißt, findet sich in Gen nicht.

lierung³¹. Von der Verfolgungssituation ist nichts zu spüren. Insofern ist die Anordnung nach Kap. 24, das mit einer Versöhnung zwischen Saul und David schließt, gut gewählt. Aber die alte Fortsetzung in Kap. 27³², wo David bedrängt sein Land verläßt und zu Achis von Gath übergeht, schließt sich ohne logische Begründung an. Diese Erzählung ist eigentlich die Fortsetzung von Kap. 23³³. Historisch an der Geschichte in ISam 25 wird der Name von Davids späterer Frau und wohl der ihres ersten Mannes sein. Das meiste andere mag dichterischer Phantasie entstammen³⁴. Das gilt auf jeden Fall für die Begegnung zwischen David und Abigail, die den Höhepunkt bildet und uns besonders interessiert.

Die Erzählung ist in Gesprächsszenen gegliedert, doch so, daß Davids Auftrag an seine Boten und deren Erscheinen vor Nabal miteinander in der Weise verbunden sind, daß Davids Auftrag nur einmal erzählt wird, in der zweiten Szene gleich Nabals Reaktion³⁵. Die folgende Szene zwischen Abigail und dem Knecht ist durch eine Inversion markiert, die Abigail als Hauptperson gebührend hervorhebt (ISam 25 14). Diese Szene klingt aus mit Inversion und Suffixkonjugation: »aber ihrem Manne hatte sie nichts erzählt« (v. 19). Die drei folgenden Verse bereiten mit verzögernden Nominalsätzen und einer nachholenden Beschreibung von Davids Absichten auf die folgende Hauptszene vor, wobei das Auftreten Davids und seiner Männer durch ein verstärkendes hinnē »siehe da« besonders hervorgehoben wird (v. 20). Davids Gedanken (v. 21-22) beweisen, daß der Knecht richtig vermutet hat und bilden mit Davids abschließenden Worten an Abigail (v. 34) eine Art Ploke um die ganze Gesprächsszene herum. Der Leser oder Hörer der Geschichte weiß jetzt, daß die Begegnung über Leben und Tod entscheidet. Mit um so größerer Spannung fragt er sich, wie es Abigail gelingen wird, die Rache von ihrem Hof abzuwenden, indem sie Davids Zorn besänftigt.

In Verhalten und Sprache bedient sich Abigail des höfischen Zeremoniells, womit sie — so will der Erzähler andeuten — den künftigen König ehrt. Sie erbittet umständlich Gehör (v. 24) und distanziert sich dann kräftig von ihrem Mann, dem Dummkopf und Bösewicht Nabal. Die Parallele mit 'îš hǎbbelijjáʿǎl zeigt, daß das Wort *nabal* hier mehr den böswilligen Mangel an Einsicht als den Mangel an

³¹ Geographisch knüpft ISam 25 2 an 23 24. 25 an, aber das ist auch die einzige Verbindung. Von 25 43f. sehen wir hier ab.
³² Kap. 26 ist späterer Zusatz s. u. S. 129.
³³ S. u. S. 123.
³⁴ S. u. S. 224 Anm. 71.
³⁵ Solche Verkürzung gehört zu den Gesetzen der hebräischen Prosa im Unterschied zu Mesopotamien, Ugarit und Homer. Vgl. A. Schulz Z 29, 27.

Verstand bedeutet[36]. Die Erläuterung *un^ebalā 'immô* weist darauf hin, daß Nabal ein Übertreter der Sitte in Israel ist, dessen, was auch ohne autorisierte Rechtssätze die Menschen bindet[37]. Denn er hat — in Davids Worten gesagt — »Gutes mit Bösem vergolten« (v. 21), nicht nur den Entgelt für den Schutz der Herden verweigert, sondern mit Hohn und Spott Davids Gesandte weggejagt.

Nach dieser Distanzierung von ihrem Mann kommt Abigails Hauptargument: In der Form gewisser Zukunft (Suffixkonjugation) spricht sie davon, daß JHWH David abhält, in Blutschuld zu geraten[38] und sich mit eigener Hand zu helfen[39]. So berechtigt seine Rache ist — sie würde ihn in Blutschuld stürzen und Selbsthilfe zur Durchsetzung des eigenen Rechts bedeuten. Der Erzähler verurteilt solche Selbsthilfe, ohne dies direkt zum Ausdruck zu bringen. Davids freudiges Eingehen jedoch auf Abigails Mahnung sagt genug. Er preist JHWH und Abigail, die ihn am Schuldigwerden hindern. Damit ist ein besserer Weg gezeigt als das beliebte »wie du mir, so ich dir«, das die Beziehung zwischen Simson und den Philistern regelte.

Die durch Nabal verletzte Gerechtigkeit wird von JHWH wieder ausgeglichen, der Nabal am Schlaganfall nach zu üppigem Mahl (»wie das Gelage eines Königs« v. 36) sterben läßt. So hat JHWH Davids Streit geführt und Nabals böse Tat auf dessen Kopf »zurückgewendet« (ISam 25 37 ff.)[40]. Insofern ist ISam 25 eine »Führungsgeschichte« wie Gen 24 und die Josephnovelle. Weitere Gemeinsamkeiten sind: die höfische Sprache und das entsprechende höfische Verhalten; die Typisierung der Personen (der bösartige Mann, die kluge Frau, der Räuberhauptmann voll edler Selbstbeherrschung); Anklänge an die Sprache der Weisheit *(nabal, n^ebala*[41], *śækæl*[42]*)*. Wie dort haben wir eine lehrhafte Geschichte[43], in der das Gute seinen Lohn findet. Der Leser ist

---

[36] *nabal* begegnet uns noch zweimal bei »J«: IISam 3 33 und 13 13. Sonst steht es (von geringem Vorkommen in Dtn 32 (Lied), Jes, Jer und Ez abgesehen) ausschließlich, wenn auch nicht häufig, in Ps, Hi und Prov.

[37] *n^ebalā* steht gern in dem geprägten Ausdruck: *'aśā n^ebalā b^eji\u015bra'el* Gen 34 7 Jdc 20 6. 10 IISam 13 12, hier und Dtn 22 21 Jer 29 23 immer in bezug auf geschlechtliche Vergehen. Ferner Jos 7 15. Sonst steht *n^ebalā* in Jdc 19 23f.; Jes 9 16 32 6 Hi 42 8; vgl. auch u. S. 201 f.

[38] *damîm* »Blutschuld« in Hist. sehr selten, nur Bundesbuch Ex 22 1. 2 und ISam 25 26. 33 IISam 16 7. 8 21 1.

[39] »sich mit eigener Hand helfen« in Hist. nur Jdc 7 2 und hier in ISam 25. S. u. S. 93 f.

[40] Vgl. die ähnliche Ausdrucksweise in IISam 12 15, wo JHWH Davids Kind, das ihm Bathseba gebar, ebenso »schlägt« wie den Nabal.

[41] S. o. Anm. 36 u. 37.

[42] Abigail wird als *ṭobat-śækæl* vorgestellt (v. 3). Verb und Nomen begegnen vorwiegend in der Weisheitsliteratur Ps, Hi, Prov, Dan.

[43] Vgl. R. Smend Z 23, 19 ff. zur »paradigmatischen Erzählung«.

aufgefordert, sich mit den positiven Helden zu identifizieren — und nur mit ihnen. Wohl aber sind Abigail und David so gezeichnet, daß sich die Sympathie gleichermaßen auf sie verteilen muß. Wie bei Rachel (Gen 31) und Rebekka (Gen 27) preist der Erzähler die kluge, rasch entschlossene Frau, der es gelingt, ihren Hof vor drohender Vernichtung zu bewahren. Doch kann sie hier nicht durch List oder schlaue Ausrede, sondern nur durch die überlegene Klugheit ihrer Worte gewinnen. So zeichnet der Verfasser — der zugleich hier der Dichter ist — mit David und Abigail ein Gegenbild gegen die rauhen Sitten der Richterzeit, gegen Gewalttat, Raub und Rache.

Beachten wir schließlich noch die Stellung der Geschichte im Zusammenhang der David-Saul-Erzählungen, so zeigt sie David auf dem Weg zum Königtum[44]. Abigail erweist ihm Ehre, wie sie dem König, der er sein wird, zukommt. Damit deutet der Verfasser an, daß mit dem Königtum die neue Zeit anbricht, wo nicht mehr die Selbsthilfe gilt, wenn man in seinem Recht verletzt ist. Nun wird der König für Gerechtigkeit sorgen, wie es bisher und auch weiterhin JHWH tut. Damit erscheint die zurückliegende Zeit als die Periode der Selbsthilfe, als die rechtlose Zeit. Blicken wir auf das Richterbuch zurück, so verstehen wir jetzt dessen Anordnung. Das Recht, das an die Stelle der Selbsthilfe tritt, hat eine ausschließlich »innenpolitische« Geltung. Es berührt nicht die nationale Selbsthilfe gegen Feinde des Volkes, die nach wie vor kriegerisch vollzogen werden muß.

Die Meinung eines späteren Bearbeiters der Richtergeschichten, wie sie in Jdc 7 2 zum Ausdruck kommt, ist unserem Verfasser noch fremd:

»Und JHWH sprach zu Gideon: ,Zu zahlreich ist das Volk, das bei dir ist, als daß ich Midian in ihre Hand geben könnte; sonst rühmt sich Israel gegen mich und sagt: Meine Hand hat mir geholfen«.

Darauf folgt die Anordnung zur Verkleinerung des Heeres. Daß auch in nationalen Kämpfen gegen den Landesfeind das Vertrauen auf JHWH an die Stelle von militärischer Rüstung und kluger Bündnispolitik treten kann, diesen Gedanken finden wir erst bei Jesaja[45]. In 1Sam 25 wird nur der erste Schritt von der Rache und Selbsthilfe zur Rechtsordnung hin getan, der innerhalb des eigenen Volkes sich vollzieht. So soll es in Israel nicht zugehen, wie es in den Erzählungen von Michas Teraphim und der Schandtat von Gibea (Jdc 17—21) geschildert ist. Denn Gewalttat, Rache und Selbsthilfe führt in den Tod

---

[44] Ausgesprochen wird dies in der Hinzufügung 1Sam 25 28-31, die nicht nur in ihrer Sprache fremd ist (sie erinnert teilweise (v. 28) an 2Sam 7), sondern auch in Davids Antwort keinerlei Bezug findet. Abigails Rede schließt logisch mit der Überreichung der Gabe (v. 27); vgl. R. A. Carlson N 8, 47 Anm. 3.

[45] Jes 7 1 ff. 30 15 ff. 31 1 ff.

— das hatte der eine Bearbeiter der Simsongeschichten (Jdc 15) zum Ausdruck gebracht. Aber unter nationalem Gesichtspunkt — darauf wies der Bearbeiter von Jdc 13 hin — sieht das anders aus: da hilft Gott Israel durch einen solchen Totschläger aus der Hand der Philister. In dieser Hinsicht ist Simson ein »Retter« wie Ehud, Barak, Gideon und Jephta. Das Königtum wird dann beide Funktionen übernehmen: Israel Ruhe zu verschaffen vor seinen Feinden und die Rechtsordnung anstelle der Selbsthilfe zu setzen. Wo aber der König selber das Recht verletzt, bleibt JHWH die »letzte Instanz«, weist ihn durch den Propheten zurecht und »schlägt« ihn in seinem Kinde, wie er einst den Beleidiger Davids — Nabal — geschlagen hat[46].

Die Zusammenstellung der Geschichten im späteren Richterbuch hat also auch vor der deuteronomistischen Bearbeitung einen bestimmten Leitgedanken aufzuweisen, wobei die Simsongeschichte die Drehscheibe zwischen den beiden Teilen darstellt.

Wie geschieht Gerechtigkeit? — das ist die durchgehende Thematik von den Erzählungen der Genesis bis in die Samuelbücher hinein. Der soziologischen Situation entsprechend wird diese Frage in der Genesis individuell oder im Familienrahmen gestellt. Der Streit geht um Kinder und Herden, um Erstgeburtsrecht und die Rolle des Jüngsten. Im Richterbuch geht es um Familien und Stämme, ja um die nationale Existenz.

3. Michas Teraphim und die Schandtat von Gibea (Jdc 17—21)

Betrachten wir in diesem Zusammenhang die beiden Geschichten am Ende des Richterbuches, so haben wir zunächst mit den Schwierigkeiten der literarischen Analyse zu kämpfen. Dabei ist Jdc 17/18 wenigstens im Ablauf der Handlung klar, wenn auch die Zuweisung einzelner Erzählelemente ungewiß bleibt. Offen ist in der Diskussion auch Ziel und Verankerung der Geschichte, denn einige Ausleger sehen die Schlußverse (Jdc 18 30f.) als entscheidend an und meinen, daß die Kultlegende des Heiligtums von Dan erzählt wird[1]. Andere halten die Raubgeschichte für einen Spott auf jenes Heiligtum[2]. Wenn man jedoch beachtet, wie unorganisch diese Verse angehängt sind, so daß die Erzählung eigentlich mit Jdc 18 29a schließt, so muß man nach

---

[46] ISam 25 38 und IISam 12 15.
[1] Z. B. W. Nowack Z 111, 154. J. M. Myers Z 112, 798. E. Täubler hingegen führt die Erzählung auf den Gründer von Dan zurück, hält aber 18 29-31 für deuteronom. Bearbeitung. Dem steht entgegen, daß Dtn/Dtr niemals für Jakob die Bezeichnung »Israel« gebrauchen.
[2] G. Hölscher Z 88, 90; J. Hempel Z 85, 46; Jdc 18 30f. sind als Bearbeitung richtig erkannt bei G. Fohrer B 5, 17.

einem anderen Leitthema suchen. Die Geschichte ist weder Ätiologie noch Vorbild. Vielmehr finden wir ihren Leitgedanken in Jdc 17 6:

»In jenen Tagen gab es keinen König in Israel; jeder tat, was in seinen Augen recht war« (vgl. Jdc 21 25).

Sollte dieser Satz eine spätere Zutat sein[3], so ist er doch eine sachgemäße Interpretation der Erzählung. Denn sie schildert die Zeit, wo man nicht einmal dem Hausgenossen trauen kann und der Stärkere recht behält.

Da in die Michageschichte der Bericht von der Wanderung des Stammes Dan eingearbeitet ist, steht der israelitische Erzähler vor einer schwierigen Aufgabe. Weil er stets darauf aus ist, Dialoge zu gestalten, kann er mit Kollektiven nicht viel anfangen. Die fünf Kundschafter stellen eine Notlösung dar, um eine Art Kollektivperson für das Gespräch mit Michas Hauspriester zu haben. Einen Helden weist die Erzählung nicht auf. Der Hörer oder Leser kann sich mit keiner der handelnden Personen durchgehend identifizieren. Er empfindet mit dem betrogenen Micha wie mit dem Stamm Dan, der eine neue Heimat braucht, doch ebenso mit der ruhig und im Vertrauen lebenden Stadt Lais, die so unversehens überfallen und verbrannt wird, weil sie keinen Helfer in der Nähe hat (Jdc 18 7. 27 f.). Es bleibt der Eindruck von Wirrnis, was der Absicht des Erzählers entspricht, der Zustände schildern will und nicht Menschen. Er stellt die Situation der königslosen Zeit dar, indem er einen bestimmten »Fall« berichtet. Auffällig ist, wie unbefangen er von dem Teraphim und der Orakelbefragung spricht. Ein solches Mittel zur Erforschung der Zukunft zu besitzen, gilt als Vorteil. So unbefangen wird im AT nur noch Gen 31 (19b). 31-35 und ISam 19 11-17 vom Teraphim gesprochen[4]. Dies beweist für sich genommen noch keinen literarischen Zusammenhang, zeigt aber, daß die drei genannten Texte sich zeitlich nicht sehr fern stehen können, da offenbar mit dem Aufkommen des Prophetentums diese Unbefangenheit vorbei war[5].

Auf literarische Zusammenhänge weist uns der Schlußvers hin:

»Und sie nannten den Namen der Stadt Dan nach dem Namen ihres Vaters Dan, der dem Israel geboren wurde« (Jdc 18 29).

---

[3] Jdc 17 6 steht etwas ungeschickt zwischen den Resten der Vorstellung Michas (Jdc 17 1-4 halte ich gegen E. Täubler (Z 102, 45 ff.) und H. W. Hertzberg (ATD z. St.) für eine spätere Zutat) und der Einführung des namenlosen Hauspriesters. Sein zweiter Teil findet sich wörtlich in Dtn 12 8.

[4] In ISam 15 23 und IIReg 23 24 wird der Teraphim negativ bewertet. Dasselbe gilt von Ez 21 26 und Sach 10 2. Schwerer zu deuten ist seine Bewertung in Hos 3 4, wo er mit Positivem und Negativem zusammen genannt wird, doch ist das Ganze wohl negativ gemeint.

[5] S. u. S. 192 f.

Mit dieser Bemerkung wird auf Gen 30 6 zurückgegriffen und der Stamm Dan mit einem der zwölf Söhne Israels/Jakobs identifiziert. Da in Gen 29-30 der Vater aber Jakob heißt, greift der Erzähler also nicht nur auf den Bericht über die Geburt der zwölf Söhne, sondern auf einen größeren Kreis von Jakobgeschichten zurück, der zumindest die Umbenennung in Israel (Gen 32 29) einschließt. Eine derartige Bezugnahme ist möglich bei demselben Verfasser, der in seinem eigenen Werk eine Querverbindung herstellt, oder bei einem Schriftsteller, der den Pentateuch-Jahwisten bereits vorliegen hat. Auf jeden Fall ist Jdc 17—18 nicht vor dem Werk des Pentateuch-Jahwisten geschrieben.

Vor erheblich größere Schwierigkeiten stellt uns die Geschichte von der Schandtat in Gibea und ihrer Bestrafung (Jdc 19—21). Zwar ist der Gang der Dinge in Jdc 19 im ganzen klar, wenn auch einige Unstimmigkeiten im Text zu überprüfen sind. Doch von da an, wo es um die Bestrafung der Stadt Gibea bzw. des Stammes Benjamin geht, ist der ursprüngliche Gang der Handlung nur noch schwer zu erkennen. Die Vorstellung, daß wegen einer geschändeten Frau und des verletzten Gastrechtes ein ganzer Stamm ausgerottet werden soll und auch beinahe ausgerottet wird, ist so phantastisch, daß man einen derartigen Vorgang weder in der Geschichte noch in Darstellungen annehmen kann, die dieser Geschichte einigermaßen nahestehen[6]. Man muß sich darüber klar werden, daß die zwei Motive »Krieg gegen Benjamin« (Jdc 20) und »Verflucht, wer Benjamin eine Frau gibt!« (Jdc 21 18bβ) sich gegenseitig ausschließen. Denn Kriege erzeugen Frauenüberschuß und nicht Frauenmangel. Die Hände, die an Jdc 20—21 gearbeitet haben, mußten sich schon allerlei Kunststücke einfallen lassen, um Frauen abzuschlachten und Männer übrigzubehalten, damit nachher der Frauenraub von Silo bzw. dessen Jabeš-Variante untergebracht werden konnten. Andererseits liegt es auf der Hand, daß der Schwur,

---

[6] Auch die Hypothese von O. Eißfeldt (L 4), daß hinter dieser Geschichte ein anderer historischer Vorgang anzunehmen ist, der Versuch der benjaminitischen Gruppe, sich aus der Vorherrschaft Ephraims zu befreien, und Ephraims Gegenmaßnahmen, wird der Erzählung nicht gerecht. Zwar wird es diesen Vorgang einmal gegeben haben, aber der Eid, Benjamin keine Frauen zu geben, kann von Eißfeldt nicht zureichend motiviert werden. Er scheint aber in der ältesten Form der Erzählung der springende Punkt gewesen zu sein. Damit unterscheide ich mich erheblich von der Analyse, die K. D. Schunck (I 2, 58ff.) gibt, der die Einfügung des Frauenraubes von Silo dem nachexilischen Redaktor R III zuschreibt. Zur alten Sprache gehört: ḥwl »Reigen tanzen«, qal., im AT sonst nur noch Ps 87 7 pil, und m^eḥolā »Reigentanz« (Jdc 21 21), das wir in der Sprachschicht des 10. Jh. noch in 1Sam 18 6 (und damit identisch 1Sam 21 12 29 5) sowie in relativ alten Traditionen wie Jdc 11 34 Ex 15 20 32 19, sonst im ganzen AT aber nur noch in Cant 7 1 finden. Auch der nichtkultische Gebrauch von 'ašām weist mehr auf vorexilische Sprache hin.

Benjamin keine Frauen zu geben, ausgezeichnet zu Jdc 19 mit der Frauenschändung paßt[7].

In ihrer Tendenz wird die Geschichte oft als anti-benjaminitisch bzw. als gegen Sauls Königtum und Haus gerichtet aufgefaßt[8]. Wenn jedoch die Erläuterung in Jdc 19 16 über den Gastgeber »und der Mann war Ephraimit und lebte als Fremder in Gibea« ein späterer — benjaminfeindlicher — Zusatz ist[9], so wäre die positivste Gestalt der Geschichte ebenfalls aus Benjamin. Entscheidend jedoch ist der Umschlag am Ende: kaum haben die »Häupter« Israels die Strafe über Benjamin verhängt, daß sie keine Frauen mehr bekommen sollen, da wird der Leser oder Hörer der Geschichte gezwungen, sein Herz den heiratslustigen jungen Männern von Benjamin zuzuwenden, die nicht wissen, wie sie zu einer Frau kommen sollen. Nur der Rat ihrer Stammesältesten, sich bei dem Fest in Silo die reigentanzenden Mädchen zu rauben, hilft ihnen aus der Verlegenheit[10]. Diese kecke Selbsthilfe wird ohne jede Mißbilligung erzählt — weder mit moralischer Verurteilung, noch mit antibenjaminitischer Tendenz.

Trotz der Erwähnung von Silo hat die ganze Erzählung keinen kultischen Sitz[11], enthält sie keine Ätiologie und will als Ganze auch kein Beispiel geben[12], sondern sie schildert einen Zustand: die königslose Zeit, als Israel dem Rechtsbruch gegenüber noch hilflos war[13]. Auch sie enthält typische Gestalten: den um Versöhnung bemühten Vater der Nebenfrau, den gastfreundlichen alten Mann.

---

[7] Die erste literarische Form der Geschichte rekonstruiere ich folgendermaßen: Jdc 19 1aαb-10. 14-31 20 1aα. 2aα. 3b. 4aαb. 5-8. 9a. 10b 21 18bβ. 19aα. 20b. 21. 22aα. 23a. 24b. (25). In Kap. 19 sind »der Knecht und die Esel« und kleinere Zusätze zu streichen. Vor 21 19, also zu Beginn des Frauenraubes, muß ein Stück des Textes verlorengegangen sein. Für die Rekonstruktion vgl. H. Schulte Z 104, 59f.

[8] G. Hölscher Z 88, 90; K. D. Schunck I 2, 67, jedenfalls für die R 1-Bearbeitung.

[9] Dieser Zusatz könnte aus Gen 19 9 herausgesponnen sein.

[10] Wahrscheinlich ist, daß ursprünglich die Erzählung vom Frauenraub aus der Zeit stammt, als Silo noch kanaanäisch war und Benjamin sich dort Frauen holte; doch hat unser Erzähler die Stadt und die Frauen als israelitisch aufgefaßt (vgl. H. W. Hertzberg, ATD, z. St.).

[11] Warum sie an Kultorten tradiert sein soll, vermag ich nicht einzusehen (gegen H. W. Hertzberg, ATD, z. St.). Nicht nur, daß ich H. W. Hertzbergs ganze Auffassung vom Werden der Erzählung für falsch halte — die späteren Bearbeitungen sind bis in den Wortgebrauch hinein nur zu deutlich — es ist mir völlig unverständlich, warum das Erzählen in Israel nicht wie auch bei anderen Völkern ein profanes Geschäft gewesen sein soll, weil Menschen Spaß am Erzählen haben.

[12] In der Schilderung der Gastfreundschaft ist sie allerdings beispielgebend, doch geht es dabei nur um einen Teilaspekt.

[13] Das gilt unabhängig von der Frage, ob Jdc 21 25 alter Bestandteil oder Zusatz ist. Jedenfalls ist er in seiner Königfreundlichkeit kaum als deuteronomistischer Zusatz zu bezeichnen.

Die Querverbindungen zu andern Teilen der historischen Schriften sind längst beobachtet worden. Doch muß man ungeschickte Nachahmungen wie die Eroberung Gibeas in Jdc 20 30ff. nach dem Muster von Ai in Jos 8 wohl zu unterscheiden wissen von Bezügen, die in der Erzählung selbst verankert sind:

a) Jdc 19 und Gen 19

Die Ähnlichkeit dieser beiden Geschichten, in denen Fremde trotz des Gastrechtes von den Leuten der Stadt bedrängt werden, wobei es die Menge in Gen 19 auf die Männer, in Jdc 19 auf die junge Frau abgesehen hat, ist schon lange erkannt worden. Vor allem Budde hat sie als Beweis für die literarische Zusammengehörigkeit des Pentateuchjahwisten mit dem Verfasser der alten Partien in den Richter- und Samuelbüchern angeführt[14]. Eine literarische Beziehung besteht zweifelsohne. Das ergibt sich aus dem Vergleich der Wörter, die bei der Erzählung verwendet sind[15], aber schlagend erst aus der Rede, die der jeweilige Gastgeber zum Schutz seines Gastes hält[16]. Beide Reden sind in Aufbau und Wortwahl nahezu identisch[17]. Doch entfaltet sich die Darstellung in Jdc 19 breiter, die Einladung ist stärker ausgemalt, die Bedrohung der Fremden in der Stadt erzählerisch besser vorbereitet, wenn ihnen der Gastgeber sagt: »Keinesfalls dürft ihr auf dem Platz übernachten« (v. 20). Nebensachen wie das Futtermischen für die Esel und das Füßewaschen sind liebevoll erwähnt, was an Gen 24 32 und 42 27 43 24 erinnert, also an genuin jahwistische Stellen in der Genesis. Solange beide Erzählungen parallel laufen, hat Jdc 19 etwa die anderthalbfache Länge gegenüber Gen 19. Der Unterschied im Handlungsablauf beginnt, wo die beiden Männer in Gen 19, die in Wirklichkeit Gottesboten sind, die Männer der Stadt mit Blindheit schlagen. Wir haben gesehen, daß Gen 19 eine alte Sage nichtisraelitischen Ursprungs ist, von Israel übernommen, durch das Motiv »Besuch der Männer« mit Gen 18 gekoppelt, durch das vorgeschaltete Einleitungskapitel Gen 13 mit ihm organisch verbunden und so in den Kreis der Abrahamsagen aufgenommen[18]. Beim Jahwisten ist Gen 19 also ein übernommener Stoff, den er, in seinem eigenen Stil erzählend, in Jdc 19 variiert haben kann — wenn er der Erzähler von Jdc 19 war. Es ließe sich in diesem Fall vermuten, daß die ab-

---

[14] K. Budde Z 103, 148ff.

[15] *ba'æræb* Gen 19 1/Jdc 19 16; *bar^ehôb* v. 2/v. 15 + 20; *lîn/lûn* v. 2/v. 15; *wăjjo'k^elû* v. 3/v. 21; *'ănšê ha'îr* v. 4/v. 22; *nasăbbû 'al/'æt-hăbbăjit* v. 4/v. 22; *wăjješe' 'ªlêhæm* v. 6/v. 23.

[16] Gen 19 6-8 Jdc 19 23-24.

[17] Der Hauptunterschied besteht darin, daß der schöne Ausdruck »unter den Schatten meines Daches« (Gen 19 8) durch das einfache »in mein Haus« (Jdc 19 23) ersetzt wurde.   [18] S. o. S. 45.

wehrende Rede des Gastgebers dann auch in Gen 19 von ihm stilisiert
wurde.

Die beiden Geschichten unterscheiden sich darin, daß in Gen 19
mythische Gestalten auftreten und ein Wunder Lot und seine Gäste
vor den Männern der Stadt rettet, während in Jdc 19 alles völlig in
innerweltlichen Bezügen bleibt, von einem Eingreifen Gottes in keinem
Stadium der alten Erzählung die Rede ist, ja nicht einmal von Gebet
oder der Erwartung, Gott werde rächen. Vielmehr wird die Strafe für
die Schandtat in Gibea von der Versammlung Israels und seinen
»Häuptern« erwartet. Denkt man über die historische Wahrscheinlichkeit nach, so ist klar, daß es sich bei dem Frauenverbot nur um eine
ephraimitische Strafe für Benjamin gehandelt haben kann. Da in der
Zeit vor Sauls Königtum der »Stamm« Benjamin nach Süden durch den
kanaanäischen Städteriegel von Juda abgetrennt war, wird der Blick der
heiratslustigen jungen Leute vorwiegend zu dem verwandten Ephraim
hingegangen sein, so daß die Sanktion »keine Frauen den Benjaminiten!« eine gewisse Härte für Benjamin darstellte und sie sich kanaanäische Frauen in Silo holten. Doch hat der Erzähler an ephraimitische
Frauen gedacht und die Strafaktion ins Gesamtisraelitische erhoben,
mag ihm der Ausdruck »von Dan bis Beerscheba« zugehören oder nicht
(Jdc 20 1). Interessant wäre es zu wissen, was er sich unter den »Häuptern« (pinnot) des Volkes vorgestellt hat, ein Ausdruck, der in den
historischen Büchern in dieser Bedeutung nur noch in ISam 14 38
vorkommt, also in Sauls vorwiegend benjaminitischem Heer. Sollte es
eine Bezeichnung für Anführer innerhalb des ephraimitisch-benja-
minitischen Stammesverbandes gewesen sein[19]? Und sollte zu diesem
Stammesverband auch die Sitte des »Aufgebotes« durch die Teile eines
zerhackten Tieres oder Menschen gehört haben[20]? Jdc 19—21 ist
nicht nur terminologisch durch *pinnot* und *natah* mit ISam 14 bzw. 11
verbunden, sondern auch durch die gesamtisraelitische Umdeutung
geographisch begrenzter Aktionen[21]. Wenn man solche gesamtisraelitischen Projektionen der oder des Erzähler(s) für bare Münze nimmt

---

[19] Auffallend ist die große Breite von Ausdrucksmöglichkeiten für *Anführer* gerade in
den alten Texten der historischen Bücher: *qaṣin* Jdc 11 6; *ro'š wᵉqasin* Jdc 11 11;
'aṣil Ex 24 11; *nadib* Num 21 18 ISam 2 8 (Lied); *nagid* ISam 10 1 IReg 1 35 (= älte-
stes Vorkommen) u. a.; *śar* ist am häufigsten bei Israel und anderen Völkern genannt.
Daneben noch *sᵉranim* der Philister in Jos 13 3 Jdc 16 ISam 5/6; 7; 29. Hätte es
feste amphiktyonische Bundesämter gegeben, so wäre die stammesmäßig bedingte
Vielfalt gewiß zu deren Gunsten überwunden worden.

[20] Zu Jdc 19 29 ist ISam 11 7 (beidemale *natah*) zu vergleichen.

[21] An beiden in Anm. 20 genannten Stellen begegnet *bᵉkol gᵉbul jisra'el*, das zu den für J
und »J« nahezu typischen Ausdrücken gerechnet werden kann: Ex 7 27 10 14. 19
Jdc 19 29 ISam 11 3. 7 27 1 IISam 21 5; IReg 1 3. An den Exodusstellen ist allerdings
nicht Israel sondern Ägypten gemeint. Nicht bei J: Ex 10 4 Jdc 11 22 IIReg 10 32.

und historische Zustände der vorköniglichen Zeit daraus ableiten will, amphiktyonische Aktionen gegen einen einzelnen Stamm oder dergleichen, so ist man erheblich auf dem Holzweg.

Diese gesamtisraelitische Deutung ist allen alten Geschichten des Richterbuches eigen mit Ausnahme von Michas Teraphim[22]. Bei Gideon und Simson wurde sie durch eine literarische Operation, nämlich die Einfügung der Berufungs- bzw. Verheißungsgeschichte erreicht. Bei Simson war dies besonders naheliegend, weil er bereits in den mündlichen Stadien der Überlieferung ein Philistergegner war und man nur die Philisterkämpfe der Stämme Juda und Dan gesamtisraelitisch zu verstehen brauchte, um ihn als »Retter« Gesamtisraels zu sehen.

Doch zurück zu dem Vergleich zwischen Gen 19 und Jdc 19. Der Bruch des Gastrechtes — sicher ursprünglich eine selbständige Geschichte — hat in beiden Erzählungen eine verschiedene Funktion erhalten. In Gen 19 dient das Gastrecht zur Probe für das verrufene Sodom. In Jdc 19 ist die Schandtat die Grundlage für die eigentliche Erzählung vom Frauenraub und wird durch die gesamtisraelitische Aktion ins Politische überhöht. Wie wird Gerechtigkeit verwirklicht? Kann die Gemeinschaft gegen Rechtsbrecher einschreiten? Nein, denn die Sanktionen werden von diesen durch eine neue Gewalttat (Frauenraub) unwirksam gemacht — und das mit Recht, denn die Kollektivbestrafung ist sinnlos.

Da der knappe Erzählstil von Gen 19 als die ältere Form zu gelten hat, können wir den Schluß ziehen, daß der Erzähler von Jdc 19 die Geschichte von Lots Gastfreundschaft kannte[23]. Beweis ist die fast wörtlich gleiche Rede des Gastgebers. Er wird aber seine Geschichte kaum erfunden, sondern in Anlehnung an Gen 19 das ihm Überlieferte gestaltet haben. Dabei kann der Sammler von Gen 19 mit dem Verfasser von Jdc 19 durchaus identisch sein[24], was die einfachste Erklä-

---

[22] Bei Ehud Jdc 3 15: Tribut Israels; Barak Jdc 4: durch Bearbeitung verlorengegangen; Abimelech Jdc 9: durch Verbindung mit Gideon und Jdc 9 55; Jephta Jdc 11 4: Streit der Bne Ammon mit Israel.

[23] S. o. S. 96, wo sich die Abhängigkeit von Jdc 17—18 von Gen 29ff. ergab.

[24] Sprachliche Verwandschaft mit Pentateuch-J:
   a) *pilægæš* Gen 22 24 35 22 36 12 (Jdc 8 31 19 1. 2. 9. 10. 24. 25. 27. 29 20 4. 5. 6 IISam 3 7 15 16 16 21. 22 19 6 20 3 21 11). Nicht bei J: Gen 25 6 IISam 5 13 IReg 11 3. An diesen Stellen findet sich stets eine unbestimmte Mehrzahl.
   b) *j'l* hi.: Ex 2 21 Jdc 17 11 19 6.
   c) *mhh* hitpalpel: Gen 19 16 43 10 Jdc 3 26 19 8 IISam 15 28.
   d) *sa'ăd leb* Gen 18 5 Jdc 19 5. 8.
   e) *pat-læhæm* Gen 18 5 Jdc 19 5 (ISam 18 22). Nicht bei J: ISam 2 36.
   f) *lipnot(hab)boqer* Ex 14 27 Jdc 19 26.
   g) *bekol gebul jisrael* vgl. S. 99 Anm. 21. Dazu kommt der ausführliche Erzählstil, die typisierten Gestalten des gastfreundlichen Schwiegervaters u. des Alten in Gibea.

rung des Verhältnisses beider Geschichten ist. Wenn das zutrifft, so hätte dieser Erzähler ein recht hohes Bewußtsein von dem Unterschied zwischen der alten mythischen Zeit und seiner Gegenwart gehabt.

b) Jdc 19 30 und Exodus

Auf andere Weise drückt sich das Geschichtsbewußtsein des Erzählers in den Worten aus, mit denen das Entsetzen über die Untat von Gibea beschrieben wird:

»Nicht ist gewesen und nicht ist gesehen worden etwas wie dieses von dem Tage, da die Söhne Israels heraufgezogen aus dem Lande Ägypten, bis zu diesem Tag« (Jdc 19 30).

Nun sind Rückverweise auf den Auszug aus Ägypten ein Lieblingsthema deuteronomistischer Geschichtsbetrachtung, so daß Vorsicht geboten ist, wenn man diesen Satz dem vordeuteronomischen Verfasser zuschreiben will[25]. Tatsächlich begegnet in Dtn 4 32 eine vergleichbare Formulierung[26]. Doch erheblich näher liegen die Sätze, die in den jahwistischen Erweiterungen der Plagenankündigungen vorkommen[27]:

»Siehe, morgen lasse ich einen sehr schweren Hagel regnen, wie er in Ägypten nicht gewesen ist von dem Tag an, wo es gegründet wurde bis jetzt« (Ex 9 18).

(in bezug auf die Heuschrecken):

»was deine Väter und die Väter deiner Väter nicht gesehen haben seit dem Tag, da sie in dem Lande (auf dem Ackerboden? auf der Erde?) waren bis zu diesem Tag« (Ex 10 6).

(in bezug auf die Tötung der Erstgeburt):

»Und es wird großes Geschrei sein im ganzen Lande Ägypten, wie es nie geschehen ist und nicht mehr sein wird« (Ex 11 6).

Diesen Exodusstellen und dem angeführten Ausspruch des Volkes im Richterbuch ist gemein, daß von einem bestimmten Anfang in der Geschichte aus die Gegenwart als eine Kulmination (des Bösen) gesehen wird. Dabei ist für Ägypten seine »Gründung«, sein Wohnen in seinem Lande der Ausgangspunkt, für Israel der Auszug aus

---

[25] H. Lubsczyk L 7, 11b (vgl. auch 126) rechnet unsere Stelle unter das vermutlich vorprophetische Überlieferungsgut.

[26] Dtn 4 32 bezeichnet zweierlei als von der Erschaffung der Menschen an unerhört: daß ein Volk Gott aus dem Feuer reden hört und nicht stirbt (Sinai) und daß Gott sich ein Volk aus einem andern herausholt wie JHWH Israel aus Ägypten befreit hat. Hier geht es also um das beispiellose Tun Gottes, nicht um die Größe des Schmerzes oder der Bosheit in einem konkreten geschichtlichen Augenblick, der in Beziehung zum Anfang dieser Geschichte gesetzt ist. Sprachliche Beziehung zu Dtn ist nur mit *hajā* ni. gegeben.

[27] S. o. S. 61 ff.; irgendwelche deuteronomistischen Eigenheiten kann ich in den drei angeführten Sätzen nicht finden.

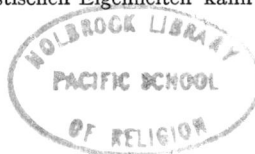

Ägypten[28]. Der Erzähler von Jdc 19—21 hat also nicht nur eine
Geschichte berichten wollen, sondern diese — im Zusammenhang der
Geschichte Israels gesehen — als einen solchen Kulminationspunkt des
Bösen aufgefaßt. Das legt die Schlußfolgerung nahe, daß für ihn die
Erzählung von der Schandtat in Gibea ein Teil eines größeren Zu-
sammenhanges war, der den Auszug aus Ägypten mitumfaßte. Der
Satz macht zudem einen so gelehrten Eindruck, daß man ihn eher einem
literarischen Verfasser als der mündlichen Erzählung zuschreiben
möchte. Damit wären wir der vordeuteronomischen zusammenhängen-
den Darstellung der Geschichte Israels auf der Spur. Das Ergebnis
stimmt überein mit dem, was wir bei der Untersuchung des Pentateuch-
Jahwisten als Leitgedanken erkannten: daß Israels Geschichte in
Ägypten beginnt[29].

4. Zusammenfassung

Für das Werk des Pentateuch-Jahwisten ist kein Ende auffindbar.
Es kann durch Bearbeitungen verlorengegangen sein. Allgemeine Erwägungen sprechen jedoch dafür, daß dies nicht der Fall ist. Wenn der
Jahwist mehr war als ein Sammler von Traditionen, die er mit Akzen-
ten versah, gliederte und durch Überbrückungen zusammenfügte[1],
wenn er ein Historiker war, der die Geschichte Israels in Ägypten
beginnen ließ und die Vätergeschichten zu ihrer Vorgeschichte machte
— was seinen klarsten Ausdruck in der Umbenennung Jakobs in
Israel fand — dann ergibt sich zwingend, daß er auf dem Fundament,
das er gelegt hatte, auch weiterbaute. Die Analyse des Richterbuches
ergab, daß hier die Geschichte Israels unter Rückbezug auf das Werk
des Jahwisten in Genesis und Exodus fortgeführt wird. Die Herstellung
dieser geschichtlichen Zusammenhänge fällt offenbar mit der ersten
schriftlichen Fixierung der Traditionen zusammen[2].

Die Simsongeschichte war bereits in der mündlichen Tradition
zu einer sorgfältig gestalteten Komposition zusammengewachsen[3]. Die

---

[28] Zu der Entwicklung der Auszugstradition bei den Propheten und in Dtn und Dtr,
vgl. H. Lubsczyk L 7: »die 'alā-Stücke geben in der Regel eine unreflektierte Überlieferung des Volkes wieder« (164). Daß allerdings sowohl die 'alā wie die jaṣa'
Traditionen älter sein sollen, als die alten Pentateuchtraditionen, ist zu schwach
begründet, als daß man es ihm abnehmen könnte (L 7, 165).

[29] S. o. S. 70. 77.

[1] W. Richter L 8, 341.

[2] Möglich wäre eine schriftliche Fixierung der Simsongeschichte vor der Vorschaltung
der Verheißung an die Mutter und der Einfügung in den Zusammenhang der anderen
Traditionen.

[3] Daß die Simsongeschichten keineswegs nur lose aneinandergeknüpft sind, wurde
oben S. 83ff. zu zeigen versucht (gegen Noth Z 31, 47 Anm. 2).

Geschichten von Michas Heiligtum und der Wanderung der Daniten
mögen bereits miteinander verbunden gewesen sein. Auch Gideon und
Abimelech, der Sohn Jerubbaals, hatten als Vater und Sohn zueinander
gefunden[4]. Doch sonst liegen im Unterschied zur Genesis unverbundene
Einzelgeschichten vor[5].

Die Sammlung der Traditionen erfolgte nach zwei Gesichtspunkten: einerseits wurden Rettergeschichten zusammengestellt (Jdc
3—12), andererseits Geschichten, die die Zustände der vorköniglichen
Zeit in Israel schildern (ohne Helden), wo das Recht des Stärkeren gilt
(Jdc 17—21). Die Simsongeschichte (Jdc 13—16) verbindet beide miteinander, denn sie hat einen Helden und Retter, schildert aber zugleich
die königslose Zeit mit der Philisternot und der Auswegslosigkeit der
Rache, die in den Tod führt.

Die Frage, wer Israel vor seinen Feinden errettet und wer eine
bessere Gerechtigkeit verwirklicht als das »Recht des Stärkeren«, erfordert als Antwort die Darstellung der Entstehung des Königtums in
Israel. Unter der Voraussetzung dieser Fortsetzung haben die alten
Geschichten des Richterbuches ihren sinnvollen Zusammenhang[6]. Da
das Königtum als positive Antwort auf eine negative Zustandsschilde-
rung erwartet wird, kann die Komposition nicht der deuteronomistischen Schule entstammen, die dem Königtum ablehnend oder mindestens zurückhaltend gegenüberstand. Leitgedanke wie Sprachgebrauch
weisen also auf eine vordeuteronomische literarische Bearbeitung hin,
die sich deutlich von der späteren deuteronomischen Rahmung des
Richterbuches abhebt.

Daß diese ältere Schicht literarisch bearbeitet ist, zeigt die Retterformel[7], das »Hineinfahren des Geistes«[8] und die Einschaltung der
Berufung bzw. Verheißung bei Gideon und Simson[9]. Im Zuge der
literarischen Fixierung wird auch die gesamtisraelitische Überhöhung
der Überlieferungen vollzogen worden sein, da sie z. B. bei Gideon und
Simson mit der Berufung bzw. Verheißung verbunden ist[10].

Diese literarische Formung der »Richter«geschichten setzt die
Genesiserzählungen von Jakob/Israel und den Beginn der Geschichte
Israels in Ägypten, also den jahwistischen Exodusbericht, voraus[11].

---

[4] Vgl. H. Haag. Y 7, bes. 312.

[5] Das mag einerseits mit der kürzeren Zeit zusammenhängen, die zwischen Entstehung
und schriftlicher Fixierung lag, andererseits ermöglichte das Sippen- und Kleinvieh-
nomadenmilieu wohl eher die Bildung von Sagenkränzen als die schon in die historische Zeit hineinreichenden Rettergeschichten.

[6] Gegen M. Noth Z 31, 11.

[7] S. o. S. 81f.

[8] S. o. S. 88 u. u. S. 108.

[9] S. o. S. 80ff.

[10] S. o. S. 80 u. 88.   [11] S. o. S. 95f. und 100f.

Die Merkmale der jahwistischen Arbeit, wie wir sie für Genesis und Exodus fanden, gelten gleichfalls für die Richtergeschichten[12]. Im Unterschied zu dem knappen Erzählstil der mündlichen Tradition, wie ihn hier z. B. die Ehud-Erzählung (Jdc 3) bietet, finden wir den novellistischen breiten Stil in Jdc 19, was eine Eigenschöpfung des Erzählers zu sein scheint. Hier wie überall in der hebräischen Erzählkunst herrscht die Dialogszene, doch finden wir in Jdc 19—20 auch die Kurzrede bzw. die rekapitulierende Rede[13].

Das Thema vom Chancenausgleich für den Benachteiligten begegnet uns in Jdc 11, wo Jephta, der Sohn der Dirne[14], von seinen Brüdern verstoßen zum Haupt des Stammes aufsteigt. Doch nun dominiert diesem Thema gegenüber die Frage, wie Israel zu seinem Recht kommt gegen seine Unterdrücker — eine Frage, die bereits in den Exodus-Geschichten gestellt war. Sie wird überhöht durch die andere, wie denn in Israel das »Recht des Stärkeren«, das Faustrecht, überwunden werden kann. Wie kann sich das Recht durchsetzen gegenüber dem, was *nebalā*, »böswillige Torheit« ist? Wie wird Gerechtigkeit verwirklicht?

Wie in Genesis und Exodus kommt ein unmittelbares Eingreifen Gottes nur in einer übernommenen Tradition vor: bei der Ätiologie von der »Quelle des Rufers« (Jdc 15 18 f.). Doch von einem mittelbaren Eingreifen durch den *mal'ah*, den Gottesboten, berichtet der Erzähler. Er beruft und verheißt die »Retter« Gideon und Simson. Mit ihm können die Menschen reden[15], während es Gott gegenüber nur das Gebet gibt[16]. Doch zur Erforschung der Zukunft kann man den Teraphim befragen (Jdc 18 6) oder sonst ein Gotteswort erhalten[17].

Für das kulturelle Milieu sind nicht mehr die Kleinviehnomaden bestimmend, sondern die seßhaften Bauern (Gideon, Manoa, Micha, der Alte von Gibea), die in der Stadt oder auf einsamen Höfen leben. Wir finden keine Brunnenszene wie in Genesis und Exodus, doch die-

---

[12] S. o. S. 71 ff.

[13] Jdc 19 23-24 20 4-7.

[14] Das Vorkommen von *zonā* »Dirne« in den hist. Schriften ist sehr bezeichnend: Gen 34 31 38 15 Jos 2 1 6 25 Jdc 11 1 16 1 IReg 3 16 bei J und »J«. Ferner Jos 6 17. 22 (abhängig von 2 1 u. 6 25) und in negativer Bedeutung Dtn 23 19 Lev 21 7. 14 IReg 22 38. Der unbefangene Gebrauch scheint für J typisch zu sein, doch fehlt es in I u. IISam völlig; vgl. u. S. 196 u. bes. 8 Anm. 78.

[15] Dieses Gespräch mit dem *mal'ah* fehlt bezeichnenderweise in Ex 3, wo J nicht selber gestaltet, sondern Tradition übernimmt und nur den *mal'ah* einschiebt.

[16] Jdc 13 8 mit 'ātăr (typisch J vgl. o. S. 88 Anm. 24d); 16 28 mit qara' 'æl (sonst nie bei J).

[17] Das Gotteswort in Jdc 3 20 ist zwar nur ein Vorwand, doch wird mit einem solchen gerechnet. Vgl. auch Jdc 8 27, wo der Ephod auch für Orakelzwecke beschafft worden sein kann.

selbe Beschreibung der Gastfreundschaft, wo dem Reisenden Futter für seine Tiere, Wasser zum Waschen und ein Mahl geboten wird. Auch die kluge, beherzte Frau begegnet uns in Simsons Mutter, die sogar angesichts einer Theophanie nicht den Kopf verliert. Neu hingegen ist der Typ der Frau, die mit allen weiblichen Schlichen den Willen des Mannes überwinden kann, wie Simsons beide Frauen.

Daß das Werk mit der Schandtat von Gibea und dem Frauenraub von Silo nicht zu Ende war, daß gerade diese Erzählungen nach einer Fortsetzung verlangen, liegt auf der Hand.

III. DAS I. UND II. BUCH SAMUEL

Die Jugendgeschichte Samuels (ISam 1—3) haben wir bei der Untersuchung des Richterbuches bereits als priesterlich-prophetische Gegengeschichte zu Simson bestimmt[1]. Die Ladegeschichte (ISam 4—6) werden wir im Zusammenhang unserer Arbeit nicht besprechen[2]. Die Kapitel 7. 8. 10 17ff. und 12 rechnen wir zur Arbeit der deuteronomistischen Schule[3], wozu auch ISam 15 gehört, allerdings mit einer komplizierteren Vorgeschichte. Bei den verbleibenden Kapiteln des I. Buches Samuel unterscheiden wir die reinen Saul-Überlieferungen von den David-Saul-Traditionen. Kennzeichen der ersten ist, daß in ihnen Saul mindestens ursprünglich positiv dargestellt wird, Kennzeichen der zweiten, daß Saul gegen David in den Schatten tritt. Es läßt sich vermuten, daß die ersten sich im Gebiet von Benjamin gebildet haben, die zweiten im Gebiet von Juda. Unsere Untersuchung gilt der Struktur beider Gruppen und ihrem Zusammenwachsen. Wie bisher fragen wir nach den Anzeichen einer ersten literarischen Bearbeitung, nach übergreifenden Zusammenhängen und nach Tendenzen, die einen Hinweis auf den Entstehungsbereich geben können.

1. Die Saul-Geschichten (I Sam 9—14. 28. 31)

Zu den Geschichten, in denen David nicht auftritt und Saul eine vorwiegend oder doch ursprünglich positive Rolle spielt, rechnen wir ISam 9—10 16 11 1-11 13 3-7a. 15b-18. 23 14 1-31. 36-46. 52 28 3-15. 19aβb-25 31. Diese Geschichten sind untereinander kaum verbunden, können also vor ihrer Fixierung keinen langen Prozeß mündlicher Überlieferung durchgemacht haben, der sie zu einem echten Sagenkranz verwoben hätte. Gab es nun überhaupt eine alte Sammlung solcher Saulgeschich-

---

[1] S. o. S. 89f.
[2] Dafür gibt es nur Gründe der Arbeitsökonomie.
[3] Vgl. K. D. Schunck I 2, 81; M. Noth Z 31, 54ff.

ten oder sind diese einzeln in spätere Überlieferungen aufgenommen worden?

Die Beantwortung der Frage hängt im wesentlichen von der Beurteilung von ISam 28 ab. Wenn dieses Kapitel, wie K. D. Schunck annimmt[4], erst durch den deuteronomistischen Bearbeiter (R$_2$) dazugekommen wäre, so könnte man Samuel tatsächlich aus der alten Saul-Überlieferung ausklammern. Denn außer davon, daß er Saul heimlich zum König salbte und ihm vor seinem Ende als Totengeist erschien, ist in den erhaltenen Saul-Traditionen nichts von ihm gesagt. Nun muß aber Schunck selber zugeben, daß Wortgebrauch und Schilderung von Kap. 28 durchaus seinem ältesten Sammler R$_1$ entspricht, so wenn Urim und Tummim wie in Kap. 14 erwähnt werden und die Diener mit Saul wie in Kap. 16 sprechen[5]. Diese sprachlichen Zusammenhänge lassen sich noch weit besser begründen[6]. Die einzige Verbindung zu deuteronomistischem Schrifttum ist der Ausdruck ʾôb uǰeḏʿonîm[7], doch kann man sich an der negativen Bewertung aller Zauberei in deuteronomischen Schriften klar machen, wie unmöglich sich in deren Denken eine Erzählung ausnimmt, in der eine Totenbeschwörerin derartig gut gezeichnet ist wie die Frau von En-dor in ISam 28[8]. Man hat sogar vermutet, daß die falsche Stellung der Ge-

---

[4] I 2, 94 ff.

[5] K. D. Schunck I 2, 95.

[6] Sprachliche Merkmale von »J« in ISam 28:
   a) *šaʾǎl beǰhwh* s. o. S. 79 Anm. 3 d 1.
   b) *šabaʿ beǰhwh*; s. u. S. 188 Anm. 39.
   c) zu *qarā ʿawôn* vgl. *qarā(qaraʿ) ʾasôn* Gen 42 4. 38 44 29.
   d) *lamā rimîtanî* Gen 29 25 ISam 19 17 IISam 19 27. Nicht J: Jos 9 22.
   e) *toʾǎr* Gen 29 17 39 6 41 18. 19 Jdc 8 18 ISam 16 18 25 3 28 14 IReg 1 6. Nicht J: Dtn 21 11.
   f) *šḥw* hitp. in Dtn nur vor JHWH oder andern Göttern (gerügt), vor Gott und Menschen in der Sprache von J und E; s. u. S. 189.
   g) *ṣǎr-lî-meʾod* (individuell): Gen 32 8 Jdc 11 7 (ISam 13 6 koll.) 28 15 30 6 (IISam 1 26 Lied) IISam 13 2. Bei Dtr immer kollektiv.
   h) *pǎt-læhaem* Gen 18 5 Jdc 19 7 ISam 28 22 IISam 12 3. Nicht J: ISam 2 36 (Dtr?) und IReg 17 11.
   i) *wǎjemaʾen wǎjjoʾmær* vgl. Gen 39 8.
   k) *lwš* Gen 18 6 ISam 28 24 IISam 13 8.

[7] *ʾôb uǰeḏʿonim* auch Dtn 18 11. Ferner Lev 19 31 20 6. 27 IIReg 21 6 23 24; vgl. auch IIChr 33 6 und Jes 8 19 19 3. Nur in Jes 29 4 und hier in ISam 28 7 und 8 begegnet *ʾôb* ohne *ǰeḏʿonîm*.

[8] Daß die Erzählung nicht zu dem Werk von Dtr gehört haben kann, ergibt sich im Negativen daraus, daß Ausdrücke wie *šaʾǎl beJHWH* und *šabǎʿ beJHWH* bei Dtn/Dtr niemals begegnen. *šḥw* Hitp »sich verehrend niederwerfen« heißt in der Sprache von Dtn »als Gott verehren« — wie könnte der deut. Bearbeiter davon berichten, wie die Proskynese einem Totengeist gegenüber vollzogen wird, ohne die

schichte, die eigentlich direkt vor Kap. 31 gehört, damit zusammenhängt, daß sie von den deuteronomistischen Redaktoren ausgeschieden und später an falscher Stelle wieder eingesetzt wurde[9]. Sprachlich und sachlich hat der Bericht von der Totenbeschwörung in En-dor nichts mit deuteronomischer Bearbeitung zu tun, sondern gehört eindeutig zu den ältesten Erzählschichten. Dann aber gehört Samuel in die Saul-Überlieferungen hinein und es gibt keinen Grund, ihn aus der Erzählung von Sauls heimlicher Berufung zum nagid[10] auszuschalten. Im Gegenteil: die Erzählung von der Totenbeschwörung setzt voraus, daß Saul sich an Samuel als einen Helfer und Gottbegnadeten erinnern kann[11]. Als beides hatte sich Samuel in der Geschichte von Sauls Berufung erwiesen. Ohne Samuels Auftreten in ISam 9—10 hinge die Geschichte von seinem Auftreten als Totengeist in der Luft. Wenn aber Samuel am Anfang der Saulgeschichten als Verkünder seines Königtums und an ihrem Ende als Verkünder seines Todes auftritt, dann steckt in diesen Geschichten bereits eine Komposition, eine bewußte Formung zu einem Ganzen. Dies kann noch dem mündlichen Bereich der Traditionsbildung zugehören.

Wenn es aber eine solche geformte Saul-Geschichtensammlung gab, was ist dann von ihr erhalten? Haben wie sie in den angegebenen Kapiteln vollständig vor uns oder ist nur Anfang und Ende erhalten geblieben, während der Mittelteil verlorenging? Warum kennen wir nicht die Geschichte, wie Saul den kanaanäischen Festungsgürtel, zumindestens Gibeon und Beerot, für Israel (oder Benjamin?) unterwarf[12]? Warum tritt Abner in den David-Saul-Geschichten auf, ohne je vorgestellt zu werden[13]? Die Annahme eines solchen Mittelteils liegt nahe. Wäre er nicht verloren gegangen, so hätte es über Sauls Regierung keine solchen Kurzschlüsse gegeben wie in M. Noths Geschichte Israels[14]. Wir können über Sauls Stellung und Autorität nur indirekt aus der Treue der Leute von Jabeš und Keʿila, aus der Hilfe der Leute von Siph gegen David und aus dem relativ langen Bestand

---

geringste tadelnde Bemerkung zu machen? Allerdings wird ISam 28 16-19aα ein Dtr(?)-Zusatz sein; vgl. G. Hölscher Z 88, 374; H. W. Hertzberg ATD z. St., die nur 17-19aα als Zusatz behandeln.

[9] K. Budde KHAT, 175f.

[10] Zu ISam 9—10 vgl. K. D. Schunck I 2, 85ff.

[11] Vgl. Hölscher Z 88, 58/59.

[12] Vgl. K. D. Schunck I 2 S. 114ff. und die dort angegebene Literatur K. Budde, KHAT, zu IISam 21.

[13] Abner begegnet zuerst in ISam 20 25, sodann (sekundär, s. u. S. 129) ISam 26 14, als handelnde Person erst ab IISam 2 8.

[14] M. Noth will ihn gar nicht recht König sein und die Philisterschlacht, die ihm den Tod brachte, recht bald auf die Schlacht von Michmas folgen lassen. Geschichte Israels[3] 163. Vgl. dagegen K. D. Schunck I 2, 108ff.

seines Königtums unter Išbaal nach seiner Niederlage etwas erschließen. Wer weiß, wie die Dinge gelaufen wären, hätte der überlebende Saulsohn ein anderes Format gehabt. Beachtlich ist auch die Rolle, welche die Saulsippe noch in der ganzen Zeit von Davids Regierung spielt[15].

Saul gilt in der alten Überlieferung als Geistträger, sei es, daß er in Ekstase gerät unter den Propheten (ISam 10), sei es, daß der Geist in ihn »hineinfährt« wie in Simson und vielleicht einst auch in Gideon[16]. Hier ist der Geist nicht Erklärung ekstatischer Phänomene, sondern die Antwort auf die Frage: ,,Wie kommt es, daß einer handelt, wo die anderen versagen, obwohl sie genauso gut handeln könnten?«. Der Entschluß, das Wagnis zur befreienden Tat wird von dem darüber nachdenkenden Menschen des alten Israel mythologisch mit Hilfe des Gottesgeistes erklärt. Aber in der Fragestellung, die zu dieser Antwort führt, liegt ein gut Teil Rationalität der Geschichte und ihren Erscheinungen gegenüber.

Nicht nur als Retter von Jabeš ist Saul mit Gideon und Simson verbunden, sondern ebenso durch die Retterformel von ISam 9—10:

»und er wird (anfangen zu) retten Israel aus der Hand der Philister«[17].

Daß Samuel in dieses Kapitel nicht erst durch die deuteronomistische Bearbeitung hineingekommen sein kann, stellten wir bei der Untersuchung von ISam 28 fest[18]. Die Verschmelzung der »Saul sucht Eselinnen, Seher hilft ihm«-Geschichte mit der »Samuel salbt Saul«-Geschichte ist wohl schon im Stadium der mündlichen Tradition erfolgt[19]. Aber die Verse 15-17 stellen zusätzliche Probleme:

»Und JHWH hatte Samuel das Ohr geöffnet einen Tag bevor Saul kam: ,Morgen um diese Zeit sende ich zu dir einen Mann aus dem Land Benjamin und du wirst ihn salben zum *nagîd* über mein Volk Israel und er wird erretten mein Volk von der Hand der Philister, denn ich habe (das Elend) mein(es) Volk(es) angesehen[20], denn sein Geschrei ist zu mir gekommen'. Und Samuel hatte Saul gesehen und JHWH hatte

---

[15] Angehörige der Saulsippe, die in IISam auftreten oder erwähnt werden: Isbaal, Abner, Michal (Merab?), Meribaal (Ziba), Rizpa, Simei, zwei Söhne Rizpas, fünf Söhne Michals oder Merabs, Micha, der Sohn Meribaals, vielleicht Šeba.

[16] ISam 11 6, vgl. Jdc 14 6.19 15 14. Bei Gideon findet sich die Wendung: *w^e ru^ah JHWH lab^e šā 'æt gid'on* in Jdc 6 34 in einer Umgebung ausgesprochen sekundären Charakters. Doch könnte diese Form der Geistbegabung an die Stelle der alten dynamischen Formel vom Hineinfahren des Geistes getreten sein. Beachtenswert ist auch der Unterschied von Narrativ bei *ṣalaḥ* und Halsatz bei *labaš*.

[17] Jdc 13 5 — ISam 9 16 und s. o. S. 80ff.

[18] S. o. S. 106 f.

[19] Gegen K. D. Schunck I 2, 85ff. Zum Problem vgl. außerdem W. Beyerlin C 3, 188; H. Seebass X 6, 157ff.; G. Wallis M 6, 243; H. J. Stoebe Z 90; I. Hylander Z 20, 133ff. u. a.

[20] B H empfiehlt, mit G u. S. *'æt 'ănî 'ămmî* zu lesen.

ihm geantwortet: ‚Siehe da, der Mann, von dem ich dir gesagt habe: Dieser wird mein Volk ‚schützen‘«[21].

A. Schulz hält diese Sätze für einen Einschub, weil die hebräische Erzählung keine »Nachholung« kennt. Räumlich getrennte Handlungen werden so erzählt, daß immer die eine die andere zeitlich ablöst[22]. Die Erzählung kann diese Verse entbehren, indem sie einfach voraussetzt, daß ein Seher weiß, wer mit welchem Anliegen zu ihm kommt. Eingearbeitet sind sie also sicher; es fragt sich nur, von wem. Gehören Retterformel und Nagidweihe zu den alten amphiktyonischen Traditionen oder zur theologischen Terminologie der deuteronomistischen Schule[23]? Wenn das zweite, sind sie dann durchgehend als deuteronomistisch zu bestimmen oder können sie teilweise von Dtr auch in den Texten vorgefunden worden sein[24]? Die letztgenannte Auffassung scheint am besten dem Befund zu entsprechen. Denn aus ISam 10 1 kann man den Ausdruck *nagîd* nicht wegerklären[25]. Hier gehört er unweigerlich zur alten Erzählung. Dasselbe gilt von der Retterformel in Ex 3 8 Jdc 6 14 13 5[26]. Dabei fällt die enge Verwandtschaft unserer Stelle mit Ex 3 8 auf, die noch über die Retterformel hinausgeht. Sprachlich ist über ein so kurzes Stück wie ISam 9 15-17 schwer etwas zu sagen, doch spricht nichts direkt für deuteronomischen Wortgebrauch, manches für eine ältere Schicht[27].

---

[21] ‘*aṣar* ist in dieser Bedeutung ein Hapaxlegomenon im AT. Für obige Übersetzung verweist Gesenius auf Yahuda.

[22] A. Schulz Z 29, 9 ff., zu ISam 9 15 ff. vgl. 11.

[23] Hierüber geht der Streit zwischen R. A. Carlson N 8, 52 ff. und W. Richter O 9, der die amphiktyonische Tradition verteidigt (bes. 81).

[24] Diese Lösung läßt R. A. Carlson offen (N 8, 54).

[25] Es sei denn, man halte mit K. D. Schunck (I 2, 85 ff.; 108) alle Samuelpartien in ISam 9—10 für deuteronomistisch, vgl. dazu o. S. 106 ff. und u. S. 139 Anm. 4. Daß hier ursprünglich ein anderes Wort stand, wäre natürlich denkbar, doch haben die Redaktoren im allgemeinen mit Zusätzen und wohl kaum mit solchen Veränderungen gearbeitet.

[26] Am ehesten könnte sie noch in Jdc 13 5 als Zusatz angesehen werden. Aber warum hat Dtr dann nicht terminologisch seine Zusätze in Jdc 15 20 und 16 31 vorbereitet?

[27] Sprachliche Merkmale für die Zugehörigkeit zu »J«:

a) *galā ’æt ’oẕæn* ISam 9 16 20 2. (12). 13 22 8. 17 IISam 7 27; sonst im AT nur Hi 33 16 36 10 Ruth 4 4 IChr 17 25. Von den Sam-Stellen sind alle außer ISam 9 und IISam 7 profan, nur bei diesen beiden ist Gott Subjekt. Da IISam 7 zu Dtr gehört, läge hierin ein Hinweis auf Dtr-Verwandtschaft von ISam 9. Doch ist der Unterschied von Erzählung und Gebet zu beachten.

b) *ka‘et maḥar* Ex 9 18 ISam 9 16 20 12; ferner IReg 19 2 20 6 IIReg 7 1. 18 10 6; nie bei Dtn oder Dtr.

c) *’æræẕ benjamîn* Jdc 21 21 ISam 9 16 IISam 21 14 = »J«; allerdings begegnet *’æræẕ jᵉhûdā* und *’æprajim* auch Dtn 34 2, ferner IIReg 23 24 Dtr und Jdc 12 15 Richterliste bei Dtr.

Wenn dies zutrifft, so hätten wir folgenden Befund für die Berufungs-
geschichten in Ex 3 Jdc 6 und 13 ISam 9: In der Berufungs- bzw.
Verheißungsgeschichte von Jdc 6 und 13 erfolgte die Vorschaltung der
Erzählung mit der Retterformel[28] bei der literarischen Bearbeitung
der bisher mündlich geformten Gideon- bzw. Simsongeschichten.
Beidemal wurde die Berufung mit einer Theophanie gekoppelt. In
Ex 3 fand der Jahwist Theophanie und Berufung vor und verband sie
miteinander. Der literarische Bearbeiter der Saulgeschichte fand eine
Erzählung vor, in der Saul ein Orakel von dem Seher empfängt und
später zum *nagîd* über das »Erbe JHWHs« gesalbt wird. Er fügte nach
dem Vorbild von Ex 3 die Retterformel ein und gestaltete damit die
Berufung Sauls nach dem Vorbild von Gideon und Simson. So ergab
es sich ganz von selbst, daß der *mal'ah* JHWH in ISam 9 nicht in
Erscheinung treten konnte. Überraschend ähnlich ist auch die Formulierung des Einwandes:

Gideon: »Bitte, mein Herr, womit soll ich Israel retten? Siehe, meine Sippe ('*ælæp*) ist
gering in Manasse und ich bin der Jüngste (*ṣa'îr*) in meinem Vaterhause« Jdc 6 15.
Saul: »Bin ich denn nicht ein Benjaminit aus dem Kleinsten der Stämme Israels und
mein Geschlecht (*mišpaḥā*) das jüngste (*ṣa'îrā*) von allen Geschlechtern des Stammes
Benjamin?« ISam 9 21.

Sauls Bescheidenheitswendung findet keine Antwort von seiten des
Sehers und paßt auch schlecht auf das verschleierte Orakel, das er von
diesem erhalten hat. Viel eher gehört sie als Gegenfrage zur Retterformel, so daß der Schluß naheliegt, diese Wendung sei literarisch
zusammen mit der Gottesoffenbarung an Samuel in den Text gekommen. Das würde die Bearbeitung durch dieselbe Hand, die die Gideon-
Berufung formte, nahelegen. Die Steigerung von »Ich—Sippe—Manasse« zu »Geschlecht—Stamm Benjamin—Israel« würde — obwohl
beide Geschichten in gesamtisraelitischer Sicht erzählt sind —, ein
sehr feines Bewußtsein für die veränderte Situation erweisen.

Sind die Saul-Geschichten mit den Rettergestalten des Richterbuches literarisch verbunden, so mit Jdc 17—21 durch sachliche Bezüge, wenn z. B. die Teile eines zerstückelten Lebewesens als Aufruf zu
gemeinsamem Handeln dienen oder die »Häupter« des Volkes beraten,
was zu tun ist[29]. Die Vorordnung dieser letzten Kapitel des Richterbuches[30] mit ihren Zustandsschilderungen scheint nicht den Gesetzen

---

d) JHWH nennt Israel »mein Volk« passim in den Plagengeschichten bei J Ex 3—10;
ferner Ex 22 34 (?) ISam 2 29 (?) IISam 7 8. 10. 11, hier in Dtr-Zusammenhang.

e) '*anā* im Sinn von »Orakel geben«: ISam 9 17 14 37 23 4 28 6. 15. Bis auf ISam 23 4
immer im Sprachgebrauch von »J«. Nie in diesem Sinn bei Dtr oder Dtn.

[28] S. o. S. 79ff.

[29] Jdc 19 29 — ISam 11 7; Jdc 20 2 — ISam 14 38.

[30] S. o. S. 95ff.

mündlicher Tradition zu folgen, die Gestalten miteinander in Beziehung setzt, sondern der planenden Hand eines Autors zu entsprechen.

Wir sehen also, daß die Saul-Geschichten nach rückwärts literarisch mit den Richtergeschichten verbunden sind und zwar, wenn nicht alles täuscht, in einem vordeuteronomischen Stadium, in einer Sprachschicht, die der des Pentateuchjahwisten entspricht. Darüber hinaus ergab sich eine direkte Beziehung von ISam 9 16 zu Ex 3 8.

Diese Saul-Geschichten schildern den ersten König Israels mit Sympathie, doch ohne ihn zu idealisieren. Seine Schwäche tritt im Zögern vor der Schlacht von Michmas, in der Angst vor der Schlacht auf dem Gilboa unverhüllt zutage. Sein Sohn Jonathan steht in einer gewissen Rivalität zu seinem Vater. Zweimal wird erzählt, daß dem König kein Orakel zuteil wird, ohne daß wir bei dem zweiten Mal noch erkennen können, wie sich der Erzähler die Begründung dafür gedacht hat — wenn es überhaupt eine gab. Die Fürsorge der Totenbeschwörerin von En-dor, seine eigene Tapferkeit und die Treue der Leute von Jabeš mildern das Schreckliche seines Untergangs. Nur in der Erzählung mit den Eselinnen ist ein märchenhafter Zug in die Darstellung der Geschichte Sauls hineingekommen.

2. Die David-Saul-Geschichten

a) David an Sauls Hof (ISam 16—20)

Wenn die David-Saul-Geschichten im folgenden in zwei Teilen abgehandelt werden, so deshalb, weil sie uns ihrer Traditionsgeschichte nach einmal in diesen beiden Teilen unabhängig voneinander existiert zu haben scheinen. Das ist noch zu beweisen. Gemeinsam ist ihnen, daß Saul ständig im Unrecht gegenüber David geschildert wird. Diese Erzählungsgruppe ist in die Saul-Geschichten eingefügt, und es wäre interessant zu wissen, ob dadurch deren Mittelteil verlorenging oder ob er noch eine Weile zusammen mit den neueingefügten Geschichten existierte. Daß Abner in ISam 20 25 nicht vorgestellt, sondern wie selbstverständlich als bekannt vorausgesetzt wird, spricht für die zweite Annahme[1]. Jonathan wird ebensowenig vorgestellt (ISam 18 1), doch ist er längst aus Kap. 13—14 bekannt. Wir können daraus schließen, daß dieser Teil der David-Saul-Geschichten noch nicht schriftlich fixiert war, ehe er in die Saulgeschichten eingearbeitet wurde. Denn sonst fänden wir ausführliche Vorstellungen, wie sie zur hebräischen

---

[1] Im Text kommt zwar Abner bereits in ISam 14 49-51 vor, doch können diese Verse ihrer chronistischen Form wegen nicht zu der alten Volkserzählung von Saul gehört haben. Auch 17 55ff. gehört zu einer Erzählschicht, die nach ISam 20 anzusetzen ist, s. u. S. 115 (Anm. 21).

Erzählung gehören und — einmal schriftlich fixiert — nicht so schnell wieder wegzubringen sind[2].

Von den üblichen Vorstellungsformeln unterscheidet sich erheblich die Einführung Davids in ISam 16 14 ff. Abstammung, Heimat, soziale Stellung, Tüchtigkeit, Aussehen — also mehr als was die übliche Vorstellung bot[3] — erfährt der Leser oder Hörer der Erzählung aus der Empfehlung, mit der Sauls Diener ihn ihrem König ans Herz legen. Die einzige vergleichbare Vorstellung finden wir in Gideons Berufung (Jdc 6 11bff.), wo im Verlauf des Gespräches zwischen Gideon und dem *mal'ah* herauskommt, daß Gideon ein freier kriegstüchtiger Mann[4] aus einem Geschlecht des Stammes Manasse und der jüngste unter seinen Brüdern ist. Der Vatersname war in v. 11a, dem Anfang der Theophaniegeschichte, bereits angegeben. Beide Vorstellungen haben außerdem noch den Zug gemeinsam, daß der Ausdruck »JHWH mit dir (ihm)« vorkommt, sei es in der Anrede des *mal'ah* als Zusage an Gideon, sei es in der Beschreibung, die der Diener von David gibt[5].

Indem der Erzähler die Vorstellung des Helden in seine Darstellung hineinverflicht, nimmt er sich eine Freiheit gegenüber der gebundenen Form, die wir weiter bedenken müssen[6]. So weich die mündliche Überlieferung war und so viel Freiheit sie dem Erzähler bot, an bestimmten Stellen gehorchte sie festen Formgesetzen, die wir in der »Erzählungskunst« der biblischen Bücher noch gut beobachten können[7]. Der Bruch mit diesen Gesetzen wird vermutlich beim Übergang zur schriftlichen Darstellung erfolgt sein, so daß Freiheit der mündlichen Darstellung mit strengen Formgesetzen auf der einen, und schriftliche Fixierung mit Aufweichung der Formen auf der anderen Seite zusammengehören.

---

[2] Vgl. die Vorstellung Davids (so wohl ursprünglich) bzw. Isais in ISam 17 12, die nach Kap. 16 völlig unnötig ist, sich jedoch hielt, weil ihr Kontext schon zu »erstarrt« war, als daß die Angleichung noch möglich gewesen wäre.

[3] Die ausführliche Formel *wăj*^e*hî 'îš 'e*ḥă*d ûš*e*mô* ... gibt Abstammung, Heimat, soziale Stellung und besondere Umstände für die Erzählung an, niemals Begabung oder Aussehen: Jdc 13 1 17 1 19 1 ISam 1 1 9 1 17 12.

[4] Zur Bedeutung von *'îš gibbôr* vgl. W. Richter L 8 147f. (A 105).

[5] Jdc 6 12 — ISam 16 18; wie hier mit *'im* auch Gen 26 3 31 3 in Zusätzen zu J. Bei J in Gen 39 3. 21 mit *'æt*.

[6] Außer der ausführlichen Vorstellung (s. o. Anm. 3) gibt es noch die Kurzform in Jdc 3 15aβ 4 4 11 1. Keine Vorstellungen finden wir in Gen/Ex einerseits, IISam andererseits. In Gen erübrigen sich Vorstellungen durch die Genealogien, die sozusagen eine Vorstellung bei der Geburt sind. Dies begegnet bei Abimelech in Jdc 8 31. Außerdem gelten die großen Sagengestalten wohl einfach als bekannt, wie es andererseits die fast oder ganz zeitgenössischen Personen der »Thronfolgegeschichten« sind (soweit sie nicht als in ISam vorgestellt gelten). Ganz große historische Ferne und Nähe wirken sich auf dieselbe Weise aus.

[7] Vgl. dazu A. Schulz Z 29 passim und W. Richter L 8, 376f.

Wir gehen nun der Frage nach, ob diese allgemeine Beobachtung dem Charakter der Texte bei den Vorstellungsgeschichten von Gideon und David entspricht.

Literarisch zusammengefügt sind in Jdc 6 die Theophanieszene und die Berufungsgeschichte, sonst könnte man sie nicht so leicht wieder voneinander trennen. die Berufung selber ist keine »Erzählung« im strengen Sinn des Wortes, sondern ein einleitendes Gespräch mit einem weiteren »Horizont«[8]. Der Abiesriter Gideon wird hier zur gesamtisraelitischen Gestalt, erhält religiöse Bedeutung und wandelt sich aus dem Held von Geschichten zum Träger von Geschichte. Diese übergreifenden Züge weisen mehr auf die großen Zusammenhänge schriftlicher Gestaltung als auf die mündliche Tradition hin, die immer vom Einzelnen und Besonderen ausgeht.

Bei Davids »Berufung« an Sauls Hof liegt eine echte, in sich gerundete Erzählung vor, die davon handelt, wie der kranke König durch den guten Rat seiner Diener geheilt wird. Aber durch die ausführliche Vorstellung Davids hat die Geschichte sozusagen einen zweiten Horizont bekommen, ist Einleitung für die David-Saul-Geschichten geworden. Es ist anzunehmen, daß die Erzählung in sich geschlossen der mündlichen Tradition zugehörte, daß die ausführliche Vorstellung jedoch den Übergang zum literarischen Gestalten in größeren Zusammenhängen anzeigt. Bei verschiedenen Voraussetzungen in der Art des »Materials« haben wir hier einen Vorgang, der so ähnlich ist dem bei Gideon, daß die Vermutung, es sei auch derselbe Verfasser gewesen, nicht fernliegt.

Was den Inhalt von Davids Vorstellung betrifft, so hat G. von Rad die Beziehung zur Josephgeschichte gesehen[9], insofern David hier nach demselben höfisch-weisheitlichen Idealtypus gezeichnet wird wie Joseph: er ist »verständig im Reden« *(nᵉbon dabar)* und »ein Mann von (guter) Gestalt« *(’îš tô’ăr)* und »Gott ist mit ihm« *(JHWH ʿimmô)*[10]. Wird David als der von JHWH Begünstigte gesehen, so stellt der Einleitungssatz der Erzählung (ISam 16 14a) fest, daß »der Geist Gottes von Saul gewichen war«. Wenn dies die These war, unter der der Verfasser die David-Saul-Geschichten in die Saul-Geschichten einfügte, so erklärte er sich und seinen Lesern zugleich damit die andere Sicht, unter der ihnen Saul jetzt begegnet, indem er vom positiven Helden immer mehr zum negativen wird. Möglicherweise hat er dann auch in ISam 28 15 und 16 die Wendung »Gott ist von mir (dir) gewichen« eingefügt,

---

[8] Vgl. dazu O. Eißfeldt Z 106, 144 und W. Richter L 8, 152f.; sowie G. von Rad Z 94, 159, wobei mir nur unverständlich ist, wieso er den »größeren geschichtlichen Zusammenhang« abstreitet.

[9] G. von Rad. ATD: Genesis, 319.

[10] Zum sprachlichen Unterschied vgl. S. 112 Anm. 5; ferner S. Amsler L 2, 26ff., bes. 27 Anm. 2.

um da, wo der große Einschub der David-Geschichten aufhört und der
Faden der alten Saul-Geschichte wieder aufgenommen wird[11], dieses
Stichwort noch einmal anklingen zu lassen. Oder er hat den Ausdruck
aus ISam 28 15. 16 übernommen[12].

»JHWH ist mit David« — diese Wendung ist nicht nur ein Hinweis für den Hörer oder Leser der Geschichte auf den neuen positiven
Helden, dem das Königtum in Israel zufallen wird, sondern sie gibt
zugleich die religiöse Deutung des Verfassers für die Gestalt Davids
wieder. Es fällt auf, daß in den alten Überlieferungen David niemals
den Geist Gottes in irgendeiner Weise bekommt. Spätere Generationen
haben das vermißt und die seltsame Geschichte von Samuels Besuch
in Bethlehem erfunden[13]. Der Gestalter der alten David-Saul-Geschichten hat es jedoch offenbar als das Entscheidende angesehen, wenn
JHWH »mit« David ist und Davids Weg von einem Gottesorakel
begleitet wird, das ihm das Königtum verheißt. Die Erzählung von
diesem Wort JHWHs ist uns zwar leider verloren[14], aber Anspielungen
darauf finden sich an mehreren Stellen[15]. Diese Auffassung zeigt eine
Distanzierung von dem Ekstatischen und Irrationalen in der alten
Heldenvorstellung, das zwar als historisches Phänomen registriert, ja
als Schlüssel zu den Rettergestalten der Vergangenheit angesehen
wird, das aber auf einen Mann wie David keine Anwendung mehr
findet.

Zu Samuel — was immer er auch war — hat David in den alten
Traditionen überhaupt keine Beziehung[16]. Ekstatiker gibt es im Ge-
sichtsfeld der alten Erzählungen[17], doch tritt unter der Bezeichnung
nabi' bei David nur Nathan auf und der gerade nicht in einer ekstatischen Situation sondern als vernünftig redender Mensch und Prinzen-
erzieher[18]. Der unter Gottes Beistand aus Einsicht handelnde Mensch

---

[11] Dies gilt unter der Voraussetzung, daß ISam 28 ursprünglich hinter Kap. 30 und
vor Kap. 31, zu dem es gehört, stand.

[12] Siehe dazu u. S. 209 f.

[13] ISam 16 1-13. Die Erzählung steht in Konkurrenz zur Salbung Davids durch das
Volk in IISam 2 4 und 5 3. Die Furcht Samuels vor Saul und die Angst der Ältesten
von Bethlehem sind völlig sinnlos, wenn man nicht alles Folgende voraussetzt.
Mit K. Budde, G. Hölscher und K. D. Schunck ist die Geschichte einer späten
Bearbeitung der Davidgeschichten zuzuweisen (siehe dazu u. S. 119 Anm. 35). Anders
H. W. Nübel D 3, 122. Die Widerlegung von Nübels gesamter Arbeit erfordert zu
viel Raum, als daß sie hier vorgenommen werden könnte.

[14] S. u. S. 120 f.

[15] IISam 3 9. 18 5 2 und ISam 22 10 ff.

[16] Wie ISam 16 1-13 ist auch ISam 19 18-24 einer, vielleicht derselben, späten Bearbeitung
zuzuweisen.

[17] ISam 10 5 f. 10 ff.

[18] IISam 12 (1 ff.) 25; IReg 1 8 ff. Gad gehört nach G. Hölscher Z 88, 372. 376 zur späteren
Bearbeitung, doch rechnen wir ihn in IISam 24 15 zum alten Bestand: s. u. S. 167 f.

bekommt in bestimmten schwierigen Lebenslagen, die er nicht überblicken kann, durch das Orakel Hinweise, die ihm die Entscheidung
erleichtern. Doch davon später mehr[19].

Bekanntlich hat die Geschichte, wie David als Harfenspieler an
Sauls Hof kommt (ISam 16 14-23), eine Parallele in der Erzählung von
David als Goliathbesieger (Kap. 17). Das führt zu der Beobachtung,
daß fast alle Motive in den nächsten Kapiteln doppelt auftreten[20], so
daß sich folgende Parallelreihe ergibt:

		Reihe I	Reihe II
1.	David kommt an Sauls Hof ISam	16 14-23	17 1-58 u. 18 2
2.	Davids Aufstieg	18 5	18 12a. 13-16
3.	Sauls Speerwurf	18 10-11	19 9-10
4.	Davids Heirat mit Michal	18 20. 21a(?)	18 17a. 18. 19. 21b
		22-26a. 27	26b. 28. 29
		(25b?)	
5.	Besiegung der Philister	19 8	18 30
6.	Davids Flucht	19 11-17	20 35-42
7.	Jonathans Vermittlungsversuch	20 1b-7. 10. 12.	19 1. 4-7[21]
		13. 24-34	

Nun ist klar, daß diese Reihenfolge weder dem historischen Ablauf
entsprechen kann, noch eine erzählbare Darstellung ergibt. In unserem
Zusammenhang kümmert uns nicht die Frage der Historizität, wohl
aber der Gesichtspunkt der Erzählbarkeit. Eine gute Erzählung muß
in sich sinnvoll sein und einen verständlichen Aufbau haben. Wir
ändern also die Reihenfolge so, daß sich gute Erzählbarkeit ergibt und
fragen dann nach den Ursachen für die Verderbnis. Es ist klar, daß der
Erzählungskomplex mit Davids Ankunft bei Saul beginnen und mit
seiner Flucht enden muß. Ordnen wir weiterhin die vier positiven und

---

Beachtlich ist, daß der Jahwist Mose nie als *nabî'* bezeichnet, obwohl er ihn als
Gottesboten auftreten läßt. Vgl. dazu R. Rendtorff H 1, 166 u. s. u. S. 158f.

[19] S. u. S. 129f.

[20] Vgl. S. Amsler L 2, 24 (Anm. 2).

[21] In der Zuweisung der Texte zu den Reihen I und II folge ich im wesentlichen den
Analysen von K. Budde, KHAT, z. St., und G. Hölscher Z 88, 371f. Doch hat z. B.
G. Hölscher nicht gesehen, daß Kap. 20 viel kritischer analysiert werden muß, als
er es getan hat, während K. Budde verkannte, daß 19 11ff. zum ursprünglichen
Bestand der Überlieferung gehörte. Ob Reihe I zum Jahwisten gehört, ist die Frage
unserer Untersuchung. Die Zuweisung von Reihe II zum Elohisten ist sehr problematisch, so problematisch wie die ganze Elohistenthese bei K. Budde und G. Hölscher.
Festzuhalten ist aber auf jeden Fall, daß Reihe II ein späteres Stadium der Überlieferung bietet. Von ihr gilt, was K. Budde von seinem E sagt: ». . . und oft gewinnt
man den Eindruck, daß die Fassung von E länger und ungehinderter im Volksmunde
herumgetragen ist . . .« (KHAT XIX).

die drei negativen Vorgänge jeweils hintereinander und beachten wir,
daß Motiv 3. das Motiv 5. voraussetzt, so ergibt sich folgender Aufbau
der alten Erzählung:

1. David kommt an Sauls Hof
2. Davids Aufstieg
4. Davids Heirat mit Michal
5. Besiegung der Philister
3. Sauls Speerwurf
7. Jonathans Vermittlungsversuch
6. Davids Flucht.

Erstaunlicherweise zeigt sich, daß in Reihe II diese Ordnung mit der
einen Ausnahme vorliegt, daß ISam 19 9-10 vor 19 1-7 zu stehen kommt.
Bei Reihe I sind zwei Umstellungen nötig, insofern nun 8 10-11 unmittelbar vor 20 1 ff. zu stehen kommt und 19 11-17 an 20 34 anschließt[22].
ISam 20 1 ff. paßt ausgezeichnet im Anschluß an 18 10-11. Bei dem Zusammenhang von 20 34 mit 19 11 vermißt man eine Mitteilung, wie
Michal von Jonathan erfahren hat, daß David Gefahr droht.

Ähnlichkeit wie Unterschiede zwischen Reihe I und II lassen sich
wohl nur so erklären, daß dieser Erzählungskomplex einmal eine Son-
derexistenz geführt hat. Einerseits wurde er durch Aufnahme in einen
größeren Zusammenhang und schriftliche Festlegung in seiner Form
bewahrt, andererseits konnte er sich in der mündlichen Tradition
weitgehend verändern, was die Durchführung der einzelnen Motive
betraf, besonders bei Davids Kommen an Sauls Hof und bei Jonathans
Vermittlungsversuch.

Drei Motive, von denen zwei fest miteinander verbunden sind,
begegnen uns in unserem Erzählungskomplex, zu denen sich keine
Entsprechung findet:

a) Jonathans Freundschaft mit David ISam 18 1. 3. 4
b) der Gesang der Frauen   18 6-7
    und Sauls Eifersucht   18 8. 9 (und 12b)[23].

Motiv a) wird seinen Platz nach Motiv 1. gehabt haben. Motiv b) stand
entweder vor Davids Heirat mit Michal, was dem jetzigen Text in
Reihenfolge und Motivierung entspräche, so daß Saul die Brautgabe
von hundert Philistervorhäuten in böser Absicht zur Bedingung für
die Hochzeit macht, oder Motiv b) stand nach Motiv 5., dem Philister-

---

[22] Als Vermutung aufgestellt bei P. Ketter Z 12 z. St.

[23] Eine Aufteilung der »Freundschaft zwischen David und Jonathan« in zwei Quellen,
wie sie K. Budde und G. Hölscher annehmen, halte ich sprachlich für ausgeschlossen.
Vgl. Budde z. St. und Hölscher Z 88, 370 (ohne Begründung). Zu $w^e n \alpha p \alpha \check{s}\, j^e h \hat{o} natan$
$niq \check{s}^e r \bar{a}\; b^e n \alpha p \alpha \check{s}\; dawid$ ISam 18 1 vgl. Gen 44 30 J. — Hingegen halte ich Buddes
Vorschlag, ISam 18 12b hinter v. 9 zu setzen, für sehr erwägenswert.

sieg, wo es seiner eigenen Situation nach hingehört und wo es die kommende Katastrophe psychologisch vorbereiten würde. Dann aber wäre Sauls Hintergedanke bei der Festsetzung des Brautpreises eine spätere Textänderung, wie es manche Kommentare annehmen[24]. Die Einordnung von Motiv b) nach Motiv 5. erscheint überzeugender als die Vorordnung vor Motiv 4., zumal es dann auch seine Zuordnung zum Speerwurf behielte, die es jetzt im Text hat. Die Vermutung legt sich nahe, daß der Bearbeiter, der Sauls Hintergedanken bei der Heirat Davids mit Michael in den Text brachte (d. h. v. 21aβ und 25b hinzufügte), dann logischerweise den Gesang der Frauen, Sauls Eifersucht und den Speerwurf vor die Hochzeitsgeschichte stellte. So hätten wir einen Grund für die jetzige Unordnung des Textes gefunden[25].

Bei Reihe I hat sich durch die Hinzufügung der Einzelmotive also aller Wahrscheinlichkeit nach folgender Gesamtaufbau der Erzählung ergeben[26]:

1. David kommt an Sauls Hof	ISam 16 14-23
a) Jonathans Bund mit David	18 1. 3. 4
2. Davids Aufstieg	18 5
4. Davids Heirat mit Michal	18 20. 21a. 22-26a. 27
5. Besiegung der Philister	19 8
b) Gesang der Frauen und Sauls Eifersucht	18 6-9. (12b)
3. Sauls Speerwurf	18 10-11
7. Jonathans Vermittlungsversuch	20 1b-7. 10. 12. 13. 24-34
6. Davids Flucht	19 11-17

Auch bei dieser Anordnung bleibt Davids Philistersieg Mitte und Höhepunkt der Gesamterzählung. Danach erfolgt die Wendung zur Katastrophe. Durch die beiden Einlagen sind psychologische Verbindungen geschaffen. So ist Jonathans Vermittlungsversuch durch seinen Bund mit David vorbereitet und Sauls Speerwurf — nach dem anderen Aufbau eine irrationale Tat des »bösen Geistes« — ist jetzt gut motiviert und als Ausdruck berechtigter Eifersucht verständlich. So wird Saul mehr Gerechtigkeit zuteil.

Können wir über diesen Bearbeiter der Geschichte, der die beiden Einzelmotive einfügte, noch Näheres sagen? Wir stellten bereits fest, daß Jonathan nicht vorgestellt wird[27]. Also erfolgte die Zufügung bei öder nach der Zusammenarbeitung der David-Saul-Geschichten mit

---

[24] Z. B. W. Hertzberg, ATD, 128.

[25] Diese Änderung betraf nur Reihe I und erfolgte, ehe ein Redaktor Reihe II in den Text einarbeitete.

[26] Daß die Zufügungen bei Reihe I erfolgten, ergibt sich aus der Koppelung mit dem Speerwurf aus Reihe I angesichts der späteren gemeinsamen Umstellung.

[27] S. o. S. 111.

den Saul-Geschichten, so daß Jonathan als bekannt vorausgesetzt werden konnte. Nun sagt K. Koch mit Recht:

»Alle Stellen, die einen übergreifenden Zusammenhang der David- und Saulgeschichten voraussetzen, stehen bei diesen ehemals selbständigen Heldensagen in Verdacht, vom Schriftsteller nachträglich eingefügt zu sein. Das wird dann für wahrscheinlich zu gelten haben, wenn sich die betreffenden Sätze herausnehmen lassen, ohne daß das Gefüge der alten Sage Schaden leidet[28]«.

Beide Kriterien, die K. Koch aufstellt, treffen in unserem Fall zu: Indem Jonathan nicht vorgestellt wird, besteht der übergreifende Zusammenhang zu den Saul-Geschichten; und weil der Text ohne Schaden herauslösbar ist, erweist er sich als nicht durch mündliche Weitergabe mit der übrigen Erzählung verfilzt. So besteht alle Wahrscheinlichkeit für schriftstellerische Arbeit in diesem Zusatz. Auch bei dem anderen läßt sich das wahrscheinlich machen, wenn K. Budde Recht hat, daß ISam 18 12b zu v. 8 und 9 dazugehört. Dann wäre hier mit dem »JHWH mit ihm und von Saul gewichen« das Verbindungsmotiv von ISam 16 14a, mit dem die David-Saul-Geschichten an die Saul-Geschichten gekoppelt wurden, wiederaufgenommen sowie eine Formulierung aus der Vorstellungsformel für David in ISam 16 18, die wir ebenfalls dem Schriftsteller zusprachen[29]. Ferner liegt bei diesem Motiv b) eine Ausweitung ins Gesamtisraelitische vor, wenn die Frauen »aus allen Städten Israels« den Siegern entgegenziehen (ISam 18 6). Auch dies rechnen wir unter die Anzeichen erster schriftstellerischer Bearbeitung[30].

Das Lied, das die Frauen singen, mag ein Kampflied aus der Zeit des Streites zwischen Saul und David gewesen sein. Die »Tausend« und »Zehntausend« erinnern an die Dichtung aus Ugarit[31]. Sprachlich ergeben sich bei den beiden Einschüben ISam 18 1. 3. 4 und 6-9 (12b) einige Berührungspunkte mit dem Pentateuch-Jahwisten[32]. Doch dürfen auch die Unterschiede nicht übersehen werden[33].

[28] K. Koch Z 64, 164.   [29] S. o. S. 113.   [30] S. u. S. 137 u. 207 f.

[31] Vgl. A. Jirku G 12, z. B. IA 1 19 2 3 8 15-17 19 24f.

[32] Verbindung zwischen ISam 18 1. 3. 4. 6-9 zu Pentateuch-J:

a) *næpæš* .. *niqšᵉrā bᵉnæpæš* im AT nur noch Gen 44 30 J.

b) *bᵉʾăhᵃbatô ʾotô* vgl. Gen 29 20 und überhaupt *ʾahăb*, das für J und »J« bezeichnend ist und fast nur bei ihm oder in Abhängigkeit von ihm profan vorkommt. Ausnahmen: Gen 22 1 ISam 1 5 IReg 11 1 u. s. u. S. 186 f.

c) Die Aufzählung von Musikinstrumenten Gen 31 27 ISam 10 5 18 6 IISam 6 5 mit Konstanten und Variationen.

d) *śaḥăq* »scherzen« bei »J« Jdc 16 25. 27 ISam 18 7 IISam 2 14 6 5. 21, was *ṣaḥăq* ablöst: Gen 18 12. 13. 15 19 14 26 8 39 14. 17 Jdc 16 25 (Überschneidung mit *śaḥăq*); bei E und P in der Namenserklärung für Isaak, sonst Nicht-J: Ex 32 6.

[33] Sprachliche Unterschiede:

a) *śakăl* anstelle von *ṣalăh*: ISam 18 5 — Gen 24 21. 40. 42. 56 39 2. 3. 23 (Jdc 18 5).

b) *JHWH ʿimmô* ISam 18 18 gegen *JHWH ʾittô* in Gen 39 2. 3. 21. 23

Zum Abschluß wenden wir uns noch der Frage zu, wie es zur Umstellung der Motive 6. und 7. in Reihe I gekommen ist, so daß im Text Davids Flucht bereits vor dem Vermittlungsversuch erscheint. Fest steht jedenfalls, daß Michals Täuschungsmanöver mit dem Teraphim (1Sam 19 13) nur dann Sinn hat, wenn sie David Zeit für die Flucht verschaffen will. Vertrödelt er diese Zeit durch Versteckspielen, so war alles umsonst. Deshalb muß 1Sam 19, 11-17 den Abschluß des Aufenthalts am Königshof gebildet haben. Andererseits konnte David nach der Versteckszene mit Jonathan, der ihm durch Pfeilschüsse das Ergebnis seiner Nachforschung bei Saul bekanntgibt, nicht noch einmal an den Hof bzw. in sein Haus zurückkehren, sonst wäre dieses Unternehmen sinnlos (1Sam 20 18-23. 35-39). So stand der Redaktor, der beide Überlieferungsstränge kombinieren sollte, vor einer im Grunde unlösbaren Aufgabe. Er schaltete die Flucht aus Reihe II mit dem Vermittlungsversuch aus Reihe I zusammen, der eigentlich mehr ein Ausforschen Sauls als ein Vermitteln war[34]. Dann mußte er die Flucht aus Reihe I davorsetzen und tat dies in der Hoffnung, daß Davids Situation im Versteck eine Art Überbrückung bieten würde. Der Abschluß von Kap. 20 (v. 40-42) kann erst nach dieser Redaktion darangekommen sein, wie auch der Einbau von 1Sam 19 18-24 kaum vor dieser Redaktion erfolgt sein dürfte[35].

Wir fassen zusammen: die Untersuchung der David-Saul-Geschichten in 1Sam 16—20 brachte durch die Doppelreihung der Motive einen alten Bestand der mündlichen Überlieferung zutage, der die Geschichte von Davids Ankunft an Sauls Hof bis zu seiner Flucht erzählte. Sie war in vier positive und drei negative Motive gegliedert. Bei oder nach der Einarbeitung dieser Geschichten in die Saul-Geschichten, jedenfalls bei der ersten schriftlichen Fixierung wurden zwei Stücke eingearbeitet: Jonathans Bund mit David und Sauls Eifersucht beim Lied der Frauen[36]. Diese zeigen gesamtisraelitische Tendenz, setzen die Saul-Geschichten voraus und verändern die David-Saul-Geschichten in der Richtung, daß sie Sauls Haß gegen David verständlich machen und den König insofern entlasten. Sie wirken

---

[34] In 1Sam 19 1. 4-7 und 20 24-34 finden sich zwei gemeinsame Züge, um derentwillen wir sie als ein Motiv behandeln: Saul sagt, daß David sterben soll, und fordert Jonathan zur Mitwirkung dabei auf; Jonathan stellt die Gegenfrage, was David denn Böses getan hat: 1Sam 19 1. 4. 5 — 20 31. 32; die Benennung »Jonathans Vermittlungsversuch« trifft eigentlich mehr für Reihe II als für Reihe I zu.

[35] Zu erwägen wäre, ob nicht Reihe II einmal mit 1Sam 16 1-13 begann und mit 19 18-24 schloß. Vgl. dazu die Zusammenhänge zw. 16 1-13 u. Kap. 17 sowie Samuels Rolle in 16 1-13 u. 19 18-24.

[36] Wir rechnen zu dem alten Bestand (Zusätze des Schriftstellers in (/)): 1Sam 16 14-23 (18 1αβb. 3. 4) 18 5 18 20. 21αα. 22-26a. 27 19 8 (18 6αγb. 7-9. 12b) 18 10-11 20 1-7. 10. 12. 13. 24 b-34 19 11-17.

damit der allgemeinen Tendenz der David-Saul-Geschichten entgegen und bemühen sich um etwas mehr Gerechtigkeit für Saul. Sprachliche Beziehungen zum Pentateuch-Jahwisten sind gegeben.

Die mündliche Tradition behielt trotz der schriftlichen Fixierung ihr Eigenleben und veränderte sich dabei stark (Reihe II). Deshalb machte die redaktionelle Zusammenarbeitung der beiden Reihen erhebliche Schwierigkeiten und konnte nur auf Kosten der Glaubwürdigkeit und Verständlichkeit der Erzählung vorgenommen werden. Dabei kam es zur Umstellung von Davids Flucht aus Reihe I. Eine andere Umstellung hatte sich schon vor dieser Redaktion, aber nach der schriftlichen Abfassung innerhalb der Reihe I ergeben, als man Saul schon bei dem Motiv »Heirat Davids mit Michal« böse Absichten unterschob.

b) David von Saul verfolgt
(ISam 21—23. 27. 29—30 IISam 1—2 8. 5)

Ein erster Überblick ergibt, daß die Kapitel ISam 21—23 einen gewissen Zusammenhang unter sich haben, wie auch ISam 27 + 29 + 30. Kap. 24 und 26 bieten die Parallelgeschichte von Davids Großmut gegen Saul, die ebenso für sich steht, wie ISam 25, David und Abigail. Von einem durchgehenden Parallelaufbau wie im 1. Teil der David-Saul-Geschichten kann nicht die Rede sein. Außer der Doublette Kap. 24/26 gibt es nur ein Parallelmotiv: David kommt zu Achis von Gath[37]. Von einer erkennbaren Komposition vor der schriftlichen Fixierung, wie wir sie für die Saul- und die David-Saul-Geschichten 1. Teil feststellten, sind keine Spuren zu finden. Der Verfasser dieses 2. Teils konnte offenbar nicht auf geformte Erzähltraditionen zurückgreifen und fühlte sich — wie wir sehen werden —, dementsprechend freier, seinen Stoff nach eigenem Gutdünken zu gestalten.

Die Berichte über die Ereignisse nach Davids Flucht sind leider durch spätere Bearbeitung entstellt. ISam 21 1-11, David bei Achimelech in Nob, entspricht nicht der Erzählung von der Bestrafung der Priester durch Saul (ISam 22 1-18). Das Wichtigste, um das es in dem Verhör des Priesters geht: daß er für David ein Gottesorakel eingeholt hat, wird in Kap. 21 überhaupt nicht erwähnt. Umgekehrt weiß Kap. 22 nichts von den »heiligen Broten«, um die in Kap. 21 alles kreist, dies außerdem noch in einer Sprache, wie wir sie im AT nur bei Hesekiel (!) finden[38]. Wird Achimelech in Kap. 21 so geschildert, daß er nur an

---

[37] Beide Versionen des Motivs haben sich derart weit voneinander entfernt, daß ihre Einheit nur noch in der Tatsache, daß David bei Achis Schutz suchte, besteht. Da dies später peinlich war, ist die Version ISam 21 11-16 sicher sekundär, während ISam 27 1-12 der Historie sehr nahe stehen wird. In ISam 23 16-18 haben wir noch eine sehr späte Doublette zu 18 1. 3. 4, sehr künstlich und konstruiert.

[38] *ḥol* und *qodæš* vgl. Ez 22 16 42 20 44 23 48 15 u. Lev 10 10 (aus der Schule Hesekiels).

rituellen Fragen Interesse hat, sich von David leicht belügen läßt und
von der »politischen« Situation überhaupt nichts begreift, so ist das
nach dem, was aus Kap. 22 hervorgeht, völlig ausgeschlossen. Denn
wenn David ein Orakel einholte, so muß der Priester schon aus der
Frage erkannt haben, woher der Wind wehte, geschweige denn, wenn
die Antwort in einer Verheißung des Königtums für David bestand[39].
Unter diesen Umständen war er bei dem Verhör vor Saul nicht ein
ahnungsloser Engel, sondern er gab eine diplomatisch hervorragende
Antwort, um sein Leben vor der berechtigten Anklage auf Verschwörung *(qašar* v. 13*)* zu retten. Sauls Todesurteil ist so, wie Kap. 21 die
Situation darstellt, ein brutaler Justizmord, dazu noch mit Sippen-
haftung. Nach den Vorgängen, die sich aus Kap. 22 erschließen lassen,
ist das Todesurteil, ja sogar die Ausrottung der ganzen »Verschwörer-
clique« verständlich, wenn wir sie auch nach unserer heutigen Rechts-
auffassung nicht billigen können. Beachten wir noch den Satz:

»Und die Diener des Königs weigerten sich, die JHWH-Priester zu erschlagen« (v. 17 b).

Dieser Ausdruck setzt ein Bewußtsein von der Unverletzlichkeit
der JHWH-Priester bei den Dienern des Königs voraus. Wir werden
darauf zurückkommen[40].

Wir sehen also, daß eine spätere Bearbeitung diese ganzen Vorgänge um Saul und David nach Davids Flucht in dem Sinn uminter-
pretiert hat, daß Saul in einem viel negativeren Licht erscheint als
ursprünglich. Die alte Erzählung (Kap. 22) zeigte die Tragik eines
Königs, gegen den sich sein Sohn und sein Hofpriester stellen, indem sie
sich mit einem Rivalen verschwören. Jene Umarbeitung (Kap. 21)
wird wohl erst im Exil vorgenommen worden sein, diesmal nicht von
einem Bearbeiter der »D-Gruppe«, sondern aus den Kreisen um die
Priesterschrift, die wieder von Hesekiel terminologisch stark beeinflußt
ist[41]. David, zu dem Abjathar, der einzige überlebende Priestersohn,
flieht, ist der eigentliche Held der alten Geschichte. Daß aber auch
dem König Gerechtigkeit widerfährt, zeigt dieselbe Tendenz zum Ausgleich, zur Beachtung des Standpunkts beider Seiten, wie wir sie beim
Pentateuch-Jahwisten als typisch erkannten.

Eine in sich geschlossene und wohl vollständig erhaltene Großerzählung stellt die Geschichte von Davids Aufenthalt bei Achis von
Gath dar[42]. Wenn sie auch in einzelne Szenen gegliedert ist, die im

---

[39] Von dem Orakel sprechen ISam 22 10. 13. 15; der Inhalt des Gottesspruches kann aus
   IISam 3 9. 18 5 2 erschlossen werden.
[40] S. u. S. 149 f.
[41] Ein Zusatz im Dtr-Stil ist jedoch ISam 22 19.
[42] ISam 27 28 1-2 29 30 IISam 1 1-4. 11-12 (s. u. S. 130ff.). Vgl. G. Fohrer Z 14, 2 Anm. 3
   und S. Amsler L 2, 28 ff.

wesentlichen aus Gesprächen bestehen oder auf Gespräche hinaus-
laufen, so läßt sich doch kein Teil entbehren und nirgends findet sich
eine in sich abgeschlossene Einzelgeschichte, die als Baustein zu dem
ganzen hinzugekommen wäre. Diese Art zu erzählen unterscheidet
sich in ihrer Struktur von allem, was wir bisher betrachtet haben. Für
eine traditionsgeschichtliche Analyse bietet sie nicht den geringsten
Ansatzpunkt. Auch weist sie keine märchen-, sagen- oder romanhaften
Züge auf, gehört zu keinem Kultort und enthält keine Namensetymologie (im Unterschied zu Kap. 23 und 24); das einzige, was sie in dieser
Richtung hergibt, ist die Ätiologie eines militärischen Brauches in
Israel: daß die kämpfende Truppe die Beute mit dem Troß zu teilen
hat[43]. Zwischen dem Bericht eines Augenzeugen und der schriftlichen
Fixierung kann der Weg nicht sehr lang gewesen sein[44]. Sprachlich
besteht Verwandtschaft mit dem Pentateuch-Jahwisten[45], stilistisch
liegt beste hebräische Erzählkunst vor mit viel Narrativen und zwei
dramatischen w^ehinnē-Nominalsätzen vor dem Höhepunkt der Handlung, einmal als David nach Ziqlag zurückkommt, das andere Mal,
als er die Amalekiter beim Siegesfest überrascht (ISam 30 3 u. 16).

---

[43] ISam 30 23 ff.

[44] Vgl. S. Amsler L 2, 25 Anm. 3 und J. Hempel Z 85, 22: »Die mündliche Erzählung
hat eine relativ beschränkte Spannweite«.

[45] Sprachliche Verbindung zu Pentateuch-J:

a) b^ekol g^ebûl jiśra'el s. o. S. 99 Anm. 21.

b) 'im-na'maṣa'tî ḥen b^e'ênæka Gen 18 3 30 27 47 29 50 4 Num 32 5 Jdc 6 17 ISam 20 29
27 5; ferner Ex 33 13 und Num 11 15 34 9 bei einem Dtr-Bearbeiter, der die Imitation
der jahwistischen Sprache liebt. Sonst im AT nur Est 5 8 7 3 8 5.

c) b'ś ni. und hi. »verhaßt sein« bzw. »sich machen«: Gen 34 30 Ex 5 21 ISam 13 4
27 12 IISam 10 6 16 21. Ferner Ex 16 24 Glosse.

d) śaṭan Num 22 22. 32 ISam 29 4 IISam 19 23, aber auch IReg 5 18 11 14. 23. 25.
Mythologisch: bei Hi, Sach, IChr 21 1.

e) wǎjjiśa' 'æt-qôlô w^ajjebk Gen 27 38 ISam 11 4 24 17 30 4 IISam 3 32 13 34; möglicherweise auch Gen 29 11. Bei E: Gen 21 16. In der Dtr-Bearbeitung Jdc 2 4 21 2
als Ausdruck kollektiver Reue, während in den J-Stellen immer echter Schmerz
vorliegt, am wenigstens allerdings in ISam 24 17. Jdc 2 4 zudem ätiologisch. Vgl.
auch den ähnlichen Ausdruck Gen 45 2 (J oder E?).

f) ṣǎr-lî m^e'od u. ä. s. o. S. 106 Anm. 6 g.

g) śa'al b^ejhwh s. o. S. 79 Anm. 3 d 1.

h) 'ê mizæ 'ǎtā s. o. S. 88 Anm. 24 c.

i) nǎ'ǎr miṣrî wie 'îś miṣrî Gen 16 1 39 1 (2) Ex 2 11. 12. (14). 19 ISam 30 11 IISam 23 21
(enthält auch śipḥa Gen 16 1). Sonst nur Lev 24 10 und IChr 2 34. In den anderen Schichten wandelt sich der Sprachgebrauch.

j) śabǎ' b^e ni (hier im Mund des Ägypters '^{æ}lohîm) s. u. S. 189 Anm. 39.

k) hǎggæd-na'-lî Gen 24 23 32 30 37 16 Jdc 16 6. 10. 13 ISam 9 18 10 15 IISam 1 4. Ferner
Nicht-J: Jos 7 19 IIReg 9 12.

l) ś'n ni (abgesehen von dem Ausdruck in IIReg 5 18 7 2. 17 im Zusammenhang mit
dem Adjutanten des Königs) nur Gen 18 4 Jdc 16 26 IISam 1 6.

Fragen wir uns, wie diese Großerzählung mit den vorhergehenden und folgenden Geschichten verbunden ist, so weist sie weder geographisch noch personell, noch im Handlungsablauf enge Beziehungen auf. Der Schauplatz hat vom Gebirge zur Küstenebene gewechselt. An bekannten Personen begegnen nur David und Ahimelech †/Abjathar. Das verbindet die Erzählung mit ISam (21) 22—23. Hingegen tritt kein Angehöriger der Saul-Familie auf. Der Hörer oder Leser der Geschichte lernt neu den König Achis von Gath[46] und die Philisterfürsten kennen. Außer David, Abjathar und Achis begegnen keine benannten Einzelpersonen, hingegen Kollektive wie die Philister, die Amalekiter, die Ältesten von Juda und »Davids Leute«[47]. Namenlose Nebenfiguren sind der ägyptische Sklave und der amalekitische Schutzbürger[48]. Eine kurze Notiz erwähnt Davids beide Frauen, Abigail und Achinoam[49], doch beweist dies nicht, daß ISam 25 vorausgesetzt wird. Denn erstens kann diese Notiz nachträglich in den Text hineingeraten sein und zweitens könnte auch die Geschichte von ISam 25 ihre Entstehung dieser kurzen Angabe über Davids beide Frauen verdanken[50].

Was nun die Handlung betrifft, so knüpft sie unmittelbar an ISam 23 an. Als bekannt vorausgesetzt wird aber nicht nur die Verfolgungssituation[51], sondern auch Davids frühere Vertrauensstellung bei Saul. Sonst wäre es nicht zu verstehen, daß die Philisterfürsten zu Achis sagen können:

»... und womit macht sich dieser beliebt bei seinem Herrn? Doch wohl mit den Köpfen dieser Männer« (ISam 29 4).

Die Freundschaft zwischen David und Jonathan und die Verheiratung mit Michal werden zwar nicht in dieser Großgeschichte, wohl aber in den voraufgehenden Kapiteln vorausgesetzt[52]. Zitiert wird in ISam 29 5 das Siegeslied aus ISam 18 7, doch wird man daraus nicht auf literarische Abhängigkeit schließen dürfen. Denn das Lied kann so bekannt gewesen sein, daß es seinen Weg selbständig in verschiedene Überlieferungen hinein fand, wie es ja auch in dem sekundären Text von ISam 21 11 begegnet. Mit der Beschreibung von Davids Betrug an Achis blickt die Erzählung auf Davids Königtum in Juda voraus[53]. Sie versteht sich also bewußt als eine Fortsetzung des Vorhergehenden

---

[46] Zur Stellung des Achis von Gath vgl. Hanna E. Cassis R 15.
[47] Zum Begriff »Davids Leute« s. u. S. 140 Anm. 11.
[48] ISam 30 11 ff. IISam 1 1 ff. 13 ff. u. s. u. S. 140.
[49] ISam 30 5. 18.
[50] Die erste Annahme, jedenfalls für ISam 30 5, bei G. Hölscher Z 88, 26.
[51] Vgl. ISam 27 1 und s. u. S. 137 Anm. 104.
[52] Vgl. ISam 22 8 mit ISam 18 1 ff.; ISam 22 14 mit 18 23-27.
[53] ISam 27 8-12 und 30 26 ff.; vgl. IISam 2 1-4.

bzw. Überleitung zu Folgendem und wird nicht isoliert bestanden haben.

Ganz anders die Geschichte von David und Abigail (ISam 25), die wir bereits als Gegengeschichte zu Simson in die Betrachtung des Richterbuches einbezogen haben[54]. Anders auch die doppelt überlieferte Erzählung von ISam 24/26, die von Davids Großmut gegen Saul handelt.

Exkurs III: *Davids Großmut gegen Saul* (ISam 24)

Nähme man diese Geschichte aus dem Zusammenhang heraus, so würde sie sich als durchaus entbehrlich erweisen. Andererseits setzt sie selber voraus, daß David von Saul verfolgt wird. Sie ist also bewußt für diesen Zusammenhang geschaffen[55]. Die zwei Tendenzen, die sie aufweist: I. den Gesalbten JHWHs darf man nicht antasten, II. David überwindet Sauls Haß durch Großmut, legen einmal die Frage nahe, ob es sie ohne diese Tendenzen überhaupt gegeben hat, zum anderen, ob beide Pointen nacheinander angewachsen oder zugleich konzipiert worden sind. Weder die politische Tendenz I noch die theologische Tendenz II können das Interesse einer Heldengeschichte, die man sich am Lagerfeuer erzählte, gewesen sein. Und wie soll diese Heldengeschichte ausgesehen haben, wenn man die beiden Pointen wegnimmt[56]? Wahrscheinlicher ist, daß die Geschichte überhaupt nur ihrer Pointen wegen erfunden wurde. Entwickelten diese sich nacheinander, so mag die erste Gestalt der Erzählung so ausgesehen haben, daß Davids Leute den nichtsahnenden König vorn in der Höhle umbringen wollen oder David auffordern, das zu tun, daß dieser es ihnen aber verwehrt mit der Begründung, dem Gesalbten JHWHs dürfe man kein Leid tun[57]. An diese Geschichte hätte sich dann mit dem neuen Motiv, daß David den Mantelzipfel abschneidet, das folgende Gespräch mit den zwei Kurzreden Davids und Sauls angeschlossen. Es endet mit Davids Eid, Sauls Nachkommen zu verschonen, und ihrem Auseinandergehen[58].

Die 1. Tendenz richtet sich auf die Heiligkeit des Königs als des von Gott Gesalbten. Sie bezieht sich auf das uns unbekannte Faktum, daß Saul zum König gesalbt wurde, »unbekannt« deshalb, weil es in keiner historisch glaubwürdigen Erzählung vorkommt[59]. Die einzige

---

[54] S. o. S. 90ff.

[55] Trotz der »Steinbockfelsen« scheint die Erzählung keine Ätiologie gewesen zu sein.

[56] Gegen K. Koch Z 64, 155ff.; etwas anders, aber ebensowenig richtig H. J. Stoebe Z 58, 211ff., bes. 213.

[57] Älteste Erzählung also: ISam 24 3-5a. 7-8 (ohne 7aβ?).

[58] Erweiterung: ISam 24 5b (6?). 9-13. 15-23. (ohne 17 aβ?).

[59] ISam 9—10 kann erzählt worden sein, weil man einen »gesalbten« König Saul haben wollte; es darf keinesfalls als historisch angesehen werden. ISam 11 12-15, wie der

weitere Erwähnung des »Gesalbten JHWHs« in einer älteren Überlieferung ist die Begründung Abisais dafür, daß Simei sterben soll:

»denn er hat den Gesalbten JHWHs beschimpft« (IISam 19 22)[60].

Dies natürlich in bezug auf David, von dem uns auch die Salbung
durch das Volk sowohl in Juda (IISam 2 4. 7) wie in Israel (IISam
5 3. 17) berichtet wird[61]. Die Salbung Sauls kann also eine Rück-
projizierung von David auf Saul sein. Doch genügt es für unsere Erzählung, daß Saul als der Gesalbte gilt, wofür sich der Erzähler auf
ISam 9—10 berufen konnte[62]. Für ihn ist der von JHWH Gesalbte der
Bevollmächtigte, dessen Autorität der rechtlosen Zeit in Israel ein
Ende macht[63]. Denn wie soll der Willkür und Selbsthilfe der Streitenden ein Ende gesetzt werden, wenn nicht eine Instanz da ist, die — für
beide unantastbar — ihren Streit schlichtet[64]? Die Geschichte ist also
geformt auf Grund eines Nachdenkens über das Königtum und seine
Funktion als Rechtsgarant. Auch Saul wird diese Würde zugeschrieben, obwohl er David gegenüber mehr nach Willkür als nach Recht
handelt. Das heißt, daß diese Erzählung Saul bereits idealisiert, ihn
abgesehen von seinen historischen Schwächen und der Beleuchtung,
in die er durch den Streit mit David bei dessen Anhängern geriet, einfach als »den König« betrachtet. Hier wird die Funktion als König der
Person übergeordnet. Der König interessiert, und nicht die historische
Gestalt Sauls. Indem der Erzähler zeigt, wie David die Würde seines
Vorgängers respektiert, erhöht er zugleich Davids Würde und die
Würde jedes Königs in Israel. Die Autorität ist dem König von JHWH
verliehen, sie steht also nicht in irgendeiner Konkurrenz mit dem König-

---

Text auch ursprünglich gelautet haben mag, bezieht sich auf ISam 10 17 ff. und ist
damit einer späteren literarischen Schicht zuzuweisen, wenn auch vordeuteronomisch.
Mit dem alten Bestand an Saulgeschichten hat es nichts zu tun.

[60] Siehe dazu u. S. 148 f.; 151 ff.

[61] Diese Unterscheidung von Salbung durch das Volk (wie bei den Hethitern) und
durch JHWH hat E. Kutsch L 6, 53 ff. herausgearbeitet. Er hält die Salbung durch
JHWH für ein prophetisches Theologumenon, doch ist dies wegen IISam 19 22 wenig
jünger als die »Thronfolgegeschichten« s. u. S. 151 ff. und muß nicht notwendig mit
Propheten zu tun haben.

[62] Daß die David-Saul-Geschichten die Saul-Geschichten voraussetzen, haben wir oben
111 u. 117 gesehen. Daß unser Erzähler ISam 9—10 kennt, läßt sich im einzelnen
nicht erweisen, nur vermuten.

[63] Salbung als Autorisierung war in Ägypten bekannt, wo der Beamte im Auftrag des
Königs gesalbt wird; vgl. E. Kutsch L 6 S. 47.

[64] Da wir heute im Völkerrecht einen analogen Prozeß durchmachen wie das alte Israel
zu Beginn der Königszeit bei der Schaffung seines innenpolitischen Rechtes, kann
man sich an der heutigen Respektierung der UNO-Beobachter leicht klarmachen,
daß es relativ rasch zur Ausbildung der Vorstellung vom sakrosankten Königtum
kam.

tum JHWHs, über das in unserem ganzen Erzählungsbereich niemals reflektiert wird[65]. Daß JHWH der Oberherr des Königs ist und sozusagen als Berufungsinstanz übrigbleibt, wenn der König selber das Recht verletzt oder nicht für es sorgt, ist selbstverständliche Voraussetzung. JHWHs Richteramt steht auf jeden Fall fest. Aber die Notwendigkeit irdischen Königtums ist offenbar aus einem Mangel an Recht und einem Überhandnehmen der Willkür abgeleitet worden, während zeitlich parallel das beduinische Ideal der Selbsthilfe durch den Gerichtsgedanken abgelöst wurde[66].

Um diese Problematik kreist der 2. Teil unserer Geschichte mit der Tendenz: Davids Großmut überwindet den Haß des Königs. Zu dieser Haltung ist David fähig, weil er dem Gericht JHWHs vertraut, der seinen Streit führen wird[67]. So kann er darauf verzichten, seine Hand an den König zu legen (v. 13). Bezeichnend ist die Fülle der juristischen Begriffe, die in dem kurzen Abschnitt, besonders in der Kurzrede Davids, begegnen[68]. Doch wenden wir uns dem Stichwort zu, das wir in der Gegenrede Sauls finden:

». . . und JHWH möge dir Gutes vergelten für das, was du heute an mir getan hast« (v. 20 b).

»Vergelten« (šlm) heißt hier »den Ausgleich herstellen«[69], damit die Gerechtigkeit, die aus dem Gleichgewicht geraten ist, wieder ins Lot kommt. Menschliches Verhalten sollte so sein, daß der Gerechtigkeit entsprochen wird. In der Josephgeschichte wirft der Hausverwalter den Brüdern vor:

»Ihr habt Gutes mit Bösem vergolten« (Gen 44 4).

Und Saul muß David bekennen:

»Du hast mir Gutes getan, obwohl ich dir Böses angetan habe« (v. 18).

---

[65] Jdc 8 22f. — in der Literatur sehr verschieden beurteilt — kommt nach unserm Urteil für die frühe Königszeit noch nicht in Frage.

[66] Vgl. S. Nyström Z 83, 82f. und 111ff. Allerdings sieht Nyström die Ablösung nicht durch das Recht, sondern durch den JHWH-Glauben gegeben.

[67] *rîb* Nomen und Verb sind in der Erzählung, wo es sich nicht um Etymologien handelt wie Ex 17 7 Num 20 3. 13 Jdc 6 31f. 8 1, für J und »J« besonders typisch: Gen 26 20ff. 31 36 Ex 17 2 Jdc 21 22 ISam 24 16 25 39 (Verb); dazu Gen 13 7 Jdc 12 2 IISam 15 2.4, wo das Nomen ohne das Verb vorkommt. In Gesetzestexten: Ex 23 2. 3. 6 Dtn 17 8 19 17 21 5 25 1; ferner Dtn 1 12 (Plural) und Ex 21 18.

[68] *šapāṭ* v. 13. 16; *dajān* v. 16; *naqām* v. 13; *rîb* Nomen und Verb v. 16; *šlm* pi. v. 20.

[69] Während *šlm* in Bundesbuch, Priesterschrift und Dtn die technische Bedeutung von »Strafe zahlen« angenommen hat, (außerdem: JHWH »vergilt« seinen Hassern Dtn 7 10 u. 32 41 (Lied) und »Frieden schließen« in Dtn 20 12) finden wir es bei J und »J« in mancherlei Bedeutungsnuancen, aber nie in diesem technischen Sinn (zu IISam 12 6 s. u. S. 157). In Gen 44 4 Jdc 1 7 ISam 24 20 IISam 3 39 heißt es »vergelten«, in IISam 10 19 »Frieden schließen« und in IISam 15 7 »ein Gelübde erfüllen«. Vgl. dazu J. Scharbert D 12.

Wo aber die Menschen Böses tun, das nicht provoziert wurde, und menschliche Vergeltung ausbleibt, da gibt Gott entsprechend zurück, um die Gerechtigkeit wiederherzustellen:

Adonibesek bekennt angesichts seines Geschicks:

»So wie ich getan habe, so vergilt mir die Gottheit« (Jdc 1 7)[70].

David deutet den Tod Nabals mit den Worten:

»JHWH hat das Böse dem Nabal auf seinen Kopf zurückgewendet (hešîb)« ISam 25 39.

Angesichts des Mordes an Abner wünscht er dem Joab:

»Vergelten (šlm) möge JHWH dem, der Böses tut, seinem Bösen entsprechend« IISam 3 39.

und:

»Vielleicht wird JHWH mein Elend ansehen und wird JHWH mir Gutes vergelten (hešîb) für sein heutiges Fluchen« IISam 16 12.

Der Mensch hat das Recht, Gleiches mit Gleichem zu vergelten, Böses mit Bösem (Simson!) und Gutes mit Gutem. Wo er Böses mit Gutem vergilt, ist es staunenswert:

». . . und du hast heute gezeigt, was du mir an Gutem getan hast, wo mich der Herr in deine Hand geliefert hat und du hast mich doch nicht getötet. Wenn jemand seinen Feind findet: läßt er ihn dann im Guten seines Weges ziehen?« ISam 24 19f.[71].

Wo er aber Gutes mit Bösem vergilt, ist es besonders abscheulich. Als Beispiel begegnet dafür das Verhalten Nabals gegenüber David (ISam 25) und der (fingierte) Vorwurf von Josephs Hausverwalter gegenüber dessen Brüdern (Gen 44 4). Über den Streitenden waltet also ein Gesetz des Ausgleichs, die sittliche Norm der Gerechtigkeit, die beide Parteien anerkennen. Wer »gerecht« ist, steht als der moralisch Überlegene und in diesem Sinn als der Sieger da.

Das gilt von Tamar gegenüber Juda, wenn dieser bekennen muß:

»Sie ist gerechter als ich, denn ich habe sie nicht Šela, meinem Sohn, gegeben« Gen 38 26.

Auch Pharao muß eingestehen:

»Diesmal bin ich im Unrecht. JHWH ist gerecht und ich und mein Volk sind die Bösen« Ex 9 27.

So bekennt Saul dem David:

»Du bist gerechter als ich, denn du hast mir Gutes getan und ich habe dir Böses getan« ISam 24 18.

---

[70] Auch wenn Jdc 1 in seinem Gesamtbestand nicht als jahwistisch angesehen werden kann, so doch in Einzelstücken, die in die Bearbeitung aufgenommen worden sind. Vgl. dazu o. S. 77 Anm. 21.

[71] Übersetzung nach H. W. Hertzberg, ATD.

Zwar zieht Pharao nicht die Konsequenz aus seiner Erkenntnis, das Volk JHWHs nun freizulassen[72], auch Saul handelt nur in unserer Geschichte, nicht jedoch im Zusammenhang der David-Saul-Geschichten so, daß er Davids Recht anerkennt. Dennoch ist es die Meinung des Erzählers von ISam 24, daß eigentlich dem moralischen Recht entsprechend gehandelt werden müßte. Tun die Menschen es nicht, so schafft JHWH den Ausgleich. JHWHs Handeln wird in den angeführten Erzählungen also identisch gesehen mit der Herstellung von Recht, mit der Durchsetzung des Rechtes, das dem Schwachen vom Stärkeren verwehrt wird. Der Macht-Unterlegene ist zugleich der Rechts-Überlegene und durch JHWHs Hilfe auch der faktisch Überlegene, soweit sein Gegner die Rechtsüberlegenheit nicht unmittelbar anerkennt, wie es Juda bei Tamar tut[73]. Die unbegreifliche Geduld, mit der Mose immer wieder für Pharao betet und die Plagen aufhören läßt, wie wir sie in den jahwistischen Bearbeitungen der Plagen fanden[74], erweist sich als der Versuch, durch moralischen Druck den Pharao zur Einsicht in sein Unrecht und dadurch zur Änderung seiner Entscheidung zu bringen. Diese Bemühung bleibt erfolglos, weil der Bearbeiter ja den Gang der Dinge nicht ändern konnte, so daß erst der Terror der Tötung der Erstgeburt den Pharao zwingt, JHWHs Volk freizugeben. Aber die Meinung, mit der gerade dieser moralische Kampf zwischen Pharao und JHWH bzw. Mose erzählt wird, ist deutlich. Es ist dieselbe Auffassung, die hinter ISam 24 steht.

In ISam 25 hingegen verzichtet der Beleidigte, der sich im Recht befindet, auf die Rache an seinem Gegner und erweist sich darin als der moralisch Überlegene. Es ist dasselbe Problem, aber von einer ganz anderen Seite aus betrachtet, nicht von der des Machtunterlegenen, sondern des Machtüberlegenen aus, der auf die Machtausübung verzichtet. Die Klugheit einer Frau hat ihn dazu geführt. Die Geschichten im 2. Teil des Richterbuches: von Simson, von Michas Teraphim und von der Schandtat von Gibea — hatten die andere Seite gezeigt, das rücksichtslose »wie du mir, so ich dir«, das »Recht des Stärkeren«, die rechtlose Zeit, in der jeder handelt, wie es ihm gerade paßt. Obwohl man weiß, was in Israel als Unrecht gilt, kann das Recht doch nicht wirksam durchgesetzt werden. Das ist nun mit dem Königtum, besonders seit David herrscht, anders geworden, so meint der

---

[72] Zu dem Gegensatz ṣaddîq und rašaʿ vgl. IISam 4 11 IReg 2 32 (»J«) Dtn 25 1 IReg 8 32 (nicht J). Es ist deutlich, daß hier noch nicht die Qualifizierung der Menschen in zwei konstante Gruppen, »die Gerechten« und »die Bösen«, vorliegt, sondern Recht und Unrecht, also auch Gut und Böse, werden in einer konkreten Situation beurteilt.

[73] Auch wenn, wie O. Eißfeldt betont (vgl. S. 51 Anm. 8) Gen 38 einer ganz anderen Überlieferung zugehört, so wird es doch J in seinen Erzählzusammenhang eingefügt haben. Möglicherweise geht die Formulierung von v. 26 auf ihn zurück.

[74] S. o. S. 61ff., besonders S. 65f.

Erzähler. JHWH hat einen irdischen Stellvertreter als Wahrer des Rechtes. Doch ist auch der König nur ein Mensch, so daß Saul gegen David ins Unrecht gerät. Später wird sich zeigen, daß JHWH auch gegen David das Recht durchsetzen muß.

Die Parallelgeschichte zu ISam 24 in Kap. 26 zeigt eine spätere Version, die aber in starker literarischer Abhängigkeit von Kap. 24 steht. Die Rolle, die Abner spielt, und der Einbau von Abisai, der in diesen David-Saul-Geschichten überhaupt nichts verloren hat[75], zeigt literarische Abhängigkeit von dem ganzen Komplex der Saul-David-Geschichten einschließlich IISam. Ist Kap. 24 mit seiner Beschränkung auf Saul und David eine »typische«, konstruierte Geschichte (auch in der Form keine »Erzählung« nach W. Richters Maßstäben), so erweist sich ISam 26 als ein Versuch, die Derbheit zu beseitigen und die Erzählung durch Nebenpersonen, die teilweise anderswoher bekannt, teils aber unbekannt, jedoch alle benannt sind, aufzufüllen[76]. Die juristischen Termini treten zurück, dadurch ist JHWH nicht mehr der Garant des Rechtes, sondern ein launischer Gott, den man durch Opfer gnädig stimmen kann (ISam 26 19). Nicht am Lagerfeuer der Krieger Davids, sondern am Schreibtisch eines Literaten entstand diese Version.

Überblicken wir noch einmal ISam 21—30[77], und scheiden wir ISam 21 11-16 und Kap. 26 aus, die in späterer Zeit, wenn auch vordeuteronomisch, eingearbeitet wurden, so haben wir zwei Zusatzkapitel mit politisch/theologischer Tendenz auszugrenzen, von denen die eine recht stümperhaft erzählt (Kap. 24), die andere ein Meisterstück an Erzählung ist (Kap. 25). Übrig bleiben die beiden Erzählkomplexe, die um Sauls Verfolgung (ISam 21—23) und David im Philisterland (ISam 27. 29. 30) kreisen. Was sie außer der allgemeinen Situation und der Person Davids gemeinsam haben, ist die Gestalt des Priestersohnes Abjathar mit dem Orakelkasten und — damit zusammenhängend — der durchgehende Zug, daß in allen schwierigen Lagen mit Hilfe des Orakels JHWHs Wille bzw. die Zukunft erforscht wird[78]. Dieser Zug geht weiter bis zu dem Abschnitt IISam 2 1-4 und findet sich dann erneut in der Doppelgeschichte von Davids Philisterkämpfen

---

[75] Als handelnde Person tritt Abner erst in IISam 2 8ff. auf, desgleichen Abisai und die anderen Söhne der Zeruja.

[76] Bekannt sind Abner und Abisai, unbekannt Achimelech, der Hethiter, ISam 26 5. 6. Auch die Siphiter sind aus ISam 23 19ff. entlehnt.

[77] Ohne Kap. 28 3ff., das zur Saul-Überlieferung gehört. ISam 28 1-2 rechnen wir stillschweigend zu Kap. 29.

[78] Gottesorakel (ša'äl beJHWH): ISam 22 10. 13. 15 23 2. 4 30 8 IISam 2 1 5 19. 23; außerdem in anderen Traditionen, aber immer im Bereich von »J«: Jdc 1 1 18 5 ISam 14 37 28 6. S. u. S. 191f.

(IISam 5 17-25). Diese drei Geschichten zeichnen sich dadurch aus, daß wie in ISam 21—30 die Söhne der Zeruja fehlen und nur »David und seine Männer« auftreten. Die Gegner Israels sind in all diesen Geschichten die Philister, von denen in dem ganzen folgenden Komplex nicht mehr die Rede sein wird[79]. Orakeleinholung und Philisterkampf verbindet diese Geschichten auch mit der Saul-Tradition in ISam 14[80]. Wenn man bedenkt, daß neben David der Priestersohn Abjathar bzw. dessen Vater Abimelech die einzige konstante Person in diesen Geschichten ist, und daß das Losorakel, das er bei seiner Flucht mitnahm, eine entscheidende Rolle spielt, daß auch zu den ganz wenigen benannten Personen Doeg, der Mörder Ahimelechs, gehört, so ist die Schlußfolgerung erlaubt, daß dieser Bereich der David-Überlieferung auf Abjathar zurückgeht[81]. Das heißt nicht, daß er selber die Erzählungen geschrieben haben muß, sie können ebensogut aus seiner mündlichen Erzählung hervorgegangen sein. Keinesfalls kann man ihm dann jedoch die Geschichten in IISam 2 8—4 12 zuschreiben, die nach Personen und Darstellung einen völlig anderen Charakter haben[82]. Zu untersuchen bleibt, was etwa von IISam 1 zu dieser »Abjathar-Geschichte« gehört.

Exkurs IV: *David erfährt Sauls Ende* (ISam 31. IISam 1. 4 10)

In ISam 31, dem Schlußkapitel der alten Saul-Überlieferung erfährt der Leser, daß Saul in der Schlacht auf dem Gilboa von den Philistern verwundet, seinen Waffenträger[83] bittet, ihn zu töten, daß dieser sich weigert, Saul sich selber den Tod gibt und der Waffenträger es seinem Herrn gleichtut. Dann wird das Schicksal der Leiche Sauls beschrieben, bis er bei Jabeš sein Grab findet. Verzeichnet wird auch der Tod seiner drei Söhne Jonathan, Abinadab und Malkišua. Abner wird nicht erwähnt, wie das in allen erhaltenen Saul-Geschichten ebenso der Fall war. Die Weigerung des Waffenträgers wird nicht mit der Unantastbarkeit des Gesalbten JHWHs begründet, sie kann auch auf der persönlichen Treue zu seinem Herrn beruhen.

---

[79] Dieser folgende Komplex beginnt in IISam 2 8; im übrigen s. u. S. 142.

[80] ISam 14 37; mir scheint diese Verbindung nicht literarisch, sondern historisch zu sein, insofern der Vater oder Großvater Abjathars dort beteiligt war, wohl mit demselben Orakelwerkzeug.

[81] S. u. S. 138ff.

[82] So ähnlich L. Rost, Z 87, 234 Anm. 27 (S. 246), doch mit anderer Abgrenzung.

[83] Den »Waffenträger« (*nośeʾ kelaw*) finden wir nur im Bereich von »J«: Jdc 9 54 (bei Abimelech); ISam 14 (bei Jonathan); 16 21 (David bei Saul); ISam 31 4ff. (bei Saul); IISam 18 15 (bei Joab) und 23 35 (bei Joab).

In IISam 1 nimmt die Erzählung den Faden von ISam 30 wieder auf, wo David von der Verfolgung der Amalekiter nach Ziklag zurückgekehrt ist. Nach drei Tagen erfährt er von der Niederlage auf dem Gilboa und von Sauls und Jonathans Tod (v. 1-4)[84]. An diesen Bericht schloß sich ursprünglich die Schilderung von Davids Trauer um Saul und um das Heer Israels an (v. 11 f.). Der Bericht in den genannten Versen steht in keinerlei Spannung oder Widerspruch zu ISam 31. Anders steht es mit den Versen IISam 1 5-10 und 13-16, wo eine abweichende Schilderung von Sauls Tod gegeben wird. Diese beiden Abschnitte sind schon lange als Zusätze erkannt. Sie lassen sich ohne weiteres aus dem Text herauslösen und weisen auch sprachlich Unterschiede zu den Versen 1-4. 11-12 auf[85].

Doch auch zu IISam 4 10 stehen die beiden Zusätze in Spannung: Dort sagt David zu den beiden Königsmördern Baana und Rechab:

>denn der mir meldete: Siehe tot ist Saul! der war wie ein Freudenbote in seinen Augen. Ich aber ergriff ihn und tötete ihn zu Ziklag, anstatt ihm Botenlohn zu geben<.

Da nun die Zusätze in IISam 1 5-10. 13-16 Anspielungen und Beziehungen zu allen drei Texten über Sauls Tod (bzw. die Botenmeldung) enthalten[86], ergibt sich als einfachste Lösung, daß sie unter Kenntnis von ISam 31 IISam 1 1-4. 11-12 und IISam 4 10 formuliert worden sind, möglicherweise im Zuge des Zusammenwachsens der drei literarischen Komplexe, denen diese Texte angehören, möglicherweise aber erst danach.

[84] Hier wie in IISam 21 12ff. ist von »Saul und Jonathan« die Rede, während in ISam 31 »Saul und seine Söhne« fallen und bestattet werden: ISam 31 2. 6. 8. 12f.

[85] K. Budde. KHAT, 193, O. Eißfeldt. Z 91, 22 und G. Hölscher Z 88, 374 haben den Unterschied gesehen. K. Budde und G. Hölscher wollen ihn mit einer anderen Quelle, E, erklären, doch ist das unmöglich, weil weder nach vorn noch nach hinten ein Anschluß an eine solche Quelle zu sehen ist. Die Hauptunterschiede sind, daß der Bote in v. 1-4 als »der Mann« *ha'îš* bezeichnet wird, von v.5 an aber als *hănnă'ăr hămmăggîd lô*; daß der Bote in v. 1ff. stets vom Heer Israels und von Saul, in v. 5ff. dagegen nur von Saul spricht. Hauptbeweis für den Zusatzcharakter ist aber die glatte Herauslösbarkeit der beiden Zusätze, die aneinandergefügt wieder einen einheitlichen Text ergeben.

[86] Beziehung von IISam 1 5-10. 13-16 zu ISam 31: Tötung des Königs auf dessen eigenes Verlangen, ferner die Verben *dabăq* (ISam 31 2 vgl. IISam 1 6) und *jare'* (ISam 31 4 vgl. IISam 1 14), letzteres mit bezeichnender Nuance: dort Pietät des Waffenträgers für seinen Herrn, hier geforderte Ehrfurcht vor dem »Gesalbten JHWHs«. Beziehung zu IISam 1 1-4. 11-12: v. 5 nimmt den Schluß von v. 4 »und Saul und Jonathan, sein Sohn, sind tot« unmittelbar auf, ist also für diesen Zusammenhang formuliert. Beziehung zu IISam 4 10: von dort ist der Ausdruck *hămmăggîd* in der Abwandlung *hănnă'ăr hămmăggîd lô* (1 5. 6. 13) übernommen. Ferner besteht eine Beziehung zu Jdc 9 54, dem Tod Abimelechs, auf den das pilel von *mwt* hinweist (1 9. 10. 16). Das kann bedeuten, daß der Zusetzer einen größeren Komplex als nur die Samuelbücher im Auge hat.

Im Widerspruch zu ISam 31 bezeichnet sich der Bote in diesen Zusätzen selbst als Sauls Mörder. Deshalb ist sein Tod nicht wie in IISam 4 10 eine Affekthandlung Davids einem Unglücksboten gegenüber, sondern die gerechte Bestrafung dessen, der den »Gesalbten JHWHs« angetastet hat. Damit ist im Blick auf Saul die Unverletzlichkeit des Königs betont, im Blick auf David aber dessen Unschuld (»dein Blut auf dein Haupt« v. 16) und Gerechtigkeit. Auch erweist sich Davids Großmut gegenüber der Familie Sauls, wenn er den Mörder Sauls mit dem Tode bestraft. Daß er den Boten nicht eigenhändig niederhaut, wie es IISam 4 10 zu behaupten scheint, sondern den Befehl an seine Leute gibt, soll den König vom Blutvergießen mit eigener Hand befreien. All diese genannten Züge sind Postulate einer Königsideologie, die wir weiterhin im II. Samuelbuch finden werden, die aber auch an ISam 24 und 25 erinnern[87].

Was Davids Trauerlied für Saul und Jonathan betrifft, so kann es von David selbst oder doch aus seiner Zeit stammen. In seiner Sprache finden wir einige Merkmale, die auf das 10. Jahrhundert verweisen[88]. Hält man die Freundschaft zwischen David und Jonathan für novellistische Erfindung, so kann das Lied nicht von David stammen[88a]. Rechnet man mit dieser Freundschaft als historischem Tatbestand mindestens bis zu Davids Übergang zu den Philistern, und schreibt man ihm das Lied zu, so wäre es ein erstaunliches Zeugnis für Davids Achtung seinem Feind und Verfolger Saul gegenüber.

Exkurs V: *die Leute von Jabeš* (ISam 31 IISam 2. 21)

Die Stadt Jabeš in Gilead und ihre Männer, Bewohner, Herren und Ältesten werden in den historischen Schriften in Jdc 21[89] ISam 11

---

[87] S. u. S. 148 f. (Unverletzlichkeit des Königs); S. 149 ff. (Unschuld des Königs); S. 162 ff. (Großmut des Königs). Zu ISam 24 s. o. S. 124 ff.; zu ISam 25 s. o. S. 92 ff.

[88] Merkmale für Sprache des 10. Jh.:
   a) *ha‘arelîm* »die Unbeschnittenen« für die Philister: Jdc 14 3 15 18 ISam 14 6 31 4 und IISam 1 20. Sonst nur ISam 17 26. 36, was offenbar von den alten Erzählungen abhängig ist. Dies kann natürlich auch für unser Lied gelten.
   b) *bśr* pi.: ISam 31 9 IISam 1 20 18 19. 20 IReg 1 42 hitp.: IISam 18 31; ferner *beśorā*: IISam 4 10 (»Botenlohn«); 18 20. 22. 25. 27, später IIReg 7 9 (»Botschaft«). *mebaśśer* ISam 4 17 (Unglück); IISam 4 10 18 26 (Glück).
   c) *’aheb* u. *’ăhabā* IISam 1 23. 26, vgl. u. S. 186 f. (auch Anm. 22 u. 23).

[88a] Vgl. G. Hölscher Z 88, 93.

[89] Jdc 21 8-14 mag wohl alte Erinnerungen an eine besondere Verbundenheit zwischen Jabeš und dem Stamm Benjamin bewahrt haben, aber die »Erzählung« entspricht keineswegs dem Erzählstil des 10. Jahrhunderts, so daß sie für unsere Untersuchung keine Rolle spielt. Sie dürfte kaum vorexilisch sein.

und 31 IISam 2 und 21 erwähnt[90]. Sauls Hilfe für Jabeš (ISam 11 1 ff.) und die Treue der Stadt dem toten König gegenüber sind feste Bestandteile der alten Saul-Geschichten und ergeben eine ähnliche Rahmung wie das Auftreten des lebenden oder toten Samuel. Nach dieser Tradition werden »Saul und seine Söhne« bei Jabeš bestattet (ISam 31 12 f.). Die Formung dieses Berichtes kann der mündlichen Stufe der Überlieferung zugehört haben, wenn es auch keine in sich abgeschlossene Erzählung ist wie die Erzählung von der Belagerung der Stadt durch die Ammoniter.

Dieses Element der Saul-Geschichten: seine Bestattung bei der Stadt Jabeš, wird sowohl in IISam 2 4b ff. wie in IISam 21 12 ff. als bekannt vorausgesetzt, wobei diese beiden Geschichten voneinander völlig unabhängig sind. Auffällig ist, daß der Ausdruck »Saul und seine Söhne« nicht wiederkehrt, sondern das eine Mal nur von Saul, das andere Mal von »Saul und seinem Sohn Jonathan« die Rede ist. Diese Wendung rückt IISam 21 12 f. in die Nähe von IISam 1, dem Botenbericht von Sauls Tod, wo sie sowohl im alten Text wie in den Zusätzen auftritt. Beide Texte lassen ferner David von seiner großmütigen Seite erscheinen, indem er dem toten Feind ein ehrenvolles Begräbnis bereitet bzw. diejenigen lobt, die ihm die letzte Ehre erwiesen haben. In IISam 21 dient die Schilderung von Davids Pietät zu seiner Rechtfertigung und Entschuldigung gegenüber der Hinrichtung von sieben Männern der Saul-Sippe, die zwar bereits als Gotteswille begründet ist, durch den versöhnlichen Schluß jedoch noch mehr jeden Vorwurfcharakter gegen David verliert. Damit rückt der Jabeš-Abschnitt von IISam 21 in die Nähe der Tendenz des »Zusetzers« von IISam 1 — und anderer Zusätze, von denen später die Rede sein wird.

Die auffallend wichtige Rolle, welche Sauls Bestattung bei Jabeš in den Überlieferungen spielt — auffällig deshalb, weil sie in drei relativ unabhängigen Traditionskomplexen auftritt (Saul-Geschichten, David-Saul-Geschichten II. Teil, vermutlich David-Geschichten) — legt die Frage nahe, ob dies historische Gründe hat oder mit Bearbeitungstendenzen zusammenhängt, also ideologisch bedingt ist. Treue zum König auch über dessen Tod hinaus erweisen die Leute von Jabeš. Indem David sie lobt (IISam 2 4b-7), erweist er sich selbst als der legitime Fortsetzer des alten Königtums, der die Treue der Leute von Jabeš durch dieses Lob noch überhöht und zugleich Treue für sich in Anspruch nimmt, wie er sie seinem Vorgänger erweist.

In IISam 2 hat Davids Lob für das Verhalten der Männer von Jabeš allerdings auch eine direkte politische Bedeutung: er knüpft in seinem Brief an Sauls Königtum an und empfiehlt sich selbst als

---

[90] Im ganzen AT kommt Jabeš nur noch in IChr 10 11f. vor und ist dort von ISam 31 abhängig.

Nachfolger. So haben die Verse 4b-7 eine dreifache Funktion: literarisch stellen sie eine Verbindung zu den Saul-Geschichten her, ideologisch schildern sie David als den treuen und großmütigen König und politisch ermöglichen sie den bruchlosen Übergang von Sauls zu Davids Königtum.

Hingegen finden wir in IISam 21 eine viel reinere Bearbeitungstendenz, eine bewußte Kontrapunktik zu der Erzählung vom Gibeonopfer[91]. Die Tendenz von der Unschuld und Großmut des Königs scheint hier das entscheidende Motiv zur Anfügung gewesen zu sein. Möglicherweise ist zunächst die Geschichte von Rizpas pietätvollem Verhalten (IISam 21 10f.) an die Opfergeschichte angefügt worden, erst in einem weiteren Stadium der Bearbeitung kam dann die Bestattung der Saulnachkommen hinzu. Die ideologische Überhöhung der David-Geschichten wird uns weiterhin noch zu beschäftigen haben.

Die Fortsetzung der Großgeschichte von David bei Achis von Gath (ISam 27. 29. 30) ist mit IISam 1 1b-4 gegeben[92]:

»Und David weilte zwei Tage in Ziklag. Und es geschah am dritten Tag: und siehe es kam ein Mann von dem Heerlager, von Saul, und seine Kleider waren zerrissen und Erde war auf seinem Haupt; und es geschah, als er zu David kam, da fiel er zur Erde und verneigte sich ehrfürchtig. Und David sprach zu ihm: ,Woher kommst du?' und er sprach zu ihm: ,Aus dem Heerlager Israels bin ich entronnen.' Und es sprach zu ihm David: ,Wie ging die Sache? Sage es mir doch!' und er sprach: ,Geflohen ist das Volk aus dem Streit und viele von dem Kriegsvolk sind gefallen — auch Saul und Jonathan, sein Sohn, sind tot.'

Es folgen IISam 1 11-12:

»Und David ergriff seine Kleider und zerriß sie und ebenso taten alle die Männer bei ihm. Und sie hielten Totenklage und weinten und fasteten bis zum Abend wegen Saul und Jonathan, seinem Sohn, und dem Kriegsvolk JHWHs, denn sie waren durchs Schwert gefallen«[93].

Vielleicht schloß sich hier Davids Trauerlied an (IISam 1 19-27). Auf jeden Fall aber folgte IISam 2 1-4a, wo David das Orakel befragt und

---

[91] Daß zunächst die Opfergeschichte für sich bestand, scheint mir IISam 21 14b *wajje'ater 'ᵃlohîm la'aræṣ 'aḥᵃre-ken* zu beweisen, das ursprünglich gleich an v. 9 angeschlossen haben muß. Denn nur dort hat es seinen logischen Platz. Die Gottheit (ursprünglich der kanaanäische El von Gibeon?), die den Regen verwehrte, ist durch das Opfer der Saul-Nachkommen versöhnt. Unlogisch wäre es von ihr, wenn sie sich durch die ehrenvolle Bestattung ihrer Opfer versöhnen ließe, wie es der jetzige Text zu behaupten scheint. Die beiden Einschübe (v. 10-11. 12-14a) mußten aber andererseits *vor* dem offensichtlichen Endvers der Geschichte untergebracht werden.

[92] IISam 1 1a wird redaktionelle Zutat sein, wie sie die Zwischenschaltung von ISam 31 erforderte.

[93] »und dem Haus Israel« wird als vermutlicher Zusatz weggelassen.

dann auf JHWHs Geheiß nach Hebron hinaufzieht, wo ihn die Männer Judas zum König über das ganze Haus Juda salben. Die Orakelbefragung und der Ausdruck »die Männer, die mit ihm waren« (v. 3) erweisen den Abschnitt als zur »Abjathar-Geschichte« gehörig.

Die Fortsetzung: Davids Botschaft an die Leute von Jabeš (IISam 2 4b-7) nimmt auf Davids Salbung über Juda Bezug und wird sich unmittelbar in deren Erzählung angeschlossen haben. Dieser Brief enthält die Aufforderung, David zum König über Israel zu salben, wenn dies auch aus kluger Diplomatie nicht mit harten Worten gesagt wird. Da mit IISam 2 8, wie wir sehen werden, eine ganz neue Erzählung einsetzt[94], die einen großen Zusammenhang bis zum Ende von Kap. 4 bildet, so ist eine mögliche Fortsetzung von IISam 2 1-7 frühestens in IISam 5 zu finden. Und tatsächlich — hier taucht das Motiv von Davids Salbung durch das Volk (die demokratische Königslegitimation) wieder auf:

»Und es kamen alle Stämme Israels zu David nach Hebron und sprachen: ‚Siehe, wir sind dein Bein und Fleisch; auch gestern und vorgestern, als Saul König über uns war, bist du es gewesen, der Israel ins Feld und heimgeführt hat.‘ Und sie salbten den David zum König über Israel«[95] (IISam 5 1. 2a. 3b).

Der Erzähler hat sich den Gang der Dinge dann offenbar so vorgestellt, daß diese Salbung Davids über Israel das Ergebnis seines Briefes an die Stadt Jabeš war. So hat also David nach dieser Auffassung durch diplomatisches Geschick die Herrschaft über das Gesamtreich gewonnen und nicht durch den Verrat Abners nach jahrelangem Bürgerkrieg, wie es die Erzählung von IISam 2—4 wissen will. Das entspricht der Zentrierung auf die Person Davids, wie sie für den Erzähler der David-Saul-Geschichten II. Teil typisch ist, und der bereits beobachteten Ausschaltung von Abner und den Söhnen der Zeruja. Diese Stilisierung zur Heldengeschichte mit David als Mittelpunkt kann mit größerer Ferne zu den berichteten Ereignissen und/oder mit einer bestimmten Sicht der Dinge und entsprechender bewußter Gestaltung erklärt werden.

Als Kennzeichen der David-Saul-Geschichten II. Teil fanden wir außer dieser Zentrierung auf David die Befragung JHWHs mit Hilfe des Orakels, das sich im Besitz der Priesterfamilie von Nob befindet (benannte Personen: Ahimelech, sein Mörder Doeg und sein Sohn Abjathar), das Fehlen Abners und der Zeruja-Söhne und die große Rolle, welche die Philister spielen[96]. All diese Merkmale begegnen uns in zwei weiteren zusammengehörigen Kurzgeschichten: dem Doppelbericht von den Philisterkämpfen in IISam 5 17-25. Diese Erzählung

---

[94] S. u. S. 140ff.

[95] Zur Analyse von IISam 5 1-3 s. u. S. 165.

[96] S. o. S. 129f.

schließt sich glänzend an das bisher berichtete, auch an IISam 5 1. 2a.
3b an und bildet einen Abschluß für all die Auseinandersetzungen zwischen David und den Philistern.

Zu dem Bestand der »Abjathar-Geschichten« mag auch der verstümmelte Bericht über die Eroberung Jerusalems gehört haben
(IISam 5 6-9), der dann wohl ursprünglich nach IISam 5 17-25 stand[97]
und zusammen mit der Nachricht darüber, daß David nun in Jerusalem seine Residenz aufschlägt, einen ausgezeichneten Abschluß der
ganzen David-Saul-Geschichten II. Teil (Abjathar-Geschichten) bildet[98]. Die Wendung:

»Und David machte Fortschritte und wurde immer mächtiger und JHWH war mit
ihm« (IISam 5 10)

mag sehr wohl den eigentlichen Schluß zu diesen Geschichten von
Davids Aufstieg gebildet haben, die seinen Weg von der Verfolgung
durch Saul bis zu dem Königtum über ganz Israel mit Jerusalem als
Wohnsitz beschreiben. Sie begleiten ihn zunächst zu verschiedenen
Stätten im Lande Juda, dann ins Philisterland und nach Ziklag, zeigen
ihn in der zwielichtigen Situation eines Vasallen beim Landesfeind,
wo er gezwungen ist, gegen Achis, den König von Gath, ein falsches
Spiel zu treiben, wenn er sich die Rückkehr in die Heimat offenhalten
will[99]. Diese gelingt ihm nach Sauls Tod durch kluge Diplomatie, so
daß er erst in Juda, dann von Israel zum König gesalbt wird.

Der Erzähler vermerkt Davids List, mit der er Achis gutgläubiges,
wenn auch eigennütziges Vertrauen hintergeht, ohne Lob oder Tadel.
Er schildert den künftigen König über Israel als klugen Mann, der
geschickt zweideutige Antworten zu geben weiß[100], ja der skrupellos
Menschen umbringt, die ihm durch eine Aussage gefährlich werden
könnten[101]. Daß David hier idealisiert würde — als Gegenbeispiel diene
ISam 25 — kann man nicht behaupten[102]. Einzig durch die Schilderung
der Notlage, in die David geraten ist, wird er in der Erzählung indirekt
entschuldigt. An kultischen Bezügen finden wir nur das JHWH-
Orakel, welches der Priester Abjathar verwaltet.

Wir sahen, daß diese Erzählungen in zeitlicher Nähe zu ihrer
mündlichen Formung, die wohl auf Abjathar selber zurückgeht,
schriftlich niedergelegt worden sind[103], aber doch in recht großem

---

[97] Vgl. R. A. Carlson N 8, 56. Doch darf dann nicht nach IChr 11 6 Joab hier eingetra-
gen werden.
[98] Vgl. L. Rost. Z 87, 234. und andere; anders A. Weiser W 2, 342 f.
[99] ISam 27 8 ff. 28 1-2 29 6 ff.
[100] ISam 28 2 29 8.
[101] ISam 27 9. 11.
[102] Gegen G. Fohrer B 5, 17: »... schildern den ... stets edlen und untadeligen Helden«.   [103] S. o. S. 122 u. 130.

Abstand zu den berichteten Ereignissen, also möglicherweise erst nach Abjathars Verbannung durch Salomo. Andererseits bauen sie mit ihrer Anfangssituation auf den David-Saul-Geschichten I. Teil auf[104] oder auf diesen entsprechenden Geschichten, die dann verloren gegangen wären. Doch ist dies wenig wahrscheinlich. Wenn ihr alter Einsatz, wie anzunehmen, bei Davids Flucht und kurzem Verweilen in Nob lag, so ist er durch die spätere Entstellung dieser Geschichte verstümmelt worden[105]. Auch am Ende wurden bei der Zusammenarbeitung mit den Davidgeschichten die Erzählungen über die Philisterkämpfe aus ihrer ursprünglichen Stellung entfernt, so daß sie nun nach der Eroberung Jerusalems stehen, während sie ursprünglich wohl vorher berichtet waren[106]. Zusätze zum Text sind IISam 1 5-10. 13-16; Einschübe ursprünglich selbständiger Geschichten sehen wir in ISam 21 11 ff. 24//26 und 25 vor uns. Von der hypothetischen Zurechnung der Eroberung Jerusalems abgesehen haben die Abjathar-Geschichten also einen sehr klaren Bestand[107].

Die Zusammenarbeitung mit den Saul-Geschichten war deshalb möglich, weil die Abjathar-Geschichten Saul zwar nicht gerade freundlich, aber doch gerecht behandeln. Am deutlichsten ergibt sich das in Kap. 22, wenn man seine Entstellung durch die Veränderung von Kap. 21 in Rechnung stellt[108], jedoch ebenfalls aus Davids Trauer bei Sauls Tod[109]. Bedenken wir, daß Saul der Mörder von Abjathars Vater und ganzer Verwandtschaft war, so zeigt sich hierin eine erstaunliche Objektivität, ein Bestreben, auch der anderen Seite Gerechtigkeit widerfahren zu lassen. Angesichts dieser Sachlage wäre es nicht undenkbar, daß auch die Bearbeitung des I. Teils der David-Saul-Geschichten, die ein besseres Verständnis für Saul erstrebt[110], auf den ersten Erzähler oder den schriftstellerischen Bearbeiter der Abjathar-geschichten zurückzuführen wäre. Nicht als Beweis, aber als Indiz für literarische Zusammengehörigkeit wäre das Lied zu nennen, das dieser Bearbeiter in ISam 18 6 eingefügt hat, während es in ISam 29 5 fest zum Text gehört[111].

Diese Fähigkeit zur Objektivität, diese Suche nach Gerechtigkeit nicht nur in den zwischenmenschlichen Beziehungen, sondern auch in

---

[104] Sauls Vorwurf gegen Jonathan ISam 22 8 weist zurück auf 20 24 ff.; Abimelechs Rede 22 14 auf 18 5 und 18 22 ff.

[105] S. o. S. 120 f.

[106] S. o. S. 136.

[107] Bestand der Abjathar-Geschichten: ISam (21 2-10) 22 1-23 (außer v. 5. 10 b. 19 und w^ehæræb in v. 13) 23 1-2. 6-15. 19-28 27; 28 1-2 29; 30 1-26. (31 b?) IISam 1 1-5. 11-12. (17-27 ?) 2 1-7 5 1. 2 a. 3 b. 17-25. 6-10.

[108] S. o. S. 121.

[109] IISam 1 11 f.; diese Verse gehören zum Grundbestand.

[110] S. o. S. 117 und u. S. 208.   [111] S. o. S. 116 u. 123.

deren Darstellung scheint die eigentliche Wurzel der Geschichtsschreibung in Israel zu sein. Sowohl in der Königsnovelle Ägyptens
wie in den Testamenten hethitischer Könige, in denen sie ihren Nachkommen zur Warnung und Belehrung Geschichte berichten, beherrscht
der subjektive Standpunkt des Königs das Feld[112]. Die objektivierende
Distanz, die auch von der eigenen Beteiligung zu abstrahieren vermag,
die bei aller persönlichen Parteilichkeit doch stets bereit ist, die andere
Seite ebenfalls zu hören, scheint das Besondere israelitischer Geschichtsschreibung in deren Anfangsstadien gewesen zu sein.

3. Die David-Geschichten

(IISam 2—4. 6. 21. 24. 9—20 IReg 1—2)

a) Die Fragestellung

Wenn wir den Hauptbestand des II. Samuelbuches unter dem
Titel »David-Geschichten« zusammenfassen, so geschieht das in bewußter Ablehnung von Rosts Begriff der »Thronfolgegeschichten«[1].
Dieser Ausdruck ist nicht nur das Ergebnis einer falschen Abgrenzung,
sondern auch einer fehlerhaften Bestimmung dessen, worum es in
diesen Geschichten geht. Es wäre wünschenswert, wenn er aus dem
Sprachgebrauch der Forschung wieder verschwände.

Die falsche Abgrenzung besteht in der unzureichenden Bestimmung des Anfangs. Dieser wird keinesfalls von der Michalszene in
IISam 6 gebildet, denn diese ist ihrerseits der Abschluß der verstreuten
Berichte über Michal, unmöglich aber ein Anfang, da jede Vorstellung
und dergleichen fehlt[2]. Michals Kinderlosigkeit hat mit der Thronfolge-
frage nichts zu tun, da ja ein Überangebot an Söhnen bestand und eine
Verwandtschaft des Thronfolgers mit der Saul-Sippe keineswegs erforderlich war[3].

Ebensowenig bildet IISam 7 den Anfang. Denn dieses Kapitel hat
mit den alten Davidüberlieferungen überhaupt nichts zu tun. Selbst
wenn es einen vordeuteronomischen Kern enthalten sollte, so ist es

---

[112] Zur ägyptischen Königsnovelle vgl. A. Hermann Z 24; zur Geschichtsschreibung bei
den Hethitern vgl. H. G. Güterbock Q 8 sowie H. Otten in: H. Schmökel E 12, 337 ff.
und 413 f. »Geschichtsschreibung heißt allerdings stets nur Darstellung der eigenen
Geschichte und bedeutet im Alten Orient auch jeweils Selbstbericht des Königs« 414.
S. o. S. 4 ff.

[1] L. Rost Z 87, 119 ff.

[2] S. u. S. 144 ff., bes. S. 145 f.

[3] Die Argumente für Davids Nachfolge als König über Israel lauten nie dynastisch,
sondern entweder militärisch (IISam 5 3a) oder theologisch (IISam 3 9f. 18).

doch ein Produkt der »D-Gruppe«[4]. Auch IISam 8 wird von dieser auf Grund alter Hoflisten zusammengestellt und eingefügt sein.

Mit IISam 9 beginnt zwar der ungebrochene Erzählzusammenhang, der bis IISam 20 durchgeht und in IReg 1 und 2 seine Fortsetzung findet, aber ein Anfang ist IISam 9 nicht. Gerade wenn IISam 9—20 + IReg 1—2 »das unübertroffene Prosameisterstück der Bibel« darstellt[5], so kann es nicht derartig stümperhaft mit einem Kapitel begonnen haben, das nicht nur eine bestimmte Situation, sondern ganz spezielle Vorgänge, nämlich die Ausrottung eines großen Teiles der Saul-Familie, voraussetzt, ohne sie selber zu berichten. Auch die Vorschaltung von IISam 21, die sachlich durchaus berechtigt ist, löst das Problem noch nicht. Wir werden deshalb einen neuen Einsatz bei der Untersuchung der auftretenden Personen nehmen und danach die Abgrenzung bestimmen.

Der Wert der stilistischen Untersuchungen, auf die Rost seine Abgrenzungen gründet, soll damit nicht bestritten werden. Das häufige Vorkommen der Ploke, der bildhaften Vergleiche und der großen Reden sind unverkennbare Merkmale dieses Komplexes. Zwar fanden wir die Ploke und die »große Rede« auch in den Josephgeschichten[6], den bildhaften Vergleich in den Erzählungen von Simson[7], doch ist eine gewisse Häufung dieser Merkmale für die von Rost als »Erzählungen von der Thronnachfolge« bezeichneten Kapitel typisch. Doch muß man beachten, daß sie auch dort keineswegs gleichmäßig verteilt sind. So häufen sich die Vergleiche in der großen Rede Husais vor Absalom in

---

[4] Die Bezeichnung »D-Gruppe« für die deuteronomischen Bearbeiter der historischen Schriften übernehme ich von R. A. Carlson N 8. Ihre Hand ist deutlich zu erkennen in IISam 6 21 aβ: »vor JHWH, der mich deinem Vater und seinem ganzen Haus vorgezogen hat, um mich zum nagîd über JHWHs Volk, über Israel einzusetzen« (vgl. R. A. Carlson N 8, 94). Dasselbe gilt von allen anderen Stellen, wo ṣwh (pi) (l^e) nagîd 'āl-ᵃmmô ('āl-jiśra'el) steht: ISam 13 14 25 30. Dasselbe wird von IISam 7 8 gelten, wo wie in IISam 5 2b hajā l^enagîd zu finden ist. Die nagîd-Formel scheint nur in IReg 1 35 und ISam 10 1 (9 16 ?) mit einiger Sicherheit zum vordeuteronomischen Bestand zu gehören (vgl. R. A. Carlson N 8, 52ff.). Das ist in ISam 10 1 durch den Gebrauch von naḥᵃlā gesichert, der so bei Dtn/Dtr nicht vorkommt. Im Dtn ist das Land Israels »Erbe« oder Israel das »Erbvolk«, aber nicht »JHWHs Erbe«. Zu dem Gebrauch bei »J« vgl. IISam 14 16 20 19 21 3 Jdc 20 6; ferner in späteren Texten: ISam 26 19. Zu IISam 7 vgl. R. H. Pfeiffer Z 34, 341: »Schließlich kann man die radikalen Stilunterschiede zwischen verschiedenen Teilen des Werkes (scl. IISam) leicht überprüfen, wenn man IISam 7 — in einer Prosa geschrieben, die so verdorben (wretched) und unfähig ist wie die am schlechtesten geschriebenen Teile des AT — mit IISam 9—20 vergleicht, dem unübertroffenen Prosameisterstück der Bibel«. Vgl. ferner dazu R. A. Carlson N 8, 104ff. u. S. Mowinckel N 1, 10f.

[5] R. H. Pfeiffer Z 34, 341.

[6] S. o. S. 34 (Anm. 68).

[7] Jdc 14 6 15 14 16 9. 12. Vgl. auch Num 22 4 (J) und schwächer ISam 25 36.

IISam 17 7 ff. Daß Reden in höfischen Szenen eine ganz andere Rolle spielen als in den Berichten über Kämpfe und Abenteuer, versteht sich von selbst. Das betrifft dann logischerweise auch die Stilelemente der Rede oder die Botenszene, deren besondere Gestaltung Rost mit Recht hervorgehoben hat[8].

b) Die Personen

Blicken wir zunächst noch einmal auf die Saul- und David-Saul-Geschichten zurück, so begegneten uns als Hauptpersonen Saul und David[9]. Dazu kamen als wichtige Träger der Handlung Jonathan und Michal. In kürzeren Auftritten lernten wir kennen: Achimelech und Abjathar; Doeg, den Edomiter; Nahaš, den Ammoniterkönig, und Achis, König von Gath. Davids Vater hat einen Kurzauftritt, sonst werden seine Brüder erwähnt sowie Sauls Söhne Abinadab und Malchisua und Davids Frauen Abigail und Ahinoam. Benannte Kollektive sind die Bne Ammon, die Philister, die Amalekiter, die Leute von Jabeš, von Kegila, von Siph; unbenannte Kollektive die »Knechte Sauls«[10] und die »Männer Davids«[11], doch auch »Sauls Männer[12]«.

Von IISam 2 8 an tritt uns ein viel weiterer Personenkreis entgegen, indem nun Abner und die Zeruja-Söhne in die Handlung eingreifen. Aus der Saul-Sippe begegnen uns: Abner, Michal, Išbaal, Meribaal, Ziba, Simei, Rizpa sowie die Benjaminiten Paltiel ben Lais, Baana, Rechab und Šeba. Erwähnt werden Merab und ihre fünf Söhne, Rizpas beide Söhne Armoni und Meribaal, Jonathans Enkel Micha.

Aus der David-Sippe greifen in die Handlung ein: Joab, Abisai und Asahel, die drei Söhne der Zeruja; Amasa, der Sohn der Abigail, wie Zeruja wohl Davids Schwester. Davids Söhne Amnon, Absalom, Adonia, Salomo, ihre Schwester Tamar; auch Benaja mag zur Verwandtschaft gehört haben; sicher hingegen gehört dazu Jonadab, der Sohn von Davids Bruder Šimai, dessen anderer Sohn Jonathan nur erwähnt wird[13]; eine Gruppe für sich bilden Bathšeba, ihr Gatte Uria und ihr Großvater Ahitophel sowie dessen Gegenspieler Hušai; mit ihnen verbunden ist Nathan. Wieder eine andere Gruppe ohne Versippung mit dem Königshaus — so weit erkennbar — besteht aus den Priestern Abjathar und Zadok und deren Söhnen Jonathan und Ahimaaz.

---

[8] L. Rost Z 87, 222 ff.

[9] Vgl. zum Folgenden im Anhang Tabelle III.

[10] ISam 16 15 18 5. 23. 24. 30 21 8 22 9.

[11] ISam 18 27 22 6 23 3. 5. 8. 12. 13. 24. 26 24 3. 4. 5. 7. 8. 9 25 13. 20 27 3 28 1 29 2. 11 30 1. 3. 31 IISam 1 11 5 6. 21 16 13 17 8 19 42 21 17.

[12] ISam 23 25. 26 31 6.

[13] IISam 21 21. Die in den Heldenlisten und Anekdoten von IISam 21 und 23 genannten Personen sind sonst hier nicht berücksichtigt.

Kurz erwähnt werden Uzza, Makir ben Ammiel aus Lo debar und
Barsilai aus Rogelim sowie dessen Sohn Kimham.

An Ausländern treten auf: die Söhne des Ammoniterkönigs Nahas:
Chanun und Schobi; König Achis von Gath und Ittai von Gath; der
Jebusiter(?) Arauna; mehrere Aramäerkönige.

An benannten Kollektiven finden wir: die Ältesten Israels und des
»Hauses Davids«, die Leute von Jabeš und von Gibeon, die Krethi und
Plethi, die Fürsten der Bne Ammon; unbenannte Kollektive sind die
»Knechte Davids«[14], aber auch Joabs, Abners und Ittais »Knechte«.
Doch auch der Ausdruck, den die Abjathar-Geschichten bevorzugen:
»David und seine Männer« kommt vor[15]. Unbenannte Nebenpersonen
sind die weise Frau aus Tekoa und der Kuschite, doch auch sie sind
nicht so »unbenannt«, wie es Nebenpersonen nach den Gesetzen der
alten hebräischen Erzählkunst wären[15a]. Immerhin ist Heimatort und
Volkszugehörigkeit angegeben.

Außer den unerläßlichen Statistengruppen der »Männer« bzw.
»Knechte«, des Heerbanns und Volkes, der Leute und Ältesten haben
wir also kaum unbenannte Nebenpersonen. Selbst Boten wie die Priestersöhne Ahimaaz und Jonathan spielen eine gewichtige persönliche
Rolle. In der alten Erzählung hätte hier »ein Bote« vollauf genügt. Ihn
finden wir in Kap. 11 neben »der Magd« in Kap. 17 17 und der »Frau«
in IISam 17 19 f., dem »Knaben« in 17 18.

Nun hat jede der Personengruppen und Personen ihre besondere
Funktion in der Geschichte, aber Joab beherrscht sie von Anfang bis
Ende. Sein Konkurrent ist zunächst Abner, der in IISam 2 8 ausführlich vorgestellt wird: Sohn des Ner, Feldherr von Sauls Heer, allerdings
ohne die aus dem Richterbuch und I. Samuel bekannte Vorstellungsformel »Und es war ein Mann . . .«[16]. Die Neuordnung der Königsherrschaft nach Sauls Tod wird beschrieben, die Herrschaft Davids
über Juda mit einem adversativen Halsatz dagegengestellt[17]. Dis
eigentliche Handlung beginnt, wenn Abner mit seinen Leuten aus-
zieht. Nun tritt ihnen Joab entgegen, der als Sohn der Zeruja vorgestellt wird, doch ohne Titel, Heimatangabe oder dergleichen. Immerhin
wird deutlich, daß er der Anführer von Davids »Knechten« ist. Daß
David in Hebron residiert, wird als bekannt vorausgesetzt und am

---

[14] Knechte Davids: ISam 25 10. 40 IISam 2 13. 15. 17. 30. 31 3 22 10 2. 4 11 17 12 18 18 7. 9
21 15. 22 (IChr 19 2. 4); davon ist nur 12 18 nichtmilitärisch.

[15] Vgl. S. 140 Anm. 11 (IISam 16 13 17 8 19 42 21 17).

[15a] Vgl. A. Schulz Z 29, 18.

[16] Vgl. dazu 112 Anm. 3 u. 6; diese Vorstellungsformel gehört zu Erzählungen, die von
einem Menschen als Hauptperson handeln, nicht zu Komplexen wie unserer Geschichte.

[17] Der alte Bestand ist IISam 2 8. 9. 10b; v. 10a und 11 sind (wohl deuteronomistischer)
Zusatz. Vgl. M. Noth Z. 31, 25 Anm. 2.

Ende der Geschichte erwähnt, wo Joab mit seinen Leuten nach einem Nachtmarsch beim ersten Tageslicht in Hebron ankommt.

Der Anfang dieser Geschichte ist also derart erzählt, daß zumindest die Abjathar-Geschichte als bekannt vorausgesetzt wird, wenn nicht auch das Ende der Saul-Geschichte. Wenn der Anfang nicht durch die deuteronomistischen Zusätze in IISam 2 10a und 11 irgendwie verstümmelt worden ist — wofür jedoch keine Anhaltspunkte vorliegen — so haben wir hier den Fall eines Neueinsatzes, der sich zugleich als Fortsetzung eines anderen, vermutlich bereits schriftlich vorliegenden Berichtes versteht. Der Neueinsatz ergibt sich aus den Personen, die nun erstmalig auftreten, aus dem Wechsel von den »Männern« Davids zu seinen »Knechten«, aus dem völligen Ausbleiben der Orakelbefragung[18] und der feindlichen Philister, d. h. dem Fehlen sämtlicher Kennzeichen der Abjathar-Geschichten[19]. Dafür finden wir schon sehr schnell einen Vergleich, wenn von Joabs Bruder Asahel gesagt wird, er sei »so leichtfüßig wie eine der Gazellen in der Steppe«[20].

Das erste ausführlich geschilderte dramatische Ereignis ist Asahels Tod von Abners Hand. Dies ist der Grund oder Vorwand für Joab, seinen Konkurrenten Abner umzubringen (IISam 3); wegen dieser Tat wird er am Ende von Salomo zu Tode verurteilt[21]. So greift das Ende des ganzen Erzählkomplexes auf den Anfang zurück. Es gibt keinen Grund, die Kapitel IISam 2—4 von den mit Kap. 9 beginnenden Erzählungen zu trennen[22].

Wir können uns den Unterschied zwischen den Abjathar-Geschichten und unserm Komplex auch an der Rolle klarmachen, die David darin spielt. Im I. Samuelbuch war er stets Träger der Handlung. Im II. Samuelbuch haben Abner und Joab, später Davids Söhne das Gesetz des Handelns an sich gerissen. Von privaten Abenteuern abgesehen spielt David mit einer Ausnahme nur noch die Rolle des dämpfenden, zurückhaltenden, versöhnenden und geschehenes Unheil beklagenden Königs. Die Ausnahme besteht in der Geschicklichkeit, mit der er bei allem Jammern und Weinen während seiner Flucht aus Jerusalem den Spionagering Husai—Abjathar und Zadok—Jonathan und Ahimaaz aufbaut[23]. Das Bekenntnis Davids in IISam 3 39:

---

[18] Wenn in IISam 12 16 und 21 1 David JHWH »aufsucht«, so ist das charakteristisch anders als das JHWH »befragen« der Abjathar-Geschichten. Zu *šaʾāl bᵉ JHWH* s. o. S. 79 Anm. 3 d 1 und u. u. S 191f.

[19] S. o. S. 129f. und 135f.   [20] IISam 2 18.

[21] IReg 2 32; der Mord an Amasa kann hier außer Betracht bleiben.

[22] Daß in IISam 2—4 die erzählte Handlung vorherrscht, der höfische Stil mit längeren Reden noch zurücktritt, ergibt sich aus den Umständen, über die berichtet wird. Zu dem Zusammenhang von IISam 2—4 mit IISam 9ff. vgl. auch H. W. Hertzberg, ATD, 243 Anm. 1 u. 245, und J. Hempel Z. 85, 30. Zur Zwischenschaltung von IISam 21 u. 6 s. u. S. 166f.   [23] IISam 15 27ff. 33ff.

»Ich bin heute schwach (obwohl gesalbter König),
und diese Männer, die Söhne der Zeruja, sind härter als ich«[24]

bildet eine Art Programmsatz für Davids gesamte Rolle bis hin zu seinem Vermächtnis an Salomo in IReg 2 5 ff. Wir werden uns mit dieser »Tendenz« in der Zeichnung Davids später noch zu beschäftigen haben[25].

Der eigentliche Held der ganzen Erzählung ist Joab. Er kämpft gegen Išbaal und Abner, er führt den Krieg gegen die Bne Ammon und läßt am Ende gnädigst David den Ruhm, die Hauptstadt vollends einzunehmen[26]. Er läßt Uria umbringen und vergewissert sich hinterher durch einen wohlinstruierten Boten, daß er Davids Brief richtig gelesen hat. Er betreibt Absaloms Begnadigung und läßt ihn dann doch in der Schlacht bei Mahanaim ohne Barmherzigkeit sterben. Mit scharfen Worten tadelt er David für seine Affenliebe zu Absalom ohne jede Angst, David könne ihn, den Mörder, zur Rechenschaft ziehen[27]. Mit großer Energie schlägt er den Aufstand Šebas nieder und beseitigt bei dieser Gelegenheit gleich seinen Nebenbuhler Amasa[28]. Erfolglos ist er zum ersten und einzigen Mal, als er Adonia zum König erheben will; das kostet ihm nach Davids Tod das Leben[29].

Mit der Spannung und Widersprüchlichkeit, die dadurch entsteht, daß Joab einerseits der Träger der Handlung mit durchaus positiver Zeichnung, andererseits aber der »negative Held« ist, auf den alle Schuld abgewälzt wird, werden wir uns noch zu beschäftigen haben[30]. Hier scheint der Schlüssel zur Traditionsgeschichte der David-Erzählungen zu liegen.

Noch erstaunlicher als der Widerspruch in der Zeichnung Joabs ist aber die Tatsache, daß die Angehörigen der Saul-Familie durchgehend eine erhebliche Bedeutung im Handlungsablauf haben. Man sollte meinen, mit Abners und Išbaals Tod hätte diese Sippe ausgespielt und könnte vom Erzähler nun liegengelassen werden. Doch berichtet er ausführlich vom Ende der sieben Saulnachkommen, von Meribaals doppelter Begnadigung, von Simei und Ziba, deren Tun für die Gesamthandlung völlig unerheblich ist[31]. Rühmend spricht der

---

[24] Hertzberg, ATD, übersetzt: »Ich bin heute noch zu schwach und zu ohnmächtig für einen König, . . .«. Zur Unsicherheit des Textes vgl. seine Anm. 2 auf S. 210 und K. Budde, KHAT, z. St.

[25] S. u. S. 149 ff.

[26] IISam 12 26 ff.

[27] IISam 11 16 ff. 14; 18 10 ff. 19 2 ff.

[28] IISam 20.

[29] IReg 1—2.

[30] S. u. S. 152 ff. 171.

[31] Kap. 21, Kap. 9 und 19, Kap. 16 und 19.

Erzähler von Sauls Nebenfrau Rizpa[32]. Diese Saulnachkommen sind für eine kürzere oder längere Strecke jeweils Träger der Handlung und treten meistens David gegenüber. Die Erwähnung von Micha, Meribaals »kleinem Sohn«[33], führt zu der Vermutung, daß der Erzähler zur Zeit seines Berichtens diesen Micha als Kind kennt und daß ihm daran liegt, davon zu berichten, daß die Saulfamilie nicht ausgestorben ist, sondern daß gerade Jonathan Nachkommen hat. Das steht im Kontrast zu der Notiz über Michals Kinderlosigkeit in IISam 6 23.

Exkurs VI: *Michal*

Auch in der Ladeerzählung von IISam 6 begegnet uns eine Angehörige der Saul-Familie, ohne daß die Erzählung selber das nötig machte. Die v. 16 und 20-23 ließen sich ohne jede Not entbehren. Im Gegenteil machen sie die Geschichte doppellastig, geben ihr, obwohl die Handlung eigentlich schon zur Ruhe gekommen und die Spannung gelöst war, ob David die Lade glücklich in die Stadt bringt, ein neues Thema und einen ganz anderen Horizont. Denn die Feststellung, daß Michal David »in ihrem Herzen verachtete« (IISam 6 16) läßt sich nur im Kontrast zu der Aussage von ISam 18 20 verstehen, wo es heißt:

»Und es gewann lieb Michal, die Tochter Sauls, den David.«

Zwischen diesen beiden Sätzen geben uns einige verstreute Notizen Auskunft über Michals Geschick. Nachdem sie Davids Frau geworden ist, verhilft sie ihm zur Flucht und belügt ihren Vater[34]. Er gibt sie dem Paltiel ben Lais aus Gallim zur Frau[35]. Als Abner mit David verhandeln will, stellt David die Rückgabe Michals zur Bedingung und richtet die entsprechende Forderung an Isbaal[36]. Abner holt sie und verscheucht ihren Mann, der ihr weinend gefolgt war. In der Forderung Davids wird ausdrücklich auf die hundert Vorhäute Bezug genommen, um die David einst Michal erworben hatte. Auch in diesem Punkt greift der Erzähler der Davidgeschichten auf die David-Saul-Geschichten I. Teil zurück[37]. In den Saul- und David-Saul-Geschichten II. Teil wird Michal niemals erwähnt, wenn man von der Notiz in ISam 25 44 ab-

---

[32] IISam 21 10f.

[33] IISam 9 12.

[34] ISam 18 20. 22-26a. 27 19 11-17.

[35] ISam 25 44.

[36] IISam 3 13ff. Natürlich war David nicht so blöde, die Botschaft an Abner zu richten, womit er dessen Geheimverhandlungen bloßgestellt hätte. So richtig K. Budde z. St.; ohne Verständnis H. J. Stoebe Z 11, 233f.

[37] IISam 3 14 bezieht sich auf ISam 18 25 und 27.

sieht, die nicht an diesen Ort gehört und kein Bestandteil der Abjathar-Geschichten ist.

Rätselhaft ist die Erwähnung Michals in IISam 21 8, wo der hebräische Text behauptet, David habe die fünf Söhne Michals, die sie dem Adriel ben Barsilai, dem Meholati, geboren hatte, an die Gibeoniter ausgeliefert. Die griechische und syrische Übersetzung lesen Merab anstelle von Michal, was mit der Angabe von ISam 18 19 übereinstimmt. Natürlich darf »Michal« als die lectio difficilior nicht einfach beiseite geschoben werden; aber gegen H. J. Stoebe, der annimmt, Michal sei Adriels Frau gewesen, Paltiel eine Erfindung und David habe Michals Kinder umbringen lassen[38], wendet H. W. Hertzberg mit Recht ein, daß diese Lesart den Komplex um die Saultöchter derart verwickelt mache, daß die Lesart der Versionen den bei weitem plausibleren Weg anzeige. Auch sei der Abstand zwischen historischem Vorgang und schriftlicher Abfassung der Erzählung nicht so groß gewesen, daß die Traditionen sich hätten derartig ändern können[39]. Das schlichte Verständnis von IISam 6 23, wonach Michal überhaupt keine Kinder hatte, steht in krassem Widerspruch zu der Michal-Version von IISam 21 8 mit den fünf Kindern[40].

Diese wenigen, auf zwei Erzählkomplexe und eine verstreute Nachricht (ISam 25 44) verteilten Bemerkungen über Michal ergeben doch ein erstaunlich klares Bild von ihrem Schicksal. Was die Umwandlung ihrer Liebe zu David in höhnende Ablehnung bewirkt hat, erfahren wir nicht. Es kann der Streit zwischen ihrem Vater Saul und David gewesen sein, in dem sie wie Jonathan für ihren Vater Partei ergriff[41], aber auch die Ehe mit Paltiel mag die Ursache gewesen sein oder die Tatsache, daß sie nach ihrer Rückkehr zu David nicht dessen einzige Frau, sondern eine der Frauen seines Harems sein sollte. Möglicherweise wirkten alle diese Momente zusammen. Der Erzähler hat uns hierüber keine Auskunft gegeben, aber sein karger Bericht zeigt, daß er Michal als tragische Gestalt betrachtet wie ihren Vater Saul, als dessen Tochter er sie (verständlicherweise) bei dem ersten Auftreten in IISam 6 16 bezeichnet, was er (eigentlich unnötig) in v. 23 wiederholt.

---

[38] H. J. Stoebe Z 11, 229, 231 f., vgl. auch J. J. Glück N 14 und G. W. Ahlström L 1, 34. Ahlström übersieht in seiner Analyse von IISam 6 den Kompositionscharakter des Kapitels.

[39] H. W. Hertzberg, ATD³, 129 Anm. 1 und 316 Anm. 3.

[40] H. J. Stoebe Z 11, 229, setzt hier als selbstverständlich voraus, daß sich Michals Kinderlosigkeit nur auf ihre Ehe mit David bezieht. Wieso eigentlich?

[41] Daß Jonathan an der Seite seines Vaters fällt (ISam 31 2), hat G. Hölscher veranlaßt, die Freundschaft zwischen Jonathan und David für unhistorisch zu halten. Der Bruch kann aber auch durch Davids Übertritt ins Philisterland veranlaßt worden sein, was ebenso bei Michal die innere Entfremdung von David bewirkt haben mag.

[42] Gegen Hertzberg, ATD³, 230; vgl. R. A. Carlson N 8, 93.

Ihre Tragik sieht er darin, daß diese Frau zum Objekt politischer Be-
rechnung geworden ist, die nicht nach dem Menschenherzen und seinen
Bindungen fragt, so daß es an seinem Schicksal zerbrechen muß.
Ähnlich wird es später David mit seinem Sohn Absalom ergehen.
Michals Kinderlosigkeit ist dann der äußere Ausdruck ihrer inneren
Tragik. Daß der Erzähler darin eine Strafe Gottes gesehen hätte, wird
jedenfalls mit keinem Wort angedeutet[42]. Möglicherweise hat es der
Bearbeiter der »D-Gruppe« so verstanden, der zu der höhnischen Zurechtweisung, mit der David bei dem alten Erzähler Michals Tadel
entgegnet — er werde sich bei den Mägden schon zu Ehren bringen! —
die Kränkung hinzufügte, in der David sich der Saul-Familie gegenüber als den von Gott Erwählten bezeichnet[43]. Löst man diesen deuteronomistischen Zusatz aus dem Text heraus, so klärt sich nicht nur die
Textverderbnis an dieser Stelle, sondern auch der seltsame Übergang
von Prosa zu gebundener Rede[44].

Ist die Michal-David-Szene in IISam 6 16 + 20-23 in ihrem inneren
Verlauf nur verständlich, wenn der Leser die Michaltraditionen von
ISam 18—19 und IISam 3 vor Augen hat, so ist sie auch äußerlich so
gestaltet, daß sie Früheres voraussetzt. Denn der Leser würde aus
diesem Abschnitt nicht erfahren, daß Michal Davids Frau ist, wenn er
es nicht aus Kap. 3 schon wüßte.

Was hat den Schriftsteller veranlaßt, diese Szene in die Erzählung
von der Einholung der Lade einzufügen? Sie kann einmal unabhängig
von der Ladegeschichte bestanden und irgendein anderes Kultfest oder
das wiederkehrende Ladefest zum Anlaß gehabt haben. Vielleicht gab
es auch eine Diskussion unter Davids Leuten über dessen Kulttänze,
der diese Geschichte ihre Entstehung oder — wenn historisch — ihre
Erhaltung verdankt. Dann aber lag es nahe, sie mit der einzigen
berichteten Kultgeschichte zu verbinden, also der Ladeeinholung. Da
unser Erzähler ein sehr geringes Interesse an Kultischem hat, wendet
er zugleich die Kultgeschichte derart um, daß sie zu einer persönlichen
Geschichte wird. Er entläßt seinen Leser nicht mit dem Jubel über die
Einholung der Lade, sondern mit dem Empfinden von der Tragik der
Saulfamilie. Zugleich hat er damit die Möglichkeit, Michals Schicksal
zu Ende zu führen: »bis an den Tag ihres Todes«, wie er gern seine
Personen bis zu ihrem Ende begleitet[45].

---

[43] Zu IISam 6 21 aβ als deuteronom. Einfügung s. o. S. 139 Anm. 4. Dieser fromme
Zusatz (»von JHWH erwählt«) hat die alte Antwort Davids mit ihrer sexuellen Be-
deutung derart überlagert, daß man sie so fromm mißverstehen kann, wie H. W.
Hertzberg, ATD³, 230, dies tut.

[44] Der alte Text begann mit *śiḥăqtî lipnê JHWH*; durch die Einfügung ergab sich die
Verdoppelung des *lipnê JHWH* und alle andere Entstellung, vgl. LXX.

[45] S. u. S. 148 und L. Rost Z 87, 231.

Zusammenfassend wird man sagen dürfen, daß die Michal-David-Szene nicht in sich ruht, auch kein Anfang ist, sondern den Abschluß der Michal-Traditionen bildet und für die sorgfältige kompositorische Arbeit des Verfassers zeugt. Desgleichen für seinen Anteil an dem Schicksal der auftretenden Personen, ob sie nun zur Saul- oder zur David-Familie gehören.

Haben wir festgestellt, daß die Saul- und die David-Sippe in unserm Komplex das Feld nahezu ausschließlich beherrschen, so können wir noch einige allgemeine Beobachtungen zu den Personen anschließen. Zunächst fällt auf, daß keine Familie bzw. kein Familienzweig über mehr als vier Generationen geht[46]:

1. Saul	Isai			(Ahimelech)	
2. Jonathan	David	(Simai)		Abjathar	Zadok
3. Meribaal	Absalom	Salomo	Jonadab	Jonathan	Ahimaaz
4. (Micha)	(Tamar)	(Rehabeam)			

Dabei muß in Rechnung gestellt werden, daß die Generationen Altersverschiebungen aufweisen. Davids Brüder und Schwestern sind so alt, daß sie nicht mehr in unsere Handlung, die in der 2. und 3. Generation spielt, eingreifen, wie auch Jonadab offensichtlich erheblich älter ist als die Söhne Davids: *'îš ḥakam me'od* (IISam 13 3). Andererseits könnte die Ahimelech-Familie etwas jünger sein als die anderen, weil die beiden sportlichen Läufer Jonathan und Ahimaaz einen recht jugendlichen Eindruck machen. Da die Personen der 4. Generation nur als Kinder genannt werden[47], so muß der Erzähler der Geschichte der 3. Generation angehört haben. Er kennt die Angehörigen der Saul- und der David-Familie, ohne wohl zu einer von ihnen zu gehören. Das legt die Vermutung nahe, daß er zu der dritten Familie, also den Ahimelech-Nachkommen, enge Beziehungen hat. Daß so unwichtige Botenfiguren wie Jonathan und Ahimaaz eine derart bedeutende Rolle spielen, so daß auch völlig unerhebliche Details wie ihr Versteckspiel in Bachurim (IISam 17 18 ff.) erzählt werden, erlaubt den Schluß, aus ihrem Kreis müsse die Kenntnis über die Vorgänge gekommen sein. Die ehemaligen Priester von Nob sind Benjaminiten, durch Sauls Bluttat vertrieben und Davidanhänger geworden, in Jerusalem zu Ehren gekommen, bis sie Salomo wieder nach Anatot in Benjamin verbannt. Im Streit um die Thronfolge stehen sie zunächst mit Joab und mit den Zadokiden auf Davids Seite gegen Absalom, dann mit Joab, aber gegen die Zado-

---

[46] In Klammer gesetzt sind die Personen, die erwähnt werden, ohne handelnd aufzutreten, oder aus anderen Traditionen zu ergänzen sind.

[47] Micha IISam 9 12 (*bæn-qaṭan*); Tamar IISam 14 27; Rehabeam erscheint nicht in dem hier besprochenen Bereich.

kiden auf Adonias Seite gegen Salomo. Kein Wunder, daß Joab der Held der Geschichte ist[48]. Da die Erzählung auf der Abjathar-Geschichte aufbaut, wie wir oben sahen[49], liegt es nahe, dessen Sohn Jonathan für den Verfasser oder genauer gesagt: für den Erstverfasser zu halten. Wir können diese Frage erst dann weiterverfolgen, wenn wir geprüft haben, ob innerhalb der Davidgeschichten ein Wachstumsprozeß zu erkennen ist[50].

Zu den Personen abschließend noch eine Beobachtung: eines friedlichen Todes stirbt nur David. Im Kampf fällt Asahel, nach Todesurteil hingerichtet werden Baana und Rechab, durch Gotteseinwirkung Uzza und Davids Kind, durch Mord: Abner, Išbaal, Uria, Amnon, Absalom, Amasa, Šeba, Adonia, Joab und Simei[51], durch Selbstmord: Ahitophel. Der Tod hält also reiche Ernte. Wir werden im folgenden Abschnitt zu prüfen haben, mit welcher Beurteilung all diese Morde erzählt werden.

c) Die Tendenzen

aa) Die Unverletzlichkeit des Königs

Bei der Untersuchung des I. Samuelbuches sahen wir, daß eine Bearbeitung zu erkennen ist, welche eine bestimmte »politische« Tendenz verfolgt: die Unverletzlichkeit des Königs[52]. Wir fragen nun im Blick auf die David-Geschichten, ob diese Tendenz auch hier auftritt und welche Rolle sie in der Erzählung spielt. Sie könnte, wie in den David-Saul-Geschichten, eine Bearbeitungstendenz sein, sie kann auch der Erzählung von ihrer ersten Konzeption an innegewohnt haben.

Wir finden nur eine Stelle, die hier in Frage kommt:

»Für so etwas sollte Simei nicht sterben, daß er den Gesalbten JHWHs beschimpft hat?«

fragt Abisai, der Sohn der Zeruja, als Simei nach Absaloms Niederlage um Begnadigung bittet (IISam 19 22). Schon damals, als Simei David auf seiner Flucht beschimpfte — oder verfluchte[53] —, hatte Abisai die Erlaubnis zum Dreinschlagen haben wollen:

---

[48] Diese Beurteilung Joabs findet sich bei J. Hempel Z. 85, 30 und bei J. J. Jackson U 5, 187: »the two major protagonists of the story: David and Joab«. Dies hat G. Hölscher bei der Beurteilung der Verfasserfrage übersehen, Z 88, 95.

[49] S. o. S. 142.

[50] S. u. S. 172f. 177.

[51] Man kann darüber streiten, ob die Tötung von Joab, Simei und Adonia nicht ebenfalls eine Hinrichtung nach Todesurteil ist, andererseits kann man auch die Tötung Baanas und Rechabs als Mord bezeichnen.

[52] ISam 24 7 IISam 1 14; s. o. S. 124f. und S. 130ff.

[53] Zur Bedeutung von qll pi. vgl. C. H. Brichto L 3, 138ff.

»Warum darf dieser tote Hund meinen Herrn, den König, beschimpfen? Ich will hinübergehen und seinen Kopf abtrennen« (II Sam 16 9).

Beide Stellen unterscheiden sich durch die feine Nuance, daß es das eine Mal (16 9) um das Ansehen des Königs geht, also ganz profan argumentiert wird, das andere Mal (19 22) um den Gesalbten Gottes, was eine bestimmte »Ideologie« vom König voraussetzt. Der Gesalbte Gottes ist »tabu« — wer das Tabu verletzt, muß sterben.

Es wäre interessant zu wissen, wie dieses Tabu begründet ist. Religionsgeschichtliche Analogien legen es nahe, für die Priester in Israel ein solches Tabu anzunehmen. Dieses wird hinter der Weigerung stehen, die Sauls Knechte ihrem König entgegensetzen, als er ihnen befiehlt, Ahimelech, den Priester von Nob, und dessen Angehörige zu töten[54]. Diese Weigerung könnte zwar auch in dem Entsetzen über den Justizskandal begründet sein, der mit diesem Todesurteil des Königs vorliegt. Doch spricht die Tatsache, daß ein Landfremder — Doeg, der Edomiter — die Hinrichtung vollzieht, mehr dafür, daß religiöse Scheu die Leute hindert, ihre Hand an die Priester zu legen. Ist die Unverletzlichkeit des Königs als des »Gesalbten JHWHs« nun in Analogie zum Priestertabu zu sehen oder ist sie anders begründet? E. Kutsch hat nachgewiesen, daß wir keinen Anhalt dafür haben, daß die Königssalbung aus der Priestersalbung abgeleitet sei. Sie ist vielmehr Autoritätsübertragung durch das Volk (oder durch einen Oberherren). Die Salbung durch JHWH hält er für ein prophetisches Theologumenon[55]. Ist die Salbung aber Autoritätsübertragung — durch das Volk oder durch den »Oberherren« JHWH — so gehört sie in die juristische und nicht in die religiöse Sphäre[55a]. Sie wäre dann Ausdruck für die Sonderstellung, die dem Schiedsrichter gegenüber den streitenden Parteien zukommt. Insofern ist der Unterschied zwischen den beiden Reden Abisais wirklich nur eine Nuance. Über die Frage, ob hier eine Absicht der ursprünglichen Erzählung oder eine Bearbeitung vorliegt, können wir erst entscheiden, wenn wir im nächsten Abschnitt die Antwort des Königs untersucht haben.

bb) Die Unschuld des Königs

Wird dem König als dem obersten Richter Unverletzlichkeit zugebilligt, so wird von ihm auf der anderen Seite Unschuld gefordert. Er darf nicht in den Streit der Parteien hineingezogen sein und er darf nicht zu seinem eigenen Vorteil seine Machtstellung ausnützen. Nur so kann er das Schiedsgericht zwischen streitenden Sippen und Perso-

---

[54] I Sam 22 17; s. o. S. 121.

[55] E. Kutsch L 6, 53 ff.

[55a] Anders W. Beyerlin C 3, 190 ff., der ein Königscharisma kanaanäischen Ursprungs annimmt, das mit der Salbung verliehen wurde.

nen mit Autorität wahrnehmen. Den schönsten erzählerischen Ausdruck findet diese Anschauung in der Geschichte von David und Abigail (ISam 25)[56]. In den David-Geschichten begegnet uns auf Schritt und Tritt das Bemühen, David von aller Schuld reinzuwaschen.

Die David-Überlieferung ist voll von Ermordeten[56a], wobei einige Morde David von direktem Nutzen sind: so der Tod Abners, Išbaals, Urias und Absaloms. Zwei Hinrichtungen legt er im Sterben seinem Sohn Salomo ans Herz[57]. Wie es auch historisch um Davids Schuld oder Unschuld bestellt gewesen sein mag — entweder betont die Erzählung in auffälliger Weise seine Unschuld, unterstreicht sie sozusagen jedesmal dick mit Rotstift, oder sie stellt künstlich diese Unschuld her, um David nach Möglichkeit reinzuwaschen. Ob Betonung bestimmter Züge oder Retouchierung des historischen Tatbestandes — eine starke Tendenz des Erzählers in Richtung Unschuld Davids läßt sich nicht bestreiten.

David ist durch Hungersnot und Gottesspruch gezwungen, die sieben Saul-Nachkommen den Gibeoniten auszuliefern (IISam 21). Er ist von Amnon im Blick auf Tamar, von Absalom im Blick auf Amnons Tod betrogen worden (Kap. 13). Absaloms Verschonung hatte er ausdrücklich befohlen (IISam 18 5, vgl. 10ff.). Von Abners und Amasas Ermordung wußte er nichts und hatte keinen Befehl dazu gegeben (IISam 3 28ff. 20 9ff.; vgl. IReg 2 32). So wird Joabs Schuld durch keinen königlichen Befehl gemildert, während sich Benaja, als er Joab umbringt, auf »Befehlsnotstand« berufen kann (IReg 2 31ff.). Je mehr die Unschuld des Königs betont wird, desto stärker fällt alle Schuld auf Joab, zum Teil auch auf seinen Bruder Abisai.

Das geht so weit, daß David an drei Stellen sich von den »Söhnen der Zeruja« ausdrücklich lossagt bzw. seine Schwäche ihnen gegenüber konstatiert:

»Ich bin heute schwach, obwohl gesalbter König, und diese Männer, die Söhne der Zeruja, sind härter als ich«[57a] (IISam 3 39).

»Was habe ich mit euch zu schaffen, ihr Söhne der Zeruja? denn er flucht, weil JHWH ihm befal: Verfluche den David! und wer darf sagen: Warum tust du das?« (IISam 16 10)

»Was habe ich mit euch zu schaffen, ihr Söhne der Zeruja? denn ihr seid mir heute zum Versucher geworden. Soll heute ein Mann in Israel getötet werden? Wißt ihr denn nicht[58], daß ich heute König über Israel geworden bin?« (IISam 19 23)

---

[56] S. o. S. 90ff.

[56a] S. o. S. 148.

[57] IReg 2 5ff.

[57a] Zum Textproblem dieser Stelle vgl. o. S. 143 Anm. 24.

[58] So nach G[L]; der masoretische Text und die anderen G Handschriften lesen: »Weiß ich denn nicht . . .«.

Diese drei Stellen haben das gemeinsam, daß jeweils eine Doppelrede des Königs vorliegt, d. h. daß er zweimal direkt hintereinander das Wort ergreift. Das ist für die hebräische Erzählkunst etwas Ungewöhnliches[59]. Wir müssen darum die drei Stellen genauer daraufhin untersuchen, ob sie Zusatzcharakter erkennen lassen. Wenn ja, so müssen wir uns weiter bemühen, den Charakter dieser Zusätze zu bestimmen, ob sie sprachlich der alten Erzählung nahestehen oder ob sie etwa deuteronomistischen Charakter haben.

Wir beginnen mit IISam 3 39. Die oben angeführte Stelle wird mit dem Satz eingeleitet:

»Und der König sprach zu seinen Knechten: ‚Wißt ihr nicht, daß ein Fürst und Großer heute in Israel gefallen ist?'« (v. 38).

Davor ist berichtet, wie David nach der Ermordung Abners den Joab und sein Haus verflucht, welche Trauerbräuche er anordnet und selbst einhält, daß er darin die Zustimmung seiner Leute findet. Der Bericht schließt mit den Worten:

»Und es wußte das ganze (Kriegs)volk und ganz Israel an diesem Tage, daß es nicht vom König ausgegangen war, Abner, den Sohn Ners, töten zu lassen« (v. 37).

Wenn der König dann noch einmal das Wort nimmt, um Abner zu rühmen und sich von den Zeruja-Söhnen loszusagen, so wirkt das wie ein Nachtrag. Die Lossageformel und die Vergeltungsformel am Ende sind viel schwächer als der Fluch in v. 29. Dieser Zusatz antwortet aber auf die unausgesprochene Frage, warum David Joab nicht für die Mordtat bestraft hat.

Betrachten wir IISam 19 17-24, so lassen sich die v. 22 und 23 ohne Schwierigkeit aus dem Zusammenhang herauslösen[59a]. Dann antwortet der König auf Simeis Bitte um Begnadigung direkt mit der Zusage: »Du wirst nicht sterben« und bekräftigt dies mit seinem Schwur. Durch den dazwischengeschobenen Einwand Abisais, daß Simei doch den Gesalbten JHWHs beschimpft habe, und Davids Zurückweisung mit der Lossageformel gewinnt zwar die Szene an Dramatik, aber nötig für die Handlung ist der Einwand nicht. Man kann die Doppelrede des Königs mit den verschiedenen Adressaten — einmal Abisai, einmal Simei — erklären, aber auffällig bleibt sie doch. Die Stelle ist insofern besonders interessant, als sie in Abisais Einwand das Motiv von der Unantastbarkeit des Königs bringt, also einen Zug der Königsideolo-

---

[59] Vgl. H. Gunkel Z 109, XLII. In IISam 3 28 ff. liegen die Dinge etwas komplizierter, insofern hier die »Doppelrede« durch die Verse 36 u. 37 voneinander getrennt ist. Im Ganzen nimmt David in 3 28-39 fünf Mal ohne Gegenrede das Wort, Trauerlied und Schwur eingerechnet (v. 28. 31. 33. 35. 38).

[59a] Vgl. A. Schulz Z 29, 21 f.

gie[60], durch Davids Antwort aber die Großmut des Königs besonders hervorgehoben wird — auch sie ein Bestandteil dieser Ideologie[61].

In IISam 16 5-12 gehört die Abisai-Rede fest zum Text, denn beide Davidworte nehmen auf Abisais Vorschlag Bezug, den Simei mit Gewalt zum Schweigen zu bringen. In beiden Davidworten finden wir das Argument, daß Simei flucht, weil JHWH es ihn geheißen hat. Dies ist in v. 10 klar durchgeführt und Hauptargument, während es in v. 11 nur angedeutet wird. Der Hauptgedanke ist hier, daß neben der Tragik, daß sein eigener Sohn sich gegen ihn auflehnt, für David der Fluch eines Benjaminiten so geringfügig ist, daß er zu den — von JHWH gefügten — Leiden gehört, die JHWH wieder mit Gutem ausgleichen kann. So schließt diese Rede hoffnungsvoll (v. 12), während die erste nur die Ergebung in JHWHs Willen kennt. Nehmen wir also wegen der Doppelrede an, daß entweder v. 10 oder v. 11-12 Zusatz ist, so läßt sich nicht leicht entscheiden, welches Wort nun zum ursprünglichen Bestand gehört. Da die seltene Bezeichnung *bæn-(hǎ)jᵉmînî*[62] in bezug auf Simei auch in IISam 19 17 und IReg 2 8 begegnet[63], hier aber in v. 11, so wird man diesen für den originalen halten können. Dann wäre auch hier der Zusatzcharakter der Lossageformel »Was habe ich mit euch zu schaffen, ihr Söhne der Zeruja« gegeben (v. 10).

Stehen alle drei Stellen, an denen im Munde Davids die Söhne der Zeruja vorkommen[64], im Verdacht, Zusätze zu sein, so stützt sich dieser dreifache Verdacht gegenseitig und wir setzen im folgenden den Zusatzcharakter als gegeben voraus. Es bleibt zu prüfen, ob es sich um deuteronomistische Zusätze oder um vordeuteronomistische Worte handelt. Alle drei Stellen unterstreichen die Unschuld des Königs, indem sie das Böse den Zeruja-Söhnen zuschieben. Sie vertreten also eine positive Königsideologie. Dies spricht gegen Herkunft aus der D-Gruppe. Doch muß man mit solchen ideologischen Argumenten vorsichtig sein, da über die Wertung des Königtums und Davids in der D-Gruppe die Meinungen der Forscher auseinandergehen und wir nicht wissen, ob nicht auch die D-Gruppe selbst in sich uneinheitlich in dieser Beziehung dachte. Wir setzen deshalb mehr Vertrauen in eine sprachliche Untersuchung, die allerdings bei solch kurzen Texten auch nicht gerade sichere Beweise bringt. Hier fällt das Ergebnis zugunsten

---

[60] S. o. S. 148f.

[61] S. u. S. 162ff. Zu vergleichen ist ISam 11 13, das literarisch sehr wohl von unserer Stelle abhängig sein kann.

[62] *bæn-(hǎ)jᵉmînî* nur bei »J«: Jdc 3 15 (Ehud) (19 16 Glosse zu »J«) ISam 9 21 22 7 IISam 16 11 19 17 IReg 2 8.

[63] In beiden Fällen steht die Bezeichnung im Originaltext.

[64] Sonst nur IISam 2 18 bei der Vorstellung und IChr 2 16.

des vordeuteronomischen Charakters unserer Zusätze aus[65]. Ja diese Zusätze unterscheiden sich in ihrer Sprache so wenig vom Grundtext,

---

[65] a) $h^a lo$ ' $ted^{'}\hat{u}$ findet sich in den hist. Schriften: Gen 44 5 Jdc 15 11 ISam 20 30 IISam 2 26 3 38 11 20 ; zTl Sing; also nur bei J und »J«.

b) $gad\hat{o}l$ »ein Großer« hat die einzige Parallele in dem $h\breve{a}gg^edol\hat{i}m$ ' $^a\check{s}\alpha r$ ba ' $ar\alpha\bar{s}$ des deut. Kapitels IISam 7 (v. 9).

c) $\check{s}lm$ pi. »vergelten« s. o. S. 126 Anm. 69 und zu dem Gedanken des Rechtsausgleichs durch JHWH s. o. S. 126 ff. und u. S. 158 f.

d) $he\check{s}\hat{i}b$ »vergelten« Jdc 9 56. 57 ISam 25 21. 39 26 23 IISam 16 8. 12 IReg 2 32. 44. Davon ist nur ISam 25 21 JHWH nicht Subjekt Jdc 9 56. 57 ist eine späte moralisierende Glosse (D-Gruppe?) zur Abimelech-Geschichte, ISam 26 ist gedanklich von ISam 24 abhängig, wo allerdings $\check{s}lm$ pi. steht und nicht $he\check{s}\hat{i}b$. Sonst nur bei »J«.

e) $m\bar{a}$ $l\hat{i}$ $w^elak\alpha m$ sonst in hist. Schriften nur Jdc 11 12 IReg 17 18 IIReg 2 13, also nie bei »J«, aber auch nicht Dtr.

f) qll pi. »verfluchen« kommt bei Dtn nur in 23 5 in bezug auf die J/E Tradition von Bileam vor; das Hauptwort $q^elal\bar{a}$ dagegen steht bei Dtn 11 mal! Umgekehrt hat »J« das Verb 12 mal (Gen, Jdc, IISam), das Nomen nur 2 mal.

g) $m\breve{a}dd\hat{u}^{a'}$ »warum?« steht besonders häufig bei J und »J«: Gen 26 27 Ex 2 18 3 3 5 14 Jos 17 14 Jdc 12 1 ISam 20 27 IISam 3 7 11 10-20 13 4 16 10 19 42 24 21 IReg 1 6. 41. In anderen Schichten: Gen 40 7 Ex 1 18 18 14 Lev 10 17 Jdc 5 28 (Lied) ISam 21 2 IISam 12 9 IIReg 4 23 8 12 9 11 12 8. Dtr-verdächtig ist davon nur IISam 12 9.

h) $m^e\check{s}\hat{\iota}^a\underline{h}$ $JHWH$ bei »J«: ISam 24 7. 7. 11 (26 9. 11. 16. 23) IISam 1 14. 16 19 22; also nie im ursprünglichen Text, sondern stets in Zusätzen bzw. der sekundären Tradition von ISam 26. Dtr-verdächtig in: ISam 2 35 12 3. 5 vgl. auch Verb in IISam 12 7. Im Lied: ISam 2 10 IISam 22 51 23 1. Die Wendungen in ISam 12 3. 5 weichen charakteristisch von dem sonstigen Gebrauch ab. Ein deuteronomistischer Sprachgebrauch wäre also nur bei dem fast singulären Ausdruck »ein Großer« gegeben. Sonst sind alle Wendungen bei der D-Gruppe nicht oder fast nicht belegt und weisen außer bei $m\bar{a}$ $l\hat{i}$ $w^elak\alpha m$ eindeutig auf die Sprachschicht der frühen Königszeit.

Zur Sicherheit sei noch die Analyse von IISam 16 11 f. angegeben:

i) $b^en\hat{i}$ ' $^a\check{s}\alpha r$ $ja\bar{s}a$ ' $mimme^{'}a\hat{i}$ kommt ähnlich in IISam 7 12 vor, ist also Dtr-verdächtig, doch finden wir das Wort $me^{'}\bar{\alpha}$ auch bei J in Gen 25 23 und in den Davidgeschichten IISam 20 10. IISam 7 12 könnte von IISam 16 11 abhängig sein.

k) $m^eb\breve{a}qqe\check{s}$ ' αt-$n\breve{a}p\check{s}\hat{\iota}$ steht häufig bei J und »J«: Ex 4 19 ISam 20 1 22 23 23 10. 15 IISam 4 8 16 11, doch auch in IReg 19 10//14 und in der deuteronomistischen Erweiterung in ISam 25 29.

l) $h\breve{a}nnih\bar{a}$ (bzw. Pl., mit l^e oder ' αt konstruiert) in der Bedeutung: »laß in Ruhe« begegnet in Ex 32 10 Jdc 16 26 und IISam 16 11. Jdc 16 26 gehört zum Sprachbereich von »J«, Ex 32 10 scheint einer Glosse der D-Gruppe anzugehören.

m) jir ' $\bar{\alpha}$ $JHWH$ b^e $^{'}\bar{a}nj\hat{i}$ steht bei J in: Gen 16 11 29 32 Ex 3 7. 17 4 31; bei E und anderen vorexilischen Schichten: Gen 31 42 41 52 ISam 1 11. Bei Dtn 26 7 ist der Gebrauch abhängig von der J/E Tradition in Ex 3—4. In konjizierten Texten finden wir den Ausdruck in ISam 9 16, was ein alter (oder ein deuteronomistischer) Zusatz zum Grundtext sein kann (s. o. S. 108 f.), und in IISam 16 12.

daß man sie in zeitlicher Nähe wird ansetzen müssen. Die in ihnen enthaltenen Tendenzen von der Unschuld, der Unverletzlichkeit und der
Großmut des Königs zeigen eine bestimmte »Königsideologie«,während
zugleich über die Schwäche Davids gegenüber den Gewalttätern Joab
und Abisai nachgedacht wird. Wenn David an ihren Taten unschuldig
war — warum hat er ihnen nicht gewehrt? Ja doch, er hat es im Falle
des Benjaminiten Simei getan! Der Widerspruch, der zwischen der
Begnadigung Simeis in IISam 19 und dem Mordbefehl des sterbenden
David an Salomo besteht (IReg 2), wird in dem Augenblick aufgehoben, wo man IISam 19 23 als Zusatz erkennt. Denn ohne diesen
Zusatz war die Begnadigung Simeis eine Tat des Augenblicks, Reaktion
auf eine ganz bestimmte politische Situation, in der es ratsamer schien,
sich Freunde als Feinde zu machen. Erst der Zusatz mit dem Zug der
Großmut aus der Königsideologie läßt die Zurücknahme der Begnadigung im letzten Willen Davids als einen Bruch empfinden.

Diese Königsideologie von der Unschuld Davids, welche alle
Schuld nach Möglichkeit auf die Söhne der Zeruja schiebt, steht also
in deutlicher Spannung zum Grundbestand der Erzählung, aber doch
auch in Kontinuität zu einer Tendenz, die in der ersten Erzählung
bereits angelegt war. So gehört z. B. Abisais Vorschlag, den Simei
umzubringen, und Davids Zurückweisung durchaus zur ursprünglichen
Erzählung (IISam 16 9 und 11f.). Wir erkannten die Einschübe an dem
auffallenden Tatbestand, daß dieselbe Person zweimal hintereinander
redet. Da dies den Gesetzen der mündlichen Erzählung widerspricht,
müssen wir damit rechnen, daß die Geschichten bereits schriftlich oder
in einer so festen mündlichen Prägung vorlagen, daß keine Verschleifung der Zusätze mehr erfolgen konnte. Nicht nur die inhaltliche Berührung, sondern auch der formale Charakter stellt sie also in die Nähe
der Zusätze von IISam 1, aber u. U. auch von ISam 25, was die Tendenz
»Unschuld des Königs« betrifft[66].

cc) Davids Schuld

So sehr der Erzähler der David-Geschichten sich bemüht, den
König von der Schuld an den Morden um ihn her reinzuhalten, und so
sehr der Zusetzer diese Schuld den Zeruja-Söhnen anlastet, so unmöglich war es, David von dem Mord an Uria zu befreien. Für die Vertreter der Königsideologie ergab sich daraus das Problem: Was geschieht, wenn der König selber schuldig wird? Vor welchem Gericht
hat er, der oberste Richter, sich zu verantworten? Die Antwort war

---

[66] Die Tendenz »Unverletzlichkeit des Königs« findet sich in den Zusätzen IISam
1 6-10. 13-16 und in ISam 24; vgl. dazu und zu »Unschuld des Königs« auch o. S. 131.
124 ff. 92 f.

nicht schwer zu finden: Hier muß JHWH sein Richteramt, das er an den König delegiert hat, wieder aufnehmen und eingreifen.

Diese Beurteilung nimmt allerdings die Ergebnisse der literarischen Analyse schon vorweg, indem die Natan-Perikope als Werk der Zusetzer verstanden wird, die die Königsideologie vertreten. Wir müssen genau zusehen, was sich aus den Texten erkennen läßt. Die Erzählung von dem Ehebruch mit Bathseba und dem Mord an Uria endet in IISam 11 27a mit dem Einzug Bathsebas in den Königspalast und der Geburt ihres Kindes. V. 27b bringt das negative Urteil JHWHs über die Sache:

»und böse war die Sache, die David getan hatte, in den Augen JHWHs«.

Nach dem umstrittenen »Einschub« IISam 12 1-15a fährt die Erzählung in v. 15b fort:

»Und JHWH schlug das Kind, das die Frau Urias dem David geboren hatte, und es wurde krank.«

Dieser Anfang der folgenden Erzählung könnte ohne Schwierigkeit die Fortsetzung von Kap. 11 27a oder b sein. In der folgenden Geschichte, die berichtet, wie David um das Leben dieses Kindes ringt — wie alt es war, erfahren wir nicht — spielt die Frage von Schuld und Sühne überhaupt keine Rolle. Vielmehr kreist die Erzählung um das Problem, ob man durch magische Beeinflussung der Gottheit den Tod von einem geliebten Kind abwenden kann. Die Trauerbräuche — einst aus solcher Magie entstanden? — sehen formal nicht anders aus als die Beschwörungsversuche, so daß das Mißverständnis zwischen David und seiner Umgebung darauf beruht, daß das, was sie für Trauerbräuche halten, in seinen Augen als magische Beeinflussung gemeint ist. Als sie erfolglos bleibt, resigniert er und der Fall ist für ihn erledigt.

Durch den Einleitungssatz v 15b rückt der Erzähler diese Geschichte zeitlich und kausal an die Ehebruchsgeschichte von Kap. 11 heran. Wenn er betont Bathseba »die Frau des Uria« nennt, so ist deutlich, daß er JHWHs »Schlag« gegen das Kind als Strafe für David und Bathseba verstanden hat. So kann derselbe Erzähler auch IISam 11 27b, das Urteil Gottes, eingefügt haben; doch läßt sich eine spätere Einfügung dieses Satzes ebensowohl vertreten[67]. Jetzt ist David in der Krankheit des Kindes ohne es zu wissen, mit der Strafe für seine böse Handlungsweise konfrontiert. Daß der Leser den Zusammenhang von Schuld und Sühne erkennt, mochte dem Erzähler genug sein.

Dennoch blieb dieser Zusammenhang unbefriedigend, solange der König nicht zur Erkenntnis und zum Bekenntnis seiner Schuld kam. So wurde die Begegnung zwischen Nathan und David eingefügt (IISam 12 1-15a), wobei 11 27b möglicherweise die Überleitung bildete. Daß dieser Abschnitt keinen echten inneren Zusammenhang mit

---

[67] S. u. S. 158.

IISam 12 15bff. hat, kann nicht bestritten werden[68]. Er ist deshalb als Zusatz zu verstehen. Dann aber muß der Charakter dieser Zufügung genau bestimmt werden. K. Budde und G. Hölscher wollen sie einer Parallelerzählung, dem Elohisten, zuweisen[69]. Doch ist weit und breit kein Anschluß an eine parallellaufende Erzählung zu sehen. R. A. Carlson hält IISam 12 1-15a für einen deuteronomistischen Einschub. Einen vordeuteronomistischen Grundbestand lehnt er ab[70]. Andererseits versuchen S. Mowinckel, K. Budde, L. Rost und R. H. Pfeiffer nach den Vorarbeiten früherer Forscher (J. Wellhausen u. a.) einen alten Kern von späteren Zusätzen zu trennen[71]. Diese Zusätze haben möglicherweise deuteronomistischen Charakter[72]. Die genaue sprachliche Analyse ergibt, daß das Gleichnis vom Schaf des armen Mannes der alten Sprachschicht von J und »J« zugehört[73]. Dasselbe gilt von Davids Reaktion auf Nathans Rede

»Und der Zorn Davids entbrannte heftig gegen den Mann und er sprach zu Nathan: So wahr JHWH lebt, ein Sohn des Todes ist der Mann, der dies getan hat« (v. 5)[74].

---

[68] So K. Budde, KHAT, z. St.; G. Hölscher Z 88, 378; anders L. Rost, Z 87, 201ff.; R. H. Pfeiffer Z 34, 359.

[69] G. Hölscher Z 88, 378, dort auch über K. Buddes unterschiedliche Haltung. Zur Widerlegung des elohistischen Sprachgebrauchs s. u. Anm. 73.

[70] R. A. Carlson N 8, 152ff.

[71] Vgl. besonders die ausführliche Analyse bei L. Rost Z 87, 201ff.

[72] Gegen Rost Z 87, 204.

[73] Zu IISam 12 1b-4:

a) *ra'š* »arm« findet sich in Hist. nur noch in ISam 18 23 »J«. Zu beachten ist, daß der Gegensatz zu *'ašîr* »reich« in ISam 2 7f. nicht *ra'š*, sondern das spätere *'æbjôn* ist. Gegen G. Hölscher Z 88, 378, der die beiden Lieder literarisch zusammenordnen will.

b) *hārbē me'od* auch IISam 12 30, sonst aber vorwiegend im Dtn.

c) *'ên .. kî 'im* nur bei E in Gen 28 17.

d) *kibšā* nur bei E in Gen 21 28. 30.

e) *hajā* »am Leben lassen« (hier eine mindestens mögliche Übersetzung): Gen 12 12 Num 31 18 Jos 2 13 6 25 9 20 Jdc 8 19 IISam 8 2 Num 22 33 ISam 27 9. 11. Von diesen Stellen gehören Num 31 18 Jos 9 20 IISam 8 2 nicht zum Bereich von J u. »J«.

f) *păt*, hier aus metrischen Gründen statt des sonstigen *păt læhæm* Gen 18 5 Jdc 19 5 ISam 28 22 IISam 12 3 im Bereich von J und »J«; sonst ISam 2 36 (Dtr?) und IReg 17 11. Ganz anders Lev 2 6 6 14.

g) *behêqô tiškab* begegnet nur noch IReg 1 2 und 3 20, wobei nach G. Hölscher auch letztere Stelle zum Bereich von »J« gehört.

h) *helæk* »Besuch« ist Hapaxlegomenon, in der Bedeutung »Ausfluß« begegnet es in ISam 14 26 »J«.

i) *'oreªh* »Wanderer« kommt nur noch in Jdc 19 17 bei »J« vor.

k) *'aśā* im Sinn »eine Speise zubereiten« vgl. Gen 18 7. 8 (J) und IISam 13 5ff.

[74] Zu IISam 12 5:

a) *wăjjihar-'ăp(dawid)* steht bei J und »J« von Menschen: Gen 39 19 44 18 Num 22 27 Jdc 9 30 14 19 ISam 11 6 20 30 IISam 12 5; von JHWH: Num 22 22 IISam 6 7.

Ob der Anfang von v. 6 ursprünglich dazugehörte, mag offenbleiben, die juristisch-technische Bedeutung von *šlm* pi. spricht dagegen[75], auch läßt sich die Zufügung leicht erklären, insofern ein Abschreiber oder Glossator des Textes sich fragte, was dem Armen der Tod des Reichen nütze und ob Schafe nicht besser für ihn wären. Auf jeden Fall ist der zweite Teil des Verses mit *'eqæb 'ašær* eine Bearbeitung im Stil der D-Gruppe[76]. V. 7a jedoch:

»Und es sprach Nathan zu David: ‚Du bist der Mann'«

gehört als unmittelbare Antwort zu v. 5 und damit zum alten Bestand. Wenn eine Begründung im ursprünglichen Text gegeben war, so käme am ehesten ein Teil von v. 9 in Frage:

»‚Uria, den Hithiter, hast du mit dem Schwert erschlagen und seine Frau hast du dir zur Frau genommen'«[77].

Darauf folgte Davids Bekenntnis:

»Und es sprach David zu Nathan: ‚Ich habe gegen JHWH gesündigt'«[78] (v. 13a).

Daran könnte sich v. 15a direkt angeschlossen haben:

»Und es ging Nathan fort zu seinem Hause«.

Ob von den dazwischenliegenden v. 13b und 14 Teile dem alten Bestand zuzurechnen sind, ist sehr fraglich. Auf keinen Fall v. 14a[79], aber

---

Nicht bei J von Menschen: Gen 30 2 Ex 32 19. 22 Num 24 10 ISam 17 28. Von JHWH: Ex 4 14 32 10. 11 Num 11 1. 10. 33 12 9 25 3 32 10. 13 Dtn 6 15 7 4 11 17 29 26 31 17 Jos 7 1 23 16 Jdc 2 14. 20 3 8 10 7 IISam 24 1, also im wesentlichen im Bereich der D-Gruppe, wenn JHWH Subjekt ist.

b) *ḥai-JHWH* s. o. S. 79 Anm. 3 d 2.

c) *bæn-mawæt* begegnet ISam 20 31 »J« (was K. Budde und G. Hölscher wohl übersehen haben), aber auch (im Plural) ISam 26 16 (sekundär); IISam 12 5; vgl. auch *'iš-mawæt* in IISam 19 29 und IReg 2 26 »J«.

[75] S. o. S. 126 Anm. 69.

[76] *'eqæb 'ašær* Gen 22 18 und 26 5 in deuteronomistischen Glossen.

[77] Der Sprachgebrauch der D-Gruppe wäre eher *bᵉpî ḥæræb*, doch läßt sich *nakā bāḥæræb* sonst überhaupt nicht nachweisen. Dtn 28 22 ist keine echte Parallele, da dort die Aufzählung die Konstruktion bestimmt. Ein exakter Nachweis für »J« läßt sich aber nicht führen. Zum übrigen Text von IISam 12 7 bff. vgl. L. Rost Z 87, 201 ff.

[78] *ḥaṭa'ti lᵉ JHWH* bei J: Gen 39 9 Ex 10 16; »J«: IISam 12 13 als Bekenntnis eines Einzelnen. Dagegen Dtn 1 41 9 16 20 18 immer kollektiv mit dem Zusatz »gegen JHWH, »unsern Gott« (1 41 textlich unsicher); ferner im Bereich der D-Gruppe sicher: Jdc 10 10 (15) ISam 7 6 12 13, immer kollektiv; wahrscheinlich: Num 32 23(?) Jos 7 20 ISam 14 33f. ISam 2 25; davon ist nur Jos 7 20 das Bekenntnis eines Einzelnen; ISam 2 25 ist allgemeine Sentenz. Insofern gehört IISam 12 13 kaum zum Sprachbereich der D-Gruppe. Zu beachten ist, daß sowohl Gen 39 9 wie Ex 10 16 ausgesprochen »Eigenarbeit« von J sind.

[79] a) *'æpæs kî* nur Num 13 28 Dtn 15 4 Jdc 4 9 Am 9 8; nie in der Sprache des 10. Jh.

b) *n'ṣ* pi.: daß Israel JHWH »verachtet«, finden wir Dtn 31 20 Num 14 11. 23 16 30, sonst ISam 2 17 und hier in unklarer Bedeutung.

auch 13b und 14b haben wenig Wahrscheinlichkeit[80]. Es sieht so aus, als bildeten sie eine Art Harmonisierungsversuch zwischen der Nathan-Geschichte und der älteren Erzählung vom Tod des Kindes. Wir rechnen also zum alten Bestand der Nathan-Geschichte: IISam 12 1-4. 5. 7a. 9aβ(?). 13a. 15b[81].

Diese kurze Erzählung kann nicht eine selbständige Existenz gehabt haben, sondern sie muß für diesen Zusammenhang gestaltet worden sein. Der Überleitungsvers IISam 11 27b kann von demselben »Verfasser« stammen[82]. Sie wurde, wie wir sahen, in einen Zusammenhang eingefügt, in dem die Krankheit des Kindes bereits durch die Vorschaltung von IISam 12 15b als Strafe für Davids rechtsbrecherisches Verhalten in der Bathseba-Uria-Sache interpretiert war. Hatte schon dort der Erzähler eine Bestrafung des Königs durch JHWH für notwendig gehalten, so war dem Bearbeiter, der 11 27b—12 15a hinzufügte, mit der objektiven Bestrafung nicht genug getan. Die Einsicht des Königs mußte hinzukommen. Erst so ist die »Unschuld« Davids wiederhergestellt.

Ein Eingreifen Gottes liegt in beiden Fällen vor, ob nun JHWH das Kind mit Krankheit »schlägt« oder den Nathan zu David sendet. Das erste verbindet IISam 12 mit ISam 25, wo JHWH den Nabal genauso »schlägt« (v. 38). Das zweite erinnert an die Propheten, aber auch an Moses Auftreten vor Pharao, wiewohl die Formel »so spricht der Herr« in unserer Geschichte nicht vorkommt, auch Nathan nicht als Prophet bezeichnet wird. *Natan hănnabî'* begegnet bezeichnenderweise in der alten Erzählung[83]; die Diskrepanz zwischen jenem Hofintriganten für Salomo von IReg 1 und dem Nathan unseres Abschnittes ist leicht zu erklären, wenn man gesehen hat, daß er in IISam 12 1-15a eine typische und darum unhistorische Rolle spielt. Sie entspringt seiner Funktion in der Königsideologie, die mit dieser Geschichte weitergeführt wird. In

---

[80] a) *jillôd* Ex 1 22 Jos 5 5 IISam 5 14 Jer 16 3, nie im Bereich von »J«.

    b) *môt jamût* gehört zur Sprache von J und »J«: Gen 26 11 Jdc 13 22 ISam 14 39. 44 22 16 IISam (12 14) 14 14 IReg 2 37. 42; andere Schichten: Gen 20 7 Num 26 65 IIReg 1 4. 6. 16 8 10 Jer 26 8..

    c) *'br* (hi.) *hăṭṭa'ā*: hierzu läßt sich nur IISam 24 10 vergleichen, wo *'awôn* statt *hăṭṭa'ā* steht. Der Vers gehört gewiß nicht zum Grundbestand des Kapitels (s. u. S. 167ff.) und könnte unserem bereits ergänzten Abschnitt nachgebildet sein — oder derselbe Ergänzer ist am Werk.

    Entscheidend ist hier aber nicht der sprachliche Befund, sondern der offensichtliche Harmonisierungscharakter der Verse.

[81] S. Mowinckel und R. H. Pfeiffer halten IISam 12 1-5. 7 a. 9aβ. 13-15 a für den alten Text, L. Rost desgleichen, doch ohne v. 9aβ.

[82] Der deuteronomische Charakter wird behauptet, z. B. R. A. Carlson N 8, **151**, und läßt sich wegen ISam 8 6 auch nicht widerlegen, doch ebensowenig beweisen: Gen 38 10 ISam 18 8 IISam 11 25 belegen den Ausdruck für J und »J«.

[83] IISam 12 25 IReg 1 8. 22. 23. 32. 38. 44; textlich unsicher: 1 10. 34. 45; und s. o. S. 82f.

dieser Idealisierung der Gestalten erinnert die Nathan-Erzählung an
ISam 25, auch wenn die gemeinsame Wendung »und JHWH schlug«
in IISam 12 einer älteren Schicht zugehört. Dort wie hier wird der
König bzw. künftige König zur Einsicht geführt, dort zur Erkenntnis,
daß der Racheverzicht moralische Überlegenheit schafft, hier zu dem
Bekenntnis seiner Schuld. Menschliche Willkür beugt sich der Gerechtigkeit; der Starke verzichtet auf das »Recht des Stärkeren«, der König
erkennt an, daß er nicht über, sondern unter dem Recht steht. Schutz-
herr der Gerechtigkeit ist JHWH, der zum Racheverzicht führt, aber
auch Recht schafft, der zur Schulderkenntnis führt, aber auch straft.

Wird Nathan in IISam 12 direkt von JHWH gesendet, so rühmt
in ISam 25 David Gott:

»Gelobt sei JHWH, der Gott Israels, welcher dich heute mir entgegengesandt hat . . .«
(ISam 25 32)[84].

Ob Abigail oder Nathan, beide kommen ohne Legitimation durch ein
»Amt«, beide kommen nur mit der Vollmacht, die ihnen die Klugheit
ihrer Worte gibt, beide versteht der Erzähler als von Gott gesendet.
Ebenso wie bei Nathan fehlt jede Amtsbezeichnung für Gad, wenn er
am Tag der Pest zu David kommt und ihm befiehlt, auf der Tenne
Arawnas JHWH einen Altar zu bauen (IISam 24 18)[85]. Zwar ist hier
von einer Sendung durch JHWH nicht ausdrücklich die Rede, aber sie
ist im Ganzen der kurzen Erzählung vorausgesetzt. Wir müssen feststellen, daß in IISam 12 und 24 »prophetische« Sendung ohne jede
prophetische Terminologie vorliegt, ja der Ausdruck *nabî'* offensichtlich sogar gemieden wird.

In welcher Zeit können wir einen Bearbeiter ansetzen, der solche
»prophetischen« Geschichten erzählt? Ekstatisches Prophetentum hat
es in der Zeit Sauls und Davids gegeben[86]. Boten, die Gottessprüche
überbringen, setzt schon die Ehud-Geschichte voraus (Jdc 3 19. 20). Aus
Ugarit wissen wir von solchen Gottesboten aus viel älterer Zeit[87].
Sollte das Vermeiden des Terminus *nabî'* mit einer Abneigung gegen
ekstatisches Prophetentum zusammenhängen? Wenn ja, so wäre das
am ehesten in der Zeit oder als unmittelbare Auswirkung der salomonischen Aufklärung zu denken. Wir erinnern uns daran, daß der Jahwist
in den Plagengeschichten Mose niemals *nabî'* nennt, wohl aber als
Gottesboten auftreten läßt; dabei verschiebt er die reine Botenfunk-
tion der Überlieferung zu einer Partnerschaft im Dialog mit Pharao
hin[88].

---

[84] Hier wäre Gen 45 5-7 zu vergleichen; s. o. S. 29ff.
[85] Zur Rekonstruktion der alten Schicht in IISam 24 s. u. S. 167ff.
[86] ISam 10 5. 10; *Natan hănnabî'* vgl. S. 158 Anm. 83.
[87] R. Rendtorff H 1, 146 und bes. C. Westermann Z 96, 171ff.
[88] S. o. S. 61ff., bes. 65; vgl. besonders Ex 10 16 mit IISam 12 13!

Wenn der erste Erzähler der David-Geschichten der Generation Salomos angehörte[89], so ließe sich denken, daß der Bearbeiter dieser Geschichten, der sie im Sinne seiner Königsideologie zu prägen suchte, nicht viel später, also etwa in der Generation Rehabeam/Jerobeam anzusetzen ist. Diese Bearbeitung ist am schriftlichen Text durch Einfügung vorgenommen worden[90]. Wären die Geschichten noch im Fluß mündlicher Überlieferung »weich« gewesen, so hätte es nicht die auffallenden Doppelreden Davids gegeben. IISam 12 1-15 hat dieselbe alte Sprache und denselben ideologischen Charakter wie die Einfügungen, die von der Unschuld Davids handeln, nur daß der Text dieselbe Sache von der Seite der Schuld des Königs her betrachtet. Der Tendenz entsprechend werden David und vor allem Nathan stilisiert[91].

dd) Die Frömmigkeit des Königs

Noch eine weitere Doppelrede Davids müssen wir daraufhin untersuchen, ob es sich um einen Zusatz handelt und, wenn ja, welchen Charakter dieser Zusatz trägt. Bei seiner Flucht aus Jerusalem gibt der König zweimal den Befehl an Zadok, den Priester, nach Jerusalem zurückzukehren:

»Und es sprach der König zu Zadok:
,Bringe die Gotteslade in die Stadt zurück!
Wenn ich Gnade finden werde in den Augen JHWHs,
dann wird er mich zurückbringen und wird mich ,ihn‘[92] und
seinen heiligen Platz sehen lassen.
Wenn er aber so spricht: ,Ich habe keinen Gefallen an dir‘
Siehe, hier bin ich — er möge es mit mir machen,
wie es gut ist in seinen Augen‘.
Und es sprach der König zu Zadok, dem Priester:
,du — kehre doch in die Stadt zurück in Frieden!
und Ahima῾as, dein Sohn, und Jehonatan, Abjathars Sohn,
eure beiden Söhne seien bei euch.
Seht, ich verweile an den Furten der Steppe,
bis eine Botschaft von euch kommt, mir Nachricht zu geben‘« (IISam 15 25-28).

Daß die zweite Anordnung für die folgende Handlung unentbehrlich ist, braucht nicht erwiesen zu werden[93]. Zusatz kann also nur die erste Äußerung Davids sein. In ihrer Gottergebenheit erinnert sie an den

---

[89] S. o. S. 147.

[90] Eine Unterscheidung zwischen einem schriftlichen Text und einem mündlichen, der so fest geworden ist, daß er sich im Weitergehen nicht mehr verändert, können wir nicht mehr treffen.

[91] Wie der historische David mit Nathan umgegangen wäre, ist ziemlich leicht auszudenken.

[92] ,ihn‘ bezieht sich auf »JHWH in Gestalt der Lade«, vgl. K. Budde, KHAT, z. St.

[93] Vgl. IISam 15 35 17 15 ff.

Zusatz in IISam 16 10[94]. Doch auch mit IISam 16 11 hat sie das gemeinsam, daß JHWHs Wollen unabhängig ist von Simeis Fluchen dort wie von der Gegenwart der Lade hier. Leider ist ihr sprachlicher Charakter nicht eindeutig[95]. Sie kann zu den Zusätzen gehören, die dem alten Text recht bald hinzugefügt wurden, sie kann aber auch deuteronomistischen Charakter haben. Die ihr innewohnende Tendenz, David als den König zu zeigen, der sich in Gottes Willen schickt, spricht für ihre Verwandtschaft mit den alten Ergänzungen, die wir in den letzten beiden Abschnitten besprachen.

Im Gegensatz dazu steht das kurze Gebet gegen Ahitophel:

»Herr, laß doch Ahitophels Rat zur Torheit werden!« (IISam 15 31)

und der kräftige Fluch gegen Joab in IISam 3 29. In beiden Fällen wird JHWH gegen einen Menschen angerufen, der sich als falscher Freund erwiesen hat. Nicht Ergebung in JHWHs Willen, sondern der Versuch, diesen zu beeinflussen, kennzeichnet beide Stellen[96]. So dürfte der historische David (oder der David der ältesten Erzählung) mehr geneigt gewesen sein, JHWH nach Möglichkeit seinem Willen untertan zu machen, als der David der Zusätze, die ihn zu einem gottergebenen Frommen stilisieren[97] und zugleich seine Freiheit von einem an Kultgegenstände gebundenen Glauben betonen (IISam 15 25). Doch bleibt letzteres hypothetisch, da der vordeuteronomistische Charakter dieser Äußerung Davids nicht erwiesen werden kann.

Zweimal begegnen uns in den David-Geschichten Äußerungen, wo der König sich auf JHWHs Vergeltung beruft: in dem Zusatz IISam

---

[94] S. o. S. 152.

[95] a) *'im-'æmṣā' hen bᵉ'ênê JHWH* steht in dieser Form singulär; verwandte Ausdrücke begegnen bei J und »J« durchgehend, doch auch in Stücken deuteronomistischer Bearbeitung (s. o. S. 122 Anm. 45b).

b) *ḥapaṣ bᵉ* »Wohlgefallen haben« mit JHWH als Subjekt: Num 14 8 (Dtr-verdächtig) IISam 15 26 22 20 (spätes Lied) IReg 10 9 (Dtr-verdächtig). Kein Beleg in vordeuteronomistischer Sprache.

c) In IISam 15 8 steht *šwb* hi. im Sinn von »zurückbringen« mit JHWH als Subjekt in einem Text, der keinem Dtr-Verdacht unterliegt. Deshalb braucht *šwb* hi. in IISam 15 25 kein Motiv der D-Gruppe zu sein (gegen R. A. Carlson N 8, 173ff.).

d) *ra'ā* hi. mit JHWH als Subjekt hat hier eine rein erzählende Funktion, während es bei Dtr Offenbarungscharakter annimmt: z. B. Dtn 3 24 4 36 5 24.

e) *jă''ăśæ -lî kă'ăšær tôb bᵉ'ênaw* hat seine beste Parallele in IISam 10 12, wo keine Bearbeitung der D-Gruppe vorzuliegen scheint. Doch vgl. auch Jdc 10 15 (Dtr); anders Dtn 6 18 12 28.

f) *'ᵃrôn ha'ᵉlohîm* ist ausgesprochen undeuteronomisch!

[96] Hierin sind beide Stellen mit IISam 12 15bff. verwandt, wo David durch Fasten das Leben seines Kindes zu erzwingen sucht.

[97] Zum »Gehorsam« Davids vgl. S. Amsler L 2, 30f.; 33; und zu mesopotamischen Beziehungen J. Hempel Z 85, 129f.

3 39 (*šlm* pi.) und in IISam 16 12 (*šwb* hi.). Hier besteht eine gewisse
gedankliche Verwandtschaft mit ISam 24 20, obwohl dessen Haupt-
tendenz »Großmut überwindet den Feind« nicht wiederkehrt.

Zweimal finden wir in Davids Mund das Bekenntnis:

»Es lebe JHWH, der meine Seele aus aller Not erlöst hat« (IISam 4 9 IReg 1 29).

Das eine Mal begegnet der Ausspruch im Zusammenhang mit dem
Todesurteil gegen Baana und Rechab, das andere Mal mit der Einset-
zung Salomos zum König. Beide Stellen haben keinen Zusammenhang
miteinander und in beiden ist die innere Verbindung zwischen dem
Ausspruch und der Handlung nicht verständlich. Es bleibt also eine
formelhafte Wendung. Da sie sonst in der biblischen Sprache nicht
belegt ist[98], könnte es sich für einen entweder bei David oder im Kreis
des Erzählers beliebten Ausspruch handeln.

Wieweit Davids persönliche Frömmigkeit mit seinem Kulttanz
vor der Lade in IISam 6 oder mit seinem »den Herrn aufsuchen«[99] zu
tun hat, läßt sich schwer sagen. In diesen Fällen wie auch dann, wenn
er Opfer bringt (IISam 6 17f. 24 25) können wir königliches Amt und
Privatperson nicht unterscheiden.

Im ganzen kommen wir zu dem Ergebnis, daß die persönliche
Frömmigkeit Davids zwar in den alten Erzählungen angelegt ist, doch
eigentlich erst durch die Zusätze ihre Betonung erfährt.

ee) Die Großmut des Königs

Ähnlich wie Davids Unschuld ist auch Davids Großmut fest in
der Erzählung verankert.

David weiß zu belohnen, zu begnadigen und zu verschonen. Die
Jebusiter werden bei der Eroberung Jerusalems nicht niedergemetzelt,
wie das sonst bei der Eroberung von Städten häufig geschah[100].
Arawnas Tenne wird nicht enteignet, wie es einem Jebusiter gegenüber
möglich gewesen wäre und womit Arawna offensichtlich rechnet,
sondern mit Bargeld bezahlt[101]. David sorgt für die Leichen Sauls und
seiner Nachkommen (IISam 21 12ff.)[102]; er lobt die Leute von Jabeš

---

[98] *padā*: Individuell finden wir »Auslösung« bei Jonathan in ISam 14 45 »J«; hier ist es
ein rechtlicher Vorgang, kein geschichtlicher wie in IISam 4 9 und IReg 1 29. In der
Sprache der D-Gruppe geht es immer kollektiv um die »Erlösung« des Volkes aus
Ägypten.   [99] IISam 12 16 21 1.

[100] Der in seinem jetzigen Bestand unverständliche Vers IISam 5 8 scheint mir ursprünglich einmal der Befehl zur Verschonung der Jebusiter gewesen zu sein. Doch
gehört der Abschnitt möglicherweise gar nicht in die David-Geschichte, sondern in
die David-Saul-Geschichte (s. o. S. 136). Vgl. dazu J. Heller Z 105, 256 mit anderer
Auffassung.

[101] IISam 24 22ff.; ob der Preis angemessen war oder nicht, läßt sich schwer beurteilen.

[102] S. o. S. 133f. Die Verse gehören eher dem Zusetzer als der älteren Erzählung an.

wegen ihrer Treue zu Saul (IISam 2 4b-7); er gibt Meribaal, dem Sohn
Jonathans, das gesamte Gut Sauls und später wenigstens die Hälfte
(IISam 9 9 19 30). Daß er ihn an die königliche Tafel zieht, kann eine
Vorsichtsmaßnahme sein. Doch hat sie mindestens den Anschein der
Großmut (IISam 9 10. 13 19 29). Er begnadigt Absalom, so daß der
Brudermörder wieder nach Jerusalem zurückkehren und am Ende
sogar im Königspalast wohnen darf (IISam 14). Die Umständlichkeit,
mit der der Erzähler diese Begnadigung dem König abgerungen werden
läßt, befreit David von dem Vorwurf, hier leichtfertig schwach ge-
worden zu sein und läßt den Hörer oder Leser der Geschichte die
Begnadigung mit Spannung erwarten. Auch dem aufständischen
Absalom versucht der König noch das Leben zu erhalten (IISam 18
5. 12).

Wenn David nach der Niederschlagung von Absaloms Aufstand
Simei und Meribaal begnadigt, Absaloms Heerführer Amasa sogar zum
Heerführer anstelle Joabs macht und Barsillai bzw. dessen Sohn
Kimham belohnt für alles, was sie ihm Gutes getan haben, so ist hier
Großzügigkeit und taktisches Spiel schwer voneinander zu unter-
scheiden. David handelt aus einer Situation der Schwäche heraus, er
muß seine Position in Israel/Juda erst wieder aufbauen, auch das
Ostjordanland als Rückhalt fest an sich ketten, so daß jeder seiner
Schritte sorgfältig berechnet ist. Er ist klug genug, um zu wissen, daß
ihn Großmut in dieser Situation stärker macht, als es strafende Härte
tun würde. Joab, dem Mörder Absaloms, gegenüber zeigt David eine
»Nachsicht«, die seiner Schwäche gegenüber diesem mächtigen, klugen
und bedenkenlosen Mann entspricht. Er mußte sich von ihm nicht nur
den Tod seines Sohnes, sondern auch die unerhörte Demütigung bieten
lassen, daß ihm Joab befahl, die Trauer um Absalom einzustellen und
das Heer freudig zu begrüßen, wobei der Feldherr seinem König im
Weigerungsfall die Absetzung androht (IISam 19 2-9).

Der Versuch, Joab den Oberbefehl zu nehmen und ihn Amasa zu
geben, scheitert an Joabs Entschlossenheit, seine Stellung zu halten
und lieber — wie einst den Abner — nun den Amasa umzubringen
(IISam 19 14 20 9 ff.). Verständlich, daß David nichts anderes übrigbleibt, als die Bestrafung Joabs seinem Sohn Salomo ans Herz zu
legen (IReg 2 5 ff.). Wenn er aber bei dieser Gelegenheit zugleich
Simeis Bestrafung fordert, ohne daß ein neuer Anlaß erwähnt würde,
ausdrücklich wegen seines damaligen Fluchens, dessenthalben er doch
begnadigt worden war (IISam 19 17 ff IReg 2 8 f.), so zeigt sich daran,
daß die Großmut Davids damals kluger Taktik und nicht echtem
Verzeihen entsprang[103].

---

[103] Es scheint mir nicht erlaubt zu sein, die Spannung zwischen IReg 2 und IISam 19
dadurch zu beseitigen, daß man mit G. Hölscher IReg 2 5-9 als deuteronomistischen
Zusatz erklärt (Z 88, 380). So eindeutig dies bei IReg 2 2a-4 der Fall ist, so wenig

Ist also Davids Großmut als politische Klugheit besonders in einer Situation der Schwäche zu verstehen, so fragt sich, warum der Erzähler sie derart herausgestellt hat, wie es die Geschichten zeigen. Gewiß hätte es einige Taten Davids gegeben, die — wie die Preisgabe der Saulnachkommen (IISam 21) — den König von der harten Seite gezeigt hätten. Gewiß hätte der Erzähler die Möglichkeit gehabt, die Maßnahmen politischer Klugheit mehr als solche denn als Großmut zu interpretieren. Es liegt ihm offenbar daran, David als den großmütigen König darzustellen, was zu den Zügen der Unschuld und der Frömmigkeit paßt, wie sie bereits in der ursprünglichen Erzählung angelegt sind. Beginnt auch der erste Erzähler schon damit, ein Bild »des« Königs aufzubauen, also die Königsideologie zu gestalten, die — wie wir sahen — der Bearbeiter dann bald nach ihm entwickelt[104]? Oder ist es noch persönliche Verehrung für David, die seine Gestalt mit Bedacht nach den positiven Seiten hin interpretiert? Oder möchte er einem anderen König, dem Großmut fremd ist, das Bild Davids als Spiegel vorhalten? Dies stünde dann zwischen positivem Davidbild und Königsideologie etwa in der Mitte. Sollte dieser König vielleicht Salomo sein, von dem keine Tat der Großmut berichtet wird — wenn man nicht die Verbannung Abjathars als solche rechnen will? Oder etwa Rehabeam, der sich durch Mangel an Großzügigkeit das Königtum über Gesamtisrael verscherzte und so das Reich Davids zerstörte (IReg 12 1 ff.)?

Dem scheint zu widersprechen, daß durch Davids letzten Willen Salomo in Bezug auf den Tod Joabs und Simeis entlastet und die Schuld daran David zugeschoben wird. Wäre es aber um die Entlastung Salomos gegangen, so hätte die Verbannung Abjathars und die Ermordung Adonijas besser begründet werden müssen. So wie die Erzählung jetzt gestaltet ist, erscheint beides als Willkürjustiz und Rache für die damalige Verschwörung Adonijas. Vielmehr scheint den Erzähler das Problem der Gerechtigkeit bewegt zu haben. Durfte der Mord an Abner und Amasa (auch an Absalom) ungesühnt bleiben? Durfte die Bestrafung Joabs durch Salomo im Zwielicht der Rache bleiben, indem Salomo hier nur die Teilnahme an Adonijas Verschwörung verfolgt?

---

läßt es sich für die folgenden Verse behaupten. Der sprachliche Befund weist eindeutig auf »J«:

horîd šêbā bešalôm šeʾôl(ā) kommt im AT nur hier und in Gen 42 38 44 29. 31 vor. Vgl. auch Gen 37 35.

šeʾôl finden wir außer bei J an den angegebenen Genesisstellen in den hist. Büchern nur Num 16 30. 33 (lebend in die Unterwelt!) und in späten Liedern (Dtn 32 22 ISam 2 6 IISam 22 6) und dann von Amos (9 2) und Hosea (13 14) an, häufig bei Jesaja und später in der Weisheitsliteratur. Auffallend ist das Fehlen bei der D-gruppe und bei P.

[104] S. o. S. 148 f.

Durfte Simei wirklich ungestraft den König lästern? Sollte Barsillais Treue nicht dauernden Lohn finden? Im Sinne der Gerechtigkeit waren die letzten Verfügungen Davids notwendig. Die Spannung zwischen Großmut und Gerechtigkeit bleibt unausgeglichen. Doch hat auch der Bearbeiter im Sinne der Königsideologie die »Großmut« Davids betont: Verschonung der Familie Sauls in ISam 24 22f.; Blutrache für Sauls Mörder (IISam 1 13–16). Möglicherweise gehört ihm auch die 2. Ergänzung in IISam 21 (12ff.) an: die Bestattung der Saul-Familie.

d) Die Komposition der David-Geschichten

Das Auftreten der Zeruja-Söhne und Abners markiert — so sahen wir — den Beginn der David-Geschichten[105]. IISam 2 8. 9. 10b bringt die Exposition und Vorstellung Abners. Der Handlungsbeginn liegt bei IISam 2 12, während die Vorstellung Joabs in v. 13 nachhinkt und sehr schwach durchgeführt ist. Es ist ein Anfang, der sich zugleich als Fortsetzung versteht. Die Erzählung geht ungebrochen bis zur Salbung Davids über Gesamtisrael in IISam 5 3 durch.

An dieser Stelle (IISam 5 1–3) trifft die David-Geschichte sachlich mit der David-Saul-Geschichte II. Teil zusammen, da offenbar beide von der Erhebung Davids zum König über Israel erzählten. Der Text weist sichtlich eine Doppelung auf:

(1) »Und es kamen alle Stämme Israels zu David nach Hebron und sprachen: ‚Siehe, wir sind dein Bein und Fleisch‘;

(2a) auch gestern und vorgestern, als Saul König über uns war, bist du es gewesen, der Israel ins Feld und heimgeführt hat.

(2b) Und JHWH hat zu dir gesprochen: ‚Du sollst mein Volk, Israel, weiden und sollst zum Nagid über Israel werden‘[106].

(3a) Und es kamen die Ältesten Israels zum König nach Hebron und es schloß der König David einen Bund mit ihnen vor JHWH;

(3b) und sie salbten den David zum König über Israel«.

Daß die Ältesten Israels bzw. die Stämme zweimal zu David nach Hebron kommen, ist von K. Budde und G. Hölscher zum Anlaß genommen worden, den Abschnitt auf zwei Quellen, J und E, aufzuteilen. Das ist nicht zu halten, denn beide Teile weisen typische Merkmale der Sprache des 10. Jahrhunderts auf[107]. Wohl aber läßt sich die

---

[105] S. o. S. 140f.

[106] Gegen W. Richter O 9 halte ich IISam 5 2b und ISam 25 30 für deuteronomistische Zusätze, was mir in ISam 25 30 für eindeutig erwiesen gilt (s. o. S. 93 Anm. 44) und deswegen mit Wahrscheinlichkeit auch für IISam 5 2b anzunehmen ist. Vgl. R. A. Carlson N 8, 52ff.

[107] a) *'āzmî ubeśarî*: Gen 2 23 29 14 (vgl. 37 27) Jdc 9 2 IISam 5 1 19 13. 14.

b) *'ætmôl šilšôm*: ISam 4 7 10 11 14 21 19 7 IISam 5 2 und *temôl šilšôm*: Gen 31 2. 5 Ex 5 7. 8. 14 IISam 3 17, alles Texte des 10. Jh.

Doppelung gut erklären, wenn wir annehmen, daß hier die oben genannten Erzählkomplexe zusammengekommen sind[108]. Dabei gehört v. 3a eindeutig zur David-Geschichte, da es die »Ältesten Israels« wie IISam 3 17 und den »Bundesschluß« wie IISam 3 21 enthält, wenn auch der Bundesschließende einmal »ganz Israel« und einmal David ist. Hingegen ist v. 3b wegen der »Salbung durch das Volk« mit Sicherheit zum II. Teil der David-Saul-Geschichte zu rechnen, da uns die Salbung dort in IISam 2 4a und 7b begegnet. V. 3b bildet dann logischerweise den Abschluß von v. 1 und 2a, obwohl das Stichwort »gestern und vorgestern« auch in IISam 3 17 auftaucht[109].

Als spätere Zusätze vorwiegend deuteronomistischen Charakters sind anzusehen:

IISam 2 10a. 11 3 (1?). 2-5. 10. 30 4 2b. 4[110] 5 2b. 4. 5. 11-15. Die Liste der Söhne Davids wird eine alte Überlieferung aus der Hofchronik sein, die von den Bearbeitern der D-Gruppe hier eingefügt wurde.

Zwischen IISam 5 3 (oder 5 9 bzw. 10) und IISam 6 1 klafft dem Inhalt des Berichteten nach eine Lücke, die auch nicht durch die Zwischenschaltung von Kap. 21 und 24 ausgefüllt werden kann. Selbst wenn man die kurze und in vielem rätselhafte Angabe über die Eroberung Jerusalems (IISam 5 6-9) nicht zur Abjathar-, sondern zur David-Geschichte rechnen würde, wäre keine wirkliche Überbrückung von Davids Königtum in Hebron zu seinem Königtum in Jerusalem gegeben. Die Vermutung legt sich nahe, daß hier eine oder mehrere Geschichten verlorengegangen sind. Wenn IISam 21 und 24, die beiden Geschichten von Dürre und Pest, zu diesen verlorengegangenen Geschichten gehört haben, so ließe sich ihre jetzige sachlich falsche Stellung im II. Samuelbuch auf die Weise erklären, daß sie deshalb nicht endgültig verloren gingen, weil sie in eine kleine, wohlausgewogene Komposition von Heldengeschichten und Liedern Davids aufgenommen wurden — bzw. deren Rahmen bildeten — die dann eines Tages wieder zu dem Ganzen hinzukam (IISam 21—24). Ob die jetzige Stellung vor Davids Tod durch die »letzten Worte Davids« in IISam 23 1 oder durch die Beziehung von IISam 24 auf Salomos Tempelbau (Budde, Hertzberg) oder durch das deuteronomische Siebenerschema veranlaßt ist, das Carlson hier finden will[111], mag offenbleiben, obwohl ersteres am meisten Wahrscheinlichkeit für sich hat. Ob noch eine Michal-Erzählung unter dem Verlorenen war, die ihre Haltung in IISam 6 verständlicher machte, wissen wir nicht. Überhaupt wäre die

---

c) *ziqnê jiśra'el* kommt in der Sprache des 10. Jh. häufig vor, doch ebenfalls, wenn auch selten, in späteren Sprachschichten (E, Dtn/Dtr und P).

[108] S. o. S. 135.

[109] Anders G. Fohrer Z 14, 2ff.

[110] Mindestens gehört die Bemerkung über Meribaal nicht an diese Stelle.

[111] R. A. Carlson N 8, 167f.; 177f. und 194ff.

seltsame Isolierung, in der sich Kap. 6 jetzt befindet, vermutlich aufgehoben, wenn wir diese hypothetisch verlorenen Geschichten noch besäßen. Jedenfalls werden IISam 21 1-14 und 24 in diese Lücke hineingehören, vermutlich auch die Heldengeschichten und Listen von IISam 21 15ff. und 23 8ff.

Exkurs VII: *Arawnas Tenne*, IISam 24

Daß IISam 24 ein Kapitel mit erheblichen Wucherungen ist, läßt sich nicht bestreiten. Was aber hier den Grundbestand bildet und was hinzugekommen ist, wird in der Forschung wohl nicht so bald entschieden werden. W. Fuss hat mit Recht herausgestellt, daß David für seine Volkszählung dreimal getadelt wird: durch Joab (v. 3), durch sein Gewissen (v. 10) und durch Gad (v. 11bff.)[112]. Dabei stellt das erste Auftreten von Gad in v. 11 den Übergang vom Volkszählungs- zum Pestmotiv her, ohne daß ersichtlich wäre, was beide ursprünglich miteinander zu tun hatten. Denn die Volkszählung verläuft ganz ungestört (IISam 24 2-9). Erst hinterher treten die Komplikationen auf, die durch den vorgeschalteten Einleitungsvers, nach dem JHWH selber der Urheber allen Unglücks ist (v. 1)[113], vorbereitet waren.

In Wirklichkeit beginnt die Geschichte aber mit v. 15aα:

»Und JHWH gab Israel eine Pest«

Am Tage des Pestausbruchs kommt dann Gad zum König und befiehlt ihm, auf der Tenne Arawnas einen Altar für JHWH zu bauen (v. 18). Möglicherweise war mit diesem Heiligtum der Jebusiter eine Pestabwehrgeschichte verbunden, wo ein Jebusitergott als »Pestengel« erscheint und zum Einhalten veranlaßt wird[114]. Aber das hat mit dem Verlauf der ursprünglichen Geschichte nichts zu tun. Ihr liegt daran, daß die alte heilige Stätte der Jebusiter rechtmäßig in israelitischen Besitz übergegangen ist. Deshalb macht das Gespräch zwischen Arawna und David ihren Höhepunkt aus und ist nicht, wie W. Fuss will, einfach zu streichen[115]. Von v. 18-25bα ist ein klarer Zusammenhang gegeben, aus welchem nur kleine Einfügungen zu entfernen sind[116].

Wir wüßten natürlich gern, um welche heilige Stätte es sich handelt. Der in Kap. 6 genannte Platz für die Lade und ihr Zelt

---

[112] W. Fuss E 8, 155.

[113] Deuteronom. Redaktion nach R. A. Carlson N 8, 210f., 217.

[114] W. Fuss E 8, 162.

[115] W. Fuss E 8, 160, bzw. als Umwandlung eines Gespräches zwischen Arawna u. der Gottheit zu erklären (163).

[116] Einfügungen sind: »wie JHWH befohlen hatte« v. 19b; »und der Seuche gegen das Volk (bzw. Israel) wurde Einhalt geboten« v. 21 und 25; die zweite Arawna-Rede in v. 23b.

scheidet aus, da dieser in der Davidstadt sich befand, die Tenne Arawnas aber kaum in der Enge einer alten Stadt zu denken ist[117]. Natürlich kann es sich um den späteren Tempelplatz gehandelt haben[118], aber warum sollte es nicht das Heiligtum auf dem Ölberg gewesen sein, das in IISam 15 32 erwähnt wird, vor allem, wenn hier ursprünglich JHWH statt 'ælohîm gestanden haben sollte[119]? Ehe diese Frage nicht geklärt ist, läßt sich für die Arawna-Geschichte der »Sitz im Leben« nicht sicher angeben und ebensowenig ihr ursprünglicher Platz in der Überlieferung.

Eines ist auffällig bei der Arawna-Geschichte und unterscheidet sie von ihrer Parallele in IISam 21 1-14 wie auch von der dritten Kultgeschichte in den David-Erzählungen, der Ladeeinholung in IISam 6: die beiden anderen Geschichten sind durch den Erzähler doppellastig gemacht worden. In die eine hat er die Rizpa-Episode und die Beerdigung der Saul-Nachkommen, in die andere die Michal-David-Szene eingebaut[120]. Die Arawna-Geschichte aber hat er gelassen, wie sie war. Beweis dafür ist die Schlußformel:

»Und JHWH ließ sich erbitten für das Land« (IISam 24 25),

die in IISam 21 14 erst nach der Erweiterung nachklappt[121]. Überhaupt können wir feststellen, daß die drei genannten Kultgeschichten völlig anderen Aufbaugesetzen unterliegen als der Hauptbestand der Erzählungen in IISam 2—5 3 und 9—20 sowie IReg 1—2. Denn diese Erzählungen sind von vornherein für übergreifende Zusammenhänge konzipiert, während es sich in den drei Kultgeschichten um Einzelerzählungen handelt, wo jeweils der geschürzte Knoten (Lade, Hunger, Pest) am Ende aufgelöst ist[122]. Der Erzähler der Davidgeschichten hat diesen Unterschied empfunden und bei zweien den übergreifenden Zusammenhang künstlich hergestellt. Weil er das bei der Arawna-Geschichte unterließ, wurde sie — in ihrer Kargheit unbefriedigend — die Beute späterer Erweiterer.

Die Gemeinsamkeit der drei Erzählungen beruht nicht nur darin, daß sie Kulthandlungen zum Gegenstand haben, sondern auch in dem Zug, daß JHWH in die Geschicke eingreift, daß er Unheil tut oder sendet. Gerade an dem Unterschied dieser aufgenommenen Traditionen von der übrigen Erzählung erkennt man deren Weltlichkeit um so

---

[117] Gegen Budde, KHAT, zSt. 326.

[118] Hier bestehen Bedenken, ob der Fels als Tenne geeignet war; vgl. H. W. Hertzberg, ATD, 341 Anm. 2; G. B. Caird Z 84, 1175; R. A. Carlson N 8, 222.

[119] JHWH-Verehrung auf dem Ölberg zu Davids Zeit war für die D-Gruppe so anstößig, daß eine Änderung in Elohim durchaus denkbar wäre: R. A. Carlson N 8, 218.

[120] S. o. S. 133f. u. 144ff.

[121] S. o. S. 134 Anm. 91.

[122] G. von Rad Z 94, 175.

deutlicher[123]. Der formale und inhaltliche Abstand wird am klarsten, wenn man sich vergegenwärtigt, daß der Erzähler der David-Geschichten sie in zwei Fällen nur in einer bearbeiteten Form, in Kombination mit dem Geschick seiner Personen, überhaupt in den Rahmen seiner Erzählung aufzunehmen bereit war.

Doch zurück zur Komposition des II. Samuelbuches. Von Kap. 9 an haben wir bekanntlich einen geschlossenen Erzählzusammenhang, der bis einschließlich Kap. 20 geht. Nur wenige Stellen sind hier als sichere oder vermutliche Zusätze auszuscheiden[124]. Die Fortsetzung wird von den meisten Forschern in IReg 1 und 2 gesehen. G. Hölscher rechnet noch IReg 3 4a. 16-18 und 12 1. 3b-14. 16. 18-19 dazu[125].

Daß IReg 1—2 die Fortsetzung von IISam 20 bildet, ist von S. Mowinckel bestritten worden[126]. Er meint, hier den Anfang einer Salomo-Saga finden zu können. Dagegen ist einzuwenden, daß 1. die Erzählung von Salomos Thronbesteigung die ganze Davidgeschichte voraussetzt und mit vielfältigen Fäden mit ihr verbunden ist sowohl was die Personen wie was die Elemente der Handlung betrifft; daß 2. die David-Geschichte diesen Abschluß verlangt, weil das Leben ihrer Haupthelden David und Joab bis zu seinem Ende durchgeführt werden muß und die Frage eine Antwort heischt, ob Joab seine beiden Rivalen Abner und Amasa ungestraft ermorden durfte; daß es 3. eine Salomo-Saga in dem von S. Mowinckel angenommenen Sinn nie gegeben hat. Denn wenn wir den von S. Mowinckel angenommenen alten Bestand von IReg 1—10 überprüfen[127], so finden wir — von Kap. 1 und 2 abgesehen — Salomo geschildert als Richter (IReg 3 6-28), beim Staatsbesuch der Königin von Südarabien (IReg 10 1-13), als Palast- und Tempelerbauer (IReg 5 15ff. 6—7) sowie bei der Tempeleinweihung (IReg 8). Er tritt uns sozusagen stets im vollen Königsornat gegenüber, in offizieller Funktion, so wie ihn jeder in Jerusalem sehen konnte. Welch ein Abstand zu der Erzählung von IReg 1, die im Schlafgemach Davids spielt; hier sind die Personen aus unmittelbarer persönlicher Nähe gezeichnet.

---

[123] Die »Weltlichkeit« der sogenannten »Thronfolgegeschichten« hat E. Meyer herausgestellt (Gesch. d. Altertums, II, 2 1953³, 285f., zitiert bei G. von Rad. Z 94, 180f. Auch G. Hölscher im mündlichen Gespräch.

[124] Mögliche Zusätze sind: IISam 10 15-19 11 27b 12 1-15a (oder Teile davon, s. o. S. 155ff.); in 12 24f.: »und JHWH liebte ihn ... und er nannte ihn Jedidja um JHWHs willen«; 13 38a 14 25-27 17 14b 18 18 und einzelne Worte. Zur Frage der Bearbeitung vgl. ferner o. S. 150ff.

[125] G. Hölscher Z 88, 388. Zur abweichenden Meinung d. Verf. s. u. S. 217f., auch 217 Anm. 54.

[126] S. Mowinckel N 1, 11ff.; vgl. dagegen R. A. Carlson N 8, 194.

[127] S. Mowinckel N 1, 13.

Möglicherweise hat es unter Salomo außer den Annalen, die bei Hofe oder im Tempel geführt wurden, auch eine Hofchronik gegeben, der die Salomogeschichten entstammen. Vielleicht war Ahimaaz ben Zadok ihr Verfasser, doch liegen sie uns jetzt nicht in der Sprache des 10. Jahrhunderts, sondern in späterer Gestalt vor. Dann aber haben die Erzählungen des II. Samuelbuches nichts mit der Hofhistoriographie unter Salomo zu tun und alle Behauptungen, daß die David-Geschichten zur Zeit Salomos, an seinem Hofe, zur Ehre seiner Regierung oder zur Legitimation seiner Thronfolge geschrieben seien, müssen überprüft werden[128].

S. Mowinckel begründet seine These, indem er Parallelen in der nordischen Sagengeschichte aufweist. Aber gerade die isländischen Geschichten zeigen, daß die Sage mit der Familiengeschichte beginnt und daß die Königssage nur eine Weiterentwicklung der Familiensage ist[129]. Hier liegt eine echte Parallele zu den Davidgeschichten vor. Salomo-Saga und David-Geschichte haben jeweils einen völlig verschiedenen »Sitz im Leben«. Diesen für die David-Geschichte näher zu bestimmen, wird jetzt unsere Aufgabe sein.

In den beiden Teilen der David-Saul-Geschichten ist David der unbestrittene Held der Erzählung. In den David-Geschichten macht ihm Joab weithin diesen Rang streitig[130]. Hier erscheint David mehr als Hauptfigur denn als Held. Weder kriegerisch noch diplomatisch entfaltet er besondere Aktivität. Wirklich Handelnder ist er nur in der Bathseba-Geschichte und dann bei seiner Flucht aus Jerusalem. Sonst überläßt er weithin anderen das Gesetz des Handelns und muß sich von ihnen Belehrung und Zurechtweisung gefallen lassen[131]. Hervorgehoben werden seine Großmut und seine Bereitschaft, zu verzeihen und zu belohnen. Diese Großzügigkeit gilt besonders der Familie Sauls gegenüber. Seine eigentlichen Gegner sind nicht die Philister und kaum die Ammoniter, sondern einzelne Gestalten aus der Saul-Familie oder noch mehr aus seiner eigenen Sippe. Ihnen gegenüber erleidet David sein Schicksal mehr, als daß er es gestaltet. Aber nicht nur David wird so gezeichnet, daß der Leser sein Leiden mitempfindet; ebenso erlebt er mit Tamar die Schrecken der Vergewaltigung (Kap. 13), mit Ahitophel die Enttäuschung über den verschmähten Rat und die un-

---

[128] Gegen L. Rost Z 87, 234; G. Fohrer Z 14, 7; dagegen in *diesem* Punkt richtig L. Delekat Z 56, 28.   [129] A. Jolles Z 63, 67, vgl. auch 87.

[130] Vgl. dazu J. Hempel Z 85, 30 und J. J. Jackson U 5, 187.

[131] Zusammenstellung bei J. J. Jackson U 5, 187: »Poor David was lectured from every side — first by Michal in c. 6, then by Uriah in c. 11, next by Nathan in c. 12, and even by his courtiers in the same chapter, by Joab in the end of the chapter, by Jonadab his own nephew in c. 13, by the clever woman of Tekoa in c. 14, by Ittai the Gittite in c. 15, by Shimei in c. 16, by Joab most forcefully in c. 19, and by Bathsheba and Nathan in 1 Kings 1«.

abwendbare Niederlage des Aufstandes (IISam 17 23), mit Adonia die Todesangst, als er von der Krönung Salomos erfährt und alle Anhänger ihn verlassen (IReg 1 41 ff.). Bei dem Bösen, das er berichtet, hebt der Erzähler nie den moralischen Zeigefinder, aber indem er das Leid miterleben läßt, das für den anderen aus diesem Bösen kommt — am bewegendsten in der Klage Davids um Absalom (IISam 19 1) — verrät er nicht nur selbst ein ethisches Bewußtsein, sondern erweckt es auch bei den Lesern oder Hörern seines Werkes. So hat er es nicht nötig, seine Gestalten in gute und böse, in Schurken und lichte Helden einzuteilen. Ja er mutet es dem Leser zu, ständig mit seiner Sympathie zu wechseln, von Amnon zu Tamar, von Absalom zu David, ja auch von Bathseba und Nathan zu Adonia.

An der Gestalt Joabs wird diese Einstellung des Erzählers besonders deutlich. Man hat die Geschichte oft so verstanden, als sei der große Feldherr Davids der negative Held der Erzählung[132]. Das ist keineswegs der Fall. Allerdings wird uns die Würdigung dessen, wie der Erzähler Joab zeichnet, leichter, nachdem wir die Absageformel an die Zeruja-Söhne (»Was habe ich mit euch zu schaffen, ihr Söhne der Zeruja?« u. ä.)[133] als spätere Hinzufügungen erkannt haben.

Joab ist seinem König treu ergeben, immer bereit, auch über Leichen hinweg, seinem Herrn und sich selber Vorteil zu verschaffen. Für seinen Platz, den zweiten im Lande, duldet er keinen Nebenbuhler. Er ist tapfer, klug und gottergeben. Wo er es sich nicht zutraut, den König direkt zu beeinflussen, nimmt er sich die weise Frau von Tekoa zu Hilfe. Den Ruhm, Rabbat Ammon eingenommen zu haben, überläßt er seinem Herrn, so wenig der echte militärische Verdienste hat. Um der Gerechtigkeit willen muß Joab seine Strafe finden, denn er hat Abner und Amasa ohne Recht umgebracht. Ja dieser Vollzug der Gerechtigkeit an Joab ist eine Art Aufbauprinzip der ganzen David-Geschichte[134].

Wenn wir das Gewicht beurteilen, das den anderen Personen zukommt, so verwundert, daß z. B. Benaja, der Befehlshaber der Leibwache[135], nur in den letzten Parteikämpfen beim Thronwechsel von David zu Salomo auftritt (IReg 1 und 2), während ein so unwichtiger Mann wie der Benjaminit Šimei aus Bachurim zwei Mal handelnde Person im Gegenüber zu David ist (IISam 16 und 19). Auch ein be-

---

[132] Hätte G. Hölscher die Bewertung Joabs und seiner Parteigänger durch den Erzähler nicht falsch beurteilt (Z 88, 95), so wäre er in der Verfasserfrage zu besseren Ergebnissen gekommen. [133] IISam 3 29 16 10 und 19 23; s. o. S. 150 ff.

[134] Die beiden Morde in Kap. 3 und 20 »rahmen« gewissermaßen die eigentliche Davidzeit und finden in IReg 2 ihre Bestrafung.

[135] Befehlshaber der Leibwache IISam 23 23; der Krethi und Plethi IISam 8 18 20 23 (IReg 4 4 Zusatz?). Dies sind alles Listenangaben. In der Erzählung begegnet er nur IReg 1 und 2.

deutender Mann wie Nathan taucht, von der kurzen Bemerkung in IISam 12 25 abgesehen[136], nur da in der Erzählung auf, wo er für die Schilderung der Palastintrige unentbehrlich ist (IReg 1). Doch nebensächliche Personen wie Ziba und Meribaal haben je zwei Auftritte (IISam 9. 15 und 19). Auch Bathseba spielt in »ihrer« Geschichte verglichen mit ihrem Gatten Uria eine ganz geringe Rolle. Das Wort nehmen darf sie erst bei der Palastintrige und bei dem Spiel um Adonias Leben (IISam 11 IReg 1 und 2). Historisch gesehen sind also die Gewichte der einzelnen Rollen falsch verteilt. Doch ist der Schlüssel nicht schwer zu finden.

Die Personen, die ins Rampenlicht vortreten und das Wort erhalten, gehören weithin, ja wahrscheinlich alle, zur »Partei« des Erzählers: Joab und Abisai, Adonia (wahrscheinlich auch Absalom vor seinem Aufstand), Šimei, möglicherweise Meribaal und Ziba. Die beiden Priester, die erst zusammenstehen, dann sich parteimäßig trennen, wobei Zadok zu Salomo und Abjathar zu Adonia hält, werden entweder fast gleichmäßig behandelt, oder treten stark in den Hintergrund, besonders wenn man die breit entfalteten Rollen vergleicht, die ihre Söhne spielen dürfen[137]. Diese Gruppe hatte wohl zuerst auf Absalom gesetzt, war aber an der eigenmächtigen Thronergreifung des Königssohns auseinandergefallen, bis sie sich um den Erben Adonia wieder sammelte, wohl mit geringerer Begeisterung als einst um Absalom. Die Frage, welche politischen, persönlichen, religionsgeschichtlichen Gründe hinter ihrer Ablehnung von Salomos Thronfolge standen, gehört, so interessant sie wäre, nicht in den Rahmen unserer Untersuchung, die sich mit der Entstehung der Erzählung befaßt[138].

Hat der Erzähler, wie wir nach der Auswahl der handelnden Personen urteilen müssen, auf der Seite der Adonia-Partei an Davids Hof gestanden[139], so fragt sich, ob wir den Kreis noch enger ziehen können. Wir stellten bereits fest, daß er mit aller Wahrscheinlichkeit zur »dritten Generation« gehört hat[140], daß er sowohl der David- wie der Saul-Sippe nahesteht[141], daß Ahimaaz als Parteigänger Salomos ausscheidet[142], so daß wegen der Details besonders in IISam 17 17-22 am ehesten Jonathan ben Abjathar in Frage kommt.

---

[136] Zu der Nathan-Perikope IISam 12 1-15a s. o. S. 154ff.

[137] Gemeinsames Auftreten der beiden Priester in 15 24 ff. (35f.) 17 15 19 12; getrenntes Auftreten in IReg 1 und 2. Gemeinsames Auftreten der Söhne in IISam (15 27) 17 17-22; getrenntes Auftreten: Ahimaaz in IISam 18 19-30; Jonathan in IReg 1 42f.

[138] Zu dem Sachproblem vgl. G. W. Ahlström L 1, 9ff. und 34ff.

[139] So richtig J. Hempel Z 85, 206.

[140] S. o. S. 147f.   [141] S. o. S. 147.

[142] Ahimaaz als Schwiegersohn Salomos (IReg 4 15) wird zwar von A. Klostermann für den Verfasser gehalten, Z 107, XXXII f., doch hoffen wir, dies durch die genauere Parteibestimmung widerlegt zu haben.

Auch geographische Beobachtungen sind hier von Interesse. Fünf Mal finden wir den Ortsnamen Bachurim in den David-Geschichten, sonst aber nicht im ganzen AT. Zweimal wird er nur zur Kennzeichnung Šimeis verwendet (IISam 19 17; IReg 2 8), drei Mal aber spielt die Geschichte bei bzw. in Bachurim: als Abner Michals Mann zurückscheucht (IISam 3 16), als Šimei den König verflucht (IISam 16 5 ff.) und als die beiden Priestersöhne sich vor ihren Verfolgern verstecken (IISam 17 18 ff.). Gerade diese kleine Episode zeigt, daß nicht nur der Erzähler mit den Ereignissen und dem Ort Bachurim vertraut war, sondern auch die beiden Priestersöhne offensichtlich den Bewohnern des Ortes wohlbekannte Personen. Sonst hätte es kaum jemand gewagt, bei der großen Volkstümlichkeit Absaloms nach Davids unrühmlichem Durchzug durch den Ort zwei Anhänger Davids zu verstecken. Anders als durch persönliche Beziehungen mindestens zu einem der beiden läßt sich das nicht erklären. Nun gehört aber die Abjathar-Familie nach Anatot, dem Nachbarort Bachurims (IReg 2 26). In der Nähe dieser beiden Orte müssen auch Sauls Güter gelegen haben, die Ziba für Meribaal verwaltet, sonst könnte Ziba nicht so schnell mit seinen Eselslasten am Ölberg erscheinen (IISam 16 1 ff.), nachdem er von Absaloms Aufstand gehört hat.

Wir fügen noch eine kulturgeschichtliche Begründung an: wenn die David-Geschichten im Unterschied zu den Saul- und wohl auch den David-Saul-Geschichten I. Teil recht bald nach oder sogar bei ihrer Entstehung schriftlich niedergelegt worden sind[143], so kommt eine Priesterfamilie als Ort ihrer Entstehung am ersten in Frage, zumal wenn wir die Schreibstuben des Hofes aus der Betrachtung ausschalten müssen. Für die Hofchronik typisch scheint die Salomo-Saga zu sein, also die alten Bestandteile von IReg 3—10[144]. Sie mögen auf Ahimaaz ben Zadok als Urheber — nicht Verfasser? — zurückgehen[145]. Ein Bericht jedoch, in welchem der Ehebruch von Salomos Mutter, die Hofintrige, der er seine Thronbesteigung verdankt, und die schonungslose Vernichtung der Adonia-Gruppe geschildert wird, hat ihren »Sitz im Leben« nicht am Hof von Jerusalem, sondern bei der nach Anatot verbannten Priesterfamilie.

Gegen eine Priesterfamilie als Traditionsträger spricht einzig die Kultfreiheit dieser Erzählungen, das völlige Desinteresse an kultischen Begehungen, Opfern und Gebeten[146]. Selbst die drei Kultgeschichten, die der Erzähler seinem Werk einfügte (IISam 6. 21. 24), hat er derart umgestaltet, daß ihre ursprüngliche Kultpointe durch andere Erzähl-

---

[143] S. u. S. 175.

[144] S. o. S. 169 f.

[145] S. o. S. 170.

[146] Das ist mit L. Rost Z 87, 239 gegen R. A. Carlson N 8, 135 ff. festzuhalten.

elemente überlagert wird[147]. Doch gilt es auch zu beachten, daß die beiden Priestersöhne Jonathan und Ahimaaz uns in den Erzählungen in der sehr weltlichen Funktion eines Meldeläufers begegnen und offenbar eng zum Heer gehören, ohne daß eine kultische Funktion dabei sichtbar wird[148]. Nennt Adonia in IReg 1 42 den Jonathan einen 'îš ḥajîl, so bezeichnet das den freigeborenen, begüterten Mann[149], doch hat es auch den Beiklang des waffentragenden Kriegers. Insofern könnte eine Entfremdung von Kult und Priestertum in der jungen Generation eingetreten sein.

Fragen wir nach der Entstehungszeit dieser Großerzählung, so werden wir feststellen müssen, daß die detaillierten Schilderungen der Ereignisse um Salomos Thronbesteigung keinen allzu großen Abstand von den Vorgängen nahelegen. Der Bericht geht bis zur Ermordung Šimeis (IReg 2 46), die mindestens gut drei Jahre nach Salomos Thronbesteigung vollzogen wurde (IReg 2 39). Frühestens in dieser Zeit wurde der Bericht also abgeschlossen. Man wird die ersten Jahre der Regierungszeit Salomos annehmen dürfen. Auf eine spätere Zeit wird man auch deshalb nicht gehen können, weil sonst die Notiz von IISam 9 12 über Micha, den »kleinen Sohn« Meribaals, schwer zu erklären wäre. Das Alter der auftretenden Personen[150]:

v. Chr.					
1055	Saul geb.				
1030	25 J	Jonathan geb.		David geb.	
1015 Schl. von Michmas	40 J	15 J		15 J	
1007	48 J	23 J	Meribaal geb.	23 J	
1002 Schl. am Gilboa	53 J †	28 J †	5 J	28 J	(König in Hebron)
997			(Begnadigung)	33 J	(König in Jerus.)
992 Ammoniterkrieg		15 J		38 J	
990		17 J		40 J	Salomo geb.
980		27 J	Micha geb.	50 J	10 J
970		37 J	10 J	60 J †	20 J König

Viele dieser Zahlen beruhen auf Schätzung und haben eine Variationsmöglichkeit nach oben oder unten. Wenn aber Salomo in IReg 2 9 als 'îš ḥakam bezeichnet wird, so kann er kein Kind mehr gewesen sein und zwanzig Jahre sind für seinen Regierungsantritt das Mindeste, das man ansetzen muß. Da er aber frühestens zwei Jahre nach dem Ammoniterkrieg geboren wurde und dieser kaum sofort nach Davids Regierungsantritt in Jerusalem stattfand, ergibt sich nicht viel Spielraum für die Datierung. Wenn die Notiz von IISam 4 4 — woher sie auch stammen mag — historischen Wert hat, so kann Meribaal bei seiner Begnadigung (zwischen Davids Thronbesteigung in Jerusalem

---

[147] S. o. S. 168f.
[148] IISam 17 17ff. 18 19ff. IReg 1 42ff.
[149] Vgl. W. Richter L 8, 147f. Anm. 105.
[150] Vgl. hierzu K. D. Schunck I 2, 120f.

und dem Ammoniterkrieg) kaum so alt gewesen sein, daß er schon Vater geworden war. Zumal wir beobachten, daß sowohl Saul wie Jonathan wie David erst einen Sohn bekommen, wenn sie altersmäßig bereits in der Mitte der zwanziger Jahre stehen. So ist auch die Geburt Michas hier für dieses Alter angenommen, was ihn beim Regierungsantritt Salomos bzw. in der Abfassungszeit der Großerzählung einen »kleinen Sohn« sein ließe.

Halten wir die David-Geschichten für Jonathan ben Abjathars Werk, so erklärt sich auch ihr eigenartiges Verhältnis zu dem II. Teil der David-Saul-Geschichten, die wir auf Abjathar zurückführten[151]. Die David-Geschichten haben zwar, wie wir sahen[152], ihre eigene Exposition, die einen neuen Personenkreis, Abner und die Söhne der Zeruja, in die Handlung einführt, aber sie verstehen sich zugleich als die Fortsetzung der Abjathar-Geschichten, hinter deren Ende sie zeitlich zurückgreifen. Wie bei einer Stafette der Läufer, der den Stab empfängt, für kurze Zeit neben seinem Vorgänger herläuft, so setzt der Verfasser der David-Geschichten bereits bei der Salbung Davids in Hebron ein und nicht erst nach der erfolgten Eroberung Jerusalems, bei der sein Vorgänger aufgehört hatte. Denn der Streit zwischen Abner und den Söhnen der Zeruja ist für seine Gesamtdisposition unerläßlich; wir sahen, daß die Strafe, die Joab für die Ermordung Abners empfängt (IReg 2 5 ff. 28 ff.), mit zum Gerippe des Aufbaus gehört[153]. Damit soll nicht behauptet werden, daß die Abjathar-Geschichte dem Verfasser der David-Geschichte bereits schriftlich vorlag. Aber um eine bereits fest geprägte mündliche Überlieferung muß es sich zum mindesten handeln. Vor allem haben beide miteinander die neue Erzählweise gemein, die nicht mehr die in sich abgeschlossene Einzelgeschichte als Baustein kennt, sondern die in Einzelszenen gegliederte Großgeschichte bietet.

Ein letzter Beweis läßt sich in der Verfasserfrage nicht führen. Doch so viel darf als sicher gelten: der Erzähler der David-Geschichten stammt aus der Gegend von Bachurim, er gehört der Generation Salomos an, seine Sympathie liegt jedoch bei der Gegenpartei, die sich um Adonia sammelte. Er ist mit der Saul-Sippe wie mit der David-Familie gut bekannt und hält zwischen ihnen eine Art neutrale Position inne, so daß er wohl keiner von beiden angehört hat. Da die Saul-Familie entmachtet ist, gehören seine beiden Haupthelden David und Joab der David-Familie an.

Sollen wir bei diesem Werk von Geschichtsschreibung reden? Richtiger wäre es, in Anwendung der von A. Jolles geprägten Begriffe

---

[151] S. o. S. 130.
[152] S. o. S. 141 ff.
[153] S. o. S. 142. 164. 171.

hier Familiensage in ihrer fortgeschrittenen Form der Königssage festzustellen[154]. Insofern diese Königsfamiliengeschichte gelegentlich die politischen Ereignisse mit einbezieht (IISam 10—12: Ammoniterkrieg) können wir von Anfängen der Geschichtsschreibung sprechen. »Der innere Plan der Geschichte ist jedoch mit Charakterzeichnung befaßt, nicht durch Beschreibung oder Kommentar des Verfassers, sondern durch die Taten und Worte der Männer und Frauen, welche die Erzählung füllen. Die Geschichte beginnt mit den wichtigsten Motiven, die sie durchgehend beherrschen und Gegensatzpaare bilden: Leben und Tod, Mann und Frau, Liebe und Haß. Dazu kommen noch Ehre und Verachtung, Mut und Feigheit, Bescheidenheit und Schamlosigkeit, Zurückhaltung und Frechheit[155]«.

G. B. Caird unterscheidet als mögliche Ziele von Geschichtsschreibung Faktenfeststellung, moralische Belehrung und gute Erzählung[156]. In dieser Sicht ist der Verfasser der David-Geschichten den »guten Erzählern« zuzuordnen. Aber er geht weiter, indem er versucht, im Erzählen zu zeigen, wie eines aus dem anderen erwachsen ist. Die verschlungenen Ketten von Ursache und Wirkung durchziehen seine Darstellung. Das Verhältnis von Recht und Macht, von Staatsraison und Barmherzigkeit, von Heldentum und Leiden beschäftigt ihn im Blick auf die Menschen, die er schildert. Das sind Gegensatzpaare, die in ihrer grundlegenden Fragestellung über die von Jackson gezeichneten Charaktergegensätze hinausgehen. Aber sie lassen sich auch nicht unter G. B. Cairds »moralische Belehrung« fassen. Indem der Verfasser Gerechtigkeit zum Leitmotiv seiner Darstellung macht, nimmt er das Anliegen der alten volkstümlichen Erzählung auf und führt es auf einer höheren Stufe weiter. Denn die Gerechtigkeit erfüllt sich nun nicht innerhalb der Einzelgeschichte, sondern nur im Gesamten seiner Darstellung. In dieser weiten Spannung des Leitmotivs ist der Ansatz zur Geschichtsschreibung gegeben, nicht als Chronik, um zu berichten, was war, sondern auf der Suche nach dem Sinn in dem, was Menschen widerfährt und was Menschen tun.

Ein Eingreifen Gottes in die Geschicke kennt er nur dann, wenn der Satz

»Und es schlug JHWH das Kind, welches die Frau des Uria dem David geboren hatte, und es wurde krank« (IISam 12 15 b)

zu seiner Erzählung gehört, was wahrscheinlich, aber nicht sicher ist, da es auch mit der Einfügung von IISam 12 1-15a zusammenhängen könnte[157]. Die Interpretation von Absaloms Entscheidung als von

---

[154] A. Jolles Z 63, 66 ff.
[155] J. J. Jackson U 5, 185 f. (Übersetzung von Verf.) und vgl. J. Hempel Z 85, 126.
[156] G. B. Caird Z 84, 865.
[157] S. o. S. 155. 158

JHWH gefügt (IISam 17 14) steht mindestens in dem Verdacht, eine
spätere Glosse zu sein und kann deshalb für die Beurteilung der alten
Erzählung nicht herangezogen werden. Abweisend verhält sich die
Erzählung gegen Kult, Magie und Mythologie. Besonders der Ausdruck
»wie ein Engel Gottes«, der in bezug auf David drei Mal vorkommt[158],
zeigt die entmythologisierende Tendenz. Die Unabhängigkeit des
Königs von der Lade (IISam 15 24 ff.) und vom Fluch (IISam 16 11f.)
erweist die erfolgte Loslösung vom magischen Denken. Ebenso resigniert David in der Erzählung von IISam 12 15 ff. gegenüber dem
Versuch, durch Askese sein krankes Kind vor dem Tode zu bewahren[159].

Bei der starken innenpolitischen Konzentration der Geschichte
ist es nicht verwunderlich, daß der nationale Gedanke außer in Hinsicht auf den Ammoniterkrieg nicht in den Vordergrund tritt. Er ist
für den Verfasser selbstverständliche Voraussetzung seines Denkens.
Eher spielt die Rivalität zwischen Israel und Juda eine Rolle, besonders in bezug auf Absaloms Aufstand[160]. Doch kann man nicht behaupten, daß dieses Thema klar durchgeführt sei.

Wie unsere Analyse ergab, hat ein Ergänzer an den David-
Geschichten gearbeitet, dem wir IISam 3 39 16 10 19 23 und vielleicht
15 25f. zuweisen mußten[161]. Wir sahen, daß er eine Königsideologie
entwickelt, zu deren Zügen die Unverletzlichkeit des Gesalbten
JHWHs, die Unschuld, Demut, Großmut und vielleicht auch die
Frömmigkeit des Königs gehört[162]. Außer dem ersten haben alle diese
Motive ihren Ansatz schon in der alten Erzählung selber[163]. Dieser
Ergänzer hat nicht nur die David-Geschichten, sondern auch die
David-Saul-Geschichten II. Teil bearbeitet, da die Ergänzung in
IISam 1 ebenfalls die Tendenz: »Unverletzlichkeit des Gesalbten
JHWHs« enthält. Wir finden sie weiterhin in der älteren Schicht von
ISam 24[164]. Auch das Motiv »Davids Großmut gegenüber Saul und
seiner Familie«, das in der alten Geschichte von IISam 1 schon ent-
halten ist, indem David Totenklage hält, wird durch den Vollzug der
Blutrache an dem vorgeblichen Mörder gesteigert. Mit der Formel
damka (Q) *'ăl-ro'ška* »dein Blut über dein Haupt« betont der Ergänzer
zudem noch Davids Unschuld (v. 16). Diese beiden Motive der Königs-

---

[158] IISam 14 17. 20 19 28; der Ausdruck findet sich in bezug auf David auch im II. Teil
der David-Saul-Geschichte ISam 29 9. Vgl. dazu u. S. 193f.

[159] S. o. S. 155.

[160] Am deutlichsten in IISam 19 10ff. 43ff. 20 1ff.

[161] S. o. S. 148ff. und 160ff.

[162] Außer Anm. 161 vgl. S. 162f. und 154ff.

[163] Zur Königsideologie der alten Erzählung vgl. auch IISam 16 18: der König ist von
JHWH, dem Kriegsvolk und dem ganzen Volk Israel erwählt. Von hier geht eine
direkte Linie zum *mešiaḥ JHWH* von ISam 24 7 und IISam 19 22.

[164] S. o. S. 124ff.

ideologie finden wir ausgestaltet in der späteren Schicht von ISam 24, wo Davids Großmut Saul überwindet und er ihm Schonung seiner Familie verspricht, sowie in ISam 25, wo David durch Abigail gehindert wird, »sich mit eigener Hand zu helfen«. Dem künftigen König gebührt der Racheverzicht, denn er soll einmal das Recht gegenüber der Selbstjustiz durchsetzen[165]. Die deuteronomistische Glosse IISam 25 28-31 hat das sehr wohl verstanden und klarer zum Ausdruck gebracht als der ursprüngliche Text.

Während die David-Geschichten aus Verehrung für diesen König und einer gewissen naiven Begeisterung für das Königtum geschrieben sind, verraten die Zusätze des Ergänzers (oder der Ergänzer?) eine weitgehende Reflektion über das Königtum und seine Bedeutung für das Recht in Israel. Ist ISam 25, wie wir meinen, sogar eine »Gegengeschichte« zu den Erzählungen von Simson, so könnte die Vorschaltung der Richtergeschichten sehr wohl auf diesen Ergänzer zurückzuführen sein. Zumindestens würde das von den Richtergeschichten gelten, die von der Rechtlosigkeit in der Zeit der Selbstjustiz handeln (Jdc 13—21); doch könnte auch der Gedanke, daß der Schutz vor der Bedrängnis durch auswärtige Feinde die Erweckung eines Retters nötig machte, in den weiteren Bereich der Königsideologie gehören (Jdc 3. 4. 6—9. 11—12)[166].

4. Zusammenfassung

Im I. und II. Samuelbuch fanden wir vier Hauptkomplexe:

1. Die Saul-Geschichten. Hier ist Saul der positive Held. Erzählt wird seine Geschichte von der Salbung durch Samuel bis zu seinem Tod, doch so, daß in sich geschlossene Einzelerzählungen aneinandergereiht werden. Weder über ihren Zeitabstand läßt sich Genaueres sagen, noch darüber, ob aus der Sammlung nicht manches verlorengegangen ist. Eine Art Rahmung erfuhren diese Erzählungen durch das Auftreten Samuels am Anfang und am Ende[1]. Die Geschichten sind nach den Stilgesetzen der mündlichen Tradition geformt und zeigen eine starke Verwandtschaft mit dem Richterbuch, die über die formalen Beziehungen noch hinausgeht[2].

2. Die David-Saul-Geschichten I. Teil. Hier tritt David als positiver Held dem negativ gezeichneten Saul gegenüber. Doch hat eine Bearbeitung später die Beurteilung Sauls gemildert. Bereich dieses

---

[165] S. o. S. 90ff.
[166] S. u. S. 210ff.
[1] S. o. S. 107.
[2] S. o. S. 108ff. u. S. 210f.

Komplexes ist Davids Auftreten an Sauls Hof bis zu seiner Flucht. Auch hier ist die Formung in der mündlichen Tradition erfolgt, was sich auch daraus ergibt, daß eine zweite Version existiert, die genau dieselben Motive mit stark verändertem Ablauf erzählte und — wie die Saulgeschichten — durch zwei Samuelgeschichten gerahmt war (ISam 16 1-13 19 18-24). Doch geht in der älteren Version die mündliche Formung nur noch teilweise von der Einzelgeschichte aus, vielmehr sind die Gesprächsszenen durch Kurzangaben verbunden, so daß eine Art Großgeschichte von etwa 60 Versen entsteht. Eine Bearbeitung, möglicherweise in einem Zuge mit der schriftlichen Fixierung, ist in ISam 16 erkennbar[3].

Bei der Zusammenarbeitung mit der Saul-Geschichte wurde mit dem Satz

»und der Geist JHWHs war von Saul gewichen« (ISam 16 14a)

auf die Saul-Geschichte in ISam 28 15 zurückgegriffen:

»und Gott ist von mir gewichen und antwortet mir nicht mehr . . .«.

Die Vorstellung Davids als *gibbôr ḥǎjîl* (ISam 16 18) weist auf ISam 14 52 zurück:

». . . und wenn Saul einen *'îš gibbôr* und einen *bæn-ḥǎjîl* sah, so nahm er ihn zu sich«.

Sonst hat dieser Komplex mit den Saul-Geschichten nur die allgemeine Situation der Philisterbedrängnis gemein.

3. Die David-Saul-Geschichten II. Teil. Hier ist David der positive Held, doch wird er nicht idealisiert. Der Erzähler ist bemüht, Saul Gerechtigkeit widerfahren zu lassen. Die Geschichte setzt die Kenntnis des I. Teils voraus, insofern Jonathans Eintreten für David, Davids Heirat mit Michal und seine heimliche Flucht als bekannt gelten[4]. Doch ebenso greift die Erzählung auf Sauls Ende und seine Bestattung bei Jabeš, also auf die Saul-Geschichten zurück. Ihr mutmaßlicher Abschlußvers in IISam 5 10 greift auf ISam 16 18 zurück, indem er das »JHWH war mit ihm« wiederaufnimmt. Von IISam 5 17-25 und 6-10 abgesehen[5] kennt sie keine in sich ruhende Einzelüberlieferung, sondern bildet eine in klare Szenen gegliederte Großgeschichte. Ihre besonderen Kennzeichen: Orakelbefragung, »David und seine Männer«, das Fehlen aller benannten Nebenfiguren aus der Saul- oder David-Sippe heben sie deutlich von den benachbarten Komplexen ab, wobei gegen die Davidgeschichten auch die Rolle der Philister ein Unterscheidungs-

---

[3] S. o. S. 112f. u. s. u. S. 209f.

[4] Jonathan: ISam 20 1 ff. — ISam 22 8; Michal: ISam 18 20 ff. — ISam 22 14; Flucht: ISam 19 11 ff. — IISam 22 6; Sauls Tod: ISam 31 1 ff. — IISam 1; Bestattung in Jabeš: ISam 31 11 ff. — IISam 2 4 ff.

[5] Vgl. hierzu o. S. 135 f.

merkmal darstellt. Sie erweckt den Eindruck, als sei David durch kluge Diplomatie — ohne Bürgerkrieg — vom König über Juda in Hebron zum König über Israel in Jerusalem emporgestiegen.

4. Die David-Geschichten. Sie zeigen einen klaren Neueinsatz, doch auf der Grundlage der David-Saul-Geschichten II. Teil aufbauend. Über diese hinweg greifen sie auf die David-Saul-Geschichten I. Teil zurück, so wenn David sich Michal wieder holt[6] oder David den Meribaal »um Jonathans willen« begnadigt[7]. Eine direkte Beziehung zur Saul-Geschichte läßt sich nicht nachweisen, da die Kenntnisse über Sauls Tod und die Bestattung in Jabeš durch die David-Saul-Geschichte II. Teil vermittelt ist[8]. Im ganzen sind diese Beziehungen aber spärlich. Gegenüber den Heldengeschichten der anderen drei Komplexe haben wir hier eine Königsfamiliengeschichte mit einer Fülle von Personen vor uns, aus denen David und Joab als die Hauptpersonen herausragen. Der Komplex besteht aus mehreren in sich relativ geschlossenen Großerzählungen, die wiederum in Einzelszenen gegliedert sind. Drei alte Einzelgeschichten wurden aufgenommen. Der Erzählstil erreicht in den David-Geschichten, besonders wo sie am Hof spielen, seine größte Breite. Wegen des Umfanges der Erzählung werden wir mit rascher schriftlicher Fixierung rechnen müssen[9].

Die unter 3. und 4. genannten Komplexe haben eine Bearbeitung durch den oder die Königsideologen erfahren, die man sich zeitlich nicht allzufern von der schriftlichen Abfassung der Erzählungen, aber auf jeden Fall nach ihr zu denken hat. Dieser Bearbeitung gehören zu: ISam 24 und 25. IISam 1 5-10. 13-16 3 39 16 10 19 22-23 und vielleicht IISam 15 25-26, sowie 21 12-14a.

Überblicken wir unsere vier Erzählkomplexe, so sehen wir einen klaren Weg von der mündlichen Überlieferung, die in sich geschlossene Einzelerzählungen formt und sie zu Sagenkränzen verbindet, über die Großerzählung mündlicher Formung zur Großerzählung mit rascher schriftlicher Niederlegung und zum Komplex aus Großerzählungen. Der Meistererzähler der David-Geschichten ist also wahrhaftig nicht vom Himmel gefallen, sondern hat auf der Erzähltradition seines Volkes und seiner Vorgänger aufbauen können.

---

[6] ISam 18 20ff. — IISam 3 13-14.

[7] ISam 18 1. 3. 4 — IISam 9.

[8] Kennzeichen: »Saul und sein Sohn Jonathan« s. o. S. 133. In den David-Saul-Geschichten II. Teil: IISam 2 4bff. In den Davidgeschichten nur IISam 21 12ff., möglicherweise dem Zusetzer zugehörig.

[9] S. o. S. 175 und vgl. bes. J. Hempel Z 85, 22.

C. Die Sprache des 10. Jh. v. Chr.

a) Einleitung: die Sprachkreise

Wenn die Archäologen einen Hügel untersuchen, bei dem frühere Besiedlung vermutet wird, so dringen sie an einer für günstig befundenen Stelle mit einem Stichgraben hinein. An dessen Wänden zeichnen sich dann, wenn tatsächlich frühere Besiedlung vorliegt, die einzelnen Schichten ab, oft voneinander durch Brandschichten deutlich abgehoben. Für jede Schicht kann man typische Merkmale angeben, was Keramik, Münzen oder sonstige Geräte betrifft. Findet man dann in der Umgebung einzelne Scherben, so kann man sie den erkannten Schichten zuordnen.

Unsere Frage ist nun, ob man auch in die Sprache solch einen Stichgraben ziehen kann, der annähernd genaue Schichtdatierungen zuläßt, so daß man eine typische Sprache bestimmter Jahrhunderte angeben und »undatierte Funde« solchen Schichten zuweisen kann.

Wir gehen dabei von der Vermutung aus, daß entsprechend den kulturgeschichtlichen Veränderungen sich auch die Sprache wandelt, daß neue Wörter in Gebrauch kommen, alte vergessen werden, daß aber auch die einzelnen Worte ihre Bedeutung wandeln. Solche Veränderungen sind aber nicht nur »zufällig« mit dem Wechsel in den Lebensumständen erfolgt, sondern im alten Israel offenbar auch ganz bewußt vollzogen worden. Wir stoßen hier auf das Problem der Tabuisierung, das in der Auseinandersetzung mit der kanaanäischen Religion sichtlich eine große Rolle gespielt hat. Andererseits hat die Entfaltung der Theologie Israels sprachbildend gewirkt.

Unser Bemühen wird es nun sein, eine ganz bestimmte Schicht so genau wie möglich zu bestimmen: die Sprache des 10. Jh. v. Chr. Allgemeine kulturgeschichtliche Überlegungen wie die Analyse der Texte kommen darin überein, daß die Anfänge der schriftlichen Überlieferungen Israels in diese Zeit fallen. Natürlich ist bei der schriftlichen Fixierung älterer Überlieferungen die Sprache jener früheren Zeiten, in denen diese Traditionen sich formten, mit in die Literatur des 10. Jahrhunderts eingegangen. Dieser Unterschied zeigt sich sehr deutlich in dem Sprachgebrauch, der durch kulturgeschichtliche Veränderungen bedingt ist. So können wir der Nomaden- und Halbnomadenzeit des 12./11. Jh. einen »Herdenbegriffskreis« zuordnen, zu dem Wörter wie Karawane *('orḥā)*, Zelt *('ohæl)* und Herde *('edær)*, Krug *(kăd)* und Gewand *(măd)*, Stab *(măqqel)* und Futter *(mispô')* gehören. Die Verwandtschaft als Schutz- und Lebensraum des ein-

zelnen spielt eine große Rolle; dementsprechend finden wir die alten
Verwandtschaftsbezeichnungen wie *ḥam, ḥatan/ḥoten*[1], *dôd*, auch *'ab,
'em, ben* und *bæt, nă'ăr* und *jælæd* für die Kinder. »Bist du von meinem
Bein und Fleisch?« *('ăṣmî ub*e*śarî)* ist die entscheidende Frage, die das
Verhältnis von zwei Personen oder Gruppen regelt[2]. Man treibt *(naḥăg)*
und leitet *(naḥaḥ)* das Vieh, man knetet den Teig *(lûš)* und schlachtet
(zabăḥ) das Ziegenböckchen *(g*e*dî 'izîm)*. Diese Wörter bleiben auch
nach dem kulturellen Wandel in der Sprache erhalten, aber entweder
verlieren sie an Häufigkeit, mindestens im literarischen Gebrauch,
oder sie werden in ihrer Bedeutung verändert, wie man es z. B. sich gut
an *'oraḥ*, »der Pfad« klarmachen kann[3].

Mit der Staatlichkeit Israels und dem Königtum kommen neue
Wörter in Gebrauch, die wir in den Militärbegriffskreis und in die
Sprache des Königshofes einteilen wollen.

Im Militärbegriffskreis begegnet uns der waffenfähige Mann
(gibbôr oder *'iš ḥajîl*, vgl. auch *baḥûr)*, der durch das Horn *(šôpar)*
aufgeboten *(ṣa'ăq/ za'ăq)* sich versammelt *('sp* ni.) mit Speer *(ḥanît)*,
Bogen *(qæšæt)* und Schwert *(ḥæræb)*, der sich in die Bergfeste *(m*e*ṣûdā)*
rettet *(mlṭ* ni.), über den Feind *('ojeb)* aus dem Hinterhalt *(ôreb)* her-
fällt *('iṭ)*, am liebsten in der letzten Nachtwache *('ăšmoræt)*, so den
Feind »in die Hand bekommt«[4] und reiche Beute *(šalal)* macht.
Kommt er heim, so ziehen ihm die Frauen mit Gesang entgegen
(śḥq pi.), der von verschiedenen Musikinstrumenten begleitet ist[5].

Andere Wörter entstammen den Gebräuchen des Königshofes.
Der König *(mælæk)* sitzt auf seinem Thron *(kisse')*, vor ihm stehen
('amăd lipné) seine Knechte *('*a*badîm)*; im Kampf begleitet ihn der
Waffenträger *(nóse' kelaw)*[6]; wem er seine Gunst *(ḥæsæd)* zuwendet,
den läßt er an seinem Tisch *(šulḥan)* essen. Der Rangunterschied
zeichnet sich in der Sprache ab, indem der Untergebene von sich und
von dem angeredeten König in der dritten Person spricht[7]. Höflich-
keitswendungen, Schmeicheleien und eine üppige Bildersprache zieren
die Rede[8]. Im Munde des Königs wie seiner Umgebung sind Schwur-

---

[1] Vgl. H. Kosmala F 3a, 27 und J. Morgenstern K 2, 55f.

[2] Vgl. S. Nyström Z 83, 7f. u. s. o. S. 165 Anm. 107a.

[3] Der Seltenheit in der Erzählung entspricht die Häufigkeit der übertragenen Bedeutung »Wandel« vor allem in den Psalmen, auch Hi und Prov.

[4] »In die Hand bekommen« scheint der einzige Ausdruck für »siegen« zu sein, was bei
der »Übereignungsformel«, wie sie W. Richter L 8, 21ff. entdeckt haben will, besser
beachtet werden sollte.

[5] Die Musikinstrumente werden Gen 31 27 ISam 10 5 18 6 IISam 6 5 aufgezählt, vgl.
auch IReg 1 40 und 10 12. Am konstantesten ist *top*, die »Handpauke«. Natürlich
gehören diese Instrumente bereits in die Nomadenzeit.

[6] S. o. S. 130 Anm. 83.   [7] Irene Lande Z 27, 68f.

[8] Bildersprache besonders in der Rede Husais IISam 17 7ff.; für Schmeichelei vgl.
Gen 44 18; für Höflichkeitswendung vgl. Ex 8 5 u. a.

formeln beliebt wie *hê JHWH* oder *hê JHWH wᵉ hê năpšᵉka* oder *kō ja'ᵃśē JHWH wᵉkō josîp* (»so wahr JHWH lebt«, »so wahr JHWH lebt und du lebst«, »so tue JHWH und so fahre er fort«).

Betrachten wir das Wort »Tisch« *(šulḥan)* ein wenig näher. Obwohl es aus dem Nomadenleben stammt — von *šlḥ* »ausbreiten«, gemeint ist das Ledertuch, das für die Speisen auf die Erde gebreitet wird[9] — kommt es im AT nie in Verbindung mit dem Nomadenleben vor, so oft auch dort vom Essen erzählt wird. Die älteste Sprachschicht der historischen Bücher kennt *šulḥan* nur in Verbindung mit dem Königshof[10]. Erst im prophetischen Milieu finden wir den Tisch dann im Privathaus (IReg 13 20; IIReg 4 10), was sich in der Sprache Jesajas und der Psalmen fortsetzt. Bei Hesekiel, der Priesterschrift und dem Chronisten konzentriert sich das Wort auf den Tisch bzw. die Tische im Tempel, so daß wir in Lev 24 6 sogar den »reinen Tisch« *(hăššulḥan hăṭṭahôr)* finden. Im deuteronomischen Bereich kommt *šulḥan* überhaupt nicht vor.

Anders der »Sessel« *(kisse')*, der ebenso eindeutig zuerst am Königshof in Erscheinung tritt[11], ebenfalls im prophetisch-priesterlichen Bereich privatisiert wird[12], dann aber eine ideologische Überhöhung erfährt, indem einerseits das Bild vom thronenden König auf Gott projiziert wird[13], das Wort andererseits in die Königsideologie eingeht, wo jetzt Begriffe wie »der Thron Davids« (Jer)[14] oder »der Thron Israels« (D-Gruppe)[15] auftauchen. Einen kultischen Thron hat es — trotz ISam 1—4 — offenbar nie gegeben, deshalb fehlt das Wort bei P und kommt bei Hesekiel nur in der Thronvision (1 26 10 1 vgl. 43 7) und in bezug auf Fürstenthrone (26 16) vor.

b) Die Profanität der Sprache

Trat uns die Sprache des 10. Jh. nach ihrer kulturgeschichtlichen Bedingtheit gegenüber, so gilt es nun, ihren Charakter in Abhebung von späteren Entwicklungen zu kennzeichnen. Als erstes Merkmal untersuchen wir ihre Profanität.

E. Kutsch hat dargelegt, daß die Vorstellung vom »Bund« zwischen JHWH und Israel nicht vor der Zeit des Propheten Hosea nachzuweisen ist[16]. Den Ausdruck *karăt bᵉrît* u. ä. wendet also die Sprache

---

[9] Gesenius s. v.

[10] Jdc 1 7 ISam 20 29. 34 IISam 9 7. 10. 11. 13 19 29 vgl. auch IReg 5 7 10 5 18 19.

[11] Ex 11 5 12 29 (Pharao) Jdc 3 20 IISam 3 10 14 9; IReg 1, 27. 30. 35. 37. 46. 47. 48 2 19. 24. 33.

[12] IIReg 4 10; vgl. ISam 1 9 4 13. 18.

[13] Z. B. IReg 22 19 (vgl. 22 10 !) Jes 6 1.

[14] Jer 13 13 17 25 22 2. 4. 30 29 16 33 21 36 30 vgl. IReg 2 45.

[15] IReg 2 4 8 20. 25 9 5 10 9 IIReg 10 30 15 12 Jer 33 17.

[16] E. Kutsch Z 57, besonders S. 143; vgl. G. Fohrer X 14, 893ff., nur leider mit falscher Beurteilung von Gen 15 18 (897ff.).

Israels bis zum 8. Jh. nur für Vereinbarungen zwischen Menschen
an, wobei selbstverständlich JHWH, ob ausdrücklich genannt oder
nicht, als Vertragsgarant gilt. Erst in der prophetischen Theologie
von Hosea über Jeremia bis zur D-Gruppe entwickelt sich der Gedanke
von einem Bund Gottes mit Israel, wird »Bund« zu einem theologischen
Begriff[17]. Für die Sprache des 10. Jh. gilt die profane Verwendung
von *berît* als Regel.

Ähnliches gilt von dem Verb »erwählen« *(bahăr)*, das in der
Sprache der Genesis (13 11) wie der David-Geschichten (IISam 15 15
19 39) für beliebige menschliche Entscheidungen gebraucht wird. Im
Militärbegriffskreis nimmt es die Bedeutung »eine Elite schaffen« an
(IISam 10 9 17 1). Aber es dringt auch in die Königsideologie ein, wenn
Husai vor Absalom den König Israels als den Mann definieren kann,
den

»JHWH und dieses (Kriegs)volk und alle Männer Israels erwählt haben« (IISam 16 18).

In späteren, eher elohistischen Überlieferungen überwiegt der militärische Gebrauch (Ex 17 9 18 25 Jos 8 3). Für die D-Gruppe jedoch ist
»erwählen« *(bahăr)* zum theologischen Zentralbegriff geworden: Israel,
sein Land und der Ort, den JHWH auserwählt hat, sind Träger aller
Verheißungen JHWHs — aber auch seiner Strafen.

Ein besonders in der Priesterschrift so wichtiger und feierlicher
Begriff für die »Gemeinde« Israel wie *'edā*, der sie als Rechts- und
Kultgemeinde kennzeichnet, kommt in den ganzen Sprachdokumenten
des 10. Jh. nur einmal und zwar für einen Bienenschwarm vor (Jdc
14 8). Das Wort hatte also damals noch keinerlei begriffliche Verfesti-
gung erfahren und konnte beliebig für jeden »Haufen« angewandt
werden. Ein derartiger Gebrauch wäre im 6. Jh. undenkbar.

Auch das andere Wort, das die Priesterschrift und die D-Gruppe
für die feierliche Versammlung der Kultgemeinde verwenden, *qahal*,
begegnet uns in der Sprache des 10. Jh. nur ein einziges Mal[18], als die
Moabiter sich vor Israel fürchten und sagen:

»Nun frißt dieser Haufe alles rings um uns ab, wie der Stier das Grün des Feldes ab-
weidet« (Num 22 4).

---

[17] Für die literarische Bestimmung von Gen 15 18 und Ex 34 10. 27 ist das insofern
wichtig, als diese Kapitel oft für jahwistisch ausgegeben werden, wobei man ihren
deuteronomistischen Charakter verkennt. Keinesfalls darf der »JHWH-Bund« von
ISam 20 8 gegen E. Kutsch ausgespielt werden, da es sich — wenn der Vers überhaupt zum alten Bestand des Kapitels gehört — um einen zwischen Jonathan
und David »bei« JHWH geschlossenen Bund handelt.

[18] ISam 17 47 ist eine späte Hinzufügung zu der Geschichte des Goliathkampfes, ideologisch mit Jdc 7 2 verwandt. Auch IReg 12 3 ist eine redaktionelle Hinzufügung im
Text. Das älteste Vorkommen ist wohl Gen 49 6 (Lied), während Ex 16 3 nicht mehr
zur Sprachschicht des 10. Jh. gehören dürfte.

Es hat also einen geradezu verächtlichen Sinn und das im Blick auf
Israel! Das zeigt eine Freiheit und Ungefestigtheit der Sprache, wie
sie später kaum mehr möglich ist.

Vergleichen wir die Funktion von ʿawôn »Schuld« in der Sprache
des 10. Jh. mit dem späteren Gebrauch, so erkennen wir, daß es in der
Priesterschrift in festen kultischen Zusammenhängen begegnet, so daß
für jede Schuld der entsprechende Sühneritus angegeben wird. Ganz
anders fragt die D-Gruppe bei jeder Schuld, die Israel auf sich geladen
hat, ob JHWH sie vergeben oder strafen wird[19]. In der Sprache des
10. Jh. aber geht es um die Verantwortlichkeit des Menschen für
begangenes Unrecht: Wer ist schuld? Ein Vorwurf wird erhoben —
besteht er zu Recht oder zu Unrecht? David fragt seinen Freund
Jonathan, welchen Vorwurf ihm denn sein Vater mache (ISam 20 1),
Abigail will die Schuld ihres Mannes auf sich nehmen (ISam 25 24), die
Frau aus Thekoa den König von jedem Vorwurf rein halten (IISam
14 9) und Absalom will wissen, ob seine Schuld wirklich derart ist, daß
er auf immer vom Königshof verbannt sein muß (IISam 14 32). Šimei
bittet, ihm seine Schuld nicht anzurechnen (IISam 19 20). Juda stellt
fest, daß »der Gott« seine und seiner Brüder Schuld herausgefunden
hat (Gen 44 16). Er übernimmt mit diesen Worten eine Schuld, die so
gar nicht besteht, denn den Becher haben die Brüder nicht gestohlen.
Indirekt steht er aber damit für jene andere Schuld der Brüder an
Joseph ein, die hier zunächst nicht verhandelt wird[20]. Nach dem Eingeständnis der Schuld bleibt ihm nur übrig, die Gnade und Barmherzigkeit des »Wesirs« anzuflehen. Auch von der Schuld Sodoms hören
wir, von der Lot und seine Familie nicht mit dahingerafft werden soll
(Gen 19 15).

Am eigenwilligsten ist der Gebrauch von ʿawon in IISam 3 8, wo
Abner auf Išbaals Vorwurf, er habe zu Rizpa, der Nebenfrau Sauls,
Beziehungen, mit der Gegenfrage antwortet, ob man ihm, der Stütze
des Thrones, wirklich einer »Frauensache« wegen Vorhaltungen
machen wolle. An all diesen Stellen außer Gen 19 15 hat ʿawon den
Sinn eines Vorwurfes, den man auf sich nimmt oder zurückweist, den
man, um einen anderen frei zu machen, sogar als Unschuldiger auf sich
ziehen kann. Nicht auf die Sühne oder Vergeltung feststehender Schuld,
sondern auf die moralische Frage nach der Verantwortung für Geschehenes zielt der Wortgebrauch von ʿawon in der Sprache des 10. Jh.
Wieder von Gen 19 15 abgesehen handelt es sich dabei immer um die
Schuld zwischen Mensch und Mensch, weder um die Schuld eines
Kollektivs wie Israel noch um eine Schuld zwischen Menschen und
Gott. Auf Gott wird alle Schuld in der Priesterschrift bezogen, da sie

---

[19] Vgl. z. B. Ex 34 7. 9 und Num 14 18f. Dtn 5 9; vgl. Ex 20 5.
[20] Vgl. G. von Rad, ATD, z. St.

kultische Sühne finden muß. Von kollektiver Schuld Israels und gott-
bezogener Schuld redet die D-Gruppe.

Interessant ist auch die Veränderung im Gebrauch des Wortes
raḥaṣ »(sich) waschen«. Die Erzählungen des 10. Jh. gebrauchen es
im wörtlichen Sinn. Zur Gastfreundschaft gehört, daß man dem Fremden Wasser gibt, um sich die Füße zu waschen[21]. Erwähnt wird, daß
eine Frau sich wäscht (Ex 2 5 IISam 11 2) oder der Soldat auf Urlaub
(IISam 11 8) wie der Mann, der eine Fasten- und Trauerzeit beendet
(IISam 12 20) oder der sein Weinen vor seiner Umgebung verbergen
will (Gen 43 31). Den anderen die Füße zu waschen, ist Zeichen der
Ergebenheit (ISam 25 41).

Welcher Abstand zu den Prophetengeschichten, wo für den aus-
sätzigen Feldherrn das Waschen eine Symbolhandlung ist, die Heilung
bewirken soll (IIReg 5), während Jesaja vom Waschen im übertragenen Sinn für »Sündenvergebung« spricht (1 16 4 4). Auch in der Sprache
des Deuteronomiums finden wir diese symbolische Bedeutung, wenn
die Ältesten einer Stadt, in deren Nähe ein Erschlagener gefunden
wurde, nach dem Sühnopfer sich zum Zeichen ihrer Unschuld die
Hände waschen sollen (Dtn 21 6). In Dtn 23 12 dagegen liegt eine kultische Waschung vor, wie sie für die kultische Reinigung von Menschen,
Opfertieren und Geräten in der Priesterschrift typisch ist.

Die Ausdrücke für »lieben und hassen« (*'aheb* und *śana'*) haben
ebenfalls einen Gebrauchswandel durchgemacht. In der Sprache des
10. Jh. finden wir sie gern miteinander verbunden und immer so, daß
sie eine zwischenmenschliche Beziehung ausdrücken. Eine Ausnahme
macht nur Isaaks »Lieblingsspeise« (*măṭʻămîm kăʼăśær 'aheb*) in Gen
27 4. 9. 14. Liebe zu Gott und Gottes Liebe zu einem Menschen bzw.
Haß in diesen Beziehungen ist in dieser Sprachschicht unbekannt[22].
Liebe und Haß bestimmen die Beziehung zwischen Mann und Frau,
doch auch zwischen Vater und Sohn (z. B. Israels Liebe zu Joseph
bzw. Benjamin), zwischen Brüdern und Freunden[23]. Immer geht es
um bestimmte Personen, die sich lieben oder hassen. Die einzige
verallgemeinernde Wendung finden wir in IISam 19 7, wo Joab zu
David sagt: ». . . weil du liebst, die dich hassen, und hassest, die dich
lieben«.

---

[21] Gen 18 4 19 2 24 32 43 24 Jdc 19 21.

[22] Die Ausnahmen IISam 12 24 »JHWH liebt Salomo« und IReg 3 3 »Salomo liebt
JHWH« sind aus diesem Grund und wegen ihres formalen Charakters — sie »klappen
nach« und haben keine organische Verbindung zum Kontext — als spätere Zusätze
zu bestimmen.

[23] Mann und Frau: Gen 24 67 29 18. 30 34 3 Jdc 14 16 15 2 16 4. 15 ISam 18 20 IISam
13 1. 4. 15. Vater und Sohn: Gen 37 3. 4 44 20; Brüder: Gen 37 4 Jdc 11 7 IISam 13 22;
David ist beliebt bei Saul (ISam 16 21), Jonathan (ISam 18 1) und Sauls Knechten
(ISam 18 22). Er liebt Saul und Jonathan (IISam 1 23 u. 26) (Lied).

Solchen verallgemeinernden Gebrauch treffen wir später häufig in den Schriften der D-Gruppe, doch ist für ihre Sprache noch bezeichnender, daß »Hassen und Lieben« auf die Beziehung zwischen Gott und den Menschen angewandt werden. Menschen lieben Gott und Gott liebt Menschen, aber er haßt auch seine Feinde. Eine Ausnahme innerhalb der Sprache der D-Gruppe bilden die Kapitel Dtn 21 und 22 (und 24 3), wo alte Ehegesetzgebung angeführt und folglich Liebe und Haß zwischen Mann und Frau zum Thema wird. In Ex 21 5 (Bundesbuch) bezieht sich die Wortgruppe auf das Verhältnis zwischen dem Knecht und dem Herrn.

Im Bereich der Priesterschrift sind beide Ausdrücke sehr selten, doch wird in Lev 19 17 die Nächstenliebe als religiöses Gebot eingeschärft, desgleichen der Haß zum »Bruder« verboten. Hier ist wie in der alten Sprachschicht die Liebe in den zwischenmenschlichen Bereich einbezogen, doch als Ausdruck religiöser, nicht mehr profaner Ethik.

In ähnlicher Weise wie *'aheb* hat *dabăq* seinen Bezug geändert. Während es in der alten Sprachschicht entweder für die Liebe zwischen Mann und Frau (Gen 2 24 34 3) oder militärisch im Sinn von »verfolgen« gebraucht wird[24], bekommt es in der Sprache der D-Gruppe einen vorwiegend religiösen Klang und bezeichnet das Gottesverhältnis Israels[25]. Eine ähnliche Verschiebung ist bei *jare'* »fürchten«, *ma'aṣ* »verachten« und *jadă'* »erkennen« zu beobachten.

Desgleichen sehen wir bei *halăk* hitp. »wandeln« die entsprechende Verschiebung vom profanen zum religiösen Gebrauch. »Vor Gott wandeln« als Beschreibung frommen Lebens finden wir in der Priesterschrift[26]. Doch »wandelt« auch JHWH inmitten Israels (Lev 26 12), welche Wendung uns ebenfalls in der D-Gruppe begegnet[27]. Mit der Vorstellung, daß JHWH besonders in der Wüste in Israels Mitte einherzog, nimmt die D-Gruppe die ältere Vorstellung vom Gottesboten auf, der Israel durch die Wüste führt, wie sie für die elohistische Schicht kennzeichnend ist[28]. Das hebt sich deutlich von der jahwistischen Erzählung ab, wo die Wolken- und Feuersäule dem Volke vorauszieht[29]. Den übertragenen Gebrauch von *halăk* hitp. im Sinn von »Lebenswandel« finden wir ebenfalls bei der D-Gruppe in ISam 12 2.

---

[24] Gen 31 23 Jdc 18 22 ISam 14 22 31 2 IISam 1 6.

[25] Dtn 10 20 11 22 13 5 30 20 Jos 22 5 23 8; negativ gegen andere Götter: Jos 23 12. Andersartiger Gebrauch: Dtn 13 18 28 60.

[26] Gen 5 22. 24 6 9 17 1; vgl. auch die späten Zusätze Gen 24 40 48 15; ferner ISam 2 30. 35 und IIReg 20 3.

[27] Dtn 23 15 vgl. IISam 7 6. 7.

[28] Ex 14 19 23 20 32 34 Num 20 16 Jdc 2 1 gehören teilweise der vordeuteronomischen, teilweise der deuteronomischen Sprache zu.

[29] Ex 13 21f. 14 19. 24.

Die alte Sprachschicht kennt nur den direkten und nichtreligiösen
Gebrauch[30].

c) Die religiöse Unbefangenheit der Sprache

Außer der eindeutig profanen Verwendung von Wörtern, die dann
später in übertragener Bedeutung oder theologisch/kultischer Funktion auftreten, begegnen uns in der Sprachschicht des 10. Jh. einige
Begriffe, die teils profan, teils in religiöser Bedeutung vorkommen.
Dazu rechnen wir *bă'ăl*, den »Besitzer«. Die profane Bedeutung
tritt uns vor allem im Bundesbuch im Rahmen des Besitzrechtes entgegen[31]. Doch finden wir sie ebenfalls in der Erzählung, etwa in Jdc
19 22, wo der »Hausbesitzer« die fremden Gäste beschützen will. Sonst
hat es in der Sprache des 10. Jh. stets »politische« Bedeutung, indem
es die »Herren« einer Stadt bezeichnet, also die »Ältesten« von Sichem,
Gibea, Kegila und Jabeš[32]. Erwähnt werden jedoch auch als Götter der
Baal Peor und der Baal Berith von Sichem[33]. Eine spätere Erzählung
nennt den Baal von Ophra, was durch die Namenserklärung für
Jerubbaal bedingt ist[34].

In eine Übergangszone zwischen besitzrechtlicher und religiöser
Sphäre gehört die »Herrin der Totengeister« von ISam 28 7[35], worunter
vielleicht auch der »Herr der Träume« von Gen 37 19 fällt[36]. Zwischen
dem Numen, das etwa in Sichem die Verträge schützt, und dem Menschen, der Macht über ein Numen hat, so daß er die Zukunft ergründen
kann, läßt sich in urtümlicher Religiosität die Grenze nicht scharf
ziehen. Sie gehören beide derselben »Machtsphäre« an.

Der abgeblaßte Gebrauch von *bă'ăl*, indem es »denjenigen bezeichnet, mit dem die Sache irgendwie verbunden ist«[37], scheint in der
Sprache des 10. Jh. noch nicht vorzukommen. Ebenso fehlt aber völlig
die spätere negativ akzentuierte Verwendung für die Götter der
Kanaanäer, wie sie für die Sprache der D-Gruppe bezeichnend ist.

---

[30] ISam 23 13 25 15. 27 IISam 11 2 vgl. im Bundesbuch Ex 21 13. Der direkte, aber
mythologische Gebrauch in Gen 3 8, wo JHWH im Garten »wandelt«, gehört wie
die ganze Erzählung vom »Sündenfall« keinesfalls in die Sprachschicht des 10. Jh.

[31] Ex 21 3. 22. 28. 29. 34. 36 22 7. 10. 13. 14; hier geht es um den Besitz einer Frau, eines
Hauses, eines Stücks Vieh u. dgl.; ähnlich Dtn 15 2 »Gläubiger« und IReg 17 17
»Hausbesitzerin«. Die Bezeichnung der Frau als *bᵉulăt bă'ăl* Dtn 22 22 und Gen 20 3
(Sprache der D-Gruppe) und der »Eheherr« von Dtn 24 4 gehören ebenfalls hierher.

[32] Jdc 9 passim 20 5 ISam 23 11. 12 IISam 21 12.

[33] Num 25 3 Jdc 9; vgl. Dtn 4 3 und Num 25 5.

[34] Jdc 6 25 ff.

[35] Vgl. Nah 3 4.

[36] Da Gen 37 19 zur elohistischen Erzählschicht gehört, braucht die Frage hier nicht
entschieden zu werden.

[37] Gesenius s. v. unter 4. Er rechnet Gen 37 19 hierzu.

Dort geht es vor allem darum, daß man ihnen nicht »dienen« (ʿabăd) darf. Von dem »Bundesbaal« in Sichem dagegen spricht der Erzähler von Jdc 9 ohne Abscheu oder sonstige Diskriminierung.

Die Form der ehrfurchtsvollen Begrüßung, bei der man sich mit dem Gesicht zur Erde niederwirft, wird in der Erzählung des 10. Jh. sowohl Menschen wie Göttern gegenüber angewandt. Im Hebräischen stehen dafür die Verben šḥh hitp., kdd, npl entweder einzeln oder kombiniert und oft mit ʾapajîm ʾarṣā verbunden. So begrüßt Saul den Totengeist Samuels (ISam 28 14) oder Bileam und Manoa den »Gottesboten« (Num 22 31 Jdc 13 20), aber weit häufiger wirft sich ein Mensch vor einem anderen nieder. Dieser offene Gebrauch besonders des Wortes šḥh läßt sich bis in die Erzählungen des 9. und 8. Jh. im I. und II. Königsbuch verfolgen.

Bei der D-Gruppe kommt šḥh »sich niederwerfen« nur in bezug auf Götter vor, besonders häufig wird das Verbot eingeschärft, sich nicht vor »anderen« Göttern niederzuwerfen, doch kennt die Sprache des Dtn auch die Proskynese vor JHWH[38]. Die Priesterschrift vermeidet das Wort šḥh überhaupt mit der einen Ausnahme in Gen 23 7, wo Abraham sich vor den Landesbewohnern verneigt. Also haben wir hier die Rückkehr zum profanen Gebrauch und die offensichtliche Ablehnung jeder kultischen Proskynese!

In der Sprache des 10. Jh. schwört man »bei JHWH« (šbʿ beJHWH ni. und hi.); ein anderer Ausdruck findet sich in dieser Zeit nicht[39]. In den folgenden Jahrhunderten wird dieser strenge Gebrauch aufgeweicht, indem man jetzt etwa »im Namen JHWHs« schwört (Dtn 6 13 u. a.). Bei der D-Gruppe schwören aber nur selten noch Menschen, in den meisten Fällen schwört JHWH dem Volk Israel oder seinen Vätern. So wird JHWH vom Eidesgaranten der alten Sprache zum Eidesleister bei den späteren Schriftstellern. Das liegt in der Logik der Ausbildung des Bundesgedankens im deuteronomischen Schrifttum[40].

Die einzige Ausnahme, wo in der Erzählung des 10. Jh. von Gottes Schwören die Rede ist, finden wir in dem Ausspruch Abners:

»So tue mir der Herr und auch noch weiterhin — wie JHWH dem David geschworen hat, so werde ich für ihn handeln« (IISam 3 9).

Obwohl der folgende Satz eine typische deuteronomistische Glosse ist, liegen formal keine Anhaltspunkte dafür vor, daß dies auch für v. 9 anzunehmen wäre. Daß die Bearbeiter der D-Gruppe einfach den Wortlaut eines Satzes geändert haben, um ihn ihrer Sprache und Vor-

---

[38] Andere Götter: Dtn 4 19 5 9 8 19 11 16 17 3 29 25 30 17; vor JHWH: 26 10.

[39] Außer gewöhnlichem Schwören ohne nähere Kennzeichnung. Šbʿ beJHWH Gen 24 3 Jos 2 12 ISam 24 22 28 10 IISam 19 8 IReg 1 17 2 8. 23. 42. Davon ist nur Jos 2 12 in der Zugehörigkeit zur alten Sprachschicht umstritten.

[40] S. o. S. 183 f.

stellung anzupassen, ist aber so bisher nicht zu belegen. Erkennbar arbeiten sie mit Zusätzen zu dem überlieferten Text, wie wir ihn etwa in IISam 5 2b finden, wo ebenfalls auf eine Gotteszusage an David, aber ohne das Verb *šb'* hingewiesen wird. Wir werden feststellen müssen, daß die D-Gruppe ihre Vorstellung von JHWH als dem Eidesleister bereits in der alten Erzählung angetroffen hat, wie sie auch ihr Lieblingswort *nagîd* für den König Israels dort vorfand[41].

Auch Wörter wie *minḥā* »Gabe« und *maqôm* »Ort« begegnen uns in der Sprache des 10. Jh. sowohl profan wie in kultischer Bedeutung[42]. Noch überwiegt die profane Verwendung bei weitem. Der Sprachgebrauch von *maqôm* hebt sich deutlich ab sowohl von der Lieblingswendung der D-Gruppe »der Ort, welchen JHWH erwählen wird« wie auch von den »reinen« Orten der Priesterschrift.

Wenn vom »Entbrennen des Zorns« die Rede ist *(wǎjjiḥǎr 'ap),* so handelt es sich in der alten Erzählschicht in der Regel um menschlichen Zorn, während die D-Gruppe fast nur JHWHs Zorn entbrennen läßt[43]. Auch hier beobachten wir eine starke Theologisierung des Begriffes in der deuteronomistischen Sprache. Prüfen wir jedoch die beiden Stellen, wo vom Zorn JHWHs in den alten Erzählungen die Rede ist: Num 22 22, wo er gegen Bileam entbrennt, und IISam 6 7, in Zusammenhang mit der Lade, die nach Jerusalem gebracht wird, so ergibt sich, daß beide vom Erzähler übernommene Überlieferungen sind. Die großen Erzähler des 10. Jh. gebrauchen selber den Ausdruck vom Zorn JHWHs, der entbrennt, nicht. Die Bileam-Tradition wird ein recht hohes Alter haben. Wir können daraus den Schluß ziehen, daß die Profanität der Erzähler im 10. Jh. die ältere kultisch-religiöse Prägung der Begriffe bereits zurückdrängt, daß die Bearbeiter des 6. Jh. mit ihrer theologischen Sprache also — bewußt oder unbewußt — über das 10. Jh. auf ältere Traditionen im Sprachgebrauch zurückgreifen können, auf alte Wortbedeutungen also, die wahrscheinlich nie außer Gebrauch gekommen waren, sondern vielleicht in bestimmten Kreisen, vielleicht in der Volkssprache weitergelebt hatten. Damit tritt die Eigenart der großen Erzähler des 10. Jh. nur um so deutlicher hervor. Dasselbe, was wir eben für die Wendung »und es entbrannte der Zorn . . .« feststellten, gilt im Rückblick genauso für das Vorkommen von *minḥā* und *maqôm* in kultischer Bedeutung. Jdc 6 und 13

---

[41] S. o. S. 109 u. 139 Anm. 4.

[42] *minḥā* profan: Gen 33 10 43 11 . 15 . 25 . 26 Jdc 3 15 . 17; kultisch: Jdc 6 18 13 19 . 23, in beiden Kapiteln zwischen profan und kultisch schillernd. — *maqôm*: profan bes. in der Wendung *šwb* bzw. *halǎk limᵉqômô* Gen 18 33 29 26 32 1 Ex 18 23 Jdc 19 28 ISam 5 11 14 46 25 25 29 4 IISam 19 40; als Kultort Gen 12 6 Ex 3 5 und **wohl** auch IISam 6 8 . 17.

[43] *wǎjjiḥǎr-'ap* profan: Gen 39 19 44 18 Num 22 27 Jdc 9 30 14 19 ISam 11 6 20 30 IISam 12 5, doch auch in späteren Texten.

(minḥā) verarbeiten alte Lokalsagen von Heiligtumsgründungen, ganz ähnlich liegt es in Gen 12 6 Ex 3 5 und IISam 6 8. 17 *(maqôm)*.

Nun hat aber die Sprache des 10. Jh. auch ihre religiösen Begriffe, von denen einige in der Folgezeit ganz verschwinden, andere eine starke Umdeutung erfahren, sei es, daß sie verinnerlicht, sei es, daß sie kultisch oder mythologisch verfestigt werden.

Ausschließlich in der Sprache des 10. Jh. finden wir das Verb *ʿatăr* »beten«, das sich im Arabischen als *ʿatara* »opfern« erhalten hat[44]. Warum verschwindet es so völlig in allen späteren literarischen Schichten? Hat es einen Beiklang magischer Beschwörung gehabt, den man später nicht mehr ertrug?

Interessant sind in dieser Beziehung die drei Ausdrücke für Orakeleinholung: *drš* »aufsuchen«, *bqš* »suchen« und *š'l beJHWH*[45]. Alle drei kommen auch mit profanen Bedeutungen vor. *drš* gewinnt seine volle religiöse Bedeutung erst in der Zeit der Propheten Israels (»den Propheten aufsuchen«) und verrät bei seinem Vorkommen im älteren Schrifttum keinen besonderen Bezugspunkt[46]. Hingegen hat *bqš* mit der Lade zu tun und *š'l beJHWH* gehört fast ausschließlich zum Ephod der Priesterfamilie von Nob. Deshalb werden diese beiden Verben auch in den folgenden Jahrhunderten in diesem religiöstechnischen Sinn nicht mehr gebraucht.

Betrachten wir das Vorkommen dieser Wortgruppe im deuteronomistischen Schrifttum, so begegnet uns das Verbot, Totengeister zu befragen (Dtn 18 11; *š'l* und *drš*), auch eine Bitte des Volkes an JHWH (18 16), vor allem aber die Mahnung, JHWH von ganzem Herzen zu suchen (4 29; *bqš* und *drš*), dies als eine Bewegung des Herzens zu JHWH hin und nicht als Gang zum Heiligtum verstanden. Gerade an dieser Terminologie kommt die Verinnerlichung deutlich zum Ausdruck, die von den alten Erzählern über die Propheten, von denen besonders Jeremia zu nennen ist, bis hin zum Deuteronomium sich vollzogen hat. Ihr entspricht gegenläufig die Scheu vor allem, was in den Bereich der Magie gehört, hier speziell des Orakels, eine Scheu, die sich terminologisch klar feststellen läßt. Eine interessante Stufe auf dem Weg zu dieser Verinnerlichung ist die Eli-Samuel-Erzählung in ISam 1—2, in welcher das Verb *š'l* so häufig vorkommt[47], daß man

---

[44] *ʿatăr* »beten« bzw. ni. »sich erbitten lassen« hi. »Gebet veranlassen«: Gen 25 21 Ex 8 4. 5. 24. 26 9 28 10 17. 18 (Q) Jdc 13 8 IISam 21 14 24 25.

[45] *drš* Gen 25 22 und ISam 28 7; *bqš* IISam 12 16 21 2; *š'l beJHWH* Jdc 1 1 18 5 ISam 14 37 22 10. 13. 15 23 2. 4 28 6 30 8 IISam 2 1 5 19. 23.

[46] Bei *drš* ist besonders interessant die Wendung in Ex 18 15, wo Mose sagt: »denn das Volk kommt zu mir, um Elohim aufzusuchen«. Hier wird der alte Orakelterminus auf das »weltliche Gericht« übertragen; zugleich eine Erinnerung daran, daß *mišpaṭ* ursprünglich »Orakel« hieß. Vgl. A. von Selms A 11.

[47] ISam 1 17. 20. 27. 28 (bis); 2 20.

schon gemeint hat, es sei ursprünglich Sauls Geburtsgeschichte gewesen[48]. Doch läßt sich der Sachverhalt auch so verstehen, daß die
Geschichte ganz bewußt an die Stelle alter Orakelpraxis das Gebet im
Heiligtum und die Zusage des Priesters setzen will. Wenn JHWH den
Beter erhört und zu auserwählten Menschen spricht — was bedarf es
dann noch der alten Orakel? Wenn das stimmt, so ist die Erzählung
nicht nur eine Gegengeschichte gegen den »Nasiräer« Simson[49], dem
der priesterliche »Nasiräer« Samuel entgegengesetzt wird, sondern
speziell durch den Gebrauch des Terminus $\check{s}'l$ die Proklamation einer
neuen religionsgeschichtlichen Stufe[50].

Im älteren Sprachgebrauch ist jedoch $\check{s}'l$ mit dem Ephod verbunden, unter dem wir vermutlich dem Ursprung nach den Gewand-
bausch des Priesters zu verstehen haben, aus dem er die Orakelzeichen
holte, bzw. eine Art Schurz und vielleicht noch ursprünglicher das
Gewand des Gottesbildes[51]. So kann es später sowohl als Orakelwerkzeug wie als Priestergewand begegnen. Die erstgenannte Bedeutung
hat es in der Sprache des 10. Jh. ohne irgendeine negative Akzentu-
ierung[52]. Wird es in ISam 2 18 einfach für das »Priestergewand« gebraucht, so bedeutet das eine Vermeidung des belasteten Gebrauchs
als Orakelwerkzeug. Angedeutet ist diese Entwicklung allerdings
bereits in IISam 6 14, wo David mit dem Ephod bekleidet vor der Lade
tanzt. Im Endstadium der Begriffsentwicklung finden wir das Ephod
dann in der Priesterschrift, wo es zum rein dekorativen Teil der
Priesterbekleidung neutralisiert ist. Als wie anstößig das Wort empfunden werden konnte, ergibt sich aus dem völligen Fehlen bei der D-Gruppe.
So finden wir, daß der unbefangene Gebrauch im 10. Jh. und seine
Korrektur durch Umdeutung oder Vermeidung genau dem Verfahren
bei den drei mit dem Orakel verbundenen Verben entspricht, wobei
beim Ephod eine Verinnerlichung ausgeschlossen war.

Eine ähnliche Entwicklung läßt sich bei der »Totenklage« beobachten, wo Verb, Nomen und Adjektiv vom Stamm $'bl$ nur in der alten
Sprachschicht diesen Sinn hat[53], während die Bedeutung sich im ganzen späteren Schrifttum zu dem allgemeinen »klagen« verflüchtigt.
Dies kann einer auch sonst häufigen Bedeutungsverflachung entsprin-

---

[48] I. Hylander Z 20, 13ff.

[49] S. o. S. 89 f.

[50] Das würde besonders dann gelten, wenn sie in einer vorliterarischen Stufe tatsächlich eine Saul-Geschichte gewesen wäre (vgl. H. W. Hertzberg, ATD, z. St.), worauf
die weitgehende Zugehörigkeit der Sprache zur Erzählschicht des 10. Jh. weisen
könnte (s. o. S. 89 Anm. 27).

[51] K. Elliger, Ephod, RGG[3] Bd. II, 521f.; J. Lindblom F 1, 171f.

[52] Jdc 8 27 17 15 18 14. 17. 18. 20 ISam 22 6. 18 23 9 30 7.

[53] $'bl$ Gen 27 41 37 34. 35 50 10. 11 IISam 13 37 14 2 19 2. 3. Spätere Schichten: Ex 33 4
Num 14 39 Dtn 34 8 ISam 6 19 15 35 16 1.

gen, könnte aber auch mit einer Abneigung gegen alte (kanaanäische?) Totentrauergebräuche zusammenhängen, die mit dem Stamm '*bl* verbunden waren.

Mit derselben Unbefangenheit spricht man im 10. Jh. noch vom Teraphim, der uns später in ISam 15 23 IIReg 23 24 sowie bei Hosea, Hesekiel und Sacharja nur mit negativer Bewertung begegnet[54]. Undenkbar sind in diesen späteren Zeiten die schönen Geschichten vom gestohlenen Teraphim, den Rachel im Kamelsattel versteckt, vom geraubten Teraphim, den die Daniten mitgehen heißen, und von dem Teraphim, mit dessen Hilfe Michal die Häscher ihres Vaters hinters Licht führt[55]. Eine übertriebene religiöse Scheu vor dem Kultgegenstand verraten die Geschichten nicht gerade. Aber er ist später so erfolgreich tabuisiert worden, daß wir heute nur vermuten können, daß es sich um eine Gesichtsmaske zu Orakelzwecken gehandelt hat[56].

Aus dem Fehlen fast all der genannten Begriffe in den David-Geschichten — Ausnahme: '*bl* »Totenklage halten«, *bqš* JHWH »aufsuchen«[57] — können wir folgern, daß bereits innerhalb der Sprachschicht des 10. Jh. eine Entwicklung einsetzt, die eine Loslösung von der alten magischen Sphäre bedeutet. Dies ergibt sich nicht nur aus der Wortstatistik, sondern ebenso aus der geäußerten Freiheit gegenüber dem Fluch und gegenüber dem Schutz durch den heiligen Gegenstand (IISam 15 25f. 16 11f)[58]. Also handelt es sich mehr um eine Vernachlässigung der alten Magie als um bewußte Ablehnung oder ängstliche Tabuisierung.

Aufschlußreich für die Entwicklung innerhalb der Sprachschicht des 10. Jh. ist die Vorstellung vom *mal'aḫ*, dem »Gottesboten«. In Geschichten, die wohl auf kanaanäische Vorbilder zurückgehen, wie dem Besuch der Männer bei Abraham und in Sodom (Gen 18—19)[59], wie der Behinderung Bileams durch den »Boten« (Num 22 22ff.) oder wie dem Pestengel bei der Tenne Arawnas (IISam 24)[60] finden wir das sichtbar/unsichtbare Auftreten höherer Wesen bei den Menschen. Hier kann der religionsgeschichtliche Hintergrund für die Botenvorstellung sein. Ihre andere, wohl israelitische Wurzel ist die Scheu, JHWH unmittelbar auftreten und reden zu lassen. Dies wird für die uralte

---

54 Hes 21 26 Hos 3 4 Sach 10 2. In Hos 3 4 wird der Teraphim neben König, Fürst, Opfer, Mazzeba und Ephod aufgeführt: wenn Israel eine Zeit ohne dies alles war, wird es seinen Gott wieder suchen. Die Bewertung ist also schillernd und nicht rein negativ.

55 Gen 31 19ff. Jdc 17—18 ISam 19 11ff.

56 Vgl. K. Elliger, Teraphim, RGG[3] VI, 690.

57 S. o. S. 193 Anm. 53 u. 191 Anm. 45.

58 S. o. S. 152. 160.

59 S. o. S. 47f.

60 Vgl. IIReg 19 35.

Zeit der Väter gerade noch ertragen, während ein Gespräch zwischen Gott und Mensch, wie es sich spätere Zeiten unbedenklich vorstellen, in den alten Erzählschichten überhaupt nicht in Frage kommt[61]. Wo ein solches Berufungsgespräch nötig ist, tritt der »Gottesbote« stellvertretend für Gott ein[62]. In der Zeit aber, auf die sich die geschichtliche Erinnerung erstreckt, kommt statt des mythischen Gottesboten der Seher oder Prophet zum König oder zu dem, der es werden soll[63].

Wie fest der JHWH-Bote im Denken des vorköniglichen Israel verankert ist, zeigt uns das Debora-Lied (Jdc 5 23), wo der Bote die säumige Stadt Meros verfluchen läßt[64]. Dasselbe ergibt sich jedoch aus den David-Geschichten, wo zwar kein mythischer Gottesbote auftritt, vom König aber in schmeichlerischen Wendungen gesagt werden kann, er sei »wie der Bote Gottes«[65]. Dies bezieht sich bei der weisen Frau aus Tekoa, die für Absalom bittet, wie bei Meribaal, der sich selber Gnade erfleht, auf die richterliche Weisheit des Königs, so daß dem »Boten« offenbar Allwissenheit und Rechtserkenntnis zugesprochen wird; bei Achis von Gath hingegen, der David besänftigen will, geht es um seine Vertrauenswürdigkeit. In den David-Saul-Geschichten II. Teil wie in den David-Geschichten ist also die Vorstellung vom Gottesboten als bekannt vorausgesetzt, aber man rechnet nicht mehr mit seinem Auftreten, verwendet vielmehr die mythische Vorstellung im Vergleich, um einem Menschen außergewöhnliche Qualitäten zuzusprechen. Zu vergleichen wäre hierzu noch Gen 44 18, wo Juda zu Joseph in den schmeichlerischen Wendungen der Hofsprache sagt: »du bist wie Pharao«.

Wir können hieraus für die Sprache des 10. Jh. zwei Folgerungen ziehen: einmal, daß sie von Menschen geprägt wurde, die sich von den mythischen Vorstellungen der älteren Zeit frei wissen, so daß sie die mythische Gestalt des *mal'ah* nach Gutdünken benutzen; zum anderen, daß diese Sprache das Bewußtsein von einer »Einteilung« der Geschichte verrät, von historischen Stufen, wenn man so will, wonach in einer früheren mythischen Zeit ein Gottesbote auftritt, der in einer späteren Periode nicht mehr vorkommt. Das ist wichtig für die Frage nach dem historischen Bewußtsein des 10. Jh.[66].

Die Vorstellung vom Gottesboten hat in den folgenden Jahrhunderten Wandlungen durchgemacht. Er wird als Führer des Volkes Israel durch die Wüste in Anspruch genommen, wobei nicht immer klar abzugrenzen ist, ob der Ausdruck im deuteronomistischen Denken

[61] Vgl. z. B. das Gespräch zwischen JHWH und Abraham und dazu o. S. 47 Anm. 12.
[62] Ex 3 1 ff. (Jos 5 13) Jdc 6 11 ff. 13 2 ff. Aber auch Gen 16 7 ff.
[63] ISam 9 15 ff. IISam 12 1 ff. 24 18.
[64] Wenn der Text ursprüngl. so lautet. Bedenken bei W. Richter L 8, 88.
[65] ISam 29 9 IISam 14 17. 20 19 28.
[66] S. u. S. 207.

vorkommt oder schon den vorhergehenden Traditionen zugehört[67]. Schließlich übernimmt der *mal'ah* Schutzengelfunktionen bei einzelnen Menschen[68].

So zählebig war die Vorstellung vom »Gottesboten« als dem Übermittler von Botschaften an die Menschen, daß wir in den Prophetenerzählungen sogar zwei Beispiele dafür finden, wo dem Propheten die Gottesbotschaft durch den *mal'ah* übermittelt wird (IReg 19 7 IIReg 1 15).

Die Tabuisierung von Worten, die in der Sprache des 10. Jh. unbefangen gebraucht werden, können wir auch noch bei weiteren Begriffen feststellen, die hier nur noch kurz genannt werden sollen: *'ôb*, »der Totengeist«[69], *qsm* und *nhš* »wahrsagen«[70]; *bamā* »die Kulthöhe«[71]; *'aṣabîm* »Götterbilder (der Philister)«[72]; *qadešā* »die Kultprostituierte«[73]; *'årlā* »Vorhaut«[74].

d) Die sexuelle Unbefangenheit

Neben der späteren Tabuisierung speziell der Worte aus dem religiösen Bereich, die die Sprache des 10. Jh. noch unbefangen verwendet, finden wir Begriffe, denen gegenüber die Sprache später ihre Unbefangenheit verloren hat, weil sie dem sexuellen Bereich zugehören oder von Körperfunktionen handeln, die zum pudendum werden. Die Verquickung von Religion und Sexualität in den kanaanäischen Kulten macht die Grenzziehung hier nicht leicht und kann die Ursache für die Tabuisierung gewesen sein.

Aus dem Grenzbereich nennen wir noch einmal *'årla* »Vorhaut« und *qadešā* »Kultprostituierte«. Letzteres wird offenbar schon im

---

[67] Ex 14 19 23 20 32 34 33 2 Num 20 16 Jdc 2 1; bei E redet er gern vom Himmel herab oder im Traum (Gen 21 17 22 11. 15 28 12 31 11).

[68] Gen 24 7. 40 48 16.

[69] *'ôb*: ISam 28 — bei P und Dtn nur negativ: Lev 19 31 20 6. 27 Dtn 18 11 ferner Dtr: IIReg 21 6 23 24; sonst Jes 8 19 19 3 29 4.

[70] *qsm*: Num 22 7 ISam 6 2 28 8; in bezug auf Bileam ferner Num 23 23 Jos 13 22; negativ: Dtn 18 10. 14 ISam 15 23 IIReg 17 17, sonst bei Propheten, bes. Hes. *nhš*: Gen 30 27 44 5. 15; negativ Lev 19 26 Dtn 18 10; in abgeblaßter Bedeutung »als Zeichen nehmen« IReg 20 33 IIReg 17 17 21 6 (= IIChr 33 6). Sonst nicht im AT.

[71] *bamā*: ISam 9 12. 13. 14. 25 10 5 22 6 (nach LXX) IReg 3 4; negativ I und IIReg passim. Profaner Gebrauch: außer alter Erzählung in alten und späten Liedern und bei Propheten.

[72] *'aṣabîm*: ISam 31 9 IISam 5 21; sonst nur bei den Propheten.

[73] *qadešā*: Gen 38 21. 22; negativ Dtn 23 18 IReg 14 24 15 15 22 47 IIReg 23 7.

[74] *'årlā*: Gen 34 14 Ex 4 25 ISam 18 25. 27; IISam 3 14; bei P kultisch Gen 17 und Lev 19 23. Jos 5 3 nur in äthiologischem Zusammenhang als Namenserklärung; vergeistigt bei Dtn 10 6 = Jer 4 4 »Vorhaut des Herzens«. Auch *'arel* bzw. *'arelîm* »Unbeschnittene« für die Philister fast nur in der Sprache des 10. Jh.: ISam 31 4 IISam 1 20 (Lied) und in Nachahmung dieser Sprache ISam 17 26. 36.

10. Jh. tabuisiert, wie man an der Verdrängung durch *zônā* »Dirne«
in Gen 38 erkennen kann. Aber auch dieses Wort ist wiederum nur in
der Sprache des 10. Jh. unbefangen und ohne negative Qualifizierung
gebraucht[75].

Ferner sind hier zu nennen: *'ᵃqarā* »die unfruchtbare (Frau)«[76],
pilægæš, »die Nebenfrau«[77], *zônā* »die Dirne« und *znh* »Unzucht treiben«[78], *dûda'îm* »Liebesfrüchte«[79]. Dazu kommen Ausdrücke wie *ṣḥq*
bzw. *śḥq* »scherzen« mit seinem sexuellen Nebensinn[80], *škb* *'im* (bzw.
'æt) *'iśā* »mit der Frau schlafen bzw. die Frau beschlafen«[81], *bô'* *'æl*
'iśā »zur Frau gehen«[82], der Schwurgestus *śîm jad tăḥăt jarek* »die Hand

---

[75] S. u. Anm. 78.

[76] Konkret in der Erzählung nur in der alten Sprachschicht: Gen 11 30 25 31 29 31
Jdc 13 2. 3. Dagegen sehr allgemein als Verheißung für das Land, daß keine Un-
fruchtbarkeit darin sein soll: Ex 23 26 Dtn 7 14. »Die Unfruchtbare« als Typ: Jes 54 1
Ps 113 9 Hi 24 21 und ISam 2 5 (Lied).

[77] *pilægæš* in der alten Erzählung: Gen 22 24 35 22 36 12 Jdc 8 31 und Jdc 19 20 IISam 3 7
uud 21 11 IISam 15. 16. 19. 20 die (zehn) Nebenfrauen Davids; in alter Liste IISam 5 13
und davon abhängig IReg 11 3. Glosse in Gen 25 6.

[78] *zônā* in der alten Sprache stets konkret: Gen 34 31 38 15 Jos 2 1 6 25 Jdc 11 1 16 1
IReg 3 16; *znh* Gen 38 34 Num 25 1; *zᵉnunîm* Gen 38 24; verallgemeinert in der
Gesetzgebung: Lev 19 29 21 9 (*znh*) und Lev 21 7. 14 Dtn 23 19 (*zônā*), ferner in der
späten Glosse IReg 22 38; in Am 7 17 Mi 1 7 und Joel 4 3; Hos, Jer und Ez gebrauchen
die Wortgruppe bildlich (Hos sagt *'iśā zᵉnût* bzw. *zᵉnunîm* statt *zônā*!) für die
Untreue Israels, aber noch mit deutlichem, ja krassem Bezug auf sexuelle Aus-
schweifung, während Dtn/Dtr und P einen völlig übertragenen Gebrauch haben, so
daß bei ihnen die Wortgruppe direkt mit »Abgötterei« oder ähnlichen Ausdrücken
zu übersetzen ist. IIReg 9 22 steht es in Parallele zu Zauberei. Erst Prov finden
wieder zu dem direkten Sprachgebrauch zurück.   [79] *dûda'îm* nur Gen 30 14 ff.

[80] *ṣḥq* mit deutlichem sexuellen Sinn: Gen 26 8, möglicherweise auch Ex 32 6 und IISam
6 21 (*śḥq*). *ṣḥq* in Verbindung mit Musik: Jdc 16 25 ISam 18 7 IISam 6 5; mit Kampf-
spiel: IISam 2 14. *ṣḥq* »Spott treiben«, also negativ: Gen 39 14. 17; ähnlich Gen 19 14.
Bei E und P kommt es nur zur Namenserklärung für Isaak vor (Gen 21 6. 9 17 17).
ṣḥq kommt dann im ganzen AT nicht mehr vor, scheint also die ältere Wortform
zu sein, während *śḥq* nicht zwischen 900 und 600, doch dann wieder bei Jer und
Späteren auftritt.

[81] *škb im* bzw. *'æt 'iśā*: beides begegnet in der Erzählung nur in der Sprachschicht des
10. Jh.: Gen 19 32 ff. (*'im* und *'æt*) 26 10 (*'æt*) 30 15. 16 (*'im*) 34 2. 7 (*'æt*) 35 22 (*'æt*)
39 7. 10. 12. 14 (*'im* und *'æzæl*) IISam 11 4. 11 12 24 13 11 (*'im*) 13 14 (*'æt*). Späte
Glossen sind ISam 2 22 und IISam 12 11. Was den Gebrauch von *'im* und *'æt* betrifft,
so steht *'im* immer dann, wenn Mann und Frau in freier Übereinstimmung miteinander schlafen, *'æt* in allen anderen Fällen, also z. B. bei Tamars Vergewaltigung.
In der Gesetzgebung hat interessanterweise P nur diesen etwas abfälligen Ausdruck
škb 'æt 'iśā (Lev/Num), während Bundesbuch und Dtn nur das freundlichere *'im*
'iśā verwenden: Ex 22 15. 18. 26 Dtn 22 22-29 27 20-23 28 30. Auffällig ist das Fehlen
des ganzen Ausdrucks in Jdc und ISam.

[82] *bô' 'æl 'iśā* finden wir außer in alten Gesetzen Dtn 21 13 22 13 nur in der Sprache
des 10. Jh.: Gen 16 2. 4 19 31 (*'al*) 29 21. 23. 30 30 3. 4. 16 38 2. 8. 9. 16. 18 (39 14?)

unter die Hüfte (d. h. an das Zeugungsglied) legen«[83], was selbst bereits ein umschreibender Ausdruck ist, *maštin b^eqîr* »der an die Wand machende«[84] und *skk 'æt răglaw* »die Füße bedecken« für die Verrichtung des Stuhlgangs[85]. Auch die Verwendung des Wortes *šipkā* »Magd« muß wegen seiner sexuellen Ursprungsbedeutung hier bedacht werden[86]. Zwar kennen alle literarischen Schichten der historischen Bücher dieses Wort, doch ist es an Häufigkeit in der Sprache des 10. Jh. allen anderen Zeiten weit überlegen. In der höfischen Sprache wird es von *'amā* verdrängt, doch nicht vollständig, so daß es immer dann noch gebraucht werden kann, wenn eine besondere (Selbst)-demütigung ausgedrückt werden soll, wie sie vor dem Mächtigen zum höfischen Stil gehört[87].

e) Weitere Eigentümlichkeiten

Noch einige Redewendungen seien angeführt, die für die Sprache des 10. Jh. typisch sind, wenn auch später in einem archaisierenden Stil gelegentlich auf sie zurückgegriffen wurde. Dazu gehören die Ausdrücke und Redewendungen:

'aśah hæsæd w^e'æmæt 'im(l^e) »jemand Gnade und Treue erweisen«[88]
'im-na' maṣatî ḥen b^e'ênêka »wenn ich Gnade gefunden habe in deinen Augen«[89]

Jdc 15 1 16 1 IISam 3 7 12 24 16 21. 22 17 25. Es scheint der ältere (mutterrechtliche?) und später völlig tabuisierte Ausdruck für den Geschlechtsverkehr zu sein. Bemerkenswert ist, daß er auch in den von J selbst gestalteten Erzählungen wie Gen 24 und der Josephgeschichte fehlt.

[83] *śîm jad tăhăt jarek* Gen 24 2 47 29.
[84] Außer ISam 25 22. 34 (10. Jh.) nur noch sehr formelhaft in prophetischer Unheilsdrohung: IReg 14 10 21 21 IIReg 9 8; in einfacherer Form IReg 16 11.
[85] ISam 24 4 Jdc 3 24.
[86] *šipkā* ist wahrscheinlich von *špk* »ausgießen« abzuleiten, wobei das Ausgießen des Samens gemeint ist; verwandt damit *mišpakā* »Verwandtschaft«; vgl. Julian Morgenstern K 2, 51 Anm. 1.
[87] Z. B. ISam 25 41 28 21 IISam 14 6. 7. 19; auch in späteren Texten wie ISam 1 18 IIReg 4 2. 16, wo es nicht dem (künftigen) König, sondern dem Priester oder Propheten gegenüber gesagt wird. Zur Quellenscheidung scheinen mir *'amā* und *šipkā* unbrauchbar zu sein, da E *šipkā* zwar meidet, doch nicht gänzlich (Gen 20 14 30 7); J verwendet *šipkā* unbefangen, wo er es in der Überlieferung findet. In der späteren, besonders der prophetischen Sprache ist *šipkā* sehr selten; wo es vorkommt, steht es meist im Plural parallel zu *'abadîm*.
[88] *'aśa hæsæd (w^e'æmæt*)* *'im(l^e)* (mit *'æmæt*): Gen 24 12. 14. 27*. 49* 40 14 (?) 47 29* Jos 2 12. 14*(?) Jdc 1 24 IISam 2 5. 6* 3 8 9 1. 3. 7 10 2 15 20*. In Zusätzen zu »J«: ISam 20 8. 14. Nicht zu J und »J« gehörig: ISam 15 6 IReg 3 6. Mit *l^e* nur IISam 15 20.
[89] S. o. S. 122 Anm. 45 b.

wăjjišăr (wăjjera‘) hăddabar bᵉ‘ênaw »und die Sache war recht (böse) in seinen Augen« (auch mit JHWH als Subjekt)[90]
wăjjiśśa’ ‘ênaw wăjjar’ wᵉhinnê »und er hob seine Augen auf und sah — und siehe . . .«[91]
wăjjiśśa’ qôl wăjjebk »und er hob seine Stimme auf und weinte«[92]
hᵃlo’ ted‘û »wißt ihr nicht?«[93]
‘asmî ubᵉśarî »mein Bein und Fleisch«[94]
japǣ bzw. *ṭôb to’ar* bzw. *marǣ’* »schön (gut) von Gestalt (Ansehen)«[95]
habā(-lî) »gib her«[96].

Bezeichnend für die Sprache des 10. Jh. scheinen auch mannigfaltige Wendungen zu sein, welche die Tageszeit, besonders den Wechsel zwischen Tag und Nacht beschreiben. Wir finden:

lipᵉnôt hăbboqær (bzw. *ha‘æræb*) »an der Wende des Morgens (des Abends)«[97]
‘ăd-’ôr hăbboqær »bis zum Morgenlicht«[98]
hăbboqær ’ôr »der Morgen war aufgeleuchtet« (Gen 44 3)
‘alā hăššaḥar »die Morgenröte geht auf«[99]
bᵉ ’æšmoret hăbboqær »zur Zeit der Morgenwache«[100]
zaraḥ hăššæmæš »die Sonne geht auf«[100a]

Daß »die Sonne kommt« (*bô’ hăššæmæš*) wird in IISam 2 24 3 25 gesagt, daß sie »herauskommt« (*jaṣa’*) in Gen 19 23; *kᵉḥom hăššæmæš* (»beim Heißwerden der Sonne«) finden wir in ISam 11 9. Dies ist die einzige Ausnahme, wo ein Ausdruck mit *šæmæš* nicht den Morgen bezeichnet. Zu beachten ist auch, daß *’wr* »leuchten« und *’ôr* »das

---

[90] Mit *jašăr*: ISam 18 20. 26 IISam 17 4 19 7; mit *ra‘a‘*: Gen 38 10 ISam 18 8 IISam 11 25. 27; ähnlich Jdc 17 6 und 21 5, doch vgl. Dtn 12 8. Auch in Dtr-Text ISam 8 6.

[91] *wăjjiśśa’ ‘enaw* . . . bei J und »J«: Gen 13 10 18 2 24 63. 64 33 1 37 25 43 29 Jos 5 13 Jdc 19 17 ISam 6 13 (»J«?) IISam 13 34 18 24, in späteren Texten (E): Gen 22 4. 13 33 5, ferner sekundär in Gen 13 14 31 10. 12.

[92] *wăjjiśśa’ qôl* . . . Gen 27 38 ISam 11 4 24 17 30 4 IISam 3 32 13 34; ferner in späteren Texten (E): Gen 21 16 29 11; später Bearbeiter: Jdc 2 4 21 2 s.o.S. 122 Anm. 45e.

[93] S. o. S. 153 Anm. 65a.

[94] S. o. S. 165 Anm. 107a.

[95] S. o. S. 90 Anm. 30d und 88 Anm. 24b.

[96] *haba(-lî)*: Gen 29 21 30 1 47 15. 16 Jdc 1 15 20 7 ISam 14 41 IISam 11 15 16 20.

[97] *lipᵉnôt hăbboqær* . . . Gen 24 63 Ex 14 27 Jdc 19 26.

[98] *‘ad-’ôr hăbboqær* Jdc 16 2 ISam 14 36 25 34. 36 IISam 17 22.

[99] *‘alā haššaḥar* Gen 19 15 32 25. 27 (Jos 6 15) Jdc 19 25 ISam 9 26; sonst im AT nur Jon 4 7 Neh 4 15.

[100] *bᵉ ’æšmoret* . . . Ex 14 24 ISam 11 1.

[100a] *zaraḥ hăššæmæš* Gen 32 32 Jdc 9 33, vgl. IIReg 3 22, aber auch Ex 22 2 (Bundesbuch) und die Lieder Dtn 33 2 IISam 23 4. Dieser offensichtlich sehr alte Sprachgebrauch wird später von *mizrah* und *mabo’ hassæmæs* abgelöst, was uns besonders bei der D-Gruppe häufig begegnet.

Licht« nur in der alten Erzählung und dann wieder in der Priesterschrift vorkommen.

Außer den Kennzeichen der Sprache des 10. Jh., die wir herausgestellt haben, läßt sich auch die Sprache des 10.—8. Jh. entfalten,
d. h. die Ausdrucksweise der frühen Königs- und Prophetenzeit,
die sich gegen die Sprache der späten Königszeit und ihrer Propheten
wie z. B. Jeremia deutlich abhebt. Literarkritisch wäre dies die
gemeinsame Ausdrucksweise von J und E, zu unterscheiden besonders
von den bevorzugten Begriffen der D-Gruppe. Mit J und E — wenn
wir diese Begriffe hier anwenden wollen — gehen das Bundesbuch und
alte Gesetze, die sich im Deuteronomium und in der Priesterschrift
finden, von deren Sprache aber deutlich zu unterscheiden sind. Auch
Lieder, selbst erst nach dem Fall Jerusalems entstandene, bewahren
den Wortschatz der alten Zeit. Doch wollen wir die Sprache des 10.—8.
Jh. hier nicht beschreiben, sondern uns auf die des 10. Jh. beschrän-
ken und ihre besonderen Eigentümlichkeiten zu erkennen suchen.

Als die entscheidenden Kennzeichen für die Sprache des 10. Jh.
fanden wir: die Profanität gegenüber späterer kultisch/theologischer
Prägung der Begriffe und die Unbefangenheit in der Verwendung
sexueller Ausdrücke wie auch solcher, die später aus religiösen Gründen
tabuisiert wurden, besonders wenn sie mit kanaanäischen Kulten zu-
sammenhingen. In diesem Zusammenhang ist die Beobachtung von
Interesse, daß die Sprache des 10. Jh. einen Begriff kennt, den man
nahezu mit »tabu« übersetzen kann: *tôʿebā* »das Abscheu Erregende«
mit deutlich religiöser Bedeutung[101]. Doch wird dieser Begriff nur vom
Blickpunkt der Ägypter aus gegenüber Israel verwendet. Von Israel
aus gesehen gibt es kein pudendum, keine *tôʿebā*, kein tabu.

f) Sprache und Rechtsgeschichte

Haben wir als allgemeine Regel eine starke theologische Prägung
beobachtet, die besonders das 6. Jh. mit den Begriffen vornimmt, die
das 10. Jh. profan gebraucht, so gibt es — keine Regel ohne Ausnahme — eine Wortgruppe, bei der die Dinge genau umgekehrt liegen: es
handelt sich um den Stamm *špṭ*, also das Verb »richten«, dazu die
Nomina *šôpeṭ* »Richter« und *mišpaṭ* »Gericht«.

Das Verb *špṭ* begegnet uns in der Wendung *lišpoṭ JHWH bênî
ubênêka*[102], die auch ihre profane Parallele hat. Das sieht nach einem
geprägten Ausdruck der Umgangssprache aus, in der JHWH als

---

[101] *tôʿebā* in der Sprache des 10. Jh.: Gen 43 ₃₂ 46 ₃₄ Ex 8 ₂₂; s. o. S. 29 u. 62. Vgl.
dazu P. Humbert A 9 und A 9a, der die Entwicklungsgeschichte dieses Wortes vom
Jahwisten über die Propheten zum Deuteronomium beschreibt. Bei Dtn steht
tôʿebā 17mal und bezeichnet alles, was dem JHWH-Kult fremd ist.

[102] Gen 16 ₅ ISam 24 ₁₃. (₁₆); profan Jes 5 ₃; vgl. die spätere Form in Jdc 11 ₂₇.

Rechtsgarant angerufen wird. Wir vergleichen Ex 5 21, wo die Aufseher Israels zu Mose sagen:

»JHWH möge dir erscheinen und richten, weil du unsern Geruch stinkend gemacht hast in den Augen Pharaos«.

und des Weiteren Gen 31 53, wo Laban zu Jakob sagt:

»der Gott Abrahams und der Gott Nachors möge zwischen uns richten«.

Hier werden die Götter beider Vertragspartner als Garanten angerufen. Der Gott soll also für den Benachteiligten eintreten, wenn der Vertrag gebrochen wird, und ihm helfen. So kann *špṭ* direkt die Bedeutung von »helfen« annehmen[103].

Spätere Texte wissen von JHWH als dem »Richter« zu reden. So handelt ISam 3 13 von JHWHs Gericht über das Haus Elis und Jdc 11 27, dieser späte Einschub in die Jephta-Geschichte, von JHWH als dem »Richter«, der zwischen Ammon und Israel richten soll. Als »Richter aller Welt« wird JHWH gar in Gen 18 25 bezeichnet, das zu dem späten Einschub (18 23-33) in die Abrahamsgeschichte gehört. Ist JHWH der gerechte Richter, so kann er den Unschuldigen nicht mit den Bösen umkommen lassen.

Abgesehen von Jes 2 4 finden wir bei den Propheten des 8. und 7. Jh. keine Bezugnahme auf JHWHs Richten. Erst bei Hesekiel wird das anders. Hier bekommt der Mensch seine Verantwortlichkeit vor Gott, dem Richter, eingeschärft. Während Hesekiel das Substantiv »Richter« meidet, finden sich Verb und Nomen mit Bezug auf JHWH sehr häufig in den Psalmen. Hier spielt der Begriff eine Rolle sowohl bei der Entfaltung einer individuellen Frömmigkeit wie des Glaubens an JHWH als den Rechtsgaranten unter den Völkern.

Ganz anders die D-Gruppe, welche konsequent von menschlichen Richtern, und zwar in der Mehrzahl spricht[104]. Die Parallelisierung mit den »Ältesten« *(zᵉkenîm)* und »Aufsehern« *(šoṭerîm)* weist auf einen technisch verfestigten Gebrauch. Dem entspricht die Periodisierung der Geschichte in die Zeit der »Richter« und die Zeit der »Könige«, wie sie die D-Gruppe bei der Bearbeitung der älteren Geschichtswerke vorgenommen hat. JHWH hat zwar die Richter eingesetzt und steht ihnen bei, doch wird er selber niemals als Richter bezeichnet noch von seinem Richten gesprochen. Der starken Theologisierung vieler Begriffe bei der D-Gruppe steht also hier eine radikale Profanisierung gegenüber.

Von diesem späten Stadium aus gesehen fällt es um so mehr auf, wie selten und wie seltsam die Sprache des 10. Jh. von menschlichem Richten redet. Wo sie es tut, geschieht es mehr in abweisender oder Wunschform:

---

[103] ISam 24 16 IISam 18 19.
[104] Singular nur in Dtn 17 9. 12.

»Wer hat dich zum Herrscher ($l^e\hat{\imath}\check{s}$ $\acute{s}ar$) und Richter ($\check{s}\hat{o}pe\underline{t}$) über uns eingesetzt?«
fragt Ex 2 14 der Israelit den Mose.

Die Bewohner von Sodom begehren gegen Lot auf:

»Dieser eine kommt als Fremdling und will tatsächlich den Richter spielen!« (Gen 19 9).

Und Absalom seufzt:

»Wer wird mich zum Richter im Lande einsetzen?« (IISam 15 4).

Für den Sprachgebrauch des 10. Jh. können wir also feststellen: daß
JHWH richtet, Verträge schützt und dem Schwachen hilft, steht fest.
Menschliche Autorität zu richten ist noch ungefestigt und umstritten.
Hier scheint der Sprachgebrauch exakt die kulturgeschichtliche Situa-
tion widerzuspiegeln.

Dem entspricht die lockere, noch gänzlich ungefestigte Verwendung des Wortes *mišpat*, das man nur selten mit »Gericht« übersetzen
kann, so IISam 15 2. 4. 6. »Gewohnheit« oder »Regel« könnte man dafür
in ISam 27 11 und Jdc 13 12 sagen; »Gewohnheitsrecht« heißt es in
ISam 30 25. In den beiden späten Texten Gen 40 13 und IIReg 1 7
geben wir es am besten mit »Zustand« wieder. Ähnlich ungefestigt ist
der Gebrauch von *ḥoq*, das in Gen 47 22, einem alten Text, »Privileg«
oder »Gerechtsame« heißt, wie es G. von Rad übersetzt. Ganz anders
hat es in Ex 5 14 nicht den Charakter einer Gewährung, sondern einer
Forderung, wäre also mit »Auflage« oder »Soll« wiederzugeben. In
ISam 30 25 stehen *ḥoq* und *mišpat* synonym und heißen »Recht,
Rechtssatzung« in bezug auf die Beuteteilungsbestimmungen im Heer
Israels. Wie es zu dieser Satzung gekommen ist, schildert die Erzählung.

In der Terminologie der Erzähler des 10. Jh. gibt es also kein
feststehendes Recht, das man nach einzelnen Sätzen zitieren könnte.
In einem Fall wird die Entstehung einer solchen Norm geschildert.
Nach den Erzählungen zu urteilen, hatte Israel damals weder kana-
anäisches Recht rezipiert noch eigenes ausgebildet. Wohl aber wußte
man in Israel genau, was Unrecht ist:

Tamar sagt zu Absalom:

»Nicht, mein Bruder, vergewaltige mich nicht, denn so tut man nicht in Israel; tu
nicht dieses Unrecht!« (IISam 13 12).

Wir finden diese Wendung in der Sprache des 10. Jh. ferner in Gen
34 7 Jdc 19 23 (Glosse in 24) 20 6. 10. Als Unrecht gilt die Vergewaltigung der Frau und die Verletzung des Gastrechtes. In einem späteren
Text Jos 7 15 handelt es sich um die Verletzung des Bannes. Auch
Dtn (22 21) kennt den Ausdruck, doch steht er in einem Abschnitt,
der auch sonst viel altes Sprachgut enthält (Dtn 21. 22) und unterscheidet sich charakteristisch dadurch von den alten Texten, daß

nicht die Vergewaltigung der Frau als Unrecht bezeichnet wird, sondern die »Schande« hervorgehoben wird, wenn eine Frau bei ihrer
Hochzeit nicht mehr Jungfrau ist. Mehr dem alten Sprachgebrauch
entspricht Jer 29 23.

Die Sitte, das Rechtsbewußtsein, schützt also in der vorköniglichen und frühen Königszeit den Schwachen, besonders die Frau und
den Gast. Auf der Grundlage dieses Rechtsbewußtseins kann gerichtet
werden. Aber noch steht die Selbsthilfe und die Hoffnung auf JHWHs
rechtschaffendes Wirken im Vordergrund. Erst langsam übernimmt
das Königtum rechtswahrende Funktionen. So zeigt uns die Terminologie in Übereinstimmung mit den allgemeinen kulturgeschichtlichen
Beobachtungen, wie sich das Recht aus der Sphäre der Religion löst
und »weltlich Ding« zu werden beginnt. In der Sprache der D-Gruppe
ist, was den Stamm *špṭ* betrifft, dieser Prozeß dann zum Abschluß
gekommen. Dafür übernimmt *tôʿebā* die Funktion, das zu bezeichnen,
was religiös eine Verletzung des Gebotenen ist.

In den Geschichten des Richterbuches findet sich ein klares
Bewußtsein davon, was es bedeutet, wenn Israel gegen seine Feinde
schutzlos ist — es braucht dann einen Retter — oder wenn der einzelne der Gewalttat anderer sich ausgeliefert sieht. Schützt er sich
selber durch Rache (Simson) oder durch Anrufung der Gemeinschaft
(Jdc 19. 20. 21), so führt beides nicht zum Ziel. Deshalb kann das
Königtum als rechtswahrende Macht begrüßt werden. An diesem Wandel im Rechtsleben scheint sich das Bewußtsein von Geschichte ausgebildet zu haben.

D. Die Entstehung des Geschichtswerks der frühen Königszeit

Wenn wir nun versuchen, die Ergebnisse unseres Untersuchungs-
ganges zusammenzufassen, so stellen wir zunächst die Frage: Wie sah
die Überlieferung Israels etwa um die Zeit von Salomos Lebensende
(etwa 930 v. Chr.) aus?

Überblicken wir die Werke, die wir unter dem Charakteristikum
»Sprache des 10. Jh.« zusammengefaßt haben, so können wir zwei
Bereiche unterscheiden: da sind einmal die Überlieferungen, die von
vornherein unter gesamtisraelitischem Gesichtspunkt konzipiert sind,
und jene anderen, welche die deutlichen Merkmale von lokalen,
stammes- oder sippengebundenen Traditionen tragen, nachträglich
aber unter gesamtisraelitischen Gesichtspunkten umgestaltet wurden.

Zu der ersten Gruppe gehören die Mose-Geschichten sowie die
vier großen Komplexe der Saul- und David-Geschichten, die wir im
I. und II. Samuelbuch fanden. Sie werden in unserem Stichjahr teils
bereits schriftlich vorgelegen, teils in der mündlichen Tradition eine
Prägung erfahren haben, die von der schriftlichen Fixierung nicht mehr
fern war. Den längsten Weg seit ihres historischen Anlasses hatten
dabei die Saul-Geschichten zurückgelegt — wir können den Abstand
auf etwa neunzig Jahre datieren, — so daß bereits die Legendenbildung
eingesetzt hat, wie die Geschichte von den Eselinnen zeigt, bzw. die
Gestaltung des Gegenübers von Saul und Samuel als tragendem Rahmen der Geschichtensammlung.

Zu der zweiten Gruppe gehören die Erzählungen des Richterbuches und die Sagen der Genesis. Bei diesen ist die Genealogiebildung
Abraham—Isaak—Jakob—Fünf- bzw. Sechs-Söhne Jakobs bereits im
Gange und damit ihre Übernahme ins gesamtisraelitische Bewußtsein.
Die volle Ausformung erfolgt durch das Zwölf-Söhne-Jakobs-Schema,
wie wir dies bei der Geburtsgeschichte der Söhne (Gen 29—30) und in
der Josephgeschichte fanden. Wir sahen, daß diese Prägung mit der
schriftstellerischen Bearbeitung zusammenfällt[1]. Bei den Erzählungen
des Richterbuches erfolgte die gesamtisraelitische Umgestaltung ebenfalls im Zuge literarischer Formung durch Berufung, Retterformel und
den Appell an »Ganz Israel« anläßlich der Schandtat von Gibea. Doch
verraten diese Geschichten in ihrer Struktur deutlich, daß sie zu-
meist einzeln umliefen und nicht in der mündlichen Tradierung zu-
sammenwuchsen, also aller Wahrscheinlichkeit nach erst bei der
schriftlichen Fixierung gesammelt wurden. Eine Ausnahme bildet der

---

[1] S. o. S. 57 ff. 28 und 77 f.

Zusammenhang zwischen Gideon und Abimelech. Auch ließe sich vermuten, daß Jdc 17—21 bereits eine Verbindung mit den Saul-Geschichten hatte.

Für die Überlieferungen des 10. Jh., soweit sie in Genesis, Exodus und Numeri enthalten sind, nimmt die Forschung weithin den »Jahwisten« als Verfasser an, d. h. als den, welcher diese Traditionen gesammelt, miteinander verbunden und schriftlich niedergelegt hat. Ebenso gilt als feststehend, daß er sein Werk in Jerusalem, u. U. am Königshof, schuf. Strittig ist sowohl die Datierung wie der Umfang seines Werkes.

Was die Datierung des Jahwisten betrifft, so schwankt¹ die zeitliche Ansetzung zwischen der David-Salomo-Zeit bzw. dem 10. Jh.² und einer Spätdatierung ins 9. Jh., wobei Mitte oder Ende in Betracht gezogen werden³. Im Verlauf unserer Untersuchungen haben wir gesehen, daß die Josephgeschichte die Situation nach der Reichsteilung spiegelt, wenn sie das Gegenüber von Joseph und Juda im Kampf um Benjamin schildert und mit Josephs Ärmelrock auf das Ephraimitische Königtum anspielt⁴. Hat aber der Jahwist die Josephgeschichte wesentlich selber geformt, so wird sein Werk nicht vor der Reichsteilung vollendet gewesen sein. Der Terminus a quo, die frühest mögliche Ansetzung ist damit gegeben. Wenn der Abfall der Nordstämme vom »Hause Davids« um 930 v. Chr. anzusetzen ist, so kämen wir für die Entstehung des jahwistischen Werkes frühestens auf die Zeit von etwa 940—920 v. Chr.

Schwieriger ist es, den Terminus ante quem, die späteste mögliche Entstehungszeit, zu bestimmen. Doch scheint hier ein Argument von Bedeutung zu sein, das G. Hölscher anführt, ohne es doch selber richtig auszuwerten⁵: daß in den Geschichten der Genesis — wie auch von Exodus, Numeri und Richter — keinerlei Auswirkungen der schweren und für Israel verlustreichen Aramäerkriege des 9. Jh. (Ahab) wahrzunehmen sind, noch weniger aber die heraufkommende Assyrergefahr. Nun kann man zwar argumentieren, daß die Traditionen aus viel älterer Zeit stammen. Aber in dem jahwistischen Anteil müßte die Auswirkung zu spüren sein. Wäre Gen 24, die Brautwerbung um Rebekka, oder wären Gen 29—33, die Ränke zwischen Laban und Jakob, in einer Erzählung denkbar, die nach den Aramäerkriegen endgültig gestaltet wird? Auch die Selbständigkeit Edoms, wie sie sich in Gen 33 spiegelt, wird für die Datierung zu beachten sein. Edom gewinnt seine Unabhängigkeit unter Salomo wieder und verliert sie gegen Ende des 9. Jh.

---

² M. Noth, E. Sellin—L. Rost, A. Weiser. Bei G. von Rad kann ich keine präzise Angabe finden, doch scheint er die Zeit Salomos anzunehmen, Z 89, 78 f.

³ G. Hölscher, S. Mowinckel, G. Fohrer. R. H. Pfeiffer datiert J zwischen 950 u. 850 (Z 34, 147).   ⁴ S. o. S. 21 Anm. 31, 22 Anm. 33 und 77.

⁵ G. Hölscher Z 88, 98 ff.

Wegen des friedlichen Verhältnisses zu den Aramäern werden wir die Abfassung des jahwistischen Werkes nicht später als in die Regierungszeit Jerobeams I. und seiner unmittelbaren Nachfolger ansetzen dürfen. Wir kämen damit auf eine Abfassungszeit zwischen etwa 940 und 870 v. Chr.; nehmen wir die Mitte, so wäre die Zeit von 910 bis 900 v. Chr. die hypothetische Abfassungszeit mit einem Spielraum von ± 30 Jahren. Für diese Ansetzung spricht weiterhin, daß die Wirkung der Aufklärungsära am Hof Salomos noch nicht verflogen ist, sondern sich in der Josephgeschichte (wie in der Erzählung von David und Abigail ISam 25) niedergeschlagen hat. Für diese Zeit spricht weiter die Ausbildung des gesamtisraelitischen Bewußtseins, das wir in dem ganzen Werk finden. Seine Intensität scheint noch nicht durch eine längere Zeit der Trennung beider Reiche gebrochen oder geschwächt zu sein.

Was den Umfang des jahwistischen Werkes betrifft, so geht die Meinung der Forscher hier ebenfalls weit auseinander. Der Anfang wird zwar einhellig in Gen 2 angenommen. Eine Ausnahme macht hierin nur R. H. Pfeiffer, der Gen 12 1ff. für den Anfang hält und mit recht beachtlichen Argumenten die Urgeschichte dem Jahwisten abspricht[6]. Diese Frage wollen wir offenlassen. Das Ende wird meist bei Num 25 1-3 gesehen[7], doch rechnen manche den Jahwisten bis Dtn 34[8] oder Jdc 1 (bzw. 2 5)[9] oder bis Jdc 11[10], K. Budde und G. Hölscher wollen sein Werk bis IReg 2 oder 12 durchgehen lassen.

Aber weder die Baal Peor-Geschichte in Num 25 noch die Zeltdörfer Jairs in Num 32 noch die negative Eroberungsliste in Jdc 1 ergeben in irgendeiner Weise ein plausibles Ende eines solchen wohlkomponierten Werkes, wie es der Jahwist in Genesis und Exodus geschaffen hat. Einzig der Tod des Mose in Dtn 34 käme als Abschluß in Frage. Da er im jahwistischen Text nicht erhalten ist, können wir darüber nichts genaues sagen. Natürlich kann das jahwistische Werk auch irgendwie abgebrochen sein, sei es durch den Tod des Verfassers, sei es durch eine Verstümmelung der Handschrift, sei es durch die Einarbeitung in ein größeres Werk.

Dies ist nun die weitere und wichtigere Frage: Hat es ein großes Geschichtswerk gegeben, das alle die uns erhaltenen Texte mit der Sprache des 10. Jh. umfaßte? Wenn ja, dann wäre weiter zu prüfen, ob der Jahwist dessen Verfasser war oder ob sein Werk in diese größere Sammlung hineingenommen wurde.

---

[6] R. H. Pfeiffer Z 34, 160ff.

[7] M. Noth B 15, 35; H. W. Wolff L 12, 347.

[8] G. Fohrer Z 101, 161.

[9] S. Mowinckel N 10, 9ff. bes. 32.

[10] R. H. Pfeiffer Z 34, 324, wenn auch mit Vorbehalt.

Um diese Fragen zu beantworten, kehren wir noch einmal zu den Geschichten vom Auszug Israels aus Ägypten zurück. Wir sahen, daß bereits die vorjahwistische Prägung der Plagen gesamtisraelitisch gedacht war[11]. Auch in den älteren Überlieferungen wie der Tötung der Erstgeburt und dem Auszug läßt sich keine Stammesüberlieferung feststellen. Die einzige lokal gebundene Tradition ist die von Kadeš und dem Sinai bzw. Gottesberg, die einzige Sippenverbindung weist auf Midian[12], auf einen Verband, der später nicht zu den Geschlechtern Israels gehörte[13]. Wir dürfen also bei der ganzen Auszugs- und Wüsten-tradition — wobei letztere beim Jahwisten vermutlich nur ganz spär-lich war — nicht so denken, daß am Anfang ein Ereignis stand, das dann tradiert, um- und ausgestaltet und schließlich theologisch im Sinn eines Credos Israels verstanden wurde. Die Auszugsgeschichte ist reine Dichtung, gesamtisraelitische Fiktion, wenn auch gestaltet auf Grund typischer Erfahrungen beduinischer Sinaistämme mit ägyp-tischen Grenzbeamten unter Beimengung midianitischer Kadeš- und Mose-Traditionen.

Diese Feststellung ist aber von weittragender Bedeutung für das geschichtliche Denken Israels im 10. Jh. Die israelitischen Erzähler hätten sehr wohl auf dem Grund der alten Sippen- und Heiligtums-geschichten eine Geschichte des Volkes aufbauen können, auch wenn diese Geschichten zum Teil von den Bewohnern Kanaans übernommen waren. Statt dessen schufen sie künstlich den Anfang einer Volks-geschichte, dessen Inhalt Knechtschaft und Auszug aus Ägypten war. Mit diesem Bild seiner Vergangenheit entwarf sich Israel sein Selbst-verständnis als eines befreiten und zu seinem Land geführten Volkes. Solche Erkenntnis ist zunächst der Gedanke Weniger gewesen; durch die Geschichten, die sie erzählten, wurde sie das Gemeingut der Vielen[14].

Dabei darf die Parallele nicht übersehen werden, die hier zu den Berufungsgeschichten des Richterbuches und zu den späteren Berich-

---

[11] S. o. S. 70.

[12] S. o. S. 64 u. 70 (Anm. 48).

[13] Die Frage, welcher Stamm oder Stammesverband Träger der Auszugs- und Wüsten-traditionen war, ist falsch gestellt. Wenn G. Fohrer eine »Moseschar« als Traditions-träger postuliert (O 7, 120; Z 101, 136f.), so trägt er zwar der Tatsache Rechnung, daß keine Stammestradition vorliegt, geht aber immer noch zu historisierend von einem Überlieferungsdenken mit geschichtlichem Hintergrund aus. Auch von der Josephgeschichte muß gesagt werden, daß man ihren novellistischen Charakter ver-kennt, wenn man sie für eine ephraimitische Überlieferung hält.

[14] Nichts weist darauf hin, daß in den Traditionen des 10. Jh. diese Geschichten mit dem Kult oder kultischen Begehungen verbunden waren. Erst viel später, vielleicht in der Zeit Josias, werden dann Auszugstradition und Pesach so gekoppelt, daß der Kult durch das Ereignis eine neue Deutung erhält, das Ereignis aber nun kultisch begangen werden kann. Dementsprechend lagern sich neue Texte um die alten Erzählungen.

ten besteht, mit denen die Propheten (Jesaja, Jeremia, Hesekiel, Amos?) sich selber und ihren Hörern ihr Auftreten legitimierten. Den Helden und Befreiern der vorköniglichen Zeit wurden solche Berufungen angedichtet (Gideon, Simson, Saul), um ihr Handeln aus dem Zufälligen herauszuheben und sie unter einen Auftrag zu stellen, der über das Individuelle und Partikulare hinausgeht.

Indem diese Erzähler des 10. Jh. Geschichte erdichten, schaffen sie zugleich das Bewußtsein von Geschichte, nämlich von Befreiung und Beauftragung einerseits, von zeitlichen Abläufen andererseits. So kann schließlich das Königtum als eine Erfüllung, als historische Notwendigkeit verstanden werden, die nach einem Höhepunkt der Bosheit den Schritt zu einer neuen Verwirklichung von Gerechtigkeit vollzieht. Dementsprechend heißt es:

»Nicht ist gesehen worden und nicht ist geschehen etwas wie dieses von dem Tage, da die Söhne Israels heraufzogen aus dem Lande Ägypten, bis zu diesem Tag«[15].

Wird das Königtum als Ablösung der alten beduininischen Selbsthilfe verstanden, so ergibt sich eine Periodisierung der Geschichte als Rechtsgeschichte.

Aber das Bewußtsein von den verschiedenen Zeiten prägt sich auch in der Auffassung vom Gotteshandeln aus. In der »ganz alten« Zeit redet und handelt Gott unmittelbar. Er ruft Abraham und verschließt oder öffnet Rachels Mutterschoß. In der »alten« Zeit spricht er durch »den Gottesboten«, diese mythische Gestalt, oder läßt seinen Geist in die Menschen hineinfahren wie in Simson und Saul, vermutlich auch in Gideon. In der neuen Zeit aber spricht er durch Menschen, denen er »das Ohr öffnet« und handelt auch nicht mehr unmittelbar in den Abläufen menschlichen Lebens, es sei denn, daß plötzliche Krankheit oder Tod als sein »Schlagen« verstanden werden.

Ist aber ein solches Bewußtsein von Geschichte und Geschichtsperioden, von Kulminationspunkt des Bösen und Anfang der Volksgeschichte in den Texten des 10. Jh. sichtbar, so können wir mit Sicherheit sagen, daß es damals ein großes Geschichtswerk gegeben hat, das von der Sammlung der Vätersagen über die Erzählungen vom Auszug aus Ägypten und die Sammlung der Heldengeschichten der vorköniglichen Zeit bis zu der Darstellung mindestens von David als König ging. Sicher ist, daß diesem Geschichtsschreiber außer den zahlreichen mündlichen Traditionen die vier großen Erzählkomplexe des I. und II. Samuelbuches bereits fertig vorlagen. Möglich wäre, daß auch das Werk des Jahwisten schon fertig bestand. Doch soll im folgenden die Begründung dafür gegeben werden, daß der Jahwist eben dieser

---

[15] Jdc 19 30; s. o. S. 101f. und vgl. die entsprechenden Stellen in den jahwistischen Plagenerweiterungen, die dort angegeben sind.

Geschichtsschreiber bzw. dieser Geschichtsschreiber der Jahwist war.

Damit wären wir bei der alten These von K. Budde und G. Hölscher, der mit Einschränkung unter den skandinavischen Forschern auch R. A. Carlson beipflichtet[16], daß der Jahwist von Genesis bis zum Anfang des I. Königsbuches durchgeht. Nur daß wir hierbei nicht an eine durchgehende Quellenscheidung denken und auch nicht wie G. Hölscher den Jahwisten für den Erzähler aller der Texte des 10. Jh. halten, die zu diesem Geschichtswerk gehörten[17]. Gerade im I. und II. Samuelbuch sind die Unterschiede in Stil und Struktur der Erzählung, in der Auswahl der auftretenden Personen und dem Blickpunkt der Geschichte zu groß, als daß man einen einheitlichen Erzähler annehmen könnte.

Ehe wir uns um die Frage nach der Identität von Jahwist und Geschichtsschreiber bemühen, müssen wir einen anderen Vorgang prüfen: wie nämlich die vier großen Erzählkomplexe des I. und II. Samuelbuches zusammengekommen sind[18].

Sehr leicht konnten sich die David-Saul-Geschichten des I. und des II. Teils aneinanderfügen, weil sie sich zeitlich einfach fortsetzen. Der II. Teil nimmt den Faden da auf, wo der I. Teil ihn hat liegenlassen: nach Davids Flucht von Sauls Hof. Die Kenntnis der Fakten des I. Teils ist im II. zudem vorausgesetzt. Schwieriger war es, diese David-Saul-Geschichten mit den Saul-Geschichten zu verbinden, denn hier lag eine zeitliche Überschneidung vor. Dieses Zusammenkommen kann nicht von selbst erfolgt sein, sondern setzt eine kunstvolle und bedachte Arbeit der Einfügung voraus. Wir werden einen literarischen Prozeß annehmen können, bei welchem die Erzählungen von Sauls Ende (ISam 28 und 31) ihren sinngemäßen Platz bekamen[19]. Vermutlich waren die Berichte bei dieser Zusammenfügung noch so wenig schriftlich fixiert, daß die nochmalige Vorstellung der bereits bekannten Personen unterbleiben konnte[20]. Sehr wahrscheinlich ist, daß dieser Zusammenfüger auch die Saul-freundlichen Bearbeitungen im I. Teil vornahm, um den Ausgleich zwischen den Saul-freundlichen Saul-Geschichten und den Saul-feindlichen David-Saul-Geschichten zu schaffen[21]. Zugleich stellt er damit Gerechtigkeit in der Erzählung her.

Aber auch die David-Geschichten mußten wegen der zeitlichen Überschneidung kunstvoll in die David-Saul-Geschichten eingefügt

---

[16] R. A. Carlson N 8, 42 f.; 143 u. a.
[17] G. Hölscher Z 88, 14, 32, 133.
[18] Vgl. den Überblick S. 178 ff.
[19] ISam 28 ist sicher erst durch ein späteres Unglück an seinen jetzigen falschen Platz gekommen und stand in dem alten Geschichtswerk unmittelbar vor ISam 31.
[20] S. o. S. 111 f.
[21] S. o. S. 117.

werden, da sie sich zeitlich nahezu mit den Saul-Geschichten berühren. Sie setzen mit dem Zustand nach Sauls Tod und bei Davids Königtum in Hebron ein. Als bekannt gelten ihnen Fakten aus den David-Saul-Geschichten I. und II. Teil, so Michals Liebe zu David und Heirat um die Philistervorhäute, so Sauls Tod und Bestattung durch die Leute von Jabeš, wie auch Jonathans Freundschaft mit David. Die Annahme legt sich nahe, daß die David-Geschichten als Fortsetzung nicht nur der David-Saul-Geschichten II. Teil, sondern auch des ganzen Komplexes aus den drei Teilen geschrieben worden sind. Aber die Voraussetzung der Fakten bedeutet nicht notwendig literarische Fortsetzung, obwohl für diese auch das Fehlen von ausführlichen Vorstellungen der Personen spricht. Auf jeden Fall ist die Kenntnis der drei vorhergehenden Komplexe bei dem Erzähler der Davidgeschichten vorauszusetzen. Ob er sein Werk selber in sie hineinverzahnt hat, erscheint zweifelhaft, wenn man die Kompliziertheit dieser Verzahnung bedenkt.

Während der Verfasser des II. Teils der David-Saul-Geschichten David durch sein eigenes diplomatisches Geschick — Brief an die Leute von Jabeš[22] — zum König über Gesamtisrael aufsteigen läßt, erlangt er nach Auffassung der David-Geschichten diese Stellung durch den Bürgerkrieg, den Joab für ihn führt[23]. In dem Bericht über Davids Salbung bzw. Bundesschluß in IISam 5 1-3 kommt die Doppelung beider Traditionen noch sichtbar zum Vorschein[24]. Dies spricht mehr für eine nachträgliche Zusammenfügung zweier unabhängiger Schriftwerke als für die Anfügung und Einfügung der David-Geschichten durch ihren Autor selbst.

Wir fragen nach weiteren Bearbeitungsspuren in den vier Komplexen des I. und II. Samuelbuches. Wenn der II. Teil der David-Saul-Geschichten in IISam 5 10 mit den Worten schloß:

»Und David machte Fortschritte und wurde immer größer und JHWH war mit ihm«[25],

so wirkt die Formel »JHWH mit ihm« an dieser Stelle ursprünglich. Ganz anders, wenn Sauls Diener im I. Teil der David-Saul-Geschichten über David sagt:

». . . und er ist ein freier Bürger und waffenfähiger Mann und weiß verständig zu reden und sieht gut aus und JHWH ist mit ihm« (ISam 16 18).

Für die ursprüngliche Erzählung von Sauls Krankheit und dem guten Rat der Diener genügte ja die Angabe vollauf, daß David die Harfe zu

---

[22] S. o. S. 133 f..
[23] S. o. S. 141 ff. 175.
[24] S. o. S. 165 f.
[25] In IISam 5 10 ist »der Gott Zebaoth« mit G. Hölscher zu streichen. Die Konstruktion: ein Verb des Gehens mit zwei Infinitivi absoluti, die vorwiegend in der Sprache des 10. Jh. vorkommt, bewahrt den Satz vor dem Verdacht, deuteronomische Glosse zu sein.

schlagen verstehe. Das angehängte »JHWH mit ihm« könnte eine bewußte literarische Gestaltung sein[26], um bei der Zusammenfügung der beiden Komplexe der David-Saul-Geschichten den Schluß schon im Anfang aufklingen zu lassen[27]. Zugleich korrespondiert diese Aussage mit der Überleitungsformel, mit der der I. Teil der David-Saul-Geschichte mit der Saul-Geschichte verbunden war:

»Und der Geist JHWHs war von Saul gewichen« (ISam 16 14a).

So wie JHWH seinen Geist von Saul genommen hat, so ist er von jetzt an mit David — das will der Zusammenfüger mit dem Überleitungssatz und der Schlußformel in der Rede des Knechtes sagen. Die Aussage, daß JHWH (bzw. sein Geist) von Saul gewichen ist, greift dabei auf ISam 28 15: zurück — »zurück« natürlich nur in dem Sinn, daß dem Zusammenfüger die Saul-Geschichten als ganzer Komplex vor Augen standen, während der Zeitfolge wegen die Erzählung, wie Saul vor der Schlacht von Gilboa sich als von JHWH verlassen erlebt, erst später eingefügt werden konnte. In diesem Sinn kann man auch sagen, daß ISam 16 14a auf ISam 28 15:

»Mir ist sehr bange, denn die Philister kämpfen gegen mich und Elohim ist von mir gewichen und hat mir nicht mehr geantwortet . . .«

vorgreift.

Doch nicht nur die Schlußformel »JHWH mit ihm« ist in ISam 16 18 auf die Bearbeitung des Zusammenfügers zurückzuführen, sondern auch die anderen Elemente der Vorstellung Davids, die über das Harfenspielen hinausgehen. Wir sahen bei der Besprechung dieses Abschnittes, daß hier eine neue, typisch literarische Form der Vorstellung gegeben ist, wie sie uns sonst nur noch in der Gideon-Berufung vor Augen tritt[28]. Dort in Jdc 6 12 sagt »der Gottesbote« zu Gideon:

»JHWH mit dir, du streitbarer Held«,

wobei »streitbarer Held« *(gibbôr ḥajil)* derselbe Ausdruck ist, den wir in ISam 16 18 mit »freier Mann« wiedergaben.

Das heißt aber, daß wir die Bearbeitungsspuren des Zusammenfügers der vier großen Komplexe in I. und II. Samuel rückwärts in das Richterbuch hinein verfolgen können. Das bestärkt uns in der Vermutung, daß der Zusammenfüger dieser Komplexe und der große Historiker der frühen Königszeit miteinander identisch sind.

Ein Bearbeitungszusammenhang besteht nicht nur zwischen der Gideon- und der David-Vorstellung, sondern ebenso zwischen der

---

[26] A. Weiser W 2, 334f.

[27] S. o. S. 113f.

[28] S. o. S. 112ff.

Gideon-Berufung und Sauls Beauftragung durch Samuel. Wie wir sahen, ist nicht nur die »Retterformel«:

»er wird erretten mein Volk aus der Hand der Philister«[29]

diesen beiden Berichten gemeinsam, sondern auch die Bescheidenheitsformel, mit der Gideon und Saul auf die Verheißung und Erwählung antworten[30]. Literarisch ist der Unterschied nur der, daß in ISam 9 bereits eine Geschichte von Sauls Erwählung durch Samuel vorlag, welche durch die Verse ISam 9 15-17+21 nur noch verdeutlicht und unterstrichen wurde, während die Gideonberufung als Vorgeschichte zu den überlieferten Geschichten von diesem ephraimitischen Helden hinzugedichtet wurde. Die Bearbeitung der bereits weitgehend fixierten Tradition durch Zusätze und die Gestaltung der mündlichen Überlieferung durch eine gesamtisraelitische Vorgeschichte sind zwei verschiedene Vorgänge. Der Unterschied in der Arbeitsweise geht aber nicht auf zwei verschiedene Bearbeiter, sondern auf den Unterschied des zu behandelnden Materials zurück. Die mündlichen Stammestraditionen konnten nicht nur stärker umgestaltet werden, weil sie sich noch in einem weichen Stadium der Überlieferung befanden, sondern sie erforderten auch eine weit stärkere Bearbeitung, weil sie im gesamtisraelitischen Sinn aufgewertet werden mußten. Zugleich werden sie der religiösen Auffassung, daß JHWH, wie er Israel als ganzes gerufen hat, so auch seine einzelnen Retter beruft, angeglichen. In diesem Zusammenhang sei noch daran erinnert, daß die Retterformel bereits in Ex 3 8, d. h. in einem vom Jahwisten schon vorgefundenen Text begegnet, wobei die Erfüllung der Verheißung in Ex 14 30 berichtet ist (J). Die Erfüllung der Verheißung von ISam 9 16 wird in ISam 14 23 vermerkt. Bei David korrespondieren IISam 3 18, wo auf das (verlorene) JHWH-Orakel für David angespielt wird, mit IISam 19 10, wo auf die Erfüllung des Versprechens zurückgeblickt wird[31]. Der Entstehung nach dürften Ex 3 8 + 14 30 und IISam 3 18 + 19 10 die älteren Texte sein, während Jdc 6 14 13 5 und ISam 9 16 der späteren Bearbeitung (durch den Geschichtsschreiber) angehören[32]. Zu den Bearbeitungsvorgängen in den Samuelbüchern gehören auch die Zusätze der »Königsideologie«, denen wir bei der Untersuchung des II. Samuelbuches auf die Spur kamen[33]. Sie finden sich jedoch nicht nur im Bereich der David-Geschichten, sondern ebenso

---

[29] S. o. S. 80 ff.; hier ISam 9 16.
[30] S. o. S. 110.
[31] S. o. S. 80 ff. u. 108 ff.
[32] Interessanterweise finden sich *jš'* hi. in Ex 14 30 Jdc 6 14 13 15 ISam 9 16 IISam 3 18; dagegen *nṣl* hi. in Ex 3 8 IISam 19 10 (+ *mlṭ* pi.); W. Richter hat in seinen Untersuchungen zur Retterformel sich zu sehr auf *jš'* hi. beschränkt (L 8, 149 ff.).
[33] S. o. S. 177 f.

im II. Teil der David-Saul-Geschichten. Daraus ergibt sich, daß sie frühestens bei der Zusammenfügung beider Komplexe eingearbeitet sein können. Unsere Frage ist jetzt also die: wie verhalten sich der Zusammenfüger der vier Komplexe, der Königsideologe (Mehrzahl?) und der Historiker der frühen Königszeit zueinander? Wie verhalten sich alle drei zum Jahwisten?

Wir gehen von dem bereits erreichten Ergebnis aus, daß die Zusammenfügung der vier Komplexe des I. und II. Samuelbuches die Geschichten des Richterbuches mindestens hinsichtlich Gideons mitumfaßte. Da aber die Berufung Gideons und die Verheißung an Simsons Mutter dieselbe Tendenz haben (Retterformel, Aufwertung eines Sippenhelden im nationalen und religiösen Sinn), so hat unser »Zusammenfüger« auch die Simsongeschichte hinzugebracht. Diese stellt jedoch, wie wir sahen, die Drehscheibe dar, welche die Retter- und Heldengeschichten von Jdc 3—11 mit den Erzählungen verbindet, in denen »die königslose, die schreckliche Zeit« geschildert wird (Jdc 17—21)[34]. Bei der starken Affinität der »Schandtat von Gibea« (Jdc 19—21) zu den Saul-Geschichten[35] ist mit einer sehr frühen Verbindung dieser beiden Überlieferungen zu rechnen.

Die Vorschaltung der Erzählungen, welche die Rechtlosigkeit vor dem Aufkommen des Königtums schildern, die Ausweglosigkeit von Rache und Gegenrache (Jdc 13—16), die Willkür des Stärkeren (Jdc 17—18) und die freche Durchbrechung der Sitte, die Verletzung des heiligen Gastrechtes (Jdc 19—21), setzt nun ein Nachdenken über das Königtum, seinen Sinn, seine Notwendigkeit, seine rechtsdurchsetzende Wirkung voraus, wie sie gerade für die Königsideologie kennzeichnend ist. Wir sahen, daß für diese der Rechtscharakter das Entscheidende am Königtum war[36]. Dies bringt die Erzählung von David und Abigail programmatisch zum Ausdruck (ISam 25). Sie schuf die Balance zu den wilden Erzählungen von Simson und machte deren glorifizierende Darstellung erträglich[37]. Ohne diese Gegengeschichte und die Stilisierung Simsons zum berufenen Retter hätten die Rachegeschichten den strengen ethischen Maßstäben nicht entsprochen, wie sie die ganze Sammlung der Geschichten von Saul und David durchziehen.

Ist die Simsongeschichte die Drehscheibe des Richterbuches, so ist die Erzählung von David und Abigail die Schlüsselgeschichte für die Samuelbücher. Indem sie unter dem Thema: »Ablösung der Selbsthilfe« David auf dem Wege zum Königtum zeichnet, bringt sie die Deutung der Königsideologie in die ganzen Geschichten von Saul und David hinein und hebt das Königtum von etwas zufällig Gewordenem

---

[34] S. o. S. 93 und 101f.
[35] S. o. S. 99.
[36] S. o. S. 177f.
[37] S. o. S. 93f.

zu einer notwendigen Einrichtung empor, weil es die neue Form des
Rechtes garantiert, die nicht mehr auf Selbsthilfe beruht. Im Sinne
der Königsideologie betont sie die Forderung der Unschuld an den
König. Hat der Zusammenfüger die Richtergeschichten mit den vier
großen Erzählkomplexen verbunden, so hat er auch die Geschichte von
David und Abigail eingefügt, weil der Grundgedanke jener Vorschaltung und dieser Einfügung identisch sind.

Um dieses Postulates: »Unschuld des Königs« willen wird er dann
auch die anderen Retouchierungen vorgenommen haben, die wir bei
der Untersuchung dieser Tendenz fanden[38]: die Zufügungen in ISam 1
5-10. 13-16, wo David entgegen dem Bericht in IISam 4 10 den Boten
nicht eigenhändig tötet, sondern durch seine Leute umbringen läßt
mit der ausdrücklichen Nennung der Unschuldsformel:

»Dein Blut auf dein Haupt! Denn dein Mund hat gegen dich gezeugt, indem er sagte:
‚Ich habe den Gesalbten JHWHs getötet'« (IISam 1 16).

Auch die drei Absagen an die Söhne der Zeruja, wo David sich von
ihren wilden Taten lossagt und die Schuld am Blutvergießen ihnen zu-
schiebt bzw. sie daran hindert (IISam 3 39 16 10 19 23), sind dann dieser
Bearbeitung zuzuschreiben.

Daß auch die Tendenz von der Unverletzlichkeit des Königs zu
seiner Stellung als Rechtsgarant gehört, ergab sich bei unseren Untersuchungen[39]. Literarisch ist sie mit der Bearbeitung der Texte im
Sinne der Unschuld des Königs verbunden, wie die oben angeführte
Stelle aus IISam 1 16 zeigt. Das legt die Frage nahe, ob auch ISam 24,
dessen erste Schicht die Unverletzlichkeit des Königs zum Thema
hat[40], dieser Bearbeitung zuzurechnen ist. Man wird diese Frage mit Ja
beantworten können, wenn man den Kreis der Bearbeiter weiter zieht,
als wir das bisher getan haben. Denn erstens hat die Geschichte von der
Begegnung zwischen Saul und David offensichtlich zwei Stadien durch-
laufen, indem zu der These von der Unverletzlichkeit des Gesalbten noch
die andere von der Überwindung des Bösen durch Großmut kam[41].
Zwar gehören beide Ansichten zum Bereich der Königsideologie, aber
sie zeigen doch Wachstumsprozesse innerhalb dieses Denkens an. Dazu
kommt zweitens, daß der Entwurf von ISam 24 gegenüber der glänzen-
den Gestaltung von ISam 25 derart dürftig wirkt, daß man beide kaum
demselben Mitarbeiter zuweisen kann. Wir werden deshalb damit
rechnen müssen, daß die Bearbeitung der Texte im Sinne der Königsideologie nicht in einem Gange erfolgte. Dennoch halten wir daran
fest, daß die Gesamtkonzeption in der Anordnung der Richterge-

---

[38] S. o. S. 130 ff.
[39] S. o. S. 148 f.
[40] S. o. S. 124 f.
[41] S. o. S. 126 ff.

schichten vor den Königsgeschichten genau dieser Königsideologie entspricht und daß die Zusammenfügung der vier Komplexe, die Gestaltung eines großen Geschichtswerkes von Ehud bis zum Tode Davids (zumindest) und seine Bearbeitung im Sinn der Königsideologie ein einziger Prozeß war. Personal ausgedrückt heißt das: der Zusammenfüger der vier Komplexe, der große Historiker und der Königsideologe sind identisch.

Nun ist aber deutlich geworden, daß vom Richterbuch die Fäden weiter nach rückwärts laufen. Wir sahen, daß der Schlußvers der alten Geschichte vom Raub des Teraphim:

»Und sie nannten den Namen der Stadt Dan nach dem Namen ihres Vaters Dan, der dem Israel geboren wurde« (Jdc 18 29)

zurückweist auf die Geburtsgeschichte der Kinder Jakobs in Gen 29—30[42]. Desgleichen ist die Schilderung der Freveltat von Gibea literarisch von dem Besuch der Männer in Sodom abhängig (Jdc 19—Gen 19)[43]. Wir finden ferner die Vorstellung vom »Gottesboten« in Jdc 6 und 13 wie in Gen 16 Ex 3 Num 22 (und Jos 5?)[44]. Die Retterformel und die Bestätigung, daß JHWH Israel aus der Hand der Feinde errettet hat, begegnet uns bereits in Ex 3 bzw. Ex 14.

Das alles kann bedeuten, daß der große Historiker der frühen Königszeit das jahwistische Werk seinem Konzept von der Geschichte der Entstehung des Königtums in Israel vorgeschaltet und dann beide lose miteinander verbunden hat. Dann könnte dieser Historiker, der zugleich der Königsideologe ist, im 9. Jh. sein Werk geschaffen haben.

Die andere Möglichkeit ist, daß dieser Historiker und der Jahwist identisch sind. Den gewichtigen Hinweisen, die es für diese These gibt, wollen wir uns jetzt zuwenden. Wir kehren deshalb noch einmal zu ISam 25 zurück, das wir bereits als Schlüsselgeschichte für die Verbindung zwischen den Erzählungen des Richterbuches und den großen Darstellungen der Samuelbücher erkannten.

Im Erzählstil findet sich kein Unterschied zwischen ISam 25 und den Eigenerzählungen des Jahwisten[45]. Die Geschichte schreitet von Gesprächsszene zu Gesprächsszene mit knappen Zwischenangaben fort. Auf ihrem Höhepunkt führt sie die beiden Hauptgestalten in einer Gesprächsszene zusammen, die aus zwei Kurzreden besteht. Der höfische Stil kommt dem in der Josephgeschichte gleich. Es fehlt die Bilderrede, die auch die Josephgeschichte oder Gen 24 nicht kennen,

---

[42] S. o. S. 95 f.

[43] S. o. S. 98 ff.

[44] Dabei ist der »Bote« in Gen 16 und Ex 3 sekundär in alte Tradition eingearbeitet, wo vorher Gott selber sprach, in Jdc 6 und 13 ist er in der Erzählung primär, doch ist diese selbst sekundäre Vorschaltung zu alten Überlieferungen.

[45] S. o. S. 41 ff. und 74 ff.

die aber für den Stil der David-Geschichten bezeichnend ist. Durch den höfischen Stil wird dem Hörer klargemacht, daß in David der künftige König auftritt. Daran erinnert auch der Vergleich, daß Nabal ein Mahl hält »wie ein König« (v. 36). Die Aufzählung von Speisen bzw. Geschenken, die mitgebracht werden, ist in der Sprache des 10. Jh. beliebt[46].

Die Personen sind stilisiert, wie wir das besonders in Gen 24, aber auch bis zu einem gewissen Grade in der Josephgeschichte fanden. Beim Jahwisten besonders beliebt ist die kluge, rasch entschlossene Frau (Sara, Rebekka, Rahel und Lea, Tamar und Zippora), die sich selbst oder ihre Angehörigen zu retten weiß. Auch das Thema vom Chancenausgleich begegnet, insofern dem reichen Nabal zunächst der arme David gegenübersteht, der für sich und seine Leute um Verpflegung betteln muß; am Ende jedoch hat er nicht nur reiche Geschenke, sondern auch die Frau des Wohlhabenden gewonnen. Das ganze ist eine Führungsgeschichte, bei der JHWH — im Unterschied zu den Eigengeschichten des Jahwisten in der Genesis — auch unmittelbar eingreift, insofern Nabals Schlaganfall auf ihn zurückgeführt wird. Hierin ist der Erzähler offensichtlich von IISam 12 15 abhängig, wo JHWH Davids Kind »schlägt«[47]. Das Dankgebet Davids (v. 39) erinnert an das Dankgebet des Knechtes in Gen 24 27.

Zentral ist dieser Geschichte das Thema der Gerechtigkeit, insofern Nabals Unrecht gegen David seinen Ausgleich finden muß. Aber darüber hinaus geht es um die Frage, ob Gerechtigkeit mit eigener Hand hergestellt werden darf. Wenn David Abigail antwortet:

»Gelobt sei JHWH, der Gott Israels, der dich heute mir entgegengesandt hat. Und gelobt sei dein Empfinden und gelobt seist du, daß du heute mich gehindert hast, in Blutschuld zu geraten und mir mit eigner Hand zu helfen« (ISam 25 32f.)

so wird damit gesagt, daß Selbsthilfe, auch wenn sie noch so gerecht ist, in neue Blutschuld stürzt. Das aber, so will es der Erzähler indirekt sagen, kommt dem künftigen König nicht zu. Insofern ist hier die Frage nach der Gerechtigkeit mit dem Nachdenken über die Funktion des Königtums verbunden und das ganze Problem auf eine neue Ebene gehoben.

Zuletzt sei noch auf die Spuren weisheitlicher Sprache verwiesen, die wir in ISam 25 fanden. Sie erinnern an dieselben Merkmale in der Josephgeschichte, wie sie besonders G. von Rad herausgearbeitet hat[48]. Es wäre deshalb bedenklich, den Erzähler von ISam 25 zu weit von dieser Zeit des vernünftigen, aufgeklärten Denkens an Salomos Hof zu

---

[46] ISam 25 18; vgl. Gen 37 25 43 11; vgl. auch ISam 30 12 und IISam 16 1 17 28ff.

[47] S. o. S. 155.

[48] Weisheitliche Sprache in der Josephgeschichte: S. o. S. 29ff.; in ISam 25: s. o. S. 92.

entfernen. Bleiben wir also auch mit dieser Geschichte im 10. Jh., dessen Sprache sie eindeutig spricht[49].

Die Übereinstimmungen von I Sam 25 mit den typisch jahwistischen Erzählungen sind derart eindeutig, daß wir diese Erzählung dem Jahwisten zusprechen und ihn deshalb mit dem Königsideologen identifizieren. Dann ist er aber auch der große Historiker der frühen Königszeit, der aus den mündlichen Erzählungen und den bereits fixierten Komplexen der Samuelbücher das eine große Geschichtswerk des alten Israel geschaffen hat.

In den Bereich der Königsideologie rechneten wir auch den alten Bestand von IISam 12 1-15, die Begegnung zwischen Nathan und David. Angesichts der faktischen Schuld des Königs gab sich die Ideologie nicht mit seiner Bestrafung durch den Tod des Kindes zufrieden, sondern verlangte die Einsicht des Königs in seine Schuld und das demütige Bekenntnis. Nur so konnte die verletzte »Unschuld« des obersten Richters wiederhergestellt werden[50]. Soweit sich über diesen kurzen und in dem Gleichnis bewußt archaisierenden Text etwas sagen läßt, war er durchaus der Sprache des 10. Jh. zuzurechnen. Wie in der Geschichte von David und Abigail sind auch hier die auftretenden Personen zu Idealtypen stilisiert[51]. Dort wie hier wird David zur Einsicht geführt, das eine Mal zum Verzicht auf Rache, das andere Mal zur Beugung unter seine Schuld. Dort wie hier kommt sein Gesprächspartner mit der einzigen Autorität des überlegenen Wortes zum König.

Diese Begegnung des Gottgesandten und des Königs steht in seltsamer Entsprechung zu dem Gegenüber von Mose und Pharao in den Exodus-Geschichten. Weder Mose noch Nathan werden als Prophet *(hănnābî')* bezeichnet, aber beide sprechen in der Vollmacht ihrer Sendung. Beide haben nicht im geringsten ekstatische Züge, sondern sind Boten, die in verständiger Sprache ihren Auftrag ausrichten. Wir sahen, daß der Jahwist diese Berichte von Mose vor Pharao bereits in fester Prägung vorgefunden und nur selber noch ausgestaltet hat[52]. So mag ihm hieraus die Konzeption für die Nathan-David-Szene gekommen sein. Die Entsprechung ist jedenfalls nicht zu übersehen.

Ist der große Geschichtsschreiber der frühen Königzeit mit dem Jahwisten identisch, so können wir die Bestimmung der Abfassungszeit auf ihn übertragen. Wir rechnen also mit der Entstehung dieses Werkes in der Zeit von etwa 910—900 v. Chr. ($\pm$ 30 Jahre)[53]. Daraus

---

[49] S. o. S. 90 Anm. 30. Zu beachten ist, daß der Ausdruck *wăjjă'ăn wăjjo'mær*, der so häufig in den David-Geschichten begegnet, in I Sam 25 nur einmal (v. 10) vorkommt, in der Josephgeschichte nie, bei J in Genesis gelegentlich (Gen 24 50 27 37 31 14. 31).

[50] S. o. S. 154 ff.

[51] S. o. S. 158 f., auch 160 (Anm. 91).

[52] S. o. S. 60 ff.

[53] S. o. S. 204 f.

ergibt sich aber erneut das Problem, wo das Ende dieses Werkes lag.
Man könnte erwarten, daß es auch die Zeit Salomos mit umfaßte.
Nach G. Hölschers Meinung ging es bis zur Erzählung von dem Abfall
Israels vom »Hause David«, der in IReg 12 berichtet wird. Er rechnet
IReg 3 4a und 3 16-27 sowie 12 1. 3b. 4-15a. 16. 18-19 zum Bereich des
Jahwisten. Tatsächlich finden sich hier Merkmale für die Sprache des
10. Jh., sehr im Unterschied zu den dazwischenliegenden Texten[54].
Doch erhebt sich sofort die Frage, warum sonst nichts von den etwa
40 Regierungsjahren Salomos erhalten ist. Wir können folgendes ver-
muten:

In IReg 12 1ff. wird vorausgesetzt, daß die Leute im Nordreich
mit Salomos Regierung unzufrieden sind. Geschichten, durch welche
diese Unzufriedenheit begründet wird, könnten also verlorengegangen
sein. Der Grund ist leicht ersichtlich: sie waren für Salomo so wenig
schmeichelhaft, daß sie durch andere, positive Berichte, die den König
im Glanz seines Hofstaates und als den frommen Tempelerbauer
zeigen, ersetzt wurden[55]. Die einzige positive Geschichte, das weise
Urteil über die beiden Huren, blieb logischerweise erhalten. Wie aber
kam diese für Salomo positive Erzählung in ihre negative Umgebung ?
Doch wohl durch einen Erzähler, der sich bemüht, niemals ganz schwarz
oder weiß zu malen, vielmehr nach Möglichkeit beiden Seiten gerecht
zu werden. Eine ganz andere Frage ist, ob wir die Erzählung vom
weisen Urteil Salomos (IReg 3 16-27) für historisch oder für eine

---

[54] IReg 3 4: *bamā* »Kulthöhe« s. o. S. 195 Anm. 71.
    IReg 3 16: *zōnā* »Hure« s. o. S. 196 Anm. 78.
        '*amād lipnê* Gen 43 15 ISam 16 21. 22 IReg 1 2. 28 3 16 12 8, sonst profan
        nur Gen 41 46 (P); im übrigen bei E, Dtn und P »vor Gott stehen«, in
        der Sprache des 10. Jh.: »vor dem Herrscher stehen«.
    IReg 3 17: *bî 'ªdonî*: Gen 43 20 44 18 Jdc 6 13. 15 13 8 IReg 3 17. 26. In späteren
        Texten: Num 12 11 Ex 4 10. 13 ISam 1 26 Jos 7 8.
    IReg 3 20: *škb*(hi.) *beḥêq* nur IISam 12 3 und IReg 1 2 (qal)
        3 26: *nikmerû raḥmêha* im AT nur noch Gen 43 20 (J).
    Nicht in der Sprache des 10. Jh. nachzuweisen: *zar* »Fremder« v. 18 und *gzr* »zer-
    teilen« v. 24 und 26.
    In IReg 12 1ff. halte ich nur die Verse 1. 3b. 4abα. 13a. 15a. 16. 18. 19 für den ursprüng-
    lichen Text, der später um die Beratung Rehabeams mit den Alten und den Jungen
    erweitert wurde. In den angegebenen Versen ist kein Ausdruck typisch für die alte
    Sprache, doch auch nichts ungewöhnlich. Nur v. 16 *šwb* (hi.) *dabar* (auch v. 6 u. 9)
    ist bezeichnend, weil es nur noch in IISam 3 11 (David-Gesch.) vorkommt. Auch
    die sog. »Marsaillaise« (v. 16) hat Beziehung zur David-Geschichte, indem sie IISam
    20 1 etwas verkürzt und abgewandelt zitiert. Nicht zur alten Sprache gehört *rgm*
    »steinigen«, hingegen könnte *pš'* »abfallen« durch ISam 13 3 nach LXX belegt sein.
    Zu IReg 12 1ff. vgl. E. Nielsen Z 10, 171ff. und dagegen I. Plein R 9, bes. 11ff.
[55] G. Hölscher Z 88, 97.

Wanderlegende halten sollen[56]. Auf jeden Fall ziehen große Persönlichkeiten auch schon zu ihren Lebzeiten solche umlaufenden Geschichten an.

Mehr als eine Vermutung, die einiges für sich hat, können wir in dieser Sache nicht aussprechen. Es bleibt immer die Möglichkeit, daß das große Geschichtswerk des ausgehenden 10. Jh. mit IReg 2 46 geschlossen hat[57]. Doch wenn wir die Hypothese, daß der Historiker auch einen Komplex von Salomo-Geschichten einfügte, noch ein wenig weiterspinnen wollen, so wäre darauf hinzuweisen, daß wir die David-Geschichte als in der Tendenz Salomo-feindlich erkannten[58]. Wir vermuteten, daß sie in den Kreis der Familie des Priesters Abjathar gehörte und möglicherweise Jonathan ben Abjathar zum Verfasser hatte[59]. Sie muß am Anfang der Regierung Salomos geschrieben worden sein[60]. Ging die Erzähltradition in dieser Familie weiter, so könnte Jonathans Sohn die Salomo-Geschichte verfaßt haben, von der nur noch IReg 3 4a und 16-27 erhalten ist. Dessen Sohn, Jonathans Enkel und Abjathars Urenkel, der etwa um 960 v. Chr. geboren sein könnte, wäre dann der große Historiker, der die mündlichen und schriftlichen Traditionen zusammenfügte und zu einem Ganzen zu gestalten suchte. Der Entstehungsort wäre dann nicht Jerusalem, sondern Anatot im Lande Benjamin.

Sind die David-Saul-Geschichten von einer großen Begeisterung für David getragen, räumen ihm auch die David-Geschichten eine Ehrenstellung ein, so daß das Königtum in der Person Davids unreflektiert bejaht wird, so haben offenbar die bitteren Erlebnisse mit Salomo zu der Frage geführt, warum es einen König überhaupt geben müsse und welche Forderungen um dieses Amtes willen an den König zu stellen seien. Er soll Gerechtigkeit verwirklichen und muß deshalb über den streitenden Parteien stehen. Dafür ist er unverletzlich als der Gesalbte JHWHs, darf sich aber nicht in eigener Sache helfen, seine Macht nicht mißbrauchen zu seinem eigenen Vorteil, soll demütig, großmütig und gottergeben sein. Besonders Rehabeams unvernünftige Härte, die zum Abfall Israels vom Haus Davids führt (IReg 12 19), muß zur weiteren Ausgestaltung solcher Reflexionen beigetragen haben. Die Sympathie des Erzählers liegt in dieser Geschichte bei Israel, dem Nordreich. Zugleich weiß er sich dem »Hause Davids« — aber Davids, nicht Salomos oder Rehabeams — so verbunden, daß er die Aufkündigung des Gehorsams als Vertragsbruch kennzeichnet[61].

---

[56] G. Hölscher Z 88, 97 Anm. 2.

[57] IReg 2 45 gehört nicht zum alten Text, auch v. 46b macht mit *mămlakā* und *nakôn* einen deuteronomistischen Eindruck.

[58] S. o. S. 172.   [59] S. o. S. 172ff. u. 147f.

[60] S. o. S. 174f.

[61] Vgl. I. Plein R 9, 10.

Doch kehren wir von der Hypothese über die Person des Verfassers zu dem zurück, was sich mit größerer Sicherheit über den Historiker des ausgehenden 10. Jh. sagen läßt. Was seine Sprache betrifft, so fanden wir, daß sie ihren eigenen Charakter hat, nicht nur, was die vorkommenden Wörter und Ausdrücke betrifft, sondern vor allem darin, daß sie eine bestimmte kultur- und religionsgeschichtliche Phase des alten Israel spiegelt. Sie zeigt eine starke Unbefangenheit gegenüber Zügen kanaanäischer Religion und Sexualität, die in der folgenden Zeit sehr rasch und sehr energisch tabuisiert werden. Auch sonst gebraucht sie harmlos allerlei Begriffe des sexuellen Bereiches, die zu verwenden man sich wenig später scheuen wird. Diese Sprache ist in ihrer Profanität geprägt von der Aufklärung des salomonischen Hofes, doch konnten wir beobachten, daß der Verfasser der David-Geschichten gegen Magie und Mythologie sich noch spröder verhält als sein Nachfolger[62]. Das liegt zwar auch an dem dargestellten Stoff, insofern der Erzähler der David-Geschichte seine eigene Zeit beschreibt, der Historiker aber die alten mythischen Zeiten einbezieht, doch mag es auch mit der Einstellung der beiden Schriftsteller zu tun haben.

In welchem Sinn können wir bei diesen beiden Darstellungen von Geschichtsschreibung reden? G. von Rad hat bekanntlich den Verfasser der »Thronfolgegeschichten« als den ersten Historiker des alten Israel bezeichnet[63]. Das ist insofern berechtigt, als er über die »Heldengeschichte« hinausgewachsen ist, wie sie uns in den Saul- und David-Saul-Geschichten entgegentritt. Am besten wird man sein Werk mit den von A. Jolles übernommenen Begriffen beschreiben, daß nämlich hier die »Familiengeschichte« zur »Königsgeschichte« ausgeweitet worden ist. Durch die Einarbeitung des Ammoniterkriegsberichtes z. B. sind die politischen Ereignisse der Davidzeit einbezogen worden. Der nationale Gedanke ist selbstverständliche Grundlage aller Darstellung. Dasselbe gilt von dem Glauben an JHWH als dem Gott Israels. Mit dieser Einschränkung kann man den Verfasser der David-Geschichten als den ersten Geschichtsschreiber des alten Israel bezeichnen. In uneingeschränkter Weise gilt dies jedoch erst von seinem Nachfolger, der etwa zwei Generationen später jenes umfassende Werk schuf, das von der Weltschöpfung oder der Berufung Abrahams bis zur Teilung des Reiches etwa 930 v. Chr. führte.

Wie hat nun dieser Geschichtsschreiber gearbeitet? Wir sahen, daß er zweierlei Stoffe zusammenfügt: solche, die bereits gesamtisraelitisch konzipiert waren wie die Mosegeschichten und die vier großen Komplexe des I. und II. Samuelbuches, und solche, die partikularen Stammesüberlieferungen entstammten und erst gesamtisra-

---

[62] Vgl. dazu den ganzen Teil C unserer Untersuchung, speziell S. 193 f.
[63] G. von Rad Z 94, 159 u. a. Vgl. J. J. Jackson W 5, 183 ff.

elitisch aufgewertet werden mußten[64]. Im wesentlichen lagen ihm die erstgenannten Erzählungen schriftlich oder doch mündlich stark fixiert vor, während die anderen sich noch teilweise in einem weicheren Zustand mündlicher Tradierung befanden. Bei den Genesistraditionen war eine gesamtisraelitische Konzeption insofern bereits gegeben, als Abraham, Isaak und Jakob sowie dessen fünf bzw. sechs Söhne zu einer Familie geworden waren. Hier brauchte der Geschichtsschreiber im wesentlichen nur zu sammeln. Doch mit der frei von ihm gestalteten Erzählung von der Brautwerbung für Isaak (Gen 24) verstärkte er die Bindung zwischen den Einzelgestalten Abraham und Isaak. Indem er die Söhne Jakobs auf die Zwölfzahl brachte, führte er den Gedanken vom Stammvater Jakob für das Zwölf-Stämme-Reich der David-Zeit folgerichtig durch. Seine Umbenennung in Israel ergab sich dann fast von selbst.

Die Hauptaufgabe aber war, die zwei völlig verschiedenen Ansätze zum Verständnis der Vorzeit Israels unter einen Hut zu bringen: die alten Stammesüberlieferungen einerseits und jenes neue, künstliche und künstlerische Konzept vom Anfang der Volksgeschichte in Ägypten. Diesen gesamtisraelitischen Entwurf fand er in etwa bereits vor. Er könnte in der Zeit Davids oder wahrscheinlicher noch Salomos entstanden sein. Unser Geschichtsschreiber griff ihn nicht nur auf, sondern hatte die geniale Idee, die Josephgeschichte so umzugestalten, daß sie die Verbindung zwischen diesen beiden ganz disparaten Konzeptionen von den Anfängen Israels hergab. Wie wir sahen, führte er das Zwölf-Söhne-Schema ein und kombinierte die alte Brüdergeschichte mit der Ägyptergeschichte, so daß der Schauplatz Ägypten nun ein ganz anderes Gewicht in der Novelle bekam, wie es zur Vorbereitung der Mosegeschichten erforderlich war.

Die Wanderung des Volkes Israel unter Moses Führung mußte dann geographisch so gelegt werden, daß sie von Kadeš aus —einem Ort, der offenbar durch alte midianitische Moseüberlieferungen festlag — ins Ostjordanland ging, um den Anschluß an die benjaminitischen und anderen Einwanderungssagen zu gewinnen, die in den partikularen Überlieferungen gegeben waren. Die deuteronomistische Verarbeitung der Stoffe des Josuabuches läßt uns nicht mehr erkennen, wie hier die Darstellung der alten Geschichtsschreibung verlief. Es folgen wieder partikulare Geschichten, die unter dem Gesichtspunkt »Retter Israels von auswärtigen Feinden« gesammelt und zum Teil auch stilisiert sind: Ehud, Barak, Gideon/Abimelech, Jephta, Simson. Gideon und Simson sind von Gott beauftragt, wie einst Mose in Midian von JHWH berufen wurde. Abimelech ist in die Reihe nur wohl deshalb hineingekommen,

---

64 S. o. S. 203f.

weil er schon in der mündlichen Überlieferung zum Sohn Gideons
geworden war.

Diese Rettergeschichten sprechen von Israels Not und Bedrängnis
durch äußere Feinde. Insofern bereiten sie das Königtum vor. Die
innenpolitische Funktion des Königs — Garant der Gerechtigkeit zu
sein — wird durch die drei Großgeschichten des Richterbuches ins
Auge gefaßt: Simson, der Raub des Teraphim und die Schandtat von
Gibea. Sie schildern die rechtlose Zeit, wo der Stärkere sich nimmt, was
er haben will, und das Spiel von Rache und Gegenrache ausweglos in
den Tod führt. Die Simsonüberlieferung ist dabei so gestaltet, daß sie
zur Drehscheibe zwischen den »außenpolitischen« und den »innenpolitischen« Geschichten des Richterbuches wird. Mit der Schandtat
von Gibea erreicht das Böse einen Kulminationspunkt, wie er seit dem
Anfang der Volksgeschichte, seit dem Auszug aus Ägypten, nicht dagewesen ist.

So ist die Zeit des Königtums wohl vorbereitet, wenn Saul und
später David auftreten. Doch wird Saul noch in der Weise der alten
»Retter« geschildert und der eigentliche König ist David. Mit dessen
Herrschaft beginnt die neue Zeit des Rechtes anstelle von Willkür und
Selbstjustiz. Das drückt programmatisch die Erzählung von David
und Abigail aus. Indem der Historiker nun die vier großen Komplexe
der beiden Samuelbücher kunstvoll ineinanderarbeitete, nachdem er
vermutlich die Philisternot durch die Erzählung von Eli und der Lade
vorbereitet hatte (ISam 4—6), schuf er ein großartiges und fesselndes
Gemälde von der Zeit der beiden ersten Könige Israels, das vermutlich
durch eine mehr negative Berichterstattung über Salomo fortgesetzt
wurde. Wahrscheinlich bildete die kurze Darstellung von der Spaltung
des Reiches den Abschluß des ganzen Werkes. Die Königsideologie, in
deren Sinn die Geschichten von David überarbeitet sind, dienen dem
einen Ziel, die Funktion des Königtums als Rechtsgaranten deutlicher
ins Bewußtsein zu heben.

So ist die Frage nach Recht und Gerechtigkeit der rote Faden,
der sich durch das ganze Werk hinzieht. Gerechtigkeit im Sinn des
Chancenausgleichs bewegte schon die alten Stammesüberlieferungen,
wie wir dieses Problem in den Märchen und Erzählungen vieler Völker
finden. Aber unser Historiker führt das Thema »Gerechtigkeit« weiter.
Er gewinnt an ihm sogar das Einteilungsprinzip der Geschichte, indem
die rechtlose Zeit zum Gegenbild der Königszeit wird. Doch sahen wir,
daß auch die Art und Weise seiner Erzählung von dem Suchen nach
Gerechtigkeit bestimmt wird. Die in allen alten Volksüberlieferungen
so beliebte Schwarz-Weiß-Malerei überwindet er durch den Standort-
wechsel beim Erzählen, so daß der Leser oder Hörer der Geschichte
sich den Fall auch vom Blickpunkt des bisher negativen Helden ansehen muß: audiatur et altera pars. Auch der Gedanke, daß moralisches

Recht mehr zählt als Macht, ist in die Geschichte von den Plagen Ägyptens eingearbeitet worden.

Die Periodisierung der Geschichte wird nicht nur an der Frage der Gerechtigkeit gewonnen, sondern ebenso deutlich ist ein Bewußtsein von der alten mythischen Zeit, wo JHWH direkt oder eher noch durch den »Gottesboten« redet, und der neuen Zeit, in welcher er Menschen als seine Boten beauftragt. Verbunden mit dem Gedanken vom Anfang der Volksgeschichte in Ägypten sehen wir hier ein Zeitbewußtsein von Vergangenheit und Gegenwart über längere Perioden hinweg, ein Resultieren der Gegenwart aus der Vergangenheit, das wir als echtes geschichtliches Denken ansprechen müssen. Ist das Werk, wie wir vermuten, bald nach der Reichsteilung entstanden, so hätte die gesamtisraelitische Konzeption zugleich die Funktion der Mahnung zur Wiederherstellung dieser Einheit.

Ist Israels Geschichtsschreibung an seinem Gottesglauben entstanden, wie es G. von Rad und S. Mowinckel behaupten[65]? Man kann diese Frage mit Ja und mit Nein beantworten. Mit Ja, denn unser Geschichtsschreiber sieht JHWHs Wirken hinter allem Geschehen. Deshalb entwirft er »Führungsgeschichten« wie die Brautwerbung für Isaak, wie die Josephgeschichte oder die Erzählung von David und Abigail. Vergleicht man jedoch mit hethitischen, assyrischen oder ägyptischen Darstellungen, so sieht man sehr rasch, daß die Lenkung der Geschicke durch die Götter allgemeine Überzeugung in der Antike ist. Eher hebt sich unser Geschichtswerk durch Sparsamkeit in dieser Beziehung von den anderen ab.

Mit größerem Recht kann man die Gegenthese vertreten, daß Israels Geschichtsschreibung an der Frage nach Recht und Gerechtigkeit entstanden sei, also an einem ethischen und nicht an einem »theologischen« Problem. Daß JHWH Garant des Rechtes ist, unterscheidet ihn wiederum nicht von den Göttern, wie sie bei anderen Völkern aufgefaßt werden. Aber wir dürfen nicht übersehen, daß gerade in diesem Zusammenhang der Frage nach dem Recht ein Zug in der Geschichtsschreibung auftaucht, den wir am besten den prophetischen nennen werden.

Der Geschichtsschreiber verwendet in seiner eigenen Sprache niemals den Titel *hānnābî'* und zeigt keinerlei Begeisterung für ekstatisches Prophetentum. Wohl aber läßt er Menschen als Gottesboten auftreten, sei es mit, sei es ohne ein ausdrückliches »So spricht der Herr«: Mose, Samuel, Nathan und Gad. Sie empfangen ihre Beauftragung unmittelbar von JHWH und sprechen dann zu den Mächtigen (oder dem künftigen Herrscher) rein in der Vollmacht ihrer Botschaft. Wie der mythische »Gottesbote« reden sie in vernünftigen, versteh-

---

[65] G. von Rad Z 97, 409; S. Mowinckel N 1, 8; R. Smend Z 23, 37.

baren Worten. Wir kennen solche menschlichen Gottesboten auch aus der Überlieferung des alten Ugarit[66], nur daß sie dort fast ausschließlich mit kultischen Vorgängen zu tun haben, was in unserem Bereich nur bei Gad in IISam 24, dem blassesten von allen, der Fall ist[67].

Wie einzelne Menschen von JHWH berufen werden, einen bestimmten Auftrag zu erfüllen, so weiß der Geschichtsschreiber auch Israel als JHWHs Erbe *(năḥᵃlā)* zu seinem Dienst berufen. Wenn Mose zu Pharao sagt:

»JHWH, der Gott der Hebräer, hat mich zu dir gesandt: ‚Entlaß mein Volk, daß es mir diene in der Wüste‘« (Ex 7 16 u. a.)

so hat dieser Satz über seinen unmittelbaren Anlaß hinaus eine programmatische Bedeutung und das »Dienen« darf nicht nur im Sinn eines Kultfestes verstanden werden.

In diesem Begriff von Israel als *năḥᵃlăt JHWH*[68] schwingt der Gedanke mit, daß JHWH dieses Volk als »Erbe« erhalten hat, wie andere Götter andere Völker bekamen. So erwähnt unser Geschichtsschreiber zwar gelegentlich andere Götter, wo dies in seinen Traditionen ihm vorgegeben ist: den »Gott Nachors« in Gen 31 53, den Baal Peor in Num 25 1 ff. und den »Bundesgott« von Sichem in Jdc 9, doch in der Erzählung rechnet er nur mit JHWH. Selbst in den Plagengeschichten treten sich nicht JHWH und die Götter Ägyptens gegenüber, sondern der Gott der Hebräer und Pharao. Eine Überlegenheit JHWHs über einen anderen Gott findet sich nur in der Geschichte von der Lade im Philistertempel (ISam 5 2 ff.), die ebenfalls zu den vorgegebenen Traditionen gehörte.

So stark unser Geschichtsschreiber vom nationalen israelitischen Standpunkt aus schreibt, so findet sich doch keine Abwertung anderer Völker, außer dem einen, daß er der Heirat zwischen Familien Israels und Kanaanäern bzw. Philistern ablehnend gegenübersteht[69]. Gebilligt wird dagegen die Frauensuche bei den stammverwandten Aramäern, zu denen nicht mehr Spannung besteht, als es unter rivalisierenden Hirtensippen üblich ist. Wie die Josephgeschichte zeigt, hat er ein großes Interesse an Ägypten und auch ein erstaunliches Wissen über die dortigen kulturellen Verhältnisse.

Nirgends findet sich in der Geschichtsschreibung des 10. Jh. auch nur eine geringfügige Spur davon, daß es so etwas wie Gottes-

---

[66] Vgl. H. Rendtorff H 1, 146 und C. Westermann Z 96, 171 ff.

[67] S. o. S. 167 f.

[68] ISam 10 1 (26 19) IISam 14 16 20 19 21 3.

[69] Gen 24 3. 37 Jdc 14 3, beides sind eigene Kompositionen des Historikers. Hingegen kann ich keinen Text des 10. Jh. bzw. bei J oder »J« finden, in dem die Vertreibung der Kanaanäer gefordert würde. Gegen G. Fohrer Z 74, 69; Ex 34 11f. scheint mir eine typisch deuteronomistische und nicht jahwistische Wendung zu sein.

gebote gegeben hat, sei es ein kultischer oder ein sittlicher Dekalog. Auch für die Rezeption des kanaanäischen Rechtes sind keine Anzeichen zu sehen, obwohl dieses weithin in der Sprache des 10. Jh. von Israel übernommen wurde. Dagegen gibt es bestimmte Verhaltensweisen, die in Israel als Unrecht *(nᵉbalā)* gelten. Hier handelt es sich besonders um die Verletzung des Gastrechtes und den Übergriff gegenüber Frauen[70]. Dieser Gedanke, daß in Israel Recht und Unrecht durch die Sitte sanktioniert feststeht, kann in besonderer Weise als Eigengut des Geschichtsschreibers gelten, hat er es doch in einen Text hineingebracht, wo es historisch gesehen ein Anachronismus ist: in die Erzählung von Sichem und Dina in Gen 34 (v. 7). Auch an den ihn ethisch besonders interessierenden Stellen seines Werkes taucht das Stichwort *nᵉbalā* mit Betonung auf: bei der Kulmination des Bösen in Jdc 19—21 (Schandtat von Gibea) und bei der David-Abigail-Geschichte in ISam 25[71]. In diesen ethischen Fragen liegt das ganze Interesse des Geschichtsschreibers. R. H. Pfeiffer sagt im Blick auf den Erzähler von IISam 12 1-15 — den er für den Autor von Jdc 13—IReg 2 hält und für möglicherweise mit dem Jahwisten identisch — und im Blick auf den Jahwisten, daß wir sie »als Vorläufer von Amos« ansehen müssen, »als geniale Männer, die andeutungsweise (dimly) bereits bestimmte Phasen der prophetischen Religion vorwegnahmen (foreshadowed), bei der die Ethik im Mittelpunkt stand«[72]. Wenn sich uns auch der Werdegang der Geschichtsschreibung in Israel etwas anders darstellt, als er in Pfeiffers Augen erschien, so können wir sein Urteil dennoch für den großen Geschichtsschreiber, den wir mit dem Jahwisten und dem Königsideologen von IISam 12 (u. a.) für identisch halten, und dessen Werk wir auf das Ende des 10. Jh. datieren, voll und ganz übernehmen.

---

[70] S. o. S. 201f.

[71] Jdc 19 23 (v. 24 Glosse) 20 6. 10 ISam 25 25; vgl. IISam 13 12. Ob wohl in ISam 25 der historische Name von Abigails erstem Mann den Anlaß zur Ausgestaltung der Erzählung als eines *nᵉbalā*-Falles gegeben hat oder umgekehrt das Stichwort *nᵉbalā* dem Mann den Namen verlieh?

[72] R. H. Pfeiffer Z 34, 359.

Tabelle I

Gen 29 31 —30 24: die Namensgebung der Jakobsöhne

1. Lea	R'uben	denn angesehen hat *JHWH* mein Elend	denn nun wird mich mein Mann lieben
2. Lea	Šim'on	denn erhört hat *JHWH*	denn verhaßt war ich und er[1] gab mir auch diesen
3. Lea	Levi		diesmal wird sich mein Mann mir anschließen, denn ich habe ihm drei Söhne geboren
4. Lea	J^ehuda	diesmal werde ich *JHWH* loben	
5. Bilha	Dan	Rahel: Recht verschafft hat mir *ELOHIM*	und er hat gehört auf meine Stimme und gab mir einen Sohn
6. Bilha	Naphtali	Rahel: Gotteskämpfe habe ich gekämpft (*ELOHIM*) (mit meiner Schwester)[2]	auch bin ich stärker geblieben
7. Silpa	Gad	Lea: Bei Gad!	
8. Silpa	Ašer	Lea: Bei Ašri!	denn meine Töchter werden mich glücklich preisen
9. Lea	Issakar	denn *ELOHIM* hat meinen Lohn gegeben, daß ich ihm meine Magd zur Frau gegeben habe	denn gemietet habe ich dich um die Liebesäpfel deines Sohnes[3]
10. Lea	Sebulon	beschenkt hat mich *ELOHIM* mit gutem Geschenk	diesmal wird mir mein Mann beiwohnen[4], denn ich habe ihm sechs Söhne geboren
11. Rahel	Joseph	weggenommen hat *ELOHIM* meine Schande	hinzufügen[5] wird mir *JHWH* einen anderen Sohn
12. Rahel	(Benjamin)		(*JHWH*)

[1] »er« kann sich sowohl auf Jakob wie auf JHWH beziehen, doch kann die Beziehung auf JHWH erst durch die Kombination mit der JHWH-Etymologie entstanden sein.

[2] »mit meiner Schwester« ist nach Gunkel, Sievers u. a. eine Zufügung.

[3] Bei Issakar ist die Reihenfolge der beiden Namensbegründungen vertauscht.

[4] *zabăl* kann auch mit »ernähren« übersetzt werden.

[5] Diese Deutung weist auf eine JHWH-Etymologie bei Benjamin hin, die durch die spätere Geburtsgeschichte Benjamins verdrängt wurde.

Tabelle II

Ex 7—12: die zehn ägyptischen Plagen

Plage I: FISCHSTERBEN IM NIL. — J — E — P —
Bei J: Ex 7 14-18.+21a. 24-25. Festes Ankündigungsschema, Ausführung.

Plage II: FRÖSCHE. — J — P —
Bei J: Ex 7 26-27 8 4-5a. 6abα. 7a.8abα. 9-11aα. Festes Ankündigungsschema;
Ausführung; Pharao bittet Mose um Fürbitte und verspricht Freilassung;
Mose bittet für Ägypten; Ende der Plage; Pharao verstockt.

Plage III: MÜCKEN. — P — Ex 8 12-15

Plage IV: STECHFLIEGEN. — J —
Bei J: Ex 8 16-28 (18b = Glosse). Festes Ankündigungsschema; Gosen
verschont; Ausführung; Pharao erlaubt Opfer im Lande; Mose fordert
Drei-Tage-Reise; Pharao erlaubt kurze Entfernung; Mose bittet für
Ägypten; Ende der Plage; Pharao verstockt.

Plage V: VIEHPEST — J ? —
Ex 9 1-7. Festes Ankündigungsschema; Israels Vieh verschont; Ausführung; Pharaos Herz ist hart.

Plage VI: GESCHWÜRE. — P — Ex 9 8-12

Plage VII: HAGEL. — J — E — P —
Bei J: Ex 9 13. 17. 18. 23b. 24b. 25b. 26. 28-29. 33. 34. Festes Ankündigungsschema; Ausführung; Gosen verschont; Pharao bekennt Schuld und verspricht Freilassung; Mose bittet für Ägypten; Ende der Plage; Pharao
verstockt.

Plage VIII: HEUSCHRECKEN — J — E —; bei J: 10 1a. 3-11. 13b. 14aβb. 15aαb. 16-19.
Festes Ankündigungsschema; Pharao will nur Männer ziehen lassen; Mose
widerspricht; Ausführung; Pharao bekennt Schuld und bittet um Fürbitte; Mose bittet für Ägypten; Ende der Plage.

Plage IX: FINSTERNIS. — J — E —; bei J: Ex 10 24-26.
Pharao erlaubt Abzug mit Frauen und Kindern, aber ohne Vieh; Mose
lehnt ab.

Plage X: TÖTUNG DER ERSTGEBURT; — J — Ex 11 4-7a. 8b 12 29-30.
Verstümmeltes Ankündigungsschema; Verschonung Israels; Mose geht
im Zorn; Ausführung.

Literaturverzeichnis

Verfasser	Kennziffer	Titel
G. W. Ahlström	L 1	Aspects of Syncretism in Israelitic Religion, 1963
Samuel Amsler	L 2	David, Roi et Messie, 1963
Walter Beyerlin	G 11	Geschichte und heilsgeschichtliche Traditionsbildung im AT, VT 13 (1963), 1—24
J. Blenkinsopp	H 8	Structure and Style in Jdc 13—16, JBL 82 (1963), 65—76
	X 4a	Theme and Motiv in the Succession History and the Yahwist Corpus, in: Volume du Congrès Genève 1965, 44—57
C. H. W. Brekelmans	B 16	De ḥerem in het Oude Testament, Diss. 1959
C. H. Brichto	L 3	The problem of »Curse« in the Hebrew Bible, 1963
Karl Budde	Z 103	Die Bücher Richter und Samuel, ihre Quellen und ihr Aufbau, 1890
		Das Buch der Richter, KHC, 1897
		Die Bücher Samuel, KHC, 1902
George B. Caird	Z 84	The first and the second Book of Samuel. IntB, 2, 1953
R. A. Carlson	N 8	David, the Chosen King. A traditio-historical approach to the second book of Samuel, 1964
Hanna E. Cassis	R 15	Gath and the structure of the »philistine« society JBL, 84 (1965) 259 ff.
G. Cooke	I 4	(The) Sons of the God(s) ZAW 76 (1964), 22—47
R. C. Culley	H 10	An Approach to the Problem of Oral Tradition. VT 13 (1963), 113—125
Lienhard Delekat	Z 56	Tendenz und Theologie der David-Salomo-Erzählung. In: Das ferne und das nahe Wort, Festschrift für L. Rost, 1967, 26—36.
F. Dexinger	W 6	Sturz der Göttersöhne oder Engel vor der Sintflut? Gen 6 2-4, 1966
Hermann Eising	Z 66	Formgeschichtliche Untersuchung zur Jakobserzählung der Genesis. Diss. Münster 1940
Otto Eißfeldt	L 4	Der geschichtliche Hintergrund der Erzählung von Gibeas Schandtat, Richter 19—21, in: Kleine Schriften, II 1963, 64—80
	P 8	Stammessage und Novelle in den Geschichten von Jakob und seinen Söhnen, in: Kleine Schriften, I 1962, 84—104

Otto Eißfeldt	Z 106	Die kleinste literarische Einheit in den Erzählungsbüchern des AT, in: Kleine Schriften I, 1962, 143—149
	R 1	Jakob — Lea und Jakob — Rahel in: Kleine Schriften, IV 1968, 171—176
	Z 100	Das Lied Moses Dtn 32 1-43 und das Lehrgedicht Asaphs Ps 78, 1958
Kurt Elliger		»Ephod«, RGG³ II, 521—522
		»Teraphim«, RGG³ VI, 690—691
Georg Fohrer—Ernst Sellin	Z 101	Einleitung in das AT¹⁰, 1965
Georg Fohrer	O 7	Überlieferung und Geschichte des Exodus (Exodus 1—15), 1964
	Z 14	Der Vertrag zwischen König und Volk in Israel, ZAW 71 (1959), 1—22
	B 5	Tradition und Interpretation im AT, ZAW 73 (1961), 1—30
	X 14	Altes Testament, »Amphyktionie« und »Bund«?, Th LZ 91 (1966), 801—816 und 893—904
	Z 74	Israels Haltung gegenüber den Kanaanäern und anderen Völkern, JSS 13 (1968), 64—75
Werner Fuss	E 8	IISam 24, ZAW 74 (1962), 145—164
Hartmut Gese		»Simson«, RGG³ VI, 42—43
J. J. Glück	N 14	Merab or Michal, ZAW 77 (1965), 72—81
Wilhelm Gesenius		Handwörterbuch über das AT, 1962¹⁷
Hugo Greßmann	Z 86	Ursprung und Entwicklung der Josefsage, in: Eucharisterion, Festschrift für H. Gunkel, 1923, 1—55
	Z 99	AOT, 1926²
H. G. Güterbock	Q 8	A View of Hittite Literature, JAOS (1964), 107—115
Hermann Gunkel	Z 16	Simson, in: Reden und Aufsätze, 1913, 38—64
	Z 109	Genesis, HCI 1, 1964⁶
Herbert Haag	Y 7	Gideon — Jerubaal — Abimelech, ZAW 79 (1967), 305—314
N. Habel	Q 5	The form and significance of the Call Narratives, ZAW 77 (1965), 297—323
Jan Heller	Z 105	David und die Krüppel, Communio Viatorum, Theological Quarterly 8 (1965), 251 ff.
Johannes Hempel	Z 85	Geschichten und Geschichte im AT bis zur persischen Zeit, 1964
Marie Louise Henry	B 14	Jahwist und Priesterschrift, 1960
Alfred Hermann	Z 24	Die ägyptische Königsnovelle, 1938
Siegfried Herrmann	P 7	Israel in Ägypten, ZÄS 91 (1964), 63—79
Hans Wilhelm Hertzberg		Die Bücher Josua, Richter, Ruth, ATD 1965³
		Die Samuelbücher, ATD 1965³

Gustav Hölscher	Z 88	Geschichtsschreibung in Israel, 1952
H. Holzinger	Z 108	Einleitung in den Hexateuch, 1893
Paul Humbert	A 9	Le substantif *to'ebā* et le verb *t'b* dans l'Ancien Testament, ZAW 72 (1960), 217
	A 9 a	L'etymologie du substantif *to'ebā*, in: Verbannung und Heimkehr, Festschrift für W. Rudolph, 1961, 157—160
Ivar Hylander	Z 20	Der literarische Samuel-Saul-Komplex, ISam 1—15, 1932
J. J. Jackson	U 5	David's Throne. Patterns in the Succession Story, Canadian Journal of Theology 11 (1965), 183—195
Anton Jirku	F 12	Kanaanäische Mythen und Epen aus Ras Schamra-Ugarit, 1962
The Hebrew Iliad		The History of the rise of Israel under Saul and David, translated by R. H. Pfeiffer, 1957
André Jolles	Z 63	Einfache Formen, 1958²
Peter Ketter	Z 12	Die Samuelbücher, Herders Bibelkommentar 1940
Rudolf Kilian	W 8	Die vorpriesterlichen Abrahamsüberlieferungen literarkritisch und traditionsgeschichtlich untersucht, 1966
	Z 60	Die prophetischen Berufungsberichte; in: Festschrift zum 150jährigen Bestehen der kath. Theol. Fakultät der Universität Tübingen, 1967, 356—376
August Klostermann	Z 107	Die Bücher Samuelis und der Könige, Kurzgefaßter Kom. zu den kl. Schriften d. Alten u. Neuen Testaments, 1887
Klaus Koch	Z 64	Was ist Formgeschichte ?, 1964
Hans Kosmala	F 3 a	The »bloody Husband«, VT 12 (1962), 14—28
Hans Joachim Kraus	Z 98	Psalmen, BK AT XV/1, 1960
Ernst Kutsch	L 6	Salbung als Rechtsakt im AT und im Alten Orient, 1963
	Z 1	Gideons Berufung und Altarbau. Richter 6, 11—24, Th LZ 81 (1956), 75—84
	Z 1 a	»Gideon«, RGG³ II, 1570
	Z 57	Der Begriff *berit* in vordeuteronomischer Zeit, in: Das ferne und das nahe Wort, Festschrift für L. Rost, 1957, 133—143
Irene Lande	Z 27	Formelhafte Wendungen der Umgangssprache im AT, 1949
Sigo Lehming	G 13	Zur Erzählung von der Geburt der Jakobsöhne, VT 13 (1963), 74—81
Johann Lindblom	F 1	Lot-casting in the OT, VT 12 (1962), 164—178
Hans Lubsczyk	L 7	Der Auszug aus Ägypten, seine theologische Bedeutung in prophetischer und priesterlicher Überlieferung, 1963
Julian Morgenstern	K 2	The »bloody husband« (Ex 4 24-26) once again, HUCA 34 (1963), 35—70
Sabatino Moscati	I 6 a	Historical Art in the Ancient Near East, 1963

Sigmund Mowinckel	N 10	Tetrateuch — Pentateuch — Hexateuch, 1964
	N 11	Erwägungen zur Pentateuch-Quellenfrage, 1964
	Z 26	»Rahelstämme« und »Leastämme«; in: Von Ugarit nach Qumran, Festschrift für Eißfeldt, 1958, 129—50
	N 1	Israelite Historiography, Annual of the Swedish Theological Institute 2 (1963), 4—26
J. M. Myers	Z 112	The Book of Judges, Int B II, 1953
Eduard Nielsen	Z 10	Shechem. A traditio-historical Investigation, 1959[2]
Martin Noth		Geschichte Israels, Göttingen 1956[3]
	Z 31	Überlieferungsgeschichtliche Studien, 1957[2]
	B 15	Überlieferungsgeschichte des Pentateuch, 1960
		Das zweite Buch Mose, ATD, 1968[4]
W. Nowack	Z 111	Richter, Ruth und Bücher Samuelis, HK I, 4, 1902
Hans Ulrich Nübel	D 3	Davids Aufstieg in der Frühe israelitischer Geschichtsschreibung, Diss. Bonn 1959
Samuel Nyström	Z 83	Beduinentum und Jahwismus, 1946
H. M. Orlinsky	F 8	The tribal System of Israel ... in the Period of the Judges, Oriens antiquus 1 (1962), 11—20
Eberhard Otto	V 2	Geschichtsbild und Geschichtsschreibung in Ägypten, WO 3, 3 (1966), 161—176
Robert H. Pfeiffer	Z 34	Introduction to the OT, 1941
	E 7	Religion in the OT, 1961
		The Hebrew Iliad s. d.
Werner Plautz	D 4	Zur Frage des Mutterrechts im AT, ZAW 74 (1962), 9—30
	M 14	Die Form der Eheschließung im AT, ZAW 76 (1964), 298—318
Ina Plein	R 9	Erwägungen zur Überlieferung von I Reg 11 [26]—14 [20], ZAW 78 (1966), 8—24
Otto Procksch		Die Genesis, KAT, 1913
Gerhard von Rad		Das erste Buch Mose, ATD, 1967[8]
	Z 89	Das formgeschichtliche Problem des Hexateuch, in: Gesammelte Studien zum AT, 1958, 9 ff.
	Z 94	Der Anfang der Geschichtsschreibung im Alten Israel, in: Ges. Studien zum AT, 1958, 148 ff.
	Z 92	Josephsgeschichte und ältere Chokma, in: Ges. Studien zum AT, 1958, 272—280
	Z 97	Offene Fragen im Umkreis einer Theologie des AT, ThLZ 88 (1963), 401 ff.
Bruce Donald Rathjen	Q 12	Philistine and Hebrew Amphictyonies, JNES 24 (1965), 100—104
Donald B. Redford	Z 67	The »Land of the Hebrews« in Gen 40 [15], VT 15 (1965), 529—532
Rolf Rendtorff	H 1	Erwägungen zur Frühgeschichte des Prophetismus in Israel, ZThK 59 (1962), 145—167
Wolfgang Richter	L 8	Traditionsgeschichtliche Untersuchungen zum Richterbuch, 1963

Wolfgang Richter	O 9	Die nagid-Formel. BZ NF (1965), 71—84
	X 9	Das Gelübde als theologische Rahmung der Jakobs-überlieferung, BZ NF (1967), 21—52
Leonhard Rost	Z 87	Die Überlieferung von der Thronnachfolge Davids, in: Das kleine Credo und andere Studien zum AT, 1965, 219—253
Wilhelm Rudolph	Z 38	siehe: Paul Volz/Wilhelm Rudolph, Ein Irrweg der Pentateuchkritik, 1933
	Z 38a	Der »Elohist« von Exodus bis Josua, 1938
Lothar Ruppert	R 6	Die Josephserzählung der Genesis. Ein Beitrag zur Theologie der Pentateuchquellen, 1965
Joseph Scharbert	X 10	Traditions- und Redaktionsgeschichte von Genesis 6, 1—4, BZ NF (1967), 66—78
	D 12	ŠLM im AT, in: Lex tua vertitas, Festschrift f. Junker, 1961, 209—229
Rudolf Schmid	M 10	Das Bundesopfer in Israel. Wesen, Ursprung und Bedeutung der alttestamentlichen Schelamim, 1964
Hartmut Schmökel	E 12	Kulturgeschichte des Alten Orients: Mesopotamien — Hethiterreich — Syrien — Palästina — Urartu, 1961
Hannelis Schulte	Z 104	. . . bis auf diesen Tag. Der Text des Jahwisten, des ältesten Geschichtsschreibers der Welt, 1967
Alfons Schulz	Z 29	Erzählungskunst in den Samuelbüchern, Biblische Zeitfragen XI 6/7, 1923
Klaus-Dietrich Schunck	I 2	Benjamin. Untersuchungen zur Entstehung und Geschichte eines israelitischen Stammes, 1963
Horst Seebass	H 2	Mose und Aaron, Sinai und Gottesberg, 1962
	X 6	Die Vorgeschichte der Königserhebung Sauls, ZAW 79 (1967), 155—171
I. B. Segal	U 7	Numerals in the OT, JSS 10 (1965), 2—20
A. von Selms	A 11	The title »Judge« špṭ in kanaan. Dialekten, Die Ou Testamentiese Werkgemenskap in Suid-Afrika, 1959, 41—50.
Kurt Sethe	Z 25	Von Zahlen und Zahlworten bei den alten Ägyptern, 1916
Eduard Sievers	Z 110	Metrische Studien, II. Die hebräische Genesis, 1. Tl.: Texte, 1904
Rudolf Smend	H 3	Jahwekrieg und Stämmebund. Erwägungen zur ältesten Geschichte Israels, 1963
	Z 23	Elemente alttestamentlichen Geschichtsdenkens, 1968
	Z 23a	Die Bundesformel, 1963
E. A. Speiser	S 11	Genesis, 1964
Hans Joachim Stoebe	Z 90	Noch einmal die Eselinnen des Kis (ISam 9), VT 7 (1957), 362ff.
	Z 11	David und Michal; in: Von Ugarit nach Qumran, Festschrift für O. Eißfeldt, 1958, 224—243

Hans Joachim Stoebe	Z 58	Gedanken zur Heldensage in den Samuelbüchern, in: Das ferne und das nahe Wort, Festschrift für L. Rost, 1967, 208—228
Eugen Täubler	Z 102	Biblische Studien. Die Epoche der Richter, hrsg. von Hans-Jürgen Zobel, 1958
Roland ve Vaux	M 11	Les sacrifices de l'Ancien Testament, 1964
Joseph Vergote	Z 49	Joseph en Égypte, 1959
Paul Volz/Wilhelm Rudolph	Z 38	Der Elohist als Erzähler. Ein Irrweg der Pentateuchkritik, 1933
Gerhard Wallis	M 6	Die Anfänge des Königtums in Israel, Wissenschaftliche Zeitschrift der Martin Luther Universität in Halle — Wittenberg 1963, 239—247
Manfred Weippert	Z 61	Die Landnahme der israelitischen Stämme in der neueren wissenschaftlichen Diskussion, 1967
Arthur Weiser	W 2	Die Legitimation des Königs David. Zur Eigenart und Entstehung der sogenannten Geschichten von Davids Aufstieg, VT 16 (1966), 325—354
Claus Westermann	P 15	Die Arten der Erzählung in der Genesis, in: Forschung zum AT, 1964, 9—91
	Z 96	Die Mari-Briefe und die Prophetie in Israel, in: Forschung zum AT, 1964, 171—188
Hans Walter Wolff	P 16	Das Kerygma des deuteronomistischen Geschichtswerks, in: Gesammelte Studien zum AT, 1964, 308—324
	L 12	Das Kerygma des Jahwisten, in: Gesammelte Studien zum AT, 1964, 345—373
	F 5	Heilsgeschichte — Weltgeschichte im AT, Der evang. Erzieher 14 (1962), 129—136

DATE DUE

JUL ? '79			
FEB 2 3 '79			
Thesis			
GAYLORD			PRINTED IN U.S.A.